21 世纪高等学校物流管理与物流工程规划教材

物流运输管理

（修订本）

主　编　张　理　刘志萍

清 华 大 学 出 版 社
北京交通大学出版社
·北京·

内 容 简 介

　　本书主要介绍物流运输的基本原理和运作实务，全书共 14 章，内容包括：现代物流运输导论；物流运输的基本构成；公路、铁路、航空、水路和管道运输；集装箱运输；国际物流运输与多式联运；物流运输成本管理；物流运输信息管理；运输纠纷及其解决；绿色物流运输管理；物流运输组织管理及相关法规等，每章后都配有案例。

　　本书是高等院校物流、运输专业的教材，也可作为工商管理、市场营销、外贸等专业及社会物流运输工作者的选修教材和参考资料。

图书在版编目(CIP)数据

　　物流运输管理/张理，刘志萍主编. —北京：清华大学出版社；北京交通大学出版社，2012.4
（2020.3 重印）
　　（21 世纪高等学校物流管理与物流工程规划教材）
　　ISBN 978-7-5121-0975-9

　　Ⅰ. ①物…　Ⅱ. ①张…　②刘…　Ⅲ. ①物流－货物运输－管理　Ⅳ.①F252

　　中国版本图书馆 CIP 数据核字（2012）第 081951 号

责任编辑：郭东青
出版发行：清 华 大 学 出 版 社　　邮编：100084　　电话：010-62776969
　　　　　 北京交通大学出版社　　邮编：100044　　电话：010-51686414
印 刷 者：北京鑫海金澳胶印有限公司
经　　销：全国新华书店
开　　本：185 mm×260 mm　　印张：23　　字数：574 千字
版　　次：2012 年 5 月第 1 版　　2019 年 8 月第 1 次修订　　2020 年 3 月第 8 次印刷
书　　号：ISBN 978-7-5121-0975-9/F・1004
印　　数：9 001～11 500 册　　定价：59.00 元

本书如有质量问题，请向北京交通大学出版社质监组反映。对您的意见和批评，我们表示欢迎和感谢。
投诉电话：010-51686043，51686008；传真：010-62225406；E-mail：press@bjtu.edu.cn。

前　　言

　　物流运输活动作为人类社会最古老的经济行为之一，在经济全球化、市场国际化发展的今天，既是极具活力的独立产业，又有物流的重要职能。由于高新技术和现代管理方法的应用，传统的运输活动在管理理念、产业组织、企业制度、业务流程、信息处理及作业方式等方面，均不能适应现代物流运输发展的需要，由此引发了对物流运输专业人才、现代管理思维及组织方式、现代技术手段等的迫切需求。

　　在国际上，作为一门学科，现代物流运输已经形成了较为完整的理论体系与知识结构，形成了具有较强实用性的课程体系，并陆续出版了一大批高质量的学术专著与教科书。在我国，一个既适应中国特色，又能与世界经济、国际物流接轨的现代物流运输学，应当说，尚处在逐步形成和建设之中，而应用与服务对象又是一个二元结构非常明显的社会环境，因此，需要探索研究的理论与实践问题是很多的。

　　本书以物流运输管理作为研究对象，以各种物流运输形式、运输作业、运输信息、运输成本、运输组织、运输法规为基础，并专章介绍了集装箱运输、国际多式联运输管理及运输中的纠纷及解决方法等，介绍了物流运输的实际运作和发展方向，向读者展示了物流运输的基本理论与实际运作过程。本书的写作原则是：理论高度与实际运输作业相结合；兼顾大学教学需要与社会读者的学习需要。物流运输管理与作业，绝非简单的物质实体移动与其他相关职能活动，它能折射出一个企业管理层的经营理念、战略策划、企业变革、作业方法、经验特色、技术水平、发展思路等诸多方面。

　　本书以物流运输作载体，系统地介绍、分析了物流运输的理论和实际作业过程，可使读者对物流运输学有一个基本的认识，为进一步学习、研究物流科学理论、社会物流实践打下基础。

　　本书的写作特点是：在写作前，作者大量地收集、分析、研究了国内外物流运输领域的先进研究成果和国内外运输业的物流实践，参阅大量同类教材、专著，结合作者多年的物流教学实践，力图在内容中反映物流运输发展的本质和基础；本书的写作基调是深入浅出，既关注国际物流运输理论与实践的发展趋势，又顾及国内物流的实际发展水平；本书在编写中，既强调物流运输科学的知识性、普及性、实用性和探索性，更加突出了现代物流实践的时代性、系统性和精益性。

　　本书的写作分工如下：张理编写第1、2、10章，刘志萍编写第3至8章，王晓晨编写第11、14章，张洪征编写第9、13章，牛乐编写第12章，刘志萍负责大纲编写；张理负责大纲修改及全书总纂。在编写与整理过程中，得到许多同仁、亲朋的无私相助，只希望我们能共同分享为社会服务的欢乐——或许这是最神圣和崇高的欢乐。

　　书籍的脱稿，如呱呱坠地的婴儿，既是欢乐与希望，又是更加沉重的责任与艰辛，本书的出版不代表成功与完善，而是接受社会评述的开始，欢迎读者批评、斧正。

　　希望该书能够成为物流运输业高速发展快车道上的一块铺路石。这是编者的希冀！

张　理
2012 年 5 月

前　言

目　　录

第 1 章

现代物流运输导论

◆ 学习目标

掌握：运输、运输市场的含义；运输的特点；运输的功能与原理；物流中运输的构成；运输市场的分类；运输市场的特征；运输与物流的关系；运输与物流各环节的关系。

了解：运输在国民经济中的地位；运输在物流中的作用；运输市场的竞争。

在物流的诸多职能中，运输被认为是核心职能之一；从宏观经济上讲，运输又是国民经济的大动脉。可见，从宏、微观两个方面都能体现出运输是整个经济发展的基础。本书从现代物流的角度，阐述运输各个环节的业务与管理。本章作为全书的导论将对运输的基本原理，以及与整个社会经济和物流的关系作基础性介绍。

 引导案例

铁路运输的发展史

希腊是第一个拥有路轨运输的国家。至少两千年前已有马拉的车沿着轨道运行。

1804 年，Richard Trevithick 在英国威尔斯发明了第一台能在铁轨上前进的蒸汽机车，但没赚到什么钱。第一台取得成功的蒸汽机车是 George Stephenson 在 1829 年建造的火箭号。

1820 年，英格兰的史托顿与达灵顿铁路成为第一条成功的蒸汽火车铁路。后来的利物浦与曼彻斯特铁路更显示了铁路的巨大发展潜力。

很快铁路便在英国和世界各地通行起来，且成为世界交通的领导者近一个世纪，直至飞机和汽车发明才使铁路缓慢地衰落。

高架电缆在 1888 年发明后，首条使用高架电缆的电气化铁路在 1892 年启用。

第二次世界大战后，以柴油和电力驱动的火车逐渐取代蒸汽火车。自 1960 年起，多个国家均建置高速铁路。而货运铁路也连接至港口，并与船运合作，以集装箱运送大量货物，大大降低了货运成本。

目前，在全球 236 个国家和地区之中，有 144 个设有铁路运输。

中国第一条铁路建于上海，由英国人兴建，后被清朝地方官员买回并拆毁。而正式使用的第一条铁路和蒸汽机车则是由李鸿章兴办的开滦煤矿所建。

（选自：http://www.creatnet.cn）

思考题：由铁路发展史可见运输在经济发展中的重要作用。

1.1　运输的内涵

运输作为连接社会生产、生活各部门的桥梁与纽带，对整个经济活动产生重要影响。社会生产、分配、交换和消费各个环节都必须通过运输的纽带才能实现合理有效的结合（当然也可能是无效的）。生产的社会化程度越高，经济越发达，生产对流通、对交换的依赖性越强，运输在再生产中的作用越大。运输活动及其载体所构成的运输体系是物流管理体系中最重要的组成部分。可以说物流运输是现代物流的业务核心，是物流业务与管理不可缺少的一环。因此，加强对物流运输的研究，实现运输合理化，无论对物流系统整体功能的发挥，还是对促进国民经济持续、稳定、协调的发展，以及企业的自身竞争实力的增强都有着极为重要的意义。

1.1.1　运输的含义

中华人民共和国国家标准《物流术语》（GB/T 18354—2006）对运输的定义是："用专用运输设备将物品从一地点向另一地点运送。其中包括集货、分配、搬运、中转、装入、卸下、分散等一系列操作。"

在实际的物流作业中，运输是指物品借助不同的运力在空间上发生的位置移动。具体地讲，运输就是通过各种运输手段使货物在物流节点之间的流动，以改变"物"的空间位置为目的的活动，其中包括集货、分配、搬运、中转、装入、卸下、分散等一系列操作。虽然运输过程不产生新的物质产品，也不会增加"物"本身的价值，但它可实现物的空间转移效应，增加原有"物"的附加价值。

运输作为物流系统的一项职能，包括生产领域的运输和流通领域的运输。生产领域的运输活动，一般是在生产企业内部进行，因此称之为厂内运输。它是作为生产过程的一个组成部分，是直接为物质产品的生产服务的。其内容包括原材料、在制品、半成品和成品在各生产与储存节点间的移动，这种厂内运输有时也称之为物流搬运。

流通领域的运输活动，则是作为流通过程中的一个环节。其主要内容是对物质产品的运输，是以社会服务为目的，是完成物品从生产领域向消费领域在空间位置上的物理性转移的过程。它既包括物品从生产所在地直接向消费所在地的移动，也包括物品从生产所在地向物流网点的移动和由物流网点向消费（用户）所在地的移动。为了区别长途运输，往往把从物流网点到用户的运输活动称为"发送"或"配送"。将场地内部的移动称为"搬运"。本书所讲的运输，着重于流通领域内的运输。

1.1.2　运输在国民经济中的地位

在整个国民经济中，专门从事货物和旅客运营的运输业是一个独立的经济部门。运输在国民经济中的重要地位主要表现在以下几个方面。

1. 运输是经济发展的必要基础

交通运输是国民经济的基础，是社会再生产得以顺利进行的必要条件。马克思曾经指出，交通运输是社会生产过程的一般条件。为了完成货物运输，就要投入人类的劳动，包括活劳动和物化劳动。例如，运输工具、运输用能源，以及道路、港口、码头、机场、输送管道的建设等，还有活劳动的消耗。这就是说，为了促使物质产品使用价值的最终实现，必须要有运输这种追加劳动，它表现为一种生产性劳动，是生产过程在流通领域内的继续。交通运输业的生产目的就是保证最大限度地满足国民经济发展对物资、资源、商品等流通的需要，并要以最低的运输费用，最高的生产效率，最佳的服务质量来实现这个目的。因此，运输业作为一个独立的产业部门，在国民经济和社会发展中，处于"先行"的战略地位。只有通过交通运输业的各项业务活动，国家的全部经济活动和人民生活才能够正常、有保障地运行。

2. 运输是连接产销、沟通城乡的纽带

国民经济是由农业、工业、建筑业、运输业、商业等诸多部门组成的大系统，各部门之间既是相互独立的，又是相互联系、相互促进、相互制约的。交通运输在整个国民经济中是一个极为重要的部门，是国民经济的大动脉，是社会发展的一个重要条件，起着连接生产、分配、交换、消费各环节和沟通城乡、各地区和各部门的纽带和桥梁作用。马克思指出："在产品从一个生产场所运到另一个生产场所以后，接着还要完成产品从生产领域运到消费领域，产品只有完成这个运动，才是现成的消费品。"这就是说，社会再生产过程的循环，是通过交通运输这条纽带把各环节构成一个统一的整体，才使整个社会经济活动得以正常地运动和顺利地进行。

3. 运输是社会再生产活动的"先行者"

交通运输业的生产目的是保证最大限度地满足国民经济发展对物资流通的需要。因此，交通运输作为一个独立的经济部门，在社会再生产过程中处于"先行"的战略地位。只有通过运输业的活动，才能使社会经济活动得以顺利进行。把交通运输作为国民经济发展的"先行部门"就是这个道理。

4. 运输是保证生产、生活供应的基本条件

运输业作为国民经济的物质流通部门，是不同于工业、农业、建筑业等其他物质生产部门的，它不增加、不改变原有物质产品的使用价值，却能增加物质产品的部分附加价值。但是，随着我国市场经济的发展，市场活动日趋频繁，物质产品使用价值的最终实现，只有通过运输才能完成，运输业的滞后或与经济发展的不协调，都会阻碍整个经济的合理有序运行。所以，运输是满足生产建设、人民生活、实现社会生产目的的一个基本条件。

1.1.3　运输的特点

这里讨论的运输特征，是从运输业的角度来分析，而不是仅从物流角度进行的分析，这些特征可归结为六个方面。

1. 运输需要的派生性

运输不创造社会财富，同时还要消耗社会资源，运输的存在不具有自身的意义，所以运输的形成、存在与发展是源于社会对"物"流动的需要。这种由某种需要引申出来的其他需要被称为派生需要。引申出派生需要的"物"被称为本源需要。

派生性是运输需要的一个基本特征。在经济活动中，资源、物资、商品在空间上的位移一般不是目的而是手段，是为实现生产或生活中的某些其他目的而必须完成的一种中间过程。生产所用原材料的运输和产成品抵达销售地的运输等都是基于生产或消费的需要。这些都体现了运输是手段而不是目的（人的出行、旅游、出差等也属此类）。

2. 运输与生产、消费的相依性与超前性

运输以客户需要为基础，运输是以准时、安全将货物送达客户指定地点，为其自身的业务活动，所以，运输业的产出，就是将某种使用价值转移至客户需要的地方。运输业的规模、结构及发展水平必须与社会整体经济发展想一致，并适度超前。如近年来，我国高速公路里程的快速延伸、远洋船舶吨位的快速增加、机场的不断扩建、铁路运输的提速等，都是为满足经济与社会生活发展的需要。所以，运输业的独立、自我发展是没有实际意义的，它必须依赖于社会经济的发展，这就是运输与经济发展的相依性。同时为促进经济发展，运输业的发展一般会适当快于、高于经济发展的速度，这就是运输业发展的适度超前性。

3. 运输业的公共服务性

运输业的公共服务性，是指从宏观上看，运输业属于第三产业，它没有自己特定的服务对象，而是将服务对象定位于全社会范围内有货物移动需要的企事业单位、政府部门及社会公众。运输的公共服务性主要体现在以下三个方面。

（1）为保证社会物资在生产和流通过程中的需要而提供的运输服务。包括生产过程中的原材料、半成品、成品，以及流通过程中的各类商品等。

（2）为保证国家政权有效运转，所需要的各种物资的移动，以及人员交往对运输工具的需要。

（3）为保证人们在生产和生活过程中的出行需要提供运输服务。在现代生活中，此类运输服务的需要有不断增长的趋势。如我国铁路、民航等的客运量连年创新高（在本书中只涉及第一种需要及第二种需要的部分内容）。

4. 运输产品的无形性

运输业的劳动对象是货物（或人），与一般生产过程中的劳动对象不同，货物（或人）进入运输过程没有经过物理或化学变化取得新的使用价值形态，即经过运输不会增加劳动对象的原有数量（有时甚至会减少），而且也不会改变劳动对象所固有的属性，而是仅仅改变劳动对象的空间位置，从而改变了原有物（劳动对象）的存在状态，即生产加工、消费、储存或进一步流通等。因此，运输对象只发生空间位置和时间位置的变化，而本身没有产生实质性变化。运输生产只是为社会提供满足需要的某种效用，而不是生产实物形态的产品。因此，运输属于服务性生产，其产品可称之为无形产品，具体表现为货物（或人）在空间位置上的变化。

5. 运输产品的同一性

从运输业务看，各种运输方式的差别仅仅是使用不同的运输工具承载不同的运输对象，各类运输对象（物）具有不同的经济技术特征，在不同的运输线路上进行移动活动，运输对社会而言，具有相同的效用，各种运输方式生产的是同一种产品，即运输对象的位移。运输产品的数量有统一的客货运量（人、吨）和客货运周转量（人·千米、吨·千米）来描述。运输产品的同一性使得各种运输方式之间可以相互转移、补充、协调、代替，形成一个有效的综合运输系统。

6. 运输产品的非储存性

工农业产品的生产和消费，可以在时间上和空间上表现为两种完全分离的行为：一个时间生产的产品可以在另一个时间消费，某个城市生产的产品可以在另一个城市消费，淡季生产的产品可以在旺季销售。但是运输业的生产过程和消费过程不论在时间上还是空间上都是不可分离地结合在一起的，也就是说，运输产品不可能被储存用来满足其他时间和空间发生的运输需求。运输产品的这一特征表明，运输产品不能长期储存。只有在运输生产能力上做一些储备，才能满足国民经济增长和人民生活改善对运输需求增加的需要。

1.2 运输的功能与原理

1.2.1 运输功能

从物流管理角度看，运输主要提供两大功能：物品移动和短时储存。

1. 物品移动

运输的主要目的就是以最短的时间、最低的成本将物品转移到指定地点。无论物品在什么状态下，如材料、零部件、装配件、在制品、半成品，不管是在制造过程中将被移到下一道工序，还是产成品处于接近终端的顾客，运输都是必不可少的。运输的主要功能就是在产品价值生成过程中，在产品链中实现位移，运输通过改变货物的地点与位置而创造出价值，这是空间效用。运输还能使货物在需要的时间内到达目的地，这是时间效用。运输的主要职能就是以最少的时间将货物从原产地转移到目的地，完成产品的运输任务。

2. 短时储存

运输的另一大功能就是对物品、货物等的短时储存，在运输工具上的、在运输期间的各类物资等都被理解为短时储存。也就是说，将运输工具（车辆、船舶、飞机、管道等）作为临时的储存设施。如果转移中的物品需要储存，而在短时间内还需重新转移，装货和卸货的成本也许会超过储存在运输工具中的费用，或在仓库空间有限的情况下，这时，可采用迂回路径或间接路径运往目的地。尽管使用运输工具储存产品可能是昂贵的，但如果从总成本或完成任务的角度来看，考虑装卸成本、储存能力的限制等，使用运输工具储存货物有时往往是合理的，甚至有时是必要的。只不过物品是在运输工具上或在移动过程中，而不是处于纯粹的库存或闲置状态。

1.2.2 运输原理

指导运输管理和营运的两条基本原理分别是规模经济和距离经济。

1. 规模经济

运输规模经济的特点是随装运规模的增长，使单位重量的运输成本降低。例如，整车运输（即车辆满载装运）的每单位成本低于零担运输（即零散货物凑成整车）。就是说诸如铁路和水路等运载能力较大的运输工具，它每单位的费用要低于汽车和飞机等运载能力较小的运输工具。运输规模经济的存在是因为转移一票货物有关的固定费用（运输订单的行政管理费用、运输工具投资和装卸费用、管理及设备费用等）可以按整票货物量分摊。另外，通过规模运输还可以获得运价折扣，也使单位货物的运输成本下降。规模经济使得货物的批量运输显得合理。

2. 距离经济

距离经济是指每单位距离的运输成本随距离的增加而减少。距离经济的合理性类似于规模经济，尤其体现在运输装卸费用上的分摊。如 800 公里的一次装运成本要低于 400 公里两次装运的成本。运输的距离经济也指递减原理，因为费率或费用随距离的增加而减少。运输工具装卸所发生的固定费用必须分摊到每单位距离的变动费用中。距离越长，平均每公里支付的总费用越低。

在评估各种运输决策方案或营运业务时，这些原理是必须考虑的因素。其目的是要在满足客户服务期望的前提下，实现装运规模和距离的最大化。

1.3 运输与物流的关系

运输本身是物流的一个基本职能环节，是物流的组成之一，从这一点上看，物流与运输是从属关系，物流是大范畴的，而运输是小范畴的。同时，运输是物流最重要的职能之一，运输的水平决定着整体物流的可实现程度，从这一点上看，二者又是相互依赖和制约的关系。

1.3.1 运输与物流的区别

物流是为满足用户需要而进行的原材料、中间库存、最终产品及相关信息从起点到终点间的有效流动，以及实现这一流动而进行的计划、管理、控制过程。物流过程包括包装、装卸、运输、储存、流通加工、配送和信息处理等内容。运输在物流过程中承担了改变空间状态的主要任务，它是改变物品空间状态的主要手段。运输再配以搬运、配送等活动，就能圆满地完成改变物品空间状态的全部任务。从概念中可以看出，运输只是物流过程中的一个组成部分。

现代物流体现了系统性、综合性和总成本控制的管理思想。它将市场经济活动中的所有供应、生产、销售、运输、库存及相关的信息流动等活动视为一个具有动态性的整体系统，它关注的是整个系统的运行效率和效益。物流的效率与效益是整个物流过程的综合反映，因此，物流的现代化水平往往是整个国家综合国力的重要标志之一。另外，物流突出了市场服务的理念，一切从客户的需要出发。专业物流企业通过不断提高服务水平来取得竞争优势，争得市场份额。所以，应从以下几方面考查物流与运输的主要区别。

1. 对"物"的控制不同

物流的仓储、运输、配送是以企业的生产、销售计划为前提的；而运输是由客户需求决定的。所以，生产的精益化、准时制等管理模式要求物流服务时间上的精确化，因此产品的实物流动快或慢、接取送达的早或晚都是由物流系统控制的。物流管理与运输的最大区别就在于"物"运动的全过程是由系统计划控制，而运输则是由客户需求控制（当然客户既可以是供应链系统的内部客户，也可以是外部的社会客户）。

2. 运行计划的执行与调整

物流服务的作业过程是整个物流系统中各职能环节的联动，是依据整体物流计划进行，如需调整，也是整体系统各环节、各部门的共同调整，以此保证物流系统运行的协调。

运输作为物流的一个职能环节，其运行则完全服从于整体物流计划；如果运输作为一个独立的系统运行，则其运行计划服从于社会对运输的需求和运输本身所具有的运输能力及可实现的运输水平。

3. 服务范围的不同

物流服务是对客户的"物"进行全流程的、高质量的服务，物流服务质量有标准但没有极限，它可表现在每一个作业节点上。在服务过程中，凡是客户需要的地方都应根据自身的能力，给予适度的服务，尽可能满足客户的要求。它具体可包括物流的各个职能环节如包装、储存、流通加工等。

而运输服务不论是作为物流的一个环节，还是独立运营，都仅表现为对货物的运达服务，其质量标准也表现为：准时、安全。

4. 运营中营销管理的不同

从企业职能上讲，物流企业要强化营销管理，以争取客户，并逐步形成战略协作关系，以实现物流企业长期、稳定的客户群（即服务对象），这种营销管理不着眼于一次业务或一笔合同的签订，而是为用户设计一整套最优化、最经济的产品物流方案，使客户能通过物流业务外包获得实实在在的利益。

独立的运输企业也要强化营销管理，但它只需根据客户的要求，完成送达任务，并不断提高运输服务的水平，它所考虑的只是运输环节上的实施方案，以及与其他环节的有效协调，而不需要全方位、系统的优化方案。

5. 发展战略的不同

物流服务的基本战略就是跟随型战略，即保持与服务对象，特别是具有战略合作伙伴关系的大客户的关系，依据服务对象的发展战略来调整自己的运营决策和发展战略，并不断提高对客户服务的水平，以保持和发展与大客户的战略协作关系。

而运输则是根据整体经济（或区域经济）发展的规模或趋势，制定自己的发展战略，以促进整体物流服务水平提高。

1.3.2　运输与物流各环节的关系

1. 运输与包装的关系

货物的包装材料、包装规格、包装方法等都不同程度地影响着物流运输。因为货物包装的外廓尺寸应该充分与运输车辆的内廓尺寸相吻合，当构成可约倍数时，车辆的容积才可以得到最充分的利用。这对于提高货物的装载率有着重要意义，将给物流水平的提高带来巨大影响。其具体做法就是实现标准化包装。

2. 运输与装卸搬运的关系

装卸搬运活动是伴随物流运输全过程的作业。一般来说，物流运输发生一次，至少伴随两次装卸搬运活动，即物流运输前后的装卸搬运作业。货物在运输前的装车、装船等活动，如果工作组织得力，装卸搬运活动开展顺利，就可以使物流运输工作顺利进行。当货物通过运输到达目的地后，装卸搬运为最终完成运输任务作补充劳动，使物流运输的目的最终实现。装卸搬运还是各种运输方式的衔接手段。

3. 运输与储存的关系

储存保管是货物的停滞状态，是货物投入加工或消费前的准备。货物的储存量虽然直接取决于需求量，但货物的运输也会给储存带来重大影响。如当仓库中储存货物数量相对固定，而加工或消费领域又对其急需时，运输就成了保证供应的关键。如果运输活动组织不善或运输工具不得力，则会出现停工待料或脱销，或者企业日常增大货物储存量，以备急需，这样不仅增加资金占用，而且还会造成货物损耗增大。

4. 物流运输与配送的关系

在企业的物流活动中，将货物大批量、长距离地从生产工厂直接送达客户或配送中心称为物流运输；货物再从配送中心就近发送到地区内各客户手中称为配送。两者的区别可以概括为以下几方面，如表 1-1 所示。

表 1-1　物流运输和配送的区别

项　　　目	运　　　输	配　　　送
输送线路	干线运输，距离长	末端运输，距离较短
商品品种	少品种，大批量	多品种，小批量
运输工具	五种运输工具均有，运载量大	多为中小型汽车
管理目的	主要是效率优先	主要是服务优先
附属功能	装卸搬运，作业较为单一	装卸、保管、包装、分拣等，作业复杂

1.3.3　运输在物流中的作用

运输是物流的主要职能之一，也是物流过程各项业务的中心活动。物流过程中的其他各项活动，如包装、装卸搬运、物流信息等，都是围绕着运输进行的。可以说，在科学技术不断进步、生产社会化和专业化程度不断提高的今天，一切物质产品的生产和消费都离不开运输。物流合理化，在很大程度上取决于运输合理化。所以，在物流的各项业务活动中，运输是关键，起着举足轻重的作用。运输工作是整体物流工作一个重要环节，搞好运输工作对物流的作用可以体现在以下方面。

1. 运输是物流系统功能的核心

物流系统具有创造物品的空间效用、时间效用、形式效用的三大功能（或称三大效用）。时间效用主要由仓储活动来实现，形式效用由流通加工业务来实现，空间效用通过运输来实现。运输是物流系统不可缺少的功能。物流系统的三大功能是主体功能，其他功能（装卸、搬运和信息处理等）是从属功能。而主体功能中的运输功能的主导地位更加凸显出来，成为所有功能的核心。

2. 运输影响着物流的其他构成因素

运输在物流过程中还影响着物流的其他环节。例如，运输方式的选择决定着装运货物的包装要求；使用不同类型的运输工具决定其配套使用的装卸搬运设备及接收和发运地（如站台、码头、机场、货栈等）的设计；货物库存储备量的大小，直接受运输状况的影响，发达的运输系统能比较适量、快速和可靠地补充库存，以降低基本储存水平。

3. 运输费用是物流费用中的决定因素

在物流过程中，直接耗费活劳动和物化劳动，它所支付的直接费用主要有运输费、保管费、包装费、装卸搬运费和物流过程中的损耗等。其中，运输费用所占的比重最大，是影响物流费用的一项决定性因素。

通过合理运输来降低物流费用，提高物流效率，可以说，运输是发挥物流系统整体功能的中心环节，特别在我国交通运输业正在大发展的情况下更是如此。因此，在物流的各环节中，如何搞好运输工作，开展合理运输，不仅关系到物流时间占用的多少，而且还会影响到物流费用的高低。不断降低物流运输费用，对于提高物流经济效益和社会效益都起着重要的作用。所谓物流是企业的"第三利润源"，其意义也在于此。

4. 运输合理化是物流系统合理化的关键

物流合理化是指在物流各子系统合理化的基础上形成的最优化物流系统的总体功能，即系统以尽可能低的成本创造更多的空间效用、时间效用、形式效用。或者从物流承担的主体来说，以最低的成本为用户提供更多优质的物流服务。运输是物流各职能的基础与核心，直接影响着物流各个子系统，只有运输合理化，才能使物流结构更加合理，总体功能更优。因此，运输合理化是物流系统合理化的关键。

1.4　物流中运输的构成

把握好物流运输中参与者的构成是做好物流运输服务的基础工作之一，本节将对物流运输参与者的构成作专门介绍。

1.4.1　物流中运输的参与者

运输服务也是一种以盈利为目的的商业交易活动，但它与一般的商品交易不同，一般的商品交易大多只涉及买卖双方，而运输服务往往要受到五个方面的影响。它们是托运人（起始地）、收货人（目的地）、承运人，以及政府和公众不同程度的参与。

为了加强运输管理，了解运输决策机制，考查这五方面各自的作用和影响有助于理解运输环境的多样性和运输决策机制的复杂性。

1. 托运人和收货人

托运人和收货人是运输服务和运输利益的最直接参与者和获益者，它们的共同目的就是在规定的时间内，以尽可能低的成本将货物从起始地转移到目的地。他们有较多的共同利益，所以，他们最关注运输服务中各个环节的服务质量，具体包括以下几方面：托运手续的方便性、提取货物和交付货物的安全、准时等，预计运输时间的可靠性和准确性，货物损失率及精确和适时的交换装运信息和凭证签发等，这些作业活动的质量优劣都会直接影响托运人和收货人的实际利益。

2. 承运人

承运人就是运输部门，作为中间环节，它们希望以最低的作业成本顺利完成运输任务，同时获得更大的运输收入。因此，在实际业务中承运人希望收取或提高运费，并尽可能地降低运输过程中的各种费用，如运输设备的使用、劳动成本的支付、燃料及其他支出的减少等，同时承运人还希望获得时间和批量运输上的机动性，如交、提货时间的灵活有利于降低成本，批量化运输也节约运力和支出，这些都是承运人所关心的，因为高收费，低消耗是运输行业加大利润空间的主要选择。

而托运人（或收货人）则希望在确保货物安全的前提下支付尽可能低的运费，这就是低付费，高保证（高保证是要增加运输成本的）。所以，二者的利益差距是显而易见的，但同时二者又都希望实现双方的合作，这是双方获利的共同基础。

3. 政府

如前所述，由于运输对整体经济的重要作用和影响，所以政府要维持运输中的合理、均衡和高效率。政府期望形成稳定而有效率的运输环境，以保证对经济增长的强有力支持，使产品有效地转移到全国乃至全球的各个市场。为此，政府要适度地干预运输，特别是承运人的活动，以防止高度趋利行为带来的负面社会效应，这种干预往往采取法律、规章、制度、或政策促进，或政府直接承担承运人的部分职责等方式，管理和规范承运人等的行为。政府通过限制承运人所能服务的市场或确定它们所能收取的价格来规范它们的行为；通过支持研究开发或提供诸如公路或航空交通控制系统之类的通行权来促进运输业的发展和承运人盈利水平的提高。

4. 公众

经济发展的最终受益者是公众，运输业亦然。所以，公众最关注运输的可达性、费用和效果，以及环境上和安全上的标准等。公众按合理价格产生对商品的需求，并最终决定运输需求量的大小。尽管最大限度地降低成本对于公众来说是重要的，但与环境和安全标准有关的运输代价也必须考虑。尽管目前在降低污染和运输安全方面已有了较大的发展与提高，但污染等产生的影响仍是运输中的严重问题。既然要把降低环境风险或运输工具事故的成本转嫁到消费者身上，那么它们必然会共同参与对运输的安全作出判断和决策。

显然，各方的参与使运输关系变得很复杂，运输决策也很复杂。这种复杂性要求运输管理者需要考虑多方面的因素，顾及各个方面的利益。

1.4.2 运输服务的提供者

运输服务是由各种提供者在社会范围内的有机配合共同提供的。主要包括单一方式经营人、专业承运人、联运经营人和非作业性质的中间商。

1. 单一方式经营人

最基本的承运人类型是仅利用一种运输方式提供服务的单一方式经营人，这种单一方式，能提高服务的集中度，使承运人业务高度专业化，这样可相对提高经营者的运营能力和运营效率。航空公司就是单一方式的货运或客运承运人的典型例子，它们只提供机场至机场的服务，托运人或旅客须直接前往机场和离开机场。

2. 专业小批量货物承运人

对于那些批量小、品种多的货物，由于在装运、交货和运输中易产生问题。那些从事大批量运输服务的公共承运人，很难提供价格合理的小批量货物装运服务，而且服务质量相对较低。于是那些提供专门化小批量服务的公司就乘机进入小批量装运服务市场或包裹递送服务市场。在美国如 UPS 公司、联邦快递、DHL 等，在我国也出现了很多这样的承运人，如中国邮政快递、宅急送和各种类型的快递公司。

3. 联运经营人

联运经营人使用多种运输方式，利用各自的内在经济，在最低成本的条件下提供综合性服务，组成托运人眼中的"一站式"服务。对于每一种多式联运的组合，其目的都是要综合各种运输方式的优点，以实现最优化的绩效。现在人们越来越强烈地意识到多式联运将成为一种重要的手段来提供有效高效的运输服务。

4. 中间商

运输服务的中间商通常不拥有运输设备或直接经营运输业务，但向其他厂商提供经纪服务，它们的职能多少类似于营销渠道中的批发商。中间商通常向托运人提供的费率在相应的装运批量上低于专业承运人的费率。中间商的利润是向托运人收取的费率和向承运人购买的运输服务成本之间的差额。货运中间商可以使托运人和承运人有机结合起来，既方便了小型托运人的托运活动，同时也简化了承运人的作业行为，并且可以通过合理安排运输方式，避免物流运输资源的浪费。运输服务中间商主要有货运代理人、经纪人和托运人协会等。

货运代理人（简称货代）是把来自各种顾客手中的小批量货物装运整合成大批量装载，然后利用专业承运人进行运输。在目的地，货运代理人把大批量装载再拆成原来的小件装运量。货运代理人的主要优势在于大批量的装运可以获得较低的费率，而且在很多时候可以使小批量装运的速度快于个别托运人直接和专业承运人打交道的速度。货运代理人是社会分工的产物，它有以下优点。

（1）使专业承运人的规模经济效益提高，货代可以使小批量货物集中到达发运地，便于整合运输。

（2）缩短专业承运人发出货物的时间，这样可减少货物在专业承运人处的储存时间，提高作业效率。

（3）使托运人的发货时间缩短，货代收集的大量货物可以让专业承运人快速发货而不必等待集货发运。

（4）货代收集的大量货物可以使货物集中一次发运到目的地，不用中途重新装运，减少货物二次装运的破损率和时间消耗。

托运人协会在作业方式上类似于货运代理人，把小批量的货物装载整合成大批量的装载可以获得成本经济。然而，托运人协会是自愿组织起来的非营利实体。一些成员在频繁购买货物的地点设立办事处，办事处累计货运量，整合后运往成员所在地。每一位成员支付其自己部分的装运费用，再加上按比例分摊的协会固定费用。同时托运人协会还可以有效地进行内部的作业和专业化分工，有助于集货效率的提高。

经纪人：经纪人实际上是运输代办，大多是精通或具有运输业务知识和能力的人，但它们多不具备独立经营的经济、资源或资金实力，它们为供求双方提供服务，通常按佣金条件进行经营。主要协调托运人、收货人和承运人之间的运输安排。还可以提供诸如装运配载、费率谈判、结账和跟踪管理等专业职能工作。

1.5 运输市场

如前所述，运输就是通过运输手段使货物在不同地区或各个物流节点之间流动，以改变"物"的空间位置，以满足客户需求为目的的活动。

1.5.1 运输市场的含义

所谓运输市场是运输生产者和运输需求者之间进行运输产品交易的场所和领域，是运输活动的客观反映。

狭义的运输市场指的是运输承运人提供运输工具或运输服务来满足货主对运输需要的交易活动场所，即进行运输能力买卖的场所。

广义的运输市场，是指一定地区对运输需求和供给的协调与组织，包括一定的交易场所、较大范围的营业区域和各种直观或隐蔽的业务活动。

运输市场的形成是客观上存在对运输的需要，有了合适的运输工具及有可供运输工具运行的铁路、公路、航道和港站等，即存在着为满足运输需求而提供的设施和劳务。因此运输市场表现为在相当广阔的空间里，在一定时间的推移中实现运力的需求和供给，从而完成货物位移。

运输作为人类社会的基本经济行为古已有之，如同人类社会的三次大分工一样，只是当运输从生产与生活的辅助活动中逐步独立出来后，才逐步形成运输行业，但其服务于生产和生活的性质并没有改变，仍属于服务行业或第三产业范畴。运输市场则是随着运输规模的不断扩大，运输需求和供给产业化、商业化体系的不断完善，而逐步形成和发展起来的，它的作用通过市场机制的调节得以发挥，它的运行是在市场规律作用下进行的。

1.5.2 运输市场的分类

为了做好运输的管理工作，需要了解不同类型运输市场的经济特征，并有针对性地进行市场调查与分析研究，首先要了解运输市场的基本分类。主要包括以下几种分类方法。

1. 按行业划分

在细分的产业市场中，运输业可分为铁路运输市场、水路运输市场、公路运输市场、航空运输市场、管道运输市场。这种分类可以用于研究不同运输方式的特点，市场运作及竞争模式，如综合运输体系、运价体系的形成和各种运输方式之间的竞争等。

2. 按运输对象划分

根据"物"的特点可将运输市场分为货运市场、客运市场、装卸搬运市场。货运市场还可细分为钢材运输、木材运输、生活用品运输等，货运市场对国民经济动态较为敏感，对安全、质量和经济性等要求较高。而客运市场则与人民生活水平和国际交往有关。对运输的安全性、快速性、舒适性和方便性等要求较高。而装卸搬运市场是伴随运输过程的二级服务市场，是"物"移动中的必要作业，而今独立执行装卸职能的装卸公司也已形成自身的运行体系。

3. 按运输范围划分

这是以地域为特征的分类，可分为国内运输市场，如铁路运输市场及江河运输市场、沿海运输市场、公路运输市场；国际运输市场，如国际航运市场、国际航空运输市场等。这种分类在全球化的今天已越来越模糊，国际化运输已成发展主体。

4. 按供求关系划分

这是与企业经营环境相关的分类方法，可分为买方运输市场和卖方运输市场。在供不应求时，货主的需要常常得不到满足，以运定产的现象经常发生，迫切需要运输生产能力的发展与提高。

而供过于求时，又会有大量的运力闲置而得不到充分利用，造成运输资源的浪费。

在我国经过三十余年的发展，运输资源的保有量，运输能力都有了极大的提升，但供求矛盾或不均衡仍是常态，其主要原因：一是生产对运输的制约；二是运输市场的内在管理水平问题，运输企业应适应买方与卖方市场环境的转换与变化，而采取不同的经营管理规划和管理策略。

5. 按运输需求的弹性划分

这种分类对运输企业的运价决策和企业对市场变化的快速反应有积极作用，可分为富有弹性的运输市场和缺乏弹性的运输市场。在富有弹性的运输市场中，运价的变动对运输量的影响较大，运价在某种程度上是调整运输市场平衡的重要工具。

在实际经营中运输企业必须保持对运输货物弹性的高度关注，以随时调整自己的运输战略。

1.5.3 运输市场的特征

运输市场是整个市场体系中的重要市场，它是运输生产者与需求者之间进行商品交换的场所和领域。运输市场具有第三产业服务性市场的特征，这些特征表现如下。

1. 运输市场的无形性和服务性

运输市场上交换的是不具形态的服务产品，与一般商品市场交换的异同点如下。

（1）在运输服务的购买与提供过程中也发生像普通商品交换那样的所有权转移，但是运输服务的购买者取得这种所有权后，不能消费具体的物质产品，而只是改变货物在空间和时间上的存在状态，它包括货物的具体数量、起运和到达的具体时间、地点等，其中价格的形成、客户评价等，与一般商品交换无异，同样是以市场交换和供求为基础。

（2）客户所购买的运输服务，虽然也是一种消费行为，但它不是物质产品的消费，而是对无形的运输服务的一种消费，并获得商品移动所带来的利益。

无形性与服务性是运输市场的基本特征，它决定了运输产品的价格取决于客户对运输质量、时间、安全、可靠性等的评价。

2. 运输市场的波动性

由于生产的自身规律，如季节生产，常年消费；常年生产，季节消费等原因，使运输市场形成较强的规律性波动性。一般来说，价值规律在一定程度上能促使市场供求的均衡发展和供求双方矛盾的调和，使供求关系在质量、种类等方面能逐步趋于均衡。但由于社会对运输需要的多样性和不平衡性，加之运输业的先行地位和自身发展的"适度超前"等，以及整个经济结构的制约（如我国东部强大的加工能力与西部的资源优势），都使得现有运输市场很难实现协调与均衡发展，而供求上的不均衡波动则是普遍存在的。

而且，运输劳务本身不具有实物形态，不可能储存待售，不像有形产品那样可通过储存来调节市场的供求波动。一定的运输能力一旦形成，如果不使用，则只能带来运力的浪费；反之，运输需求超出现有运输能力时，运输能力是无法快速扩张的，而只能是供不应求。所以运输市场的波动是必然的，而管理者的任务则是把握好运输市场波动的规律，利用市场机制进行有效调节，使运输市场在供求上力求趋向均衡或使不均衡波动的界限控制在合理的范围之内。

3. 运输产品的可替代性较强

由于运输"产品"的高度同质性，即货物移动，所以不种运输方式之间，同一运输方式内部竞争必然激烈。在具体的运输市场上，不同运输生产者的竞争，不仅发生在同一部门内部的不同企业之间，也发生在不同的运输方式之间。同一运输服务可以由不同的运输方式提供，在现代运输业中，铁路、公路、水路、航空、管道等多种运输方式都可以实现货物位移，并行的几种运输方式可以提供数量相同，但质量（如运输速度、舒适度、方便度等）不同的运输服务，因此，运输服务的可替代性很强，客户有广泛的选择空间。可以互相替代的运输方式共同组成运输市场的供给方，它们之间存在着竞争关系，而且要根据提供运输服务质量的差别保持一定的合理运价比。为促进各种运输方式的协调发展，充分发挥各自的优势，防止盲目竞争，需要国家对运输业进行宏观调控和系统规划，打破条块分割、部门各自为政的局面，以便优化资源配置，发展综合运输。

4. 运输市场的区域性较强

运输市场中由于设施、设备的固定性，使其形成区域性特点，这种特点易带来以下两种经济现象。

（1）在市场的空间布局上存在着不同程度的自然垄断，各种运输方式在自己的优势领域保持着一定的独占性。特别是铁路和航空等运输方式有自己高度集中的生产指挥系统，铁路和管道在线路方面的独占性又使其自然地产生垄断性的经营特点，容易形成垄断的市场恰恰最不容易成为比较完善的市场，因此各国一般都对运输市场加以严格管制。

（2）运输市场具有一定的服务半径，超出这个半径范围，企业的经济效益就会急剧下降，这就是距离经济的原理（前已有述）。

5. 运输市场空间上的广泛性和复杂性

运输是几乎面向所有物质产品的服务（本书不讨论对人的服务），所以运输服务进行交换的场所是纵横交错、遍布各地的运输线路、车站、码头、机场，这些线路和节点连接城乡，跨越省区，超越国界，相互贯通，交织成网。运输市场中的交换主要集中在车站、码头、机场等地；但又分散在生产、生活的所有环节上，哪里有货物运输需求，哪里就会有货运交易的场所。不同的运输方式可以为同一商品的运输服务；同时，同一运输方式也可为不同商品运输服务，这就构成了运输市场本身的广泛性和复杂性。

6. 运输市场不能以储存来调节供求

在运输市场中，运输服务的生产、消费具有同步性。货物是和运输工具一起运行的，并且随着运输工具的场所变动而改变其所在的空间位置。由于运输劳动所创造的产品在生产过程中同时被消费掉，因此不存在任何可以存储、转移或调拨的"产品"。所以，运输服务的供给只能表现在各种运输方式的现实运输能力之中，不能以储存、调拨的方式来对运输供求状况进行调节，而只能以提高运输效率或新增运输能力来满足不断增长的运输需求，而一旦需求下降，一些过剩的供给能力就会闲置起来。运输市场的这一特点说明，运输业的规模不是以社会某一时点的最大需求为标准，而是以稍高于平均需求的规模为标准，否则过大的运输规模会造成运力不合理闲置，或劳动效率的降低。

1.5.4　运输市场的竞争

市场经济本质上是一种竞争经济，竞争机制在其中起着重要的作用。竞争机制就是在市场经济条件下必须建立的优胜劣汰的机制。即通过竞争促使企业之间优化资源配置，更好地参与市场化经营。随着市场机制的不断发育和完善，运输市场将会呈现出更加激烈的争夺。怎样看待和评价我国运输市场中的运输竞争，如何在竞争中规范各类主体的行为，鼓励和促进企业间的有效竞争，防止和避免不良竞争给交通运输企业和整个社会造成的危害，这是我们在大力发展运输业，繁荣运输市场过程中必须引起高度重视的问题之一。因此，加强对运输竞争的研究，探讨竞争机制，这对实现运输资源的有效配置、合理调整运输结构、增强运输企业的竞争力，使运输业更好地满足国民经济和社会发展的要求具有重要的现实意义。

1. 运输市场中运输企业所面临的竞争

在各种竞争中，运输企业所面临的竞争，具有其特殊性，它不仅要参与不同运输方式和同类运输方式之间的运输市场竞争，还要参与到多元化经济的市场竞争中去，即它要在"两个市场"中展开竞争。在目前的运输市场竞争中，任何一个运输企业，都要根据运输市场的需求，在企业现有的条件下，向社会提供各种不同的运输服务方式，并通过不断变换自己的运输对象、运输工具、运行路线、停靠站点、运输货物到发时间、运行组织方式等来满足货主与不断变化的运输需求，与其他运输企业进行竞争。

运输竞争能力是考核运输企业的最基本指标，它是指运输企业争取用户、争取市场的能力，它由运能、质量、价格、信誉、服务五个要素构成。其中价格和服务要素是构成运输市场提升竞争优势的两个基本要素。

（1）运输价格。价格因素的合理调节和运用是运输企业提升其竞争优势、把握市场竞争力的基础。在当前的运输市场竞争中，合理的运输价格和服务收费是市场竞争制胜的关键，在运输方式相似的情况下，运价的高低会影响到企业的竞争力和市场份额。运价较低者就可能有更强的竞争力，有可能占有更多的市场份额。运价是货主选择承运人的重要因素之一。这也就是说价格优势对企业具有重要的影响。

所谓价格优势主要是指运输企业在为客户提供同等服务时，所能制定的相对低的价格。为争得货源竞相采取低价政策是我国各种运输企业价格竞争的特点。问题的关键是如何获得这种低价竞争的优势？从理论和实践来看加强企业管理、压缩运输成本的"成本领先"策略应该是一条有效的途径。这里所谓"成本领先"，是要以先进的技术为基础，以科学管理为手段，通过集约化、规模化、高效化经营来达到合理的保本有利的运价来投入运输竞争，以薄利多销达到聚沙成塔之效。显然，要达到"成本领先"、降低运输价格的目的，技术创新是运输企业的主要驱动力之一，这点已在我国当前运输市场的竞争中得到充分的体现。各类运输企业不断采用高新技术来提高运输速度，使用先进适用的运输工具来扩大运输能力，正是源于价格竞争力因素的驱动。

（2）服务质量。服务质量的不断改进和提高是运输企业提升其竞争优势、提高竞争力的核心内容。运输企业的服务优势主要是指为货主所能提供的各类服务的水平。服务优势的核心是服务质量，服务质量的竞争在运输中主要表现为：安全、准时、快捷、方便及服务设施等方面。在货物运输中考虑的主要是正点交付、货损和货差较少、便捷性、可靠性、联运直达等。应该说，在价格浮动空间受到限制的情况下，服务质量的竞争显得尤为重要。当前，我国各种运输企业在服务质量方面的竞争主要是通过广泛推行服务承诺，改善服务设施，改进服务方式，增设服务项目等来创造企业的服务优势和提升企业的竞争能力。如公路运输企业借高速公路大发展之机，提出"地面运输，航空服务"的口号，充分利用公路自身优势，提供快捷、方便、门到门的优质服务。正是由于各种运输企业在创造价格和服务优势方面的不断探索，其结果大大地推动了运输新技术的广泛采用，提高了劳动生产率，降低了运输成本，促进了运输服务质量的全面改善和提高。服务质量是企业在竞争中制胜的法宝，也是判断一家运输企业服务水平高低的最主要凭据。运输企业的产品也要重视其质量的好坏，在运输市场上谁的服务质量高，谁能够为货主提供更方便的条件，谁就容易吸引更多的货主，占有更多的市场份额。服务质量也是货主选择承运人的重要因素之一。

2. 建立运输市场公平和有效竞争机制

在市场机制条件下，优胜劣汰是必然规律。但是，由于运输是国家重要的基础产业且运输设备代表着国家固定和专用资产的巨额投资，在固定资本比重很大，又具有闲置能力的情况下，如果听任运输市场中的不良竞争，对国家和社会所造成的负面影响和损失将是难以估量的。从这个意义上看，国家对运输业发展给予适当的规划和引导，对运输市场的竞争进行必要的规范和管制，以此促进有效和公平的竞争，具有极其重要的影响作用。

（1）国家要进一步加大对运输市场的宏观调控力度，通过建立和健全规范运输市场竞争的法制，使运输市场公正、有序的竞争，并具有法律环境的支持。

这主要包括两方面内容。一是要通过制定若干制度性的市场规则，对运输市场及其行为主体作出某些强制性的规定。如制定一系列承认并保护运输市场正当竞争的法律规范，建立健全有关交通运输企业法、交通运输安全法等法律法规，以确保运输市场中的各利益主体在一个明确和规范化的市场框架里自由经营。二是要根据运输市场活动情况制定一套商业法则和条例，用以确定进入运输市场的各利益主体行为的市场规则，达到拆除阻碍市场机制自行正常运转的障碍来确保市场竞争的公平与效率的目的。

（2）严格运输市场的准入制度，加强对运营过程中各项规章制度的检查、监督与落实。

这主要是指对运输的设备条件、经营者的资格条件，特别是从事各类运输工具的驾驶人员了解和掌握交通规则等方面进行的严格管理。除此以外，还必须对各种运输设施的建设、运输工具的制造等确立严格的设计规范和技术标准，对投入运营后相应的养护制度和安全检查制度等的督促落实，以确保运输市场的安全与秩序，确保对社会公众利益的有效保障。

（3）要通过制定合理的运输发展政策，科学规划各种运输方式的交通基础设施建设发展的战略布局，引导各种交通运输方式有序竞争、协调发展。

　　交通基础设施的建设既要加快发展，又要合理布局、系统配套，发挥综合效益。为此，国家有关职能部门要根据可持续发展及国民经济和社会发展的实际需要，严格交通运输设施、项目等的审批制度，对不进行可行性研究，不顾运输成本，不讲究社会效益和经济效益的投资项目一律不予审批，从源头上控制和避免盲目建设、重复建设的问题。要在权衡各种运输方式在国民经济和社会发展过程中的地位和作用的基础上，合理规划交通资金投入。

　　（4）要支持和鼓励各种运输方式，通过运输协作来充分发挥各自的供给优势，取长补短，在竞争中综合协调地发展。

　　由于各种运输方式都有各自的功能和适用范围，都有最适合的优势领域，彼此不能相互取代。因此，应根据社会经济和运输市场发展的需要，支持和鼓励各种运输方式间的运输协作，通过运输协作来填平运输方式之间技术优势的间断部分，使运输供给特性具有更好的连续性，从而在更大程度上来满足各种运输需求，避免运输企业间的不良竞争。必须指出的是，为满足社会经济生活对人与货物高效率空间位移的需要，各种运输方式间的互相衔接、协调发展，即交通运输一体化正在成为世界运输业发展的主要趋势。更为重要的是，运输企业通过运输协作可以扩大自己的市场联系范围，增加长期稳定的货源。同时，也有利于降低运营成本，提高运输效率，避免不良竞争给国家和社会带来的危害。因此，积极鼓励和促进运输一体化并提供相应的政策和法律环境的支持，应当成为国家宏观运输发展政策中的一项重要内容。

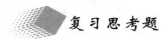 复习思考题

一、基本概念

运输　物流　运输市场　运输的规模经济　运输的距离经济

二、选择题

1. 运输规模经济的特点是随着装运规模的增长，单位重量的货物（　　）。

A. 运输成本不变　　　　　　B. 运输成本降低

C. 运输成本增长　　　　　　D. 运输成本不确定

2. 每单位距离的运输成本随距离的增加而（　　）。

A. 增加　　　B. 减少　　　C. 不变　　　D. 不确定

3. 物流管理与运输的最大区别是（　　）。

A. 物流服务是为企业营销进行的创造性设计

B. 物流服务在时间上的弹性调整

C. "物"运动的全过程由系统计划控制

D. 物流服务在范围上的延展性

4. 运输在物流过程中承担了改变货物（　　）的主要任务。

A. 空间状态　　　　　　　　B. 时间状态

C. 商品性质　　　　　　　　D. 包装状态

5. 货运代理人的主要优势在于（　　）。

A. 大批量的装运可以获得较低的费率

B. 缩短专业承运人发出货物的时间

C. 使专业承运人的规模经济效益提高

D. 使托运人的发货时间缩短

6.（   ）通常是指不拥有或经营运输设备，但向其他厂商提供经纪服务，其职能类似于营销渠道中的批发商。

A. 单一方式经营人   B. 专业承运人

C. 中间商   D. 联运经营人

7. "第三利润源"是指（   ）。

A. 降低原材料成本   B. 提高劳动生产率

C. 降低物流费用   D. 降低交易费用

8. 物流系统的主体功能包括（   ）。

A. 形式效用   B. 信息处理

C. 空间效用   D. 时间效用

E. 装卸搬运

三、判断题

1. 运输表现为一种生产性劳动，是生产过程在流通领域内的继续。（   ）

2. 运输业不同于工业、农业、建筑业等其他物质生产部门，它既不增加物质产品的使用价值，也不增加物质产品的价值。（   ）

3. 运输需要的一个基本特征是它的本源性。（   ）

4. 物流系统的空间效用、时间效用是通过运输来实现的。（   ）

5. 运输业属于第三产业，从宏观上看，运输业具有公共服务性。（   ）

四、思考题

1. 试述运输在国民经济中的地位。

2. 简述运输的基本功能与原理。

3. 如何正确理解运输与物流的关系？

4. 简述运输市场的特征。

5. 结合我国具体情况，目前运输企业主要面临哪些竞争？面对这些竞争运输企业应如何发展壮大？

 本章案例

以物流运输促区域经济发展的贵港港

贵港港物流全面"飘红"，吞吐量突破2 500万吨。贵港港——西江流域上的璀璨明珠，这个1956年就已开港的老港口正焕发勃勃生机，物流行业一路"飘红"。

1. 物流"大鳄"抢滩

台前：中远、中国外运、美国总统轮船公司、鑫金航（物资）物流有限公司、广西玉柴物流集团有限公司、广东省燃料公司、成都天枢快运公司……这些业内名头响、"身板硬"的国内外物流"大鳄"，无一例外地在贵港港"抢滩登陆"，站稳脚跟，直接导致贵港港物流一

路"飘红"：2006年完成2 276万吨，占广西内河主要港口吞吐总量的80%，成为广西内河的物流中心。

　　幕后：贵港市以独特的区位交通优势，实施"港口强市"战略，大力打造大西南东向水运出海便捷通道，港口物流业得到迅猛发展。随着江海联运、铁水、水水联运业务的开拓，贵港流通环境的改善，吸引了周边地区的货物到贵港中转；广西各地及西南、华南地区货主、客商借道贵港港口中转货物的势头十分强劲，促使钢材、煤炭、工业品、汽车和汽车配件、机电等专业市场日益繁荣。港航和仓储、物流配送、外贸基地的建设得到了快速发展，初步形成了物流体系。港口物流业的发展直接拉动贵港经济的发展。港口运输带动相关产业产生经济效益每年达40多亿元，实现交通规费、税收近4亿元，直接从业人员达5万多人。

2. 工业巨头"下嫁"

　　台前：华润、华电、台泥……一批有影响力的工业巨头虽然早两年已"嫁入"贵港，"蜜月"却仍在继续。贵港市以港口为"媒"，加大招商引资力度，大力发展临港工业，构建沿江经济带。目前江南工业园、桂平长安工业园、平南工业园正"扬帆起航"；沿郁江、西江两岸建设经水路运进运出大宗物资的水泥、钢铁、造纸、蔗糖等厂矿企业"如鱼得水"。建材、钢铁、电力、制糖、造纸、加工制造等临港工业已形成一定规模，临港工业和资源型加工业两大产业集群初步形成，港口与临港工业实现良性互动发展。

　　幕后：为增强港口的竞争力，贵港市在"十一五"期间加强港口物流相关的配套设施建设，以构建桂东南区域性交通中心和区域性物流基地。

　　首先加快建设便捷高效的公水铁联运体系。在"十一五"规划中，把公水铁一体化建设、加快连接港区的罗泊湾作业区一级进港公路、龙邦至苍梧高速公路贵港段、柳州至北海高速公路贵港段的建设作为重点。在水路运输方面，不仅推进集装箱运输，还为开展"长、大、笨、重"产品的物流提供基础；建设贵港火车站至贵港港三期工程散货作业区铁路专用线，推进贵港至梧州二级航道、桂平航运枢纽二线船闸建设，将水路、铁路、公路三大通道合理配置，合理分工，有机衔接，建设高效的物流系统通道，构建连通贵港与广西各地、云贵川粤的便捷通道，使贵港港成为泛珠三角经济区、泛北部湾经济区的物流快速运输干线。

　　其次，利用各种条件，布局、建设完善的港口物流体系。贵港市正在建设港口物流园区，近期将在贵港港罗泊湾作业区后方建设集中转、物流、仓储、来料加工、拼装、交易、疏运于一身的建材、水泥物流园区；在猫儿山作业区后方建成国家级集煤炭储存、加工、交易于一身的煤炭配送中心。在港口后方建立瓷砖、钢材中转配送基地。进一步完善流通加工、信息处理、内陆口岸、集装箱中转等基本功能，建立一批大型物流中心，逐步发展为集运输、商贸、工业和物流服务于一身的综合性服务平台，打造区域性物流基地。

3. 港口龙头崛起

　　台前：全国内河十强港口！这不是遥不可及的梦，也不是虚无的设想。到2010年，贵港港货物吞吐能力达到5 000万吨和25万标准箱，货物吞吐量将突破5 000万吨。贵港港也将发展成为布局合理、功能完善、信息畅通、便捷高效、安全环保的全国内河港口龙头之一。

　　幕后：贵港港二期、三期工程和贵港至梧州二级航道工程、桂平航运枢纽3 000吨级二线船闸正抓紧建设，届时，贵港港将实现双向通航2 000吨级船舶。贵港市还以信息化促使行业升级：加大航运物流信息网的开发利用，在航运信息服务中心的基础上，建立贵港港航信息网站，信息发布从信息大厅逐步延伸到港航企业，形成完整的信息网络，以充分宣传贵港港口、航运优势，宣传贵港特色的港航资源，扩大行业影响，提高贵港港知名度；同时建立完善港航信息平台，提升港口竞争力；在此基础上建立港航 GPS 系统，为港口物流发展和船舶安全运输提供服务。

问题与思考：

1. 结合本案例说明你对物流运输在国民经济中地位的认识。
2. 你认为物流运输的发展对区域经济的发展有哪些推动作用？
3. 结合本案例调查你家乡物流运输业的发展，以及对当地经济的影响。

第 2 章

物流运输的基本构成

❖ **学习目标**

掌握：现代物流运输方式；物流运输方式的特征；影响运输方式选择的因素；运输方式的选择；不合理运输形式；影响合理运输的直接因素；运输合理化的措施。

了解：运输系统的分类；运输合理化的意义；运输系统的特征。

物流由传统向现代的发展，促成了运输业的大发展，这其中观念的更新、管理手段的不断提升、运输方式多元化、运输技术现代化、基础设施不断完备等，促成了现代运输格局的基本形成。本章将对现代物流运输系统的基本结构作简要分析。

 引导案例

组织"牛奶传送式"服务

索尼集团公司在世界各地组织"牛奶传送式"服务，进一步改善索尼公司在全球，特别是在亚洲地区的索尼产品运输质量。牛奶传送式服务是一种日本人特有的快递服务，高效、快捷、库存量合理，又深得人心，特别受到要求数量不多，产品规格特别的客户的欢迎，他们非常赞同这种服务方式，因而起到了很好的口碑效应。这种服务非常灵活，客户可以通过电话、传真和电子邮件申请服务，甚至可以租用"牛奶传送式"服务车辆进行自我服务。索尼新加坡物流公司正在进一步缩短海运和空运物流全程时间。由于采用出口优先规划，海运已经缩短到 4 天，空运缩短到 1 天。

（选自：万联网）

思考题：合理的运输方式是提高物流服务水平的基础，应如何选择不同的运输方式？

2.1　现代物流运输系统与方式

2.1.1　现代物流运输系统

运输作为一个庞大的社会组织系统和产业系统，虽然其具体的业务活动仅表现为货物在空间上的单纯移动，但在实际运行中，作为物流基本职能的运输有着多种多样的组织形态特征，与此相对应，现代物流运输系统一般分为自营运输系统、营业运输系统、公共运输系统和第三方物流运输系统。每种运输系统都有其固有的特征，企业在选择什么样的运输系统时应权衡利弊，作出正确的选择。

1. 运输系统的分类

从物流产业角度看，运输系统作为物流系统中最基本的子系统，是由与运输活动相关的各种因素，如不同运输方式的组合、协调、竞争与具体作业，组成的一个整体。最常见的运输系统有以下几种。

（1）自营运输系统。自营（用）运输系统是指货主（生产或销售企业）自己搞运输、储存，即自备车辆运输和库存，并且自行承担运行责任，从事货物的运输活动。自营（用）运输多限于公路运输，水路运输中也有一部分属于这种状况。而航空、铁路这种需要巨大投资的运输方式，自营（用）运输无法开展。自营（用）运输系统的特点是：运输量大，主要以汽车为主要运输工具，在企业总业务中，运量中所占的比重较大；多为近距离小批量货物，多以单程100公里左右的近距离运输为主。

（2）营业运输系统。营业运输系统是以提供运输服务作为经营对象，是根据客户的要求，为其提供货物运输服务，并收取运输费用的一种体系，是与自营（用）运输体系相对应的。它可在公路、铁路、水路、航空等运输业中广泛开展，传统的运输公司属于此类，而今天的一些小型运输队也属此类。最常见的是以汽车为运输工具的营业运输系统。汽车营业运输系统一般可分专线运输和包车运输。现在这类营业运输系统大多发展为独立的、功能更全面的第三方物流运输系统。

（3）公共运输系统。公共运输系统是指由政府投资或主导经营的各种运输，如飞机、火车等，以及相关的基础设施，如公路、铁路、港口、机场、信息系统等组成的统一体系，由于其涉及因素相当多，因此又称为综合运输体系。这种体系的构筑投资相当大，回收期长，风险大，与国民经济的发展息息相关，是一种基础性系统。在我国一般没有相应的企业独立投资经营。这类运输系统现在有相当部分从组织结构上和资本构成上已经改制为国有控股的股份有限公司。

（4）第三方物流运输系统。在现代物流运输体系中，"第三方"作为一种事业形态逐渐得到了确认和发展，而且逐步成为现代物流运输系统的主导形式，也成为考查一个国家物流运输业发展水平的重要指标之一，即第三方物流运输企业在整个该行业中所占的比重。第三方物流运输企业是独立于产销企业双方，提供全方位的物流运输业务的企业，它不拥有商品，不参与商品的买卖，它独立为供方和需方服务，以第三方身份出现，为客户提供以合同为约束，以结盟为基础的系列化、个性化、信息化的物流运输服务系统。它是上面"营业运输系统"方式的发展与提升（可参考第三方物流类书籍）。

2. 运输系统的特征

各种不同的运输系统其运营方式、形态、体系十分复杂且多种多样，所针对的目标、需求也各不相同。但各运输系统本身有一定的共性特征，主要表现如下。

（1）从运输方式上看，运输服务可以通过多种运输方式实现，不同的运输方式与其自身技术特性相适应，决定了各自不同的运输服务方法和所能提供运输服务，如空运突出了快速，而公路运输则提供了"门到门"的便捷。

货物运输的方式主要有公路、铁路、航空、水运和在我国近年来发展较快的管道运输。各种运输方式对应于各自的技术特性，形成不同的运输单位、运输时间和运输成本，因而形成了各种运输方式不同的服务质量。也就是说，运输服务的利用者，可以根据货物的性质、小大、所要求的运输时间、所能负担的运输成本等条件来选择相适应的运输方式，或者合理运用多种运输方式，实行复合运输。

（2）从所有权角度看，如上所述，运输服务可分成自用（营）型和营业型（包括第三方物流运输）形态。自用型运输是指企业自己拥有运输工具，并且自己承担运输责任，从事货物的运输活动。自用型运输多限于货车运输，水路运输中也有部分这种情况，但数量较少。而航空、铁路这种需要巨大投资的运输方式，自用型运输无法开展。与自用型运输相对的是营业型运输，即以运输服务作为经营对象，为他人提供运输服务，营业型运输在汽车、铁路、水路、航空等运输业者中广泛开展。对于一般企业来讲，可以在自用型和营业型运输中进行选择，当今的趋向是产销企业逐渐从自用型向第三方运输方式转化。

（3）从企业竞争角度看，运输业主不仅在各自的行业内开展相互竞争，而且还与运输方式相异的其他运输行业企业开展竞争。虽然各运输方式都存在着一些与其特性上相适应的不同的运输对象，但是，也存在着很多各种运输方式都适合承运的货物，围绕这类货物的运输就形成了不同运输手段、不同运输业主相互间的竞争关系。例如，日用品、电器制品不仅可以利用货车运输，而且也可以成为铁路集装箱、水路集装箱运输的对象。此外，像电子部件、新鲜水果、蔬菜等商品的运输就存在货车与飞机的竞争，这种不同运输方式、运输业主间竞争关系的形成，为企业对运输服务和运输业主的自由选择奠定了基础。

（4）从运输服务提供上看，在向客户提供运输服务过程中，有提供实际运输业务的企业和整合提供运输业务流程的经营者（称为利用运输业者，现在一般称为"第四方物流"）。实际运输是实际利用运输工具进行商品实体运输，完成商品在空间的移动。而利用运输是自己不直接从事商品运输或不承担全流程的商品运输，而是把运输服务全部或部分再委托给实际运输商进行，也就是说，运输业者自己不拥有运输工具也能开展运输业务，这种利用运输业的代表就是代理型物流业者。它们从事广义范围的物流活动，通过协调、结合多种不同的运输机构或运输工具来提供运输服务，例如，货车—铁路—货车；货车—航空—货车；货车—水路—货车等运输形式，它们有能力充分运用和发挥各种运输手段的优点，并实现整体运输效果最优。

2.1.2　现代物流运输方式

由于现代物流运输业的发展，根据其执行的具体业务职能和范围不同，可对其作以下几种方式的分类。

1. 按运输的范围分类

（1）干线运输。这是利用铁路、公路的干线，大型船舶的固定航线进行的长距离、大批量的运输，是进行远距离空间位置转移的重要运输形式。干线运输的一般速度较同种工具的其他运输要快，成本也较低。干线运输是运输的主体。

（2）支线运输。这是与干线相接的分支线路上的运输。支线运输是干线运输与收、发货地点之间的补充性运输形式，路程较短，运输量相对较小。

（3）二次运输。这是一种补充性的运输形式，指的是干线、支线运输到站后，站与用户、仓库或指定地点之间的运输。由于是单个单位的需要，所以运量也较小。经过二次运输后，商品一般到达最终用户或直接客户的手中。这类运输多是城市内的运输，也是品种多数量小、业务繁杂的运输业务。

（4）厂内运输。它是在工业企业范围内，直接为生产过程服务的运输。一般在车间与车间之间，车间与原料仓库、成品仓库之间进行。但小企业内的这种运输及大企业车间内部、仓库内部则不称"运输"，而称搬运。在学科分类中，这部分运输也不属于运输领域的研究范畴，而属于生产管理的研究范畴。

2. 按运输的作用分类

（1）集货运输。这是将分散的货物汇集集中到一中心区（配送中心、货栈、仓储中心等）的运输形式，一般是短距离、小批量的运输。货物集中，形成集装单元后（如整车、集装箱等），再利用干线运输形式进行远距离及大批量运输，因此，集货运输是干线运输的一种补充形式。

（2）配送运输。这是将配送中心或物流节点中已按用户要求配装好的货物分送给各个用户的运输。由于配送是直接面对最终用户的，所以，一般是短距离、小批量的运输。从运输的角度讲，配送运输也是对干线运输的一种补充和细化的运输。

3. 按运输的协作程度分类

（1）一般运输。独立地使用某一运输工具或同类运输工具的配合使用，而没有形成两种以上不同运输工具有机协作关系的都属于一般运输。如汽车运输、火车运输等。

（2）联合运输。简称联运，它是将两种或两种以上运输方式或运输工具连起来，实行多环节、多区段相互衔接的接力式运输。它利用不同运输方式的优势，以充分发挥各自的效率，实现整体效率最优，是一种综合性的运输形式。采用联合运输，可以缩短货物运输的在途时间，加快运输速度，节省运费，提高运输工具的利用率，同时可以简化繁杂的转运、托运手续，方便用户。

（3）多式联运。它是联合运输的发展，是一种现代化、国际化的运输形式。比一般的联合运输规模更大，集约化程度更高，在国内大范围物流和国际物流领域，往往需要反复地使用多种运输手段进行运输。在这种情况下，以现代电子技术为基础，进行复杂的、网络化的不同运输方式之间的衔接，并且具有联合运输优势的方式，称为多式联运。

4. 按运输中途是否换载分类

（1）直达运输。直达运输是指在组织货物运输时，利用一种运输工具从起运站、港一直到到达站、港，中途不经换载、不中转，途中不卸载入库储存的运输形式。直达运输可避免中途换载所出现的运输速度减缓、货损增加、费用增加等一系列弊病，从而能缩短运输时间、加快车船周转、降低运输费用。

（2）中转运输。中转运输是指在货物运输中，从货物起运地到运往目的地的过程中，在途中的车站、港口、仓库进行转运换载的运输方式。中转运输可以将干线、支线运输有效地衔接，可以化整为零或集零为整，从而方便用户、提高运输效率。传统上铁路中转运输形式较为普遍，而今随着管理和技术手段的提高，这种方式的使用呈下降趋势。

5．按运输设备及运输工具分类

按运输设备及运输工具不同可以分为铁路运输、公路运输、水路运输、航空运输及管道运输五种基本运输方式，这是运输最主要的分类形式，专述如下。

2.2　物流运输方式的特征

不同运输方式的服务质量、技术性能、方便程度、管理水平等都会影响不同层次物流系统对运输方式的选择。各种运输服务都是围绕着五种基本的运输方式展开的，即铁路、公路、水路、航空和管道运输，物流管理者必须了解各种不同运输方式及特点，才能在物流运输决策过程中作出正确的选择。

2.2.1　铁路运输

铁路运输属于轨道运输，是指利用机车、车辆等运行工具，沿铺设轨道运行的运输方式，是目前我国货物运输的主要方式之一。同时，铁路运输是我国国民经济的大动脉，铁路运输与水路干线运输、各种短途运输衔接，就可以形成以铁路运输为主要方式的运输网络。

铁路运输最大的特点是适合长距离的大宗货物的集中运输，并且以集中整列为最佳，整车运输次之。其优点是运载量较大、速度快、连续性强、远距离运输费用低（经济里程在200公里以上），一般不受气候因素影响，准时性较强，安全系数较大，是营运最可靠的运输方式。

铁路运输方式也有其缺点，如资本密集、固定资产庞大、设备不易维修等。对于运输管理来说，其缺点主要表现在以下方面。

（1）营运缺乏弹性。铁路运输受线路、货站限制，不够灵活机动，在实际运营中多与汽车运输配合使用；同时，因铁路运输受运行时刻、配车、编列或中途编组等因素的影响，不能适应用户的紧急需要。

（2）货损较高。铁路运输中因列车行驶时的震动、冲击等，或货物装卸搬运中作业和管理不当，容易造成所承载货物的损坏，如果运输过程需多次中转，也容易导致货物损坏、遗失等。

铁路货物运输，按照货物的数量、性质、形状、运输条件等可区分为整列运输、整车运输、集装箱运输、混装运输（零担货物运输）和行李货物运输等。按铁路的属性，还可分为中央铁路运输和地方铁路运输；另外还有营业性线路运输和专用线路运输等。

根据铁路运输的上述特点，铁路运输主要适用于以下作业。

（1）大宗低值货物的中、长距离运输，也较适合散装货物（如煤炭、金属、矿石、谷物等）、罐装货物（如化工产品、石油产品等）。

（2）适于大量货物一次高效率运输。

（3）对于运费负担能力小、货物批量大、运输距离长的货物运输来说，运费比较便宜。

2.2.2 公路运输

公路运输是指主要使用汽车，也使用其他车辆（如人、畜力车等）在公路上进行货物运输的一种方式。也是我国货物运输的主要形式，在我国货运中所占的比重最大。同时，公路运输与铁路、水路运输联运，就可以形成以公路运输为主体的全国货物运输网络。

公路运输主要承担近距离、小批量的货运；水路、铁路运输难以到达地区的长途、大批量货运及铁路、水运难以发挥优势的短途运输。公路运输从短途逐渐形成短、中、远程运输并举的局面，将是一个不可逆转的趋势。长途汽车运输也很有市场。另外，公路运输还起到补充和衔接的作用。这是指当其他运输方式担负主要运输任务时，由汽车担负起点和终点处短途集散运输，完成其他运输方式到达不了的地区的运输任务。

公路运输得以大幅度增长的主要原因如下。

（1）汽车生产、销售量的提高。

（2）高速公路建设的加快，遍布全国的公路网，提高了汽车运输直接开展"门到门"服务的水平，使客户得到更多的方便。

（3）运输性价比较高，具有价格竞争优势。

（4）汽车生产技术提高，使车辆性能和载重量提高（也造成运输超载的负面问题），也提高了运载能力方面的竞争力。

（5）大型货车增多。

公路运输是影响面最为广泛的一种运输方式。其优势可归纳如下。

（1）全运程速度快。据国外有关资料统计，一般在中、短途运输中，公路运输的运送速度平均比铁路运输快4~6倍，比水路运输快近10倍。在公路运输过程中，途中不需中转，换装环节少，因此运输速度较快。特别是对于有些限时运送的货物，或为适应市场临时急需的货物，公路运输服务优于其他运输工具。公路运输可以实现"门对门"直达运输，空间活动领域大，这一特点是其他任何运输方式很难具备的，因而公路运输在直达性上有明显的优势。

（2）营运灵活。公路运输有较强的灵活性，可以满足用户的多种要求。它既可以成为其他运输方式的接运方式，又可以自成体系，机动灵活。公路运输能灵活制定运营时间表，可随时调拨，运输中伸缩性极大。再有，汽车载重量可大可小，既可以单车运输，又可以拖挂运输，对货物批量的大小具有很强的适应性。另外，汽车可到处停靠，受地形气候限制小。我国已实现县级以上行政区公路运输全部贯通。

（3）除高速公路外，公路基础设施建设一次投资少（建设投资），资金周转快，技术改造容易。作为工具的汽车，在购买时，费用相对较低，其投资回报期短。据美国资料显示，公路货运企业每收入1美元，仅需投入0.72美元；而铁路则需投入2美元，相差3倍左右。公路运输的资本周转年均可达3次，而铁路则需3.5年才可周转一次。国内尚无精确的数据资料，但理论上相差无几。

（4）质量保证程度不断提高。货损、货差，安全性是运输中的重要评价标准。由于我国公路网的发展和公路路面等级的提高及汽车技术性能的不断改善，汽车货损货差率不断降低，货物安全水平不断提高，同时由于汽车运输方便快捷，利于保证货物质量，提高了运输货物的时间价值和客户的满意度。

公路运输的不足主要表现在：单车载运量相对较小、大批量运输效率相对偏低；长途运输成本较高（公路运输的经济半径，一般在 200 公里左右）；能耗大和污染环境比其他运输方式严重是当今汽车运输的最大技术瓶颈；近年来汽车运输事故也呈上升趋势，给汽车运输发展造成负面影响。

2.2.3　水路运输

水路运输又称为船舶运输，它是利用船舶运载工具在水路上的运输，简称水运。水运与其他运输形式不同，凡是以水为运载工具承载物的运输形式都可以称为水路运输，所以有以下四种具体形式：沿海运输、近海运输、远洋运输、内河运输。

水路运输过程相当烦琐复杂，具有点多、线长、面广、分散流动、波动大等特征。就主体而言，它主要承担大数量、长距离的运输，是在干线运输中起主力作用的运输形式。在内河及沿海，水运也常作为小型运输工具使用，担任补充及衔接大批量干线运输的任务。

水路运输的主要特点如下。

（1）运输能力强，运量大。主要表现为：单体船只吨位和编队运输总量不断加大，这一特征在远洋运输中更为明显。

（2）水运基础设施建设投资小。水运多利用天然航道，投资省，特别是海运航道开发几乎不需要费用。内河运输航道则需要一定的投资，如航道疏通、日常管理等的投资。据测算，开发内河航道运输的投资仅有铁路的 17％ 左右。

（3）货物运输成本低。水运（特别是远洋运输）因其能力大、运程远、运行费用低，所以运输成本低。据美国有关资料测算，其沿海运输成本只有铁路运输的 12％，其内河干流船运输成本只有铁路运输的 40％ 左右。

（4）水运多依赖自然资源，所以受环境影响在各类运输方式中最大，如内河枯水期断流或海洋风暴、台风等影响，因而呈现较大的波动性及不平衡性，难以实现均衡生产。同时，在各类运输方式中水运的速度是最慢的，一般船舶航速只有 40 公里/小时，所以不适合短距离运输，而且，港口的装卸搬运费用较高。

在物流运输体系中根据水路运输的特点，它在运输中主要承担以下作业。

（1）承担大批量货物，特别是集装箱运输。

（2）承担原料、半成品等散货运输，如建材、石油、煤炭、矿石、谷物等。

（3）承担国际贸易运输，即远距离、运量大、不要求快速抵达的国际客货运输。

2.2.4　航空运输

航空运输又称为飞机运输，它是根据航空港（飞机场）的起降条件，利用飞机运载工具进行货物运输的一种运输方式。虽然空运在运输业中所占的比重较低，但其拥有很大的发展潜力，重要性越来越明显。目前，在世界范围内，航空运输都处在高速增长阶段。

航空运输方式与其他运输方式相比较，有以下几个方面的特征。

（1）高速直达性。高速直达性是航空运输最突出的特点。由于在空中较少受到自然地理条件的限制，因而航线一般取两点间最短距离。这样，航空运输就能够实现两点间的高速、直达运输，尤其在远程直达上更能体现其优势。

（2）安全性。随着人类科学的进步，航空技术也在不断的发展，如维修技术的提高，航行支持设备如地面通信设施、航空导航系统、着陆系统及保安监测系统的改进与发展更提高了空运的安全性。尽管飞行事故中会出现机毁人亡（事故严重性最大），但按单位货运周转量或单位飞行时间损失率来衡量，航空运输的安全性是很高的。

（3）时间价值特性良好。尽管从经济方面来讲，航空运输的成本和运价均高于铁路和水运，是一种价格较高的运输方式。因此，一般不如其他运输方式普及，尤其是不发达国家。但如果考虑时间的价值，航空运输又有其独特的经济价值。因此，随着经济的发展、人均收入水平的提高及时间价值的提高，航空运输在运输中的比例将呈上升之势。

（4）对运输货物包装要求较低。货物空运的包装要求通常比其他运输方式要低。在空运时，空中航行的平稳性和自动着陆系统减少了货损的比率，因此，可以降低对货物包装的要求。

（5）受气候条件限制。因空运对飞行条件要求很高，航空运输在一定程度上受到气候条件的限制，从而在一定程度上影响运输的准点性与正常性。

（6）可达性差。通常情况下，航空运输难以实现客货的"门到门"运输，必须借助其他运输工具（主要为汽车）进行转运。

（7）载运量小。当今大型宽体飞机的最大业务载重也只有100吨左右。

由于航空运输的这些特点，它在运输中主要承担以下作业。

（1）国际快速运输。这是航空运输的主要收入来源。目前国际间的一些货物联系基本上依赖于航空运输，这对于国家的对外开放、促进国际间技术、经济合作与文化交流具有重要作用。

（2）适于高附加值，小体积的物品运输。目前，机场临近地区的临空工业区域为高级电子工业、精密机械工业、高级化学产品工业等附加价值很高的产业黄金发展地带。而且，机场发挥着流通中心的功能，为这些产业创造了优良的投资环境。

（3）航空货运没有特定的商品，它与其他运输方式最大的区别也许就在于，大多数航空货运是在紧急情况下，而不是在日常基础上处理的。当证明高成本是划算的情况下，经营者通常会利用定期的或不定期的航空服务来运输货物。高价值或极易腐烂的产品最有可能成为正常空运的产品；而当一种产品的营销期极为有限时，例如圣诞节产品、高级时装或鲜鱼之类的产品，则航空运输也许是物流作业唯一最实际的运输方法；像零部件或消费类的日常物流产品也可能成为航空货运的候选对象。

（4）航空运输在执行各种紧急物资运输时的特殊作用是其他运输形式无法相比的，特别是应对突发自然灾害时的作用尤为明显。

（5）空运是现代邮政运输的主要方式。

（6）空运也是当前实现多式联运的一种重要运输方式。

2.2.5 管道运输

管道运输是主要利用密闭的管道，通过一定的压力差来完成商品运输的一种现代运输方式。所输送的货物主要有油品（原油和成品油）、天然气、煤浆和其他矿浆。管道运输是随着石油开发而兴起的，并随着石油、天然气等流体燃料需求量的增长而发展。

用管道运输，不同于用车、船舶、飞机等运输货物，和这些运输方式的重要区别在于管道设备是静止不动的。其运输形式是通过输送设备（如泵、压缩机）驱动货物，使物体在管道内顺着压力方向循环移动实现的。管道运输具有以下特点。

（1）连续地大量运输。一条输油管线可以源源不断地完成运输任务。根据其管径的大小不同，其每年的运输量可达数百万吨到几千万吨，甚至超过亿吨，且不受自然环境的影响。

（2）占地面积少。运输管道常埋于地下或高架，其占用的土地很少，因而对于土地的永久性占用很少，分别仅为公路的 3％，铁路的 10％左右，在交通运输规则系统中，优先考虑管道运输方案，对于节约土地资源，意义重大。

（3）管道运输建设周期短、费用低、运营费用也低。管道运输系统的建设周期与相同运量的铁路建设周期相比，一般来说要短 1/3 以上。特别是在地质地貌条件和气候条件相对较差的地区，大规模修建铁路难度更大，周期更长，统计资料表明，管道建设费用比铁路低 60％左右。

（4）管道运输安全可靠、连续性强。由于石油天然气易燃、易爆、易挥发、易泄漏，采用管道运输方式，既安全，又可以大大减少挥发损耗，同时由于泄漏导致的对空气、水和土壤的污染也可大大减少。管道运输能较好地满足运输工程的绿色环保要求。此外，由于管道基本埋藏在地下，可以确保运输系统长期稳定地运行。

（5）管道运输耗能低、成本低、效益好。管道运输是一种连续工程，运输系统不存在空载行程，因而系统的运输效率高。理论分析和实践经验已证明管道口径越大，运输距离越远，运输量越大，运输成本越低。

管道运输的缺点如下。

（1）刚性强，灵活性差。管道运输是一个单向封闭的输送系统，不如其他运输方式灵活，除承运的货物比较单一外，它也不容随便扩展管线。

（2）单位运输量固定，如果要调整运输量，只能通过对时间的控制来解决，而不能调控管道的运输量。当运输量降低较多并超出其合理运行范围时，其优越性难以发挥。管道运输只适于定点、量大、单向的流体运输。

2.3　物流运输方式的选择

综上所述，现代运输主要是铁路、公路、水路、航空和管道五种运输方式。五种运输方式成本结构比较见表 2-1；五种运输方式的营运特征的见表 2-2，两表按五种运输方式的营运特征优劣进行评价，采用打分法，表中五种运输方式的营运特征的分值越低，效果越好。

表 2-1　五种运输方式成本结构的比较

运输方式	固定成本	变动成本
铁路	高（车辆及轨道）	低
公路	高（车辆及修路）	适中（燃料、维修）
水路	适中（船舶、设备）	低
航空	低（飞机、机场）	高（燃料、维修）
管道	最高（铺设管道）	最低

表 2-2　五种运输方式营运特征比较

营运特征	铁路	公路	水路	航空	管道
运价	3	2	5	1	4
速度	3	2	4	1	5
可得性	2	1	4	3	5
可靠性	3	2	4	5	1
能力	2	3	1	4	5

注：排名分别按照由大到小、由高到低的顺序。

在这五种基本运输方式的基础上，可以组成不同的综合运输，各种运输方式都有其特定的运输路线、运输工具、运输技术、经济特性及合理的使用范围。所以只有熟知各种运输方式的效能和特点，结合商品的特性、运输条件、市场需求，才能合理地选择和使用各种运输方式，获取较好的运输绩效。

2.3.1　运输方式选择的影响因素

物流企业可以根据所需运输服务的要求，参考不同运输方式的不同营运特性进行选择，使所获得的运输服务成本最低。当然，有时单靠一种运输方式无法实现最低成本，往往需要几种运输方式的组合才能实现。因此，为了选择合理的运输方式，降低运输总成本，应当考虑以下因素。

1. 运输价格

在市场经济环境中，价格总是最基本的选择要素，运输选择亦然。运输服务价格就是运输货物的在途运费加上提供各种服务的所有附加费或运输端点费用等的总和。如果使用第三方运输，运输服务的总成本就是货物在两节点之间运输收取的费用加上其他费用，如保险费、装卸费、终点的送货费等。如果使用自有运输设备，运输服务成本就是分摊到该次运输中的相关成本，如燃油成本、人工成本、维修成本、设备折旧和管理成本等费用。

不同的运输方式，其运输成本相差很大。航空运输是昂贵的，管道运输和水路运输则是最便宜的，而公路运输又比铁路运输贵。但是这种成本比较，是使用运费收入除以所运货物的总吨数得到的比值，并不能确切地反映各种运输方式的综合效益。在实际运营中，必须根据实际运费、运输时间、货物的性质及运输安全等进行综合比较。

2. 运输时间

在运输服务中，时间是重要的质量标准之一，也是客户选择的基本因素。运输时间通常指货物从起点运到终点所耗费的平均时间。这个时间的长短，从两个方面影响运输费用。

（1）货物价值由于其适用期有限可能造成的损失，如水果、蔬菜、鲜活水产品等；或因为其时间价值的适用期有限而造成的损失，如报纸、杂志、时装等有严格时间要求的商品。

（2）货物在运输中由其价值表现的资本占用费用，对高价值货物或货运量很大的货物，可能占总成本的比重很大。由于运输本身不能创造新价值，所以运输时间的不合理延长，实际就是成本的增加，资金的更多占用。

因此，平均运输时间是一个重要的运输服务指标。不同的运输方式，提供的货物平均运输时间是不同的。有些能够提供起止点之间的直接运输服务（如汽车），有些则不能。但如果要对不同运输服务进行对比，即使涉及一种以上的运输方式，也最好是用"门对门"运送时间来进行衡量。

在考虑运输时间时，还要注意一个问题，即运输时间的变化。运输时间的变化是指各种运输方式下，多次运输间出现的时间变化。它是衡量运输服务的不确定性的指标。起止点相同，使用同样运输方式的每一次运输的在途时间不一定相同，因为天气、道路情况、中途暂停次数、合并运输所花费的时间等都会影响在途时间。一般来说，运输时间、运输时间的变化率的排序与运输时间的顺序大致相同。也就是说，铁路运输时间变化最大，航空运输时间变化最小，公路运输介于中间。

3. 灭失与损坏

灭失与损坏也就是运输中的安全性问题，这是运输中最重要的质量指标。因为各承运人安全运输货物的能力不同，所以运输中灭失与损坏的记录就成为选择承运人的重要因素。承运人有义务合理速遣货物，并避免货物在运输途中的灭失与损坏。但如果由于自然原因、托运人或承运人无法控制或不可抗力原因造成货物的灭失与损坏，承运人可免除责任。虽然在托运人准确陈述事实的情况下，承运人会承担给托运人造成的直接损失，但托运人应该在选择承运人之前应认识到会有一定的转嫁成本。托运人承受的最严重的潜在损失是客户服务。运输延迟或运到的货物不能使用意味着给客户带来不便，或者会导致库存成本上升，会造成缺货或延期交货增多。托运人如果要进行索赔，需要花时间搜集相关证据，费周折准备适当的索赔单据，在索赔处理过程中还要增加新的资金占用，如果索赔只能通过法庭解决，可能还涉及更高的费用。显然，在出现问题时，对承运人的索赔越少，用户对运输服务会越满意。对可能发生的货物破损，托运人的普遍做法是增加保护性包装，而这些费用最终也一般会由用户承担。

由此可见，运输价格、运输时间及货物的灭失与损坏等因素直接或间接地影响物流运输成本。因此，在选择运输方式时，上述三个因素是物流管理者需首要考虑的基本因素。

2.3.2　运输方式的选择

各种运输方式和运输工具都有各自的特点，不同种类的货物对运输的要求也不尽相同。选择运输方式时必须进行综合考虑，要权衡运输系统所要求的运输服务和运输成本。可以使用单一运输方式，也可以将两种以上的运输手段组合起来使用。因此，合理选择运输方式是合理组织运输、保证运输质量、提高运输效益的一项重要内容。

1. 单一运输方式的选择

在决定运输方式时，应以运输机具的服务特性作为判断的基准。一般要考虑以下因素。

- 运费。同等运输质量下的运费高低。
- 运输时间。货物在途时间的长短。
- 运输频度。单位运输时间内，可以运、配送的次数。
- 运输能力。单体（一辆汽车或一车皮）和总体（如整列火车或车队）运量大小。
- 货物的安全性。运输途中的平均破损及可能的污染等。
- 时间的准确性。按客户要求到货时间的准确性。

- 运载工具的适用性。是否适合使用某种运载工具。
- 运输方式的伸缩性。是否适合多种运输方式，以及批量与零担的选择。
- 运输的网络性。运输系统的布局及不同运输工具衔接、转换的方便程度。
- 运输信息。货物运输信息的传递及货物所在位置的信息（GPS）。

在这些因素中必须根据不同的运输需要来确定，一般认为运费和运输时间是最为重要的选择因素，具体进行选择时应从运输需要的不同角度综合加以权衡。从物流运输功能来看，速度快、准时是货物运输的基本要求。但是，速度快的运输方式，其运输费用往往较高。同时，在考虑运输的经济性时，不能只从运输费用本身来判断，还要考虑因运输速度加快，缩短了货物的备运时间，使货物的必要库存减少，从而减少了货物保管费的因素。若要保证运输的安全、可靠、迅速，就会增加成本。这里必须注意的是运输服务与运输成本之间、运输成本与其他物流成本之间存在"效益背反（二律背反）"关系，所以在选择运输方式时，应当以总成本作为依据，而不能仅考虑运输成本。

2. 多式联运的选择

多式联运就是选择使用两种以上的运输方式联合起来提供运输服务。多式联运的主要特点是在不同运输方式之间，根据运输过程的实际需要变换运输工具，以最合理、最有效的方式实现货物运输过程。例如，将卡车上的集装箱装上飞机，或铁路车厢被拖上船等。多式联运的组合方法有很多，但在实际中，这些组合并不都是实用的，一般只有铁路与公路联运、公路或铁路与水路联运得到较为广泛的采用。

铁路与公路联运，即公铁联运，或称驮背运输，是指在铁路平板车上载运卡车拖车，通常运距比正常的卡车运输长。它综合了卡车运输的方便、灵活与铁路长距离运输经济的特点，运费通常比单纯的卡车运输要低。这样，卡车运输公司可以延伸其服务范围，而铁路部门也能够分享到某些一般只有卡车公司单独运输的业务，同时托运人也可得以在合理价格下享受长距离门到门运输服务的便捷。因此，驮背运输，铁路与公路联运成为最受欢迎的多式联运方式。

公路或铁路与水路联运，也称鱼背运输，即将卡车拖车、火车车厢或集装箱转载驳船或船舶上进行长途运输。这种使用水路进行长途运输的方式，是最便宜的运输方式之一，在国际多式联运中应用广泛。

此外，航空与公路联运应用也较广泛，即将航空货物与卡车运输结合起来，这种方式所提供的服务和灵活性可与公路直达运输相比拟。

由于两种以上运输方式的连接所具有的经济潜力，所以多式联运广受托运人和承运人欢迎。多式联运的发展对物流运输规划具有很强的引力，这种运输方式的发展，增加了系统设计中的可选方案，从而可以降低物流运输成本，改善运输服务。

3. 运输中间商的选择

运输中间商分两种，一种是运输承包公司，另一种是运输代理人。运输承包公司是不具有运输工具或只具有少量短途运输工具，而以办理货运业务（或兼办客运业务）为主的专业运输业务企业。采用运输承包发运货物时，可以把有关货运工作委托给运输承包公司，由它们负责办理货物运输全过程中所发生的与运输有关的事物，并与掌握运输工具的运输企业发生托运与承运关系。特别是对于一些运输条件要求较高、货运业务手续较为繁杂，且面向千家万户的运输，比如零担货物的集结运输，由于零担货物批数多、数量小、发货地分散、品种复杂、形状各异、包装不统一等，由运输承包公司承包此项业务，不仅可以方便货主，提高运输服务质量，还可以通过运输承包公司的货物集结过程，化零为整，提高运输效率和运输过程的安全可靠性。

运输代理人主要面向国际货物运输业务。国际间货物运输业务，业务范围遍布国内外广大地区，不仅涉及面广，而且情况复杂，任何一个运输经营人不可能亲自处理每一项具体运输业务，这就需要把全部或部分工作委托给代理人办理。运输代理人接受委托人的委托，代办各种运输业务并按提供的劳务收取一定的报酬，即代理费、佣金或手续费。作为代理人一般都经营运输业务多年、精通业务、经验比较丰富，且熟悉各种运输手续和规章制度，与交通运输部门及贸易、银行、保险、海关等有着广泛的联系和密切的关系，从而具有有利条件为委托人代办各种运输事项。因此，委托代理去完成一项运输业务，有时比自己亲自处理更为有利。因为代理人熟悉当地情况、业务流程，与各方面有着密切关系，比人生地疏的委托人自己去办可能办得更顺利，更好一些，虽然要花费一些酬金，但委托人从代理人提供的服务中可以得到补偿。因此，代理在运输业中的发展十分迅速。物流企业可以根据代理人的不同性质和范围进行选择。

4. 自用运输的选择

所谓自用运输，是指使用自有的运输设备，运输自有的、承租的或受托的货物的活动。比如拥有或租用火车车皮、客车汽车、货用飞机及运输船舶，运输自己的，或自己承租的，或自己受托的货物等都是自用运输。拥有自用运输设备，可以具有更大的控制力和灵活性，能够随时适应顾客的需要，这种高度的反应能力可以使企业缩短交货时间，减少库存和减少缺货的可能性，而且可以不受商业运输公司服务水平和运价的限制，并有利于改善和顾客的关系。但是自用运输有一个很大的弊端，就是运输成本较高。主要原因就是回空问题，回空成本要计入运出或运入的单程货运成本内，这样货运成本实际是单程成本的 2 倍。因此，企业是选择运输中间商还是选择自用运输，一定要做好成本的比较工作，选择最佳的运输方式。

5. 运输方式的定量分析

所谓定量分析，就是对所选择的运输方式的各种指标进行量化，对其绩效进行评估，给出衡量值，然后物流运输管理部门根据各项指标的重要程度给出不同的权重，用权重乘以运输方式的绩效衡量值就得到运输方式在该评估因素中的等级，将个别因素等级积累起来就得到这种运输方式的总等级。绩效的衡量值和权重分值越低，表示绩效越好，评估指标越重要，总等级分值较低的运输方式较好。通过定量分析，将指标量化，使所选择的运输方式的优劣可以一目了然。

例如，如表 2-3 所示以选择运输中间商或承运人来说明这种定量分析的方法。

表 2-3　选择承运人评估标准

评估因素	相对重要性	承运人绩效	承运人等级
运输成本	1	1	1
中转时间	3	3	9
中转时间可靠性	1	2	2

续表

评估因素	相对重要性	承运人绩效	承运人等级
运输能力	2	2	4
可达性	2	2	4
运输安全性	2	3	6
承运人等级分			26

这里选择一个 3 分制的评定标准，承运人绩效的评定范围从 1—绩效好，2—绩效一般，3—绩效差。各评估指标的权重值（重要性）范围为 1—高度重要，2——般重要，3—低度重要。这样，可以计算出该表中的承运人的总等级为 26。按此方法，承运人的总等级分最低的应是最佳承运人。

在目前的物流环境中，由于各种新的运输方式不断出现，各种承运方式能够提供的服务和能力也在不断增长，这就使运输方式选择比过去更加复杂，各种因素的评估也变得更加困难。因此企业必须慎重考虑诸多因素，对其进行定性和定量分析以求选择最佳运输方式。

2.4　物流运输合理化

为使物流运输能高效、低费用运营，运输企业必须消除不合理运输。本节将介绍不合理运输的表现与如何实现合理运输。

2.4.1　不合理运输

不合理运输是指在组织货物运输过程中，违反货物流通规律，不按经济区域和货物自然流向组织货物调运，忽视运输工具的充分利用和合理分工，装载量低，流转环节多，从而浪费运力和加大运输费用的现象。

货物运输不合理，就会导致货物迂回、倒流、过远、重复等现象出现，势必造成货物在途时间长、环节多、流转慢、损耗大、费用高，浪费运力和社会劳动力，影响企业生产和市场供应。

不合理运输主要有以下几种类型。

1. 返程或起程空驶

空车或无货载行驶，可以说是不合理运输的最严重形式。在实际运输组织中，有时必须调运空车，从管理上不能将其看成不合理运输。但是，因调运不当，货源计划不周，不采用运输社会化而形成空驶，则是不合理运输的表现。造成空驶的主要原因有以下几种。

（1）能利用社会化的运输体系不利用，却依靠自备车送货，这往往出现单程实车，单程空驶的不合理运输。

（2）由于工作失误、计划不周或对市场经营把握不准，造成货源不实，运载工具空去空回，形成双程空驶。

（3）由于使用专用车辆，往返运输对运输工具的要求不同，无法搭运回程货物，只能单程实载，单程空驶周转。

2. 对流运输

对流运输也称为相向运输、交错运输，凡属同一种货物或彼此间可以相互代用而又不影响管理、技术及效益的货物，在同一线路上或平行线路上作相对方向的运送，而与对方运程的全部或一部分发生重叠交错的运输，即称对流运输。已经制定了合理流向图的产品，一般必须按合理流向的方向运输，如果与合理流向图指定的方向相反，也属对流运输。

对流运输有两种类型：一种是明显的对流运输，即在同一路线上的对流运输。另一种是隐蔽的对流运输，即同一种货物在违反近产近销的情况下，沿着两条平行的路线朝相对的方向的运输。它不易被发现，故称为隐蔽的对流运输。

3. 迂回运输

迂回运输是指货物绕道而行的运输现象。本可以选取短距离进行运输，却选择路程较长路线进行运输的一种不合理形式。迂回运输有一定的复杂性，不能简单处之，只有当计划不周、地理不熟、组织不当而发生的迂回，才属于不合理运输。

如果最短距离有交通阻塞、道路情况不好或对噪声、排气等特殊限制时所发生的迂回，不能称为真正意义上的不合理运输。在实际物流运输中，真正的迂回运输是极少的，大多是由于外部原因造成，不得不绕道而行。

4. 重复运输

重复运输是指一种货物本可直达目的地，但由于某种原因而在中途停驶卸载后，重复装运的不合理运输现象。重复运输，一般虽未延长运输里程，但增加了中间装卸环节，延长了货物在途时间，增加了装卸搬运费用，而且降低车、船使用效率，影响其他货物运输。

5. 倒流运输

倒流运输是指货物从销地或中转地向产地或起运地回流的一种运输现象。其不合理程度要甚于对流运输，其原因在于，往返两程的运输都是不必要的，形成了双程浪费。倒流运输也可以看成是隐蔽对流的一种特殊形式。

6. 过远运输

过远运输是指调运物资舍近求远的货物运输现象。即销地完全有可能由距离较近的供应地调进所需要的质量相同的货物，却超出货物合理流向的范围，从远处调运进来，这就造成可采取近程运输而未采取，拉长了货物运距的浪费现象。过远运输占用时间长、运输工具周转慢、物资占压资金时间延长。又易出现货损，增加费用开支。

7. 运力选择不当

它是指未选择利用各种运输工具的优势，而不正确地利用运输工具造成的不合理现象，常见的有以下几种形式。

（1）弃水走路。在同时可以利用水运和陆运的情况下，不利用成本较低的水运或水陆联运，而选择成本相对较高的铁路运输或公路运输，使水运优势不能发挥效用。

（2）铁路、大型船舶的过近运输。不是铁路及大型船舶的经济运行里程却利用这些运力进行运输的不合理做法。主要不合理之处在于火车及大型船舶起运及到达目的地的准备、装卸时间长，且机动灵活性不足，在过近距离中利用，发挥不了其运速快的优势。相反，由于装卸时间长，反而会延长运输时间。另外，与小型运输设备比较，火车及大型船舶的装卸难度大、费用也较高。

（3）运输工具承载能力选择不当。不根据承运货物数量及重量选择，而盲目决定运输工具，造成过分超载、损坏车辆，造成安全隐患，属于"小马拉大车"；以及车辆不满载、半空行驶，造成浪费运力的现象，这种"大马拉小车"现象发生较多。由于装载货量小，单位货物运输成本必然增加。

8. 托运方式选择不当

对于货主而言，可以选择最好托运方式而未选择，造成运力浪费及费用支出加大的一种不合理运输。例如，本应选择整车运输而未选择，反而采用零担托运，应当直达而选择了中转运输，应当中转运输而选择了直达运输，使货物不能到达目的地，这些都属于这一类型的不合理。

上述的各种不合理运输形式都是在特定条件下表现出来的，在进行判断时必须注意不合理的前提条件，否则就容易出现判断的失误。例如，如果同一种产品，商标不同，价格不同，所发生的对流，不能绝对的看成不合理，因为其中存在着市场机制引导的竞争，优胜劣汰，如果强调因为表面的对流而不允许运输，就会起到保护落后、阻碍竞争甚至助长地区封锁的作用。类似的例子，在各种不合理运输形式中都可以举出一些。

再者，以上对不合理运输的描述，就形式本身而言，主要是从微观观察得出的结论。在实践中，必须将其放在物流系统中做综合判断，在不做系统分析和综合判断时，很可能出现"效益背反"现象。单从一种情况来看，避免了不合理，做到了合理，但它的合理却使其他部分出现不合理。只有从系统角度，综合进行判断才能避免"效益背反"现象的出现。所以对不合理运输的理解应放在市场经营的背景下分析，而不能单纯地从运输的角度考虑，这也再一次说明物流运输属于服务行业。

2.4.2 运输合理化的意义

物流过程中的合理运输，就是从物流系统的总体目标出发，按照货物流通的规律，运用系统理论和系统工程原理和方法，合理利用各种运输方式，选择合理的运输路线和运输工具，以最短的路径、最少的环节、最快的速度和最少的劳动消耗，组织好货物的调运。运输合理化的重要意义主要表现在以下几点。

1. 合理运输，有利于促进经济持续、稳定、协调地发展

按照市场经济发展的基本要求，组织货物的合理运输，可以实现物质产品（货物）迅速地从生产领域向消费领域、从原材料产地向加工地转移，加速资金的周转，促进产销、供需协调，保证社会再生产过程的顺利进行，保持经济稳定、健康、均衡地发展。

2. 合理运输，能节约运输费用，降低物流成本

运输费用是构成物流费用（成本）的主要组成部分。物流过程的合理运输，就是通过运输方式、运输工具和运输路线的选择，进行运输方案的优化，实现运输合理化。运输合理化必然会达到缩短运输里程，提高运输工具的使用效率，从而达到节约运输费用、降低物流成本的目的。

3. 合理运输，缩短运输时间，加快物流速度

运输时间的长短决定着物流速度的快慢。所以，货物运输时间是决定物流速度的重要因素。合理组织运输活动，可使被运输的货物在途时间尽可能地缩短，保证使货物及时达到，因而可以降低库存商品的数量，实现加快货物流转的目标。因此，从宏观的角度讲，物流速度加快，减少了商品的库存量，节约了资金的占用，相应地提高了社会物质产品的使用效率，同时也有利于整个社会再生产过程效率的提高。

4．运输合理化，可以节约运力，节约能源

运输合理化克服了许多不合理的运输现象，从而节约了运力，提高了货物的流通能力，起到合理利用运输能力的作用。同时，由于货物运输的合理性，降低了运输部门的能源消耗，提高能源利用率。这些对于缓解我国目前交通运输和能源紧张现象有重要的现实意义。同时，在不断强化"低碳"意识的今天，减少运输耗能，可以减少有害气体排放，本身就具有环保意义。

2.4.3　影响合理运输的直接因素

运输合理化的影响因素很多，起决定性、直接作用的因素有五个方面，称为合理运输五要素。

1．运输距离

这里的运输距离主要是指对不同运输工具合理经济距离在运输过程中的运用，也包括直接运输距离的长短。在运输中，运输时间、运输货损、运费、运输工具周转等，运输的各项技术经济指标，都与运输距离有一定的比例关系，运距长短与运输工具的选择是实现合理运输的一个最基本因素。同时缩短运输距离（即消除不合理运输）从宏观、微观看都会给运输企业带来好处。

2．运输环节

运输过程是一个多环节的系统，在运输中每增加一个作业环节，就会引起运费和其他作业费用的增加，如装卸、搬运，甚至包装等辅助活动的增加，这些作业导致总费用的提高，使得费用的相关指标也发生变化，如整体劳动生产率、利润率等。所以，减少不必要的运输环节，尤其是同类运输工具的重复作业环节，对促进合理运输有积极作用。

3．运输工具

关于运输工具，最基本的问题就是合理选择。各种运输工具都有其使用的优势领域，对运输工具进行优化选择，按运输工具特点进行装卸运输作业，最大限度地发挥所用运输工具的作用，是运输合理化的重要一环。

4．运输时间

运输是物流过程中需要花费较多时间的环节，尤其是远程运输，在全部物流时间中，运输时间占绝大部分，所以，运输时间的缩短对整个流通时间的缩短有决定性的作用。此外，运输时间短，有利于运输工具的加速周转，充分发挥运力的作用，有利于货主资金的周转，有利于运输线路通过能力的提高，对运输合理化有很大贡献。

5．运输费用

运输费用在全部物流费用中占很大比例，运费高低在很大程度决定整个物流系统的竞争能力。实际上，运输费用的降低，无论对货主企业来讲还是对物流经营企业来讲，都是运输合理化的一个重要目标。运费的判断，也是各种合理化实施是否行之有效的最终判断依据之一。

从上述五个方面对运输合理化进行分析，是取得良好运输预期结果的基础。

2.4.4　运输合理化的措施

为了克服不合理的运输现象，在物流运输管理过程中需要采取一些措施来组织合理的运输。组织合理运输的主要形式有以下几种。

1. 发展社会化运输体系

社会化运输是运输业发展的趋势，实施社会化运输可以统一配备运力，避免迂回、倒流、空驶、运输工具选择不当等不合理运输形式，不仅可以获得物流企业的组织效率，还有利于形成规模效益。发展社会化运输体系，政府必须进行干预，建立有效的调控、协调、监督机制，以协调、规划各种运输形式的合理布局和发展规模。靠单一运输形式或某些物流运输部门自我发展、自我服务、自我调节，逐步形成规模是不行的，这样必然造成不必要的建设资源浪费。

传统上"分区产销平衡合理运输"的做法至今仍有实践意义。其做法是：在组织物流活动中，对某种货物，使其在一定的生产区固定于一定的消费区。根据产销分布情况和交通运输条件，在产销平衡的基础上，按照近产近销的原则，使货物运输线路最短，实现合理运输。分区产销平衡合理运输适用的范围，主要针对品种单一、规格简单、生产集中、消费分散，或消费集中、生产分散，以及调运量大的物质产品，如煤炭、木材、水泥、粮食、生猪、建材等。实行这一办法，可加强产、供、运、销一体化，消除过远运输、迂回运输、对流运输等不合理运输，充分利用地方资源，促进生产力合理布局，降低物流费用，节约运力。

这种方式本身没有问题，但传统上这种做法出现的弊端是政府直接管理，而今应转变为政府调控，以市场为导向，实行企业自主管理。

2. 尽量发展直达运输

直达运输是追求运输合理化的重要形式，其对合理化的追求要点是通过减少过载、换载，从而提高运输速度，省却装卸费用，降低中转货损。直达的优势，尤其是在一次运输批量和用户一次需求量达到整车时表现最为突出。此外，在生产资料、生活资料运输中，通过直达运输，可以建立起稳定的产销关系和运输系统，也有利于提高运输的计划水平，考虑用最有效的技术来实现这种稳定运输，从而大大提高运输效率。

特别需要一提的是，如同其他合理化措施一样，直达运输的合理性也是在一定条件下才会表现出来，不能绝对认为直达一定优于中转。这要根据用户的要求，从物流总体出发作出综合判断。如果从用户需要量来看，批量大到一定程度，直达是合理的，批量较小时中转是合理的。

3. "四就"直达运输

这是传统"四就直拨"调拨运输的市场化发展和转型。"四就"直达运输，就是就厂直达，就车站、码头直达，就库直达，就车、船过载等，简称为"四就"直达。它是减少中转运输环节，力求以最少的中转次数完成运输任务的一种形式。一般批量到站或到港的货物，首先要进入港、站的周转仓库，然后再按订单或出库单销售或分拨给客户。这样一来，往往出现不合理运输。

"四就"直达和直达运输是两种不同的合理运输形式，它们既有联系又有区别。直达运输一般是货物运输里程较远，批量较大；而"四就"直达运输一般是货物运输里程较近，批量较小，一般在大中城市的货栈、配送中心所在地办理直达运输业务。在运输过程中将"四就"直达运输与直达运输结合起来，就会收到更好的经济效果。

4. 发展整车和集装箱运输

发展整车和集装箱运输主要是指将零担货物拼成整车或集装箱的运输方式，以提高运输工具的使用效率，它主要适于杂货运输，特别是中小微型企业对原材料和产成品的运输。

零担货物拼凑整车或集装箱运输的具体做法有四种：零担货物拼整车直达运输；整装零担（同一货物、同一发货人、同一地点，但分属不同收货人）；零担货物拼整车接力直达或中转分运；整车分卸（后两种方式不适用于集装箱运输）。

如果采用零担货物拼凑整车或集装箱的办法，可以减少一部分运输费用，可以取得较好的经济效益，而且会提高运输工具的利用率。

5. 提高技术装载量

提高技术装载量，是组织合理运输提高运输效率的重要内容。提高技术装载量不仅可以最大限度地利用车船载重吨位，而且可以充分利用车船装载容积。具体做法有以下几种。

（1）实施配载运输。主要是组织轻重配装，把实重货物和轻泡货物组装在一起，既可以充分利用车船装载容积，又能达到装载重量，以提高运输工具的综合利用率。

（2）实行解体运输。它是针对一些体积大且笨重、不易装卸又容易碰撞致损的货物所采取的一种装载技术。例如，大型机电产品、科学仪器、机动车辆等，可将其拆卸装车，分别包装，以缩小其所占用的空间位置，达到便利装卸搬运和提高运输装载效率的目的。

（3）堆码技术的运用。应根据车船的货位情况及不同货物的包装状态、形状，采取有效的堆码技术，如多层装载、骑缝装载、紧密装载等技术，以达到提高运输效率的目的。与此同时，改进包装技术，逐步实行单元化、托盘化，对提高车船技术装载量也有重要意义。

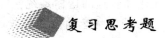　**复习思考题**

一、基本概念

运输系统　第三方物流运输系统　不合理运输　对流运输　迂回运输　重复运输　倒流运输　过远运输　干线运输　支线运输　二次运输　集货运输　直达运输　中转运输

二、选择题

1.（　　）是将分散的货物汇集集中到配送中心、货栈、仓储中心等的运输形式。

A. 集货运输　　　B. 干线运输　　　C. 支线运输　　　D. 配送运输

2. 下列属于按运输范围进行分类的是（　　）。

A. 干线运输　　　B. 支线运输　　　C. 二次运输　　　D. 配送运输　　　E. 集货运输

3. 将山西大同的 1 万吨煤炭运往北京，选择（　　）方式最合理。

A. 公路运输　　　B. 铁路运输　　　C. 水路运输　　　D. 航空运输

4. 运输时间的变化是指各种运输方式下，多次运输间出现的时间变化，它是衡量运输服务的(　　)的指标。

A. 确定性　　　　B. 不确定性　　　C. 有效性　　　D. 安全性

5. 水路运输的固定成本比铁路运输的固定成本(　　)。

A. 高　　　　　　B. 低　　　　　　C. 差不多　　　D. 不确定

6. (　　)是影响物流运输成本因素。因此,在选择运输方式时,是物流管理者首要考虑的基本因素。

A. 运输工具　　　B. 运输环节　　　C. 运输价格　　　D. 运输时间

E. 货物的灭失与损坏

7. 下列属于提高技术装载量的具体做法是(　　)。

A. 加大堆码密度　　　　　　　B. 利用机械装载

C. 运用堆码技术　　　　　　　D. 实行解体运输

E. 实施配载运输

8. 在理论上铁路运输的经济里程在(　　)以上。

A. 100 公里　　　B. 200 公里　　　C. 800 公里　　　D. 1 000公里

三、判断题

1. 铁路运输在我国货运中所占的比重最大。(　　)

2. 只有公路运输可以实现"门到门"直达运输,因而公路运输在直达性上有明显的优势。(　　)

3. 货物空运的包装要求通常比其他运输方式要高。(　　)

4. 灭失与损坏是运输中的安全性问题,这是运输中最重要的质量指标。(　　)

5. "四就"直达运输,就是就厂直达;就车站、码头直达;就机场直达;就车、船过载等,简称为"四就"直达。

6. 零担货物拼凑整车或集装箱运输的具体做法有四种:零担货物拼整车直达运输;整装零担;零担货物拼整车接力直达或中转分运;整车分卸。

四、思考题

1. 现代物流运输系统分为哪几种?企业如何根据自身的具体情况选择合理的运输系统?

2. 按运输设备及运输工具不同,可以将运输方式分为哪几类?试比较各种运输方式的优缺点,并指出其适用范围。

3. 如何正确看待第三方物流在我国的发展。

4. 哪些因素会导致不合理运输?试举例说明。

5. 运输合理化的决定性影响因素有哪些?

6. 简述运输合理化的途径。

7. 影响运输方式选择的因素有哪些?如何进行运输方式的选择?

8. 了解我国某地区运输工具的使用情况。如设备利用率、完好率、设备效率、整体装备水平等。

 **本章案例**

打造快速物流系统——蒙牛物流运输

物流运输是乳品企业的重大挑战之一。蒙牛目前的触角已经伸向全国各个角落，其产品远销到香港、澳门地区，甚至还出口东南亚。蒙牛如何突破配送的瓶颈，把产自大草原的奶送到更广阔的市场呢？另外一个重要的问题是，巴氏奶和酸奶的货架期非常短，巴氏奶仅10天，酸奶也不过21天左右，而且对冷链的要求最高。从牛奶挤出运送到车间加工，直到运到市场销售，全过程巴氏奶都必须保持在0℃～4℃之间，酸奶则必须保持在2℃～6℃之间储存。这对运输的时间控制和温度控制提出了更高的要求。为了能在最短的时间内、有效的存储条件下，以最低的成本将牛奶送到商超的货架上，蒙牛采取了以下措施。

1. 缩短运输半径

对于酸奶这样的低温产品，由于其保质日期较短，加上消费者对新鲜度的要求很高，一般产品超过生产日期三天以后送达商店、超市就会拒绝该批产品，因此，对于这样的低温产品，蒙牛要保证在2～3天内送到销售终端。

为了保证产品及时送达，蒙牛尽量缩短运输半径。在成立初期，蒙牛主打常温液态奶，因此奶源基地和工厂基本上都集中在内蒙古，以发挥内蒙古草原的天然优势。当蒙牛的产品线扩张到酸奶后，蒙牛的生产布局也逐渐向黄河沿线及长江沿线伸展，使牛奶产地尽量接近市场，以保证低温产品快速送达至商店、超市的要求。

2. 合理选择运输方式

目前，蒙牛产品的运输方式主要有两种：汽车和火车集装箱。蒙牛在保证产品质量的原则下，尽量选择费用较低的运输方式。

对于路途较远的低温产品运输，为了保证产品能够快速地送达消费者手中，保证产品的质量，蒙牛往往采用成本较为高昂的汽车运输。例如，北京销往广州等地的低温产品，全部走汽运，虽然成本较铁运高出很多，但在时间上能有保证。

为了更好地了解汽车运行的状况，蒙牛还在一些运输车上安装了GPS系统，GPS系统可以跟踪了解车辆的情况，比如是否正常行驶、所处位置、车速、车厢内温度等。蒙牛管理人员在网站上可以查看所有安装此系统的车辆信息。GPS的安装，给物流及相关人员包括客户带来了方便，避免了有些司机在途中长时间停车而影响货物未及时送达或者产品途中变质等情况的发生。

而像利乐包、利乐砖这样保质期比较长的产品，则尽量依靠内蒙古的工厂供应，因为这里有最好的奶源。产品远离市场的长途运输问题就依靠火车集装箱来解决。与公路运输相比，这样更能节省费用。

在火车集装箱运输方面，蒙牛与中铁集装箱运输公司开创了牛奶集装箱"五定"班列这一铁路运输的新模式。"五定"即"定点、定线、定时间、定价格、定编组"，"五定"班列定时、定点，一站直达有效地保证了牛奶运输的及时、准确和安全。

2003年7月20日，首列由呼和浩特至广州的牛奶集装箱"五定"班列开出，将来自内蒙古的优质牛奶运送到了祖国大江南北，打通了蒙牛的运输"瓶颈"。目前，蒙牛销往华东华南的牛奶 80％ 依靠铁路运到上海、广州，然后再向其他周边城市分拨。现在，通过"五定"列车，上海消费者在 70 小时内就能喝上草原鲜奶。

3. 全程冷链保障

低温奶产品必须全过程都保持 2℃～6℃ 之间，这样才能保证产品的质量。蒙牛牛奶在"奶牛——奶站——奶罐车——工厂"这一运行序列中，采用低温、封闭式的运输。无论在茫茫草原的哪个角落，"蒙牛"的冷藏运输系统都能保证将刚挤下来的原奶在 6 个小时内送到生产车间，确保牛奶新鲜的口味和丰富的营养。出厂后，在运输过程中，则采用冷藏车保障低温运输。在零售终端，蒙牛在其每个小店、零售店、批发店等零售终端都投放冰柜，以保证其低温产品的质量。

4. 使每一笔单子做大

物流成本控制是乳品企业成本控制中一个非常重要的环节。蒙牛减少物流费用的方法是尽量使每一笔单子做大，形成规模后，在运输的各个环节上就都能得到优惠。比如利乐包产品走的铁路，每年运送货物达到一定量后，在配厢等方面可以得到很好的折扣。而利乐枕产品走的汽运，走 5 吨的车和走 3 吨的车，成本要相差很多。

此外，蒙牛的每一次运输活动都经过了严密的计划和安排，运输车辆每次往返都会将运进来的外包装箱、利乐包装等原材料和运出去的产成品做一个基本结合，使车辆的使用率提高了很多。

问题与思考：

1. 蒙牛是如何巧妙地利用不同的运输形式发运不同品种的牛奶的？
2. 结合本案例，说明如何进一步理解运输合理化？
3. 通过本案例你能否对"第三利润源泉"的说法有进一步认识？

第 3 章

公路运输

❖ **学习目标**

掌握：公路货物运输的概念；普通货物与零担货物运输组织方法；公路货运作业流程及货运方式的选择。

了解：公路运输的技术装备与设施；特种货物运输；运输合同的签订和履行；公路货运事故处理。

公路运输是现代物流运输方式之一。目前世界各国的公路总长度约 2 000 万公里，约 80 个国家和地区修建了高速公路，建成通车的高速公路已达 20 万公里。公路运输所完成的货运量占整个货运量的 80% 左右，货物周转量约占 10%。在一些工业发达国家，公路运输的货运量、周转量在各种运输方式中都名列前茅，它在整个运输领域中占有重要地位，并发挥着越来越重要的作用。

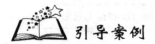 引导案例

成本低廉的沃尔玛运输系统

沃尔玛在经营上一贯秉持"以最佳的服务、最低的成本、提供最高质量的服务"的经营理念。

沃尔玛十分注重运输成本问题，采取各种措施来降低运输成本。它们每把一辆运货车装得满满的，所有的产品从车的底部一直推到最高处。它们的物流部门全天 24 小时不间断地工作。这样如果有货物晚上送到商店，这些商店就可以立刻把它整个卸下来，而不至于干扰它们白天的运营活动。沃尔玛不仅和供货商商定好时间，而且也跟商店定好时间，所有工作都按时间表来进行。由于沃尔玛对时间进行了很好的管理，从而节约了时间，提高了效率。由

于沃尔玛的运输成本更低，所以很多供货商也采用沃尔玛的运输系统来完成运输，这样，它们就帮助沃尔玛分担了整个运输过程中的费用，而且同时这些供货商自身也节省了费用，可谓"一举两得"。

（选自：梁金萍. 运输管理. 北京：机械工业出版社，2011.）

思考题：沃尔玛是如何实现低成本运营的？

3.1　公路运输概述

3.1.1　公路运输的概念及类型

1. 公路

公路是一种线形构造物，是汽车运输的基础设施，由路基、路面、桥梁、涵洞、隧道、防护工程、排水设施与设备及山区特殊构造物等基本部分组成，此外还需设置交通标志、安全设施、服务设施及绿化栽植等。

根据公路的作用和使用性质，可划分为国道主干线公路（国道）、省级干线公路（省道）、县级干线公路（县道）、乡级公路（乡道）及专用公路。

公路根据交通量及其在交通网中的意义，可分为高速公路、一级公路、二级公路、三级公路和四级公路五个等级。

2. 公路运输的概念

从广义来说，公路运输是指利用一定的载运工具（汽车、拖拉机、畜力车、人力车等）沿公路实现货物空间位移的过程。

从狭义来说，公路运输即指汽车运输。物流运输中的公路运输专指汽车货物运输。

3. 公路运输分类

公路运输的划分如表 3-1 所示。

表 3-1　公路运输的分类

序号	划分标准	划分结果
1	按托运批量大小	整车运输、零担运输、集装箱运输和包车运输
2	按运送距离	长途运输与短途运输
3	按货物的性质及对运输条件的要求	普通货物运输与特种货物运输
4	按托运的货物是否保险或保价	不保险（不保价）运输、保险运输和保价运输
5	按货物运送速度	一般货物运输、快件货物运输和特快专运
6	按运输的组织特征	集装化运输与联合运输

在现代物流运输中，公路运输可以按照不同的标志进行以下分类。

（1）按照货物运营方式的不同可分为整车运输、零担运输、集装箱运输、包车运输等类别。整车运输是指托运人一批托运的货物在 3 吨以上（包括 3 吨）或者虽然不足 3 吨但其性质、体积、形状至少需要一辆 3 吨以上的汽车运输的运输业务。

零担运输是指托运人一批托运的货物不足整车的货物运输。

集装箱运输是将适箱货物集中装入标准化集装箱，采用现代化手段进行的货物运输。

包车运输是指应托运人的要求，经双方协议，把车辆包给托运人安排使用，并按时间或里程计算运费的业务。

（2）按照货物种类分为普通货物运输和特种货物运输。

普通货物分为一等、二等、三等三个等级。

特种货物包括超限货物、危险货物、贵重货物和鲜活易腐货物。

（3）按照托运的货物是否保险或保价分类可分为不保险（不保价）运输、保险运输和保价运输。

保险和保价运输均采用托运人自愿的办法，凡保险或保价的，需按规定缴纳保险金或保价费。保险运输须由托运人向保险公司投保或委托承运人代办。保价运输时托运人必须在货物运单的"价格"栏内向承运人声明货物的价格。

（4）按照货物运送速度分为普通货物运输、快件货物运输和特快专运。

普通货物运输即一般货物运输或称慢运；快件货物运送的速度从货物受理当日 15 点起算，运距在 300 公里内 24 小时运达，运距在 1 000 公里内 48 小时运达，运距在 2 000公里内 72 小时运达；特快专运是指按托运人要求在约定时间内运达。

（5）按照运送距离长短分为长途运输、中途运输与短途运输。

各种运输方式对中、短、长途的定义不一样。

国家规定，汽车运输 50 公里以内为短途运输，200 公里以内为中途运输，200 公里以上是长途运输。

航空运输 600 公里以内是支线，应该是短途运输，600 公里至 1 100 公里应该是中程航线；1 100 至 3 000公里是长途航线，3 000公里以上是超长途航线。

（6）按照运输的组织特征分为集装化运输与联合运输。

凡是用集装器具、采用捆扎索夹具或捆扎技术方法，把裸装、散装货物、包装成件货物等适于集装的货物，组合成一定规格或一定重量的货物集装件，经由各种运输方式运输者，统称为货物集装化运输。

联合运输简称联运，是指使用两种或两种以上运输方式，完成一项进出口货物运输任务的综合运输方式。

3.1.2　公路运输站场及其附属设施

1. 公路运输站场

公路运输站场是公路运输办理货运业务、仓储保管、车辆保养修理及为用户提供相关服务的场所，是汽车运输企业的生产与设计基地，一般包括货运站、停车场（库）、保修厂（站）、加油站及食宿站等。站场的设计布局应符合现代化的工艺和建筑要求，使投资获得最好的经济效益。

（1）货运站。公路运输货运站有时也称汽车站或汽车场，其主要功能包括货物的组织与承运、中转货物的保管、货物的交付、货物的装卸及运输车辆的停放、维修等内容。简易的货运站点，则仅有供运输车辆停靠与货物装卸的场地。公路货运站又可分为汽车零担站、零担中转站、集装箱货运中转站等。

零担货运站一般是按照年工作量（即零担货物吞吐量）划分等级的，年货物吞吐量在 6 万吨以上的为一级站；在 2～6 万吨的为二级；在 2 万吨以下的为三级站。零担货运站一般主要配备零担站房、仓库、货棚、装卸车场、集装箱堆场、停车场、维修车间、洗车台及材料库等生产辅助设施。集装箱货运中转站应配备拆装库、高站台、拆装箱作业区、业务（商务及调度）用房、装卸机械与车辆等。

（2）停车场（库）。停车场（库）的主要功能是停放与保管运输车辆。现代化的大型停车场还具有车辆维修、加油等功能。从建筑性质来看，可以分为暖式车库、冷式车库、车棚和露天停车场等。目前我国露天停车场采用较为普遍，尤其是专业运输广泛采用。

停车场内的平面布置要方便运输车辆的进出和进行各类维护作业，多层车库或地下车库还需设有斜道或升降机等，以方便车辆出入。

2. 公路运输车辆

现代汽车种类繁多，分类方法各有不同。按汽车在物流领域的用途来分，可分为载客车、载货车、特种车、牵引车和挂车等类型。

（1）载货车。一种主要为载运货物而设计和装备的商用车辆，主要用于运送货物，也可牵引挂车的汽车。货车按最大总重量分为微型（<1.8 吨）、轻型（1.8～6 吨）、中型（6～14 吨）、重型（>14 吨）等不同类型。

① 普通货车。一种在敞开（平板式）或封闭（厢式）载货空间内载运货物的货车，如图 3-1（a）所示。

② 多用途货车。在其设计和结构上主要用于载运货物，但在驾驶员座椅后带有固定或折叠式座椅，可运载 3 名以上的乘客的货车，如图 3-1（b）所示。

③ 越野货车。在其设计上所有车轮同时驱动（包括一个驱动轴可以脱开的车辆）或其几何特性（接近角、离去角、纵向通过角、最小离地间隙）、技术特性（驱动轴数、差速锁止机构或其他型式的机构）和它的性能（爬坡度）允许在非道路上行驶的一种车辆，如图 3-1（c）所示。越野车根据其在较差道路上的装载质量可分为轻型、中型和重型越野车，也可按驱动轴数分为双轴、三轴和四轴驱动越野车。

④ 专用货车。在其设计和技术特性上用于运输特殊物品的货车。例如，罐式车、乘用车运输车、集装箱运输车等，如图 3-1（d）所示。

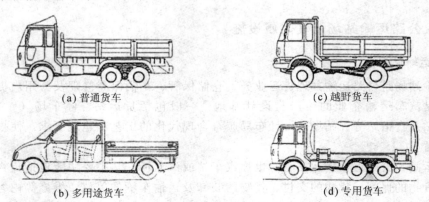

(a) 普通货车　　　　　　　　　　　　　(c) 越野货车

(b) 多用途货车　　　　　　　　　　　　(d) 专用货车

图 3-1　各种货车

（2）特种车。特种车即变型车，这类车辆是在汽车底盘上安装了专用设备或车身，专供完成特种任务的汽车。特种车可分为特种轿车（如检阅车、指挥车等）、特种客车（如救护车、监察车等）、特种货车（如罐车、自卸车、冷藏车等）和特种用途车（如建筑工程车、农用汽车等）。

（3）牵引车和挂车。牵引车是专门或主要用于牵引挂车的汽车，可分为全挂牵引车和半挂牵引车。挂车是本身没有自带动力及牵引装置，由汽车牵引组成汽车列车，用以载运货物的车辆。挂车可分为全挂车、半挂车和特种挂车等。

① 半挂牵引车。这是指装备有特殊装置，专门用于牵引半挂车的商用车辆，通常装有牵引座，如图 3-2（a）所示。

② 全挂牵引车。一种采用牵引杆来牵引挂车，一般都装有辅助货台，可作普通货车使用。它本身可在附属的载运平台上运载货物，如图 3-2（b）所示。

（a）半挂牵引车

（b）全挂牵引车

图 3-2　挂车和牵引车

所谓汽车列车是指一辆汽车（包括牵引车、普通汽车等均可）与一辆或一辆以上挂车的组合。根据组合方式的不同，汽车列车又分为全挂汽车列车、半挂汽车列车和双挂汽车列车。

3.1.3　公路运输的成本构成与市场竞争特点

汽车运输业的成本结构，包括较高的可变成本和较低的固定成本。大约 70％～90％的成本为可变的，10％～30％为固定的，对于公路系统的公共投资是形成这种低固定成本结构的主要原因。

汽车运输的低固定成本特点，使得进入汽车运输业不会受到太高的资金限制，因而汽车运输从业者众多，从而导致汽车运输业的内部竞争十分激烈。

3.2 公路运输组织

3.2.1 普通货物运输

货物运输组织方法直接影响到货物运输速度与运输费用。在各种运输方式竞争激烈的环境下，做好货物运输组织工作显得尤为重要。货物运输组织方法应在掌握一定货源的基础上，根据货物结构的不同，合理调配和使用车辆，做到车种适合货种，标重配合货重。

1. 行车组织方法

公路货物运输行车组织方法常采用直达行驶法和分段行驶法两种。

直达行驶法是指每辆汽车装运货物由起点经过全线直达终点，卸货后再装货或空车返回，即货物中间不换车。其特点是车辆在路线上运行时间较长，因此驾驶员的工作制度可以根据具体情况采取单人驾驶制、双人驾驶制、换班驾驶制等方式。

分段行驶法是指将货物运输路线全线适当分成若干段（即区段），每一区段均有固定的车辆工作，在区段的衔接点，货物由前一个区段的车辆转交给下一个区段的车辆接运，每个区段的车辆不出本区段工作。为了缩短装卸货交接时间，在条件允许时，也可采取甩挂运输。

2. 甩挂运输组织

甩挂运输是为了解决短途运输中因装卸能力不足，避免车辆装卸作业停歇时间过长而发展起来的，也称为甩挂装卸，是指汽车列车（一辆牵引车与一辆或一辆以上挂车的组合）在运输过程中，根据不同的装卸和运行条件，由载货汽车或牵引车按照一定的计划，相应地更换拖带挂车继续行驶的一种运行方式。这种组织方式的特点是：利用汽车列车的行驶时间来完成甩下挂车的装卸作业，使原来整个汽车列车的装卸时间缩短为主车装卸时间和甩挂作业时间，从而加速车辆周转速度，提高运输效率。由于甩挂运输既保留了直达行驶法的优点，又克服了分段行驶法转运时装卸时间长的缺点，使得车辆载重量和时间利用均能得到充分的发挥，具有较佳的经济效益。

3.2.2 特种货物运输

特种货物一般可分为危险货物、超限货物和鲜活易腐货物三大类。

1. 危险货物运输

由于危险货物具有爆炸、易燃、毒害、腐蚀、放射性等性质，在受理托运、仓储保管、货物装卸、运送、交付等环节，应加强管理。托运人只能委托有危险化学品运输资质的运输企业承运，在托运时必须说明货物名称、特性、防护方法、形态、包装、单件重量等情况，还要提出资质证书及经办人的危险货物业务培训合格证与身份证。托运剧毒化学品，应出具目的地公安部门办理的通行证。

2. 超限货物运输

（1）超限货物运输概念。超限货物运输是公路运输中的特定概念，指使用非常规的超重型汽车列车载运外形尺寸和重量超过常规车辆装载规定的大型物件（简称为大件）的公路运输。

大件是指符合下列条件之一的货物。

　　① 货物外形尺寸，长度在 14 米以上或宽度在 3.5 米以上或高度在 3 米以上的货物。

　　② 重量在 20 吨以上的单体货物或不可解体的成组（捆）货物。

　　（2）公路运输超限货物类型。根据我国公路运输主管部门现行规定，公路运输超限货物按其外形尺寸和重量分成四级，如表 3-2 所示。

　　超限货物重量指货物的毛重，即货物的净重加上包装和支撑材料后的总重，它是配备运输车辆的重要依据，一般以生产厂家提供的货物技术资料标明的重量为参考数据。

表 3-2　大型物件分级

级别	重量/吨	长度/米	宽度/米	高度/米
一	40～(100)	14～(20)	3.5～(4)	3～(3.5)
二	100～(180)	20～(25)	4～(4.5)	3.5～(4)
三	180～(300)	5～(40)	4.5～(5.5)	4～(5)
四	300 以上	40 以上	5.5 以上	5 以上

　　注：1. 括号内数表示该项参数不包括括号内的数值。

　　　　2. 货物的重量和外廓尺寸，有一项达到列参数，即为该级别的超限货物，货物同时在外廓尺寸和重量达到两种以上等级时，按高级别确定超限等级。

　　（3）公路超限货物运输的特殊性。与普通公路货物运输相比较，公路超限货物运输具有以下特殊性。

　　① 大件货物要用超重型挂车作载体，用超重型牵引车牵引，而这种超重型车组（即汽车列车）是非常规的特种车组，车组装上大件货物后，其重量和外形尺寸大大超过普通汽车列车和国际集装箱汽车。因此，超重型挂车和牵引车都是用高强度钢材和大负荷轮胎制成，价格昂贵，而且要求行驶平稳，安全可靠。

　　② 运载大件货物的超重型车组要求通行的道路有足够的宽度和净空（又称道路建筑限界，是为保证道路上各种车辆、人群的正常通行与安全，在一定的高度和宽度范围内不允许任何障碍物侵入的空间界线）、良好的道路线形，桥涵要有足够的承载能力，有时还要分段封闭交通，让超重型车组单独通过。这些要求在一般道路上往往难以满足，必须事先进行勘察，运输前采取必要的工程措施，运输中采取一定的组织技术措施，超重型车组才能顺利通行，这就牵涉公路管理、公安交通、电信电力、绿地树木等专管部门，必须得到这些部门的同意、支持和配合，采取相应措施，大件货物运输才能进行。

　　③ 大件货物运输必须确保安全，万无一失。因为大型设备都是涉及国家经济建设的关键设备，稍有闪失，后果不堪设想。所以要有严密的质量保证体系，任何一个环节都要求有专职人员检查，按规定要求严格执行，未经检查合格，不得运行。所以安全质量第一的要求既是大件货物运输的指导思想，也是大件货物运输的行动指南。

　　由于公路大件货物运输要求严、责任重，所运大件价值高、运输难度大，牵涉面广。所以受到我国政府各级领导，各级政府有关部门、单位和企业的高度重视。

　　（4）发展超限货物运输的重要意义。当今，科学技术发展趋势的一个重要表现是工业品逐步向小型化、轻型化和微型化发展，而工业设备则逐步向大型、重型和超重型发展。电力、化石、石油、冶金、建材等工业设备的单套机组或单套设备的容量、生产能力越来越大，单件设备重量往往达数百吨，长度与高度也远超出一般公路通行界限。20世纪80年代，工业发达国家兴起一种称作模块的建厂新工艺，把一个工厂的车间和成套设备在制造工厂预先加工组装好，分成几个整体（即"模件"）运到建设工地定位组合，接通水电，工程即告完成，一交钥匙，机器即可运转投产。这种模块的外形尺寸，长、宽、高往往都在10 m以上，单件重量从几百吨到上千吨不等。

（5）超限货物运输组织工作要点。依据公路超限货物运输的特殊性，其组织工作环节主要包括托运、理货、验道、制订运输方案、签订运输合同、线路运输工作组织及运输统计与结算等项。

① 办理托运。在办理托运时，应由大型物件托运人（单位）向已取得大型物件运输经营资格的运输业户或其代理人办理托运，托运人必须在托运单上如实填写大型物件的名称、规格、件数、重量、起运日期、收发货人的详细地址及运输过程中的注意事项，必须提供货物重心位置的资料并在货件上标明重心位置。凡未按上述要求办理托运或托运单填写不明确，由此发生运输事故的，由托运人承担全部责任。

② 理货。理货是运输企业对货物的集合形状、重量和重心位置事先进行了解，取得可靠数据和图纸资料的工作过程。通过理货工作分析，可以确定超限货物级别及运输形式、查验道路以及制订运输方案提供依据。

③ 验道。验道工作的主要内容包括：查验运输线全部道路的路面、路基、纵向坡度、横向坡度及弯道外的横坡坡度、道路的竖曲线半径、道路宽度及弯道半径，查验沿线桥梁涵洞、高空障碍，查看装卸货现场、倒载运现场，了解沿线地理环境及气候情况。根据上述查验结果预测作业时间，编制运行路线图，完成验道报告。验道是长大、笨重货物运输业务的组织与其他货物运输组织明显不同的环节。

④ 制订运输方案。在充分研究、分析理货报告及验道报告的基础上，制订安全可靠、可运行的运输方案。其主要内容包括：配备牵引车、挂车组及附件，配备动力机组及压载块，确定限定最高车速，制定运行技术措施，配备辅助车辆，制订货物装卸与捆扎加固方案，制订和验算运输方案，完成运输方案的书面文件。

⑤ 签订运输合同。根据托运方填写的委托运输文件及承运方进行理货分析、验道、制订运输方案的结果，承运双方签订书面形式的运输合同，其主要内容包括：明确托运与承运甲乙方、大型物件数据及运输车辆数据、运输起讫点、运距与运输时间，明确合同生效时间、承托双方应负责任、有关法律手续及运费结算方式、付款方式等。

⑥ 线路运输工作组织。线路运输工作组织包括建立临时性的大件运输工作领导小组负责实施运输方案，执行运输合同和相应对外联系。领导小组下设行车、机务、安全、后勤生活、材料供应等工作小组及工作岗位并健全相关工作岗位责任制，组织大型物件运输工作所需要牵引车驾驶员、挂车操作员、修理工、装卸工、工作材料员、技术人员及安全员等，依据运输工作岗位责任及整体要求认真操作、协调工作，保证大件运输工作全面、准确完成。

⑦ 运输统计与计算。运输统计是指完成公路大型物件运输工作的各项技术统计；运输结算即完成运输工作后按运输合同有关规定结算运费及相关费用。

3. 鲜活易腐货物运输

鲜活易腐货物是指在运输过程中需要采取相应的保鲜措施，以防止死亡和腐烂变质，并须在规定期限内运抵目的地的货物。公路运输的鲜活易腐货物主要有：鲜鱼虾、鲜肉、瓜果、蔬菜、牲畜、观赏野生动物、花木秧苗、蜜蜂等。

鲜活易腐货物一般具有季节性较强、运输责任性较大、运送时间比较紧迫等特点。

良好的运输组织工作对保证鲜活易腐货物的质量十分重要。汽车运输部门应按鲜活易腐货物的运输规律，提前做好各方面的准备工作，如事先做好货源摸底和核实工作，妥善安排好运力，保证及时运输。托运鲜活易腐货物时，托运人应保证提供质量新鲜、包装容器符合要求、热状态符合规定的货物，并在托运单上注明最长的运达期限。

3.2.3　零担货物运输

汽车零担货物运输是汽车货物运输的重要组成部分，随着第三产业的迅猛发展，商品流通量与流通范围扩大，小批量货物托运越来越多，零担货物运输已成为公路运输企业经营的重要业务。零担运输是化零为整的一种高速高效率的运输方法。目前，我国汽车零担运输完成货运量比重很小，但我国社会经济对汽车零担运输等网络化运输存在巨大的潜在需求，做好公路零担货物运输的调度组织工作是抢得市场先机的关键。

1. 零担车种类

零担车是指装运零担货物的车辆，可分为固定式和非固定式两大类。

（1）固定式零担车。固定式零担车是指车辆运行采取定线路、定班期、定车辆、定时间的一种零担车，也叫"四定运输"，通常又称为汽车零担货运班车（简称零担班车）。零担班车一般是以营运范围内零担货物流量、流向及货主的实际要求为基础组织运行。运输车辆主要以厢式专用车为主。零担货运的营运组织形式主要有三种：直达零担班车、中转零担班车和沿途零担班车。

直达零担班车是指在起运站将多个托运人托运的同一到站且可以配载的零担货物装在同一车内，直接送达目的地的一种零担班车。这种形式可加快零担货物的送达速度，避免中转换装作业，确保货物完好并节省中转费用，效果较好，在组织零担货物运输时应尽可能地利用这种形式。但它受到货源数量、货流及行政区域的限制。如图 3-3 所示。

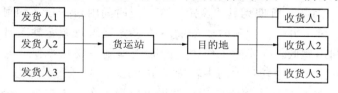

图 3-3　直达零担班车组织示意图

中转零担班车是指在起运站将多个托运人托运的同一线路、不同到达站且允许配装的零担货物装在同一车内运至规定中转站，卸后复装，重新组织成新的零担班车运往目的地的一种零担班车。这种零担运输形式对运量零星、流向分散的零担货物的运输很适用，符合零担货物的特点，但耗费的人力、物力较多，作业环节也较复杂，还涉及中转环节的理货、堆码、保管等作业，中转站必须配备相应的仓库等作业条件，确保货物及时、安全、准确地到达目的地。如图 3-4 所示。

沿途零担班车是指在起运站将多个托运人托运的同一线路不同到达站且允许配装的零担货物装在同一车内，在沿途各计划停靠站卸下或装上零担货物继续前进，直至最后终点站的一种零担车。这种方式组织工作较为复杂，车辆在途中运行时间较长，但它能更好地满足沿

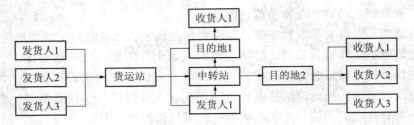

图 3-4　中转零担班车组织示意图

途各站点的需要，能充分利用车辆的载重和容积，是一种不可缺少的组织形式。如图 3-5 所示。

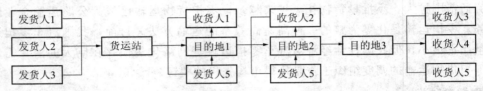

图 3-5　沿途零担班车组织示意图

（2）非固定式零担车。非固定式零担车是指按照零担货流的具体情况，根据实际需要，临时组织而成的零担车。通常在新辟零担货运线路或季节性零担货物线路上使用。

2. 零担货运的作业程序

零担货物运输业务是根据零担货运的特点，按照流水作业的程序，包括以下环节。

（1）托运受理。托运受理是零担货运业务的首要环节，它是指零担货物承运人根据经营范围内的线路、站点、运距、中转车站、各车站的装卸能力、货物的性质及运输限制等业务规则和有关规定接受托运零担货物、办理托运手续。受理托运时，必须由托运人认真填写托运单，承运人审核无误后方可承运。

在受理托运时，可以根据零担货物的数量、运距及车站最大能力采用不同的受理制度。

① 随时受理制。对托运日期无具体规定，在营业时间内，托运人均可将货物送到托运站办理托运，为货主提供了方便。但随时受理制不能事先组织货源，缺乏计划性，因此，货物在库时间长，设备利用率低。在实际工作中，随时受理制主要是被作业量较小的货运站、急运货物货运站及始发量小、中转量大的中转货运站采用。

② 预先审批制。要求托运人事先向货运站提出申请，车站再根据各个发货方向及站别的运量，并结合站内设备和作业能力加以平衡，分别指定日期进货集结，组成零担班车。对于发货量小的货主来说，不宜采用预先审批制。

③ 日历承运制。货运站根据零担货物流量和流向规律编写承运日期表并事先公布，托运人则按规定日期来站办理托运手续。采用日历承运制可以有计划、有组织地进行零担货物的运输，便于将去向和到站比较分散的零担货物合理集中，组织直达零担班车，可以均衡安排起运站每日承担货物的数量，合理使用货运设备，便于物资部门安排生产和物资调拨计划，提前做好货物托运准备工作。

（2）过磅起票。零担货物受理人员在收到零担货物托运单后，应及时验货过磅，并认真点件交接，做好记录。零担货物过磅后，连同托运单交仓库保管员按托运单编号填写标签及有关标志，并根据托运单和磅码单填写零担运输货票，照票收清运杂费。

（3）仓库保管。零担货物仓库要有良好的通风、防潮、防火和灯光设备，露天堆放货物要有安全防护措施。把好仓库保管关，可以有效地杜绝货损货差。

零担货物仓库的货位一般可以分为进仓待运货位、急运货位、到达待交货位和以线路划分的货位，以便分别堆放。货物进出仓库要履行交接手续，坚持照单验收入库和出库，以票对货，票货不漏，做到票货相符。

（4）配载装车。零担货物的配载必须遵循以下原则。

① 中转先运、急件先运、先托先运、合同。

② 尽量采用直达运送方式，必须中转的货物，则应合理安排流向配载。

③ 充分利用车辆的载货量和容积。

④ 严格执行货物混装的限制规定，确保运输安全。

⑤ 加强预报中途各站的待运量，并尽可能使同站装卸的货物在质量和体积上相适应。

货物装车前必须做好以下准备工作。

① 按车辆容载量和货物的形状、性质进行合理配载，填制配装单和货物交接单。

填单时应按货物"四先四后"（即先远后近、先重后轻、先大后小、先方后圆）的顺序填写，以便按单顺次装车，对不同到达站的和中转的货物要分单填制。

② 将整理后的各种随货单证分别附于交接清单后面。

③ 按单核对货物堆放位置，做好装车标记。

完成上述工作后，即可按交接清单的顺序和要求点件装车，装车时应注意以下几点。

① 将贵重物品放在防压、防撞的位置，保证运输安全。

② 装车完毕后要复查货位，以免错装、漏装。

③ 驾驶员（或随车理货员）清点随车单证并签章确认。

④ 检查车辆关锁及遮盖捆扎情况。

（5）车辆运行。零担车必须按期发车，不得误班。如属有意或过失责任造成误班的，必须按章对责任人给予处罚。

定期零担班车应按规定路线行驶。凡规定停靠的中途站，车辆必须进站，并由中途站值班人员在行车路单上签证。

行车途中，驾驶员（或随车理货员）应经常检查车辆装载情况，如发现异常情况，应及时处理或报请就近车站协助办理。

（6）货物中转。零担货物中转作业是按货物流向或到站进行分类整理，先集中后分散的过程，中转站的选择必须建立在充分的运输经济调查、与同货源或货流的特点相结合的基础上，中转站的硬件设施应和对仓库的要求相同。

对于需要中转的货物需以中转零担班车或沿途零担班车的形式运到规定的中转站进行中转。中转作业主要是将来自各个方向仍需继续运输的零担货物卸车后重新集结待运，继续运至终点站。

零担货物中转作业一般有以下三种基本方法。

① 落地法。将到达车辆上的全部零担货物卸下入库，按方向或到达站在货位上重新集结，再重新配装。这种方法简便易行，车辆载货量利用较好，但装卸作业量大，作业速度慢，仓库和场地的占用面积也较大。

② 坐车法。将到达车辆上运往前面同一到站且数量较多或卸车困难的那部分核心货物留

在车上，将其余货物卸下后再加装一同到站的其他货物。在这种方法下，其核心货物不用卸车，减少了装卸作业量，加快了中转作业速度，节约了装卸劳力和货位，但对留在车上的核心货物的装载情况和数量不易检查和清点，在加装货物较多时也难免发生卸车和倒装等附加作业。

③ 过车法。当几辆零担车同时到站进行中转作业时，将车内的部分中转货物由一辆车直接换装到另一辆车。组织过车时，可以向空车上过，也可以向留有核心货物的重车上过。这种方法在完成卸车作业的同时即完成了装车作业，减少了零担货物的装卸作业量，提高了作业效率，加快了中转速度，但对到发车辆的时间衔接要求较高，容易遭受意外因素的干扰。

零担货物中转站除了零担货物的保管工作外，还需进行一些与中转环节有关的理货、堆码、整理、倒载等作业，因此中转站应配备一定的仓库或货棚等设施。零担货物的仓库或货棚，应具有良好的通风、防潮、防火、采光、照明等条件，以保证货物的完好和适应各项作业的需要。

（7）到站卸货。班车到站后，仓库人员检查货物情况，如无异常，在交接单上签字并加盖业务章。如有异常情况发生，则应采取以下相应措施处理。

① 有单无货，双方签注情况后，在交接单上注明，将原单返回。

② 有货无单，确认货物到站后，由仓库人员签发收货清单，双方盖章，清单寄回起运站。

③ 货物到站错误，将货物原车运回起运站。

④ 货物短缺、破损、受潮、污染、腐烂时，应双方共同签字确认，填写事故清单。

（8）货物交付。货物入库后，通知收货人凭提货单提货，或者按指定地点送货上门，并做好交货记录，逾期提取的按有关规定办理。

与整车货物运输作业流程相比较，应特别注意以下几点。

① 加强仓库管理，货物进出仓库，都必须按照单据，货票相符。

② 注意配载，充分利用车辆的容积和载重量。

③ 严格执行货物混装限制规定。

3.3 公路货物运输作业管理

3.3.1 公路货运作业流程

公路货运作业基本流程为备货、托运、派车装运、运送与交货、运输统计与计算等。

托运一般采用书面形式，先由货主填写托运单（即道路货物运单），道路货物运单是道路货物运输及运输代理的合同凭证，是运输经营者接受货物并在运输期间负责保管和据以交付的凭证，也是记录车辆运行和行业统计的原始凭证。货主填写完托运单，经运输单位审核并由双方签章后，具有法律效力。托运单确定了承运方与托运方在货物运输过程中的权利、义务和责任，是货主托运货物的原始凭证，也是运输单位承运货物的原始依据。根据托运单，货主负责向运输单位按时提交准备好的货物，并按规定的方式支付运费；运输单位应负责及时派车将货物安全运送到托运方指定的卸货地点交给收货人。

货物承运后应及时派车装运。

货物运达收货地点，应正确办理交付手续和交付货物。整车货物运达时，收货人应及时组织卸车，驾驶员应同时对所卸货物计点清楚；货物交接卸车完毕，收货人应在运输货票上签收，再由驾驶员带回交给调度室或业务室。

在货物起运前后如遇特殊原因托运方或承运需要变更运输时，应及时由承运方和托运方协商处理。

3.3.2　货运方式的选择

1. 普通货物运输

普通货物运输形式包括用各种普通卡车、翻斗车、拖挂车在专线或非专线上向社会提供的货物运输服务。

普通货物运输的特点是向全社会提供服务，讲究社会效益；运输各种货物，讲究经济效益，追求利润；保证送货准确，交易平等，收费合理。

普通货物运输形式是营业范围最为广泛的货运方式。它机动灵活，运输的货物品种繁多，凡是能用普通卡车运输的商品都可以采用此种方式运输。它包括专线、非专线普通杂货运输、合同运输、专业杂货运输和联合包裹运输配送等。

2. 专业货运

（1）分类。为提高汽车运输业和货运车辆工作的经济指标，实现规模化运输，保证为用户送达货物的数量和质量，同时为满足某些特殊货物运输的需要，如满足建设、环卫、生活服务、消防、医疗等的需求和提高运输危险品的安全可靠性，需要采用专业货运方式。

专业货运一般都使用专门设计的运输工具和自卸汽车、零担专车、集装箱车、水泥散装车、保温车和冷冻车等专用汽车。它与普通杂货运输的主要区别在于除专门运输某种货物外，专业货运的车辆远离企业通常行驶的路线，驾驶员更多地靠自己寻找加油站、维修厂和停车场，许多专业运输卡车上都装有睡铺。

按照货物种类的不同，专业货运可划分为日用品运输、大件机械设备运输、石油产品运输、农产品运输、易燃易爆危险品运输、冷藏运输和零担商品运输等。

（2）专业货运的优点。与一般货运车辆比较，货运专用车辆具有八个方面的优点。

① 在运输轻泡货物的情况下（例如陶瓷、棉絮及其他轻泡货物），能充分地利用汽车的运输能力。

② 在高等级公路运输多种货物时，分门别类能提高运输车辆的载重量利用系数，且便于交通安全管理、收费和养护管理。

③ 在运输构架（预制件）、板件、长件和不能分离的建筑材料时，可以降低运价和提高建设项目施工速度。

④ 能最大限度地保护货物的性质和质量，以达到安全可靠运送货物的目的，最大限度地减少货物的毁坏和浪费，保持货物的使用价值。

⑤ 在发货地点和接货地点最能有效地实现装卸机械化。

⑥ 在使用自身装卸工具的情况下，缩短汽车装卸货物的停留时间。

⑦ 能最大限度地满足国家标准对货运车辆和道路运行管理的规定。

⑧ 提高对服务团体、企业和居民的供应能力等。

（3）专业货运的经济效益。自卸汽车和列车不需要人工卸货，节约了劳力，缩短了车辆停留时间，使单位运输生产率得以提高，运输成本降低，汽车列车由多个自卸汽车组成，其运输生产率相对单个自卸汽车提高 80％以上，成本降低 15％以上。

散装水泥车和散装面粉车等可以节约包装袋，为国家节约木材、节省包装费。水泥通过散装、散运、散储，销价可降低 1/6，节约人力 95％，提高装卸效率约 20 倍，减少损耗 4.5％，且不污染环境，提高装卸机械化水平，改善劳动条件。

集装箱运输车辆的经济效益取决于影响年平均生产率的因素和汽车结构的有关参数。提高集装箱运输的经济效益可以采用以下途径：使用专业汽车以提高车辆的运输生产率，降低成本；提高集装箱所装货物的实载量，使其尽量达到额定重量；集装箱运输车需动力匹配合理，提高车辆在道路上的平均速度；有与之配套装卸设备或自身备有装卸措施；加强对集装箱运输过程中的管理等。

零担车运输快速及时，方便用户，充分满足社会需要，机动灵活，发挥"以快制胜"的优势，安全可靠，货损货差少，节约能源，分流铁路货物，经济性好。

3. 货运方式的选择

货运管理的主要职责之一是进行运输方式和运输工具的选择。

对于公路货运应考虑货物特点、车辆型号及性质、起讫点服务约束条件和运输价格等。它包括以下内容。

（1）服务变量问题。它包括所有可从运输中取得的利益，要决定每次货运中哪些变量是基本的或是主要的。

（2）服务可能性。服务可能性的关键因素是货物种类、性质、体积和重量等问题。

（3）装卸难度。有些运输企业有时会拒绝某些货主的货运要求，这是因为起点或终点站没有配备相应装卸货物的设备；有些货主需要将一种货物运往不同地点的同时，对货运设备、运载物尺寸也会有特殊要求。

（4）专用设备。有些超规格货物（如过宽、过重、过长、过高等）常需要专门货车运送；还有一些易腐烂、易收缩、易生锈、易碎、易动、易裂、易变色、易灼烧、易吸味、易干枯、易融化、易穿孔、易划破或易膨胀的货物，也需要专门设备运输和包装；此外，较贵重货物和机密文件档案也要专门车辆运输。

（5）可靠性指标。运输可靠性是指按时发货、到货、安全、无遗失，能顺利地解决仓库存储、搬运等问题。

① 送达速度。有些货物对时间的要求非常强，必须迅速送达目的地。例如，紧急的订货运输、急救药物、人体器官、临近期限的投标合同的物资、新鲜蔬菜和水果等，此时，货运速度是绝对重要的选择变量。

② 跟踪和控制货物按时无损地到达指定地点。某些贵重和紧急货物，必须得到货运状态的信息，需要采取货运实时跟踪，要及时给货主提供在运输中的状态变化情况。

机动灵活性。运输设备随叫随到，而不必受时间和其他约束，这是与可靠性和速度紧密相关的服务变量。它要考虑服务方式、时间保证和货主的意图等。

（6）价格变量。价格变量一般指单位路程、单位重量所需要支付的费用，用元/吨·公里或台班费（即每天 8 小时收多少钱）计算。在决定货运价格时，应对所包括的项目和其他附加费进行精确测算，考虑在货物运输时所需要的各种包装费用和垫料费。此外，还应考虑可能承担货物损失的风险。

(7) 保险。保险包括货主的货物是否保险和运输工具是否保险及其金额数量等。

(8) 总成本估算。总成本估算包括货物自身价值、运费、经销准备费、附加费和销售费等全部费用。

3.3.3　运输合同的签订和履行

根据国家有关规定，货物运输的承运与托运双方应签订书面运输合同。合同方式可以根据双方需要签订年度、季度、月或批量运输合同。

1. 运输合同内容

运输合同主要包括以下内容。

- 货物名称、性质、体积、重量及包装标准。
- 货物起点和到达终点、收托运人名称及详细地址。
- 运输质量及安全要求。
- 货物装卸责任和方法。
- 货物的交接手续。
- 批量货物运输起止日期。
- 年、季、月合同的运输计划（文书、电传）提送期限和最大的限量。
- 运杂费计算标准及结算方式。
- 变更、解除合同的期限。
- 违约责任及双方商定的其他条款。

2. 义务

托运方的义务有 6 个方面，主要包括以下内容。

- 货物交运时，应按合同向承运方支付运费。
- 及时发货、收货。
- 负责装卸时，应按约定时间和质量装卸。
- 货物包装必须符合有关规定要求，保障运输安全。
- 托运超限货物应事先向承运方提供货物说明书，需要特殊加固车厢时，应负担所需费用。
- 违反合同时须按规定向承运方支付违约金，造成损失时应予赔偿。

承运方的义务有 6 个方面，主要包括以下内容。

- 承运方具备承运条件的不得拒绝承运。
- 按合同规定的期限、数量、起讫点完成运送任务。
- 负责装卸时，应严格遵守作业规程和装载标准，保证装卸质量。
- 对运输的货物全过程负责，妥善保管。
- 装运鲜活等有特殊要求的货物时，应承担专门约定的义务。
- 违反合同时应向托运方支付违约金，造成损失时应予赔偿。

3.3.4　公路货运事故处理

货物在承运责任期间内，年装卸、运送、保管、交付等作业过程中所发生的货物损坏、变质、误期及数量差错而造成的经济损失称为货运事故。

货运事故发生后应努力做好以下工作。

(1) 查明原因，事故损失由责任方按有关规定计价赔偿。

(2) 承运与托运双方都应采取补救措施，力争减少损失和防止损失扩大并做好事故记录。

(3) 若有争议，应及时提请交通运输主管部门或运输经济合同管理机关调解处理。

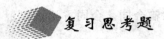 复习思考题

一、基本概念

公路运输 零担运输 甩挂运输 公路超限货物运输 日历承运制

二、选择题

1. 只能直接运至到站，不得经中转站中转的零担货物是(   )。

A. 普零货物 B. 危零货物 C. 笨零货物 D. 鲜零货物

2. 固定式零担车是指车辆运行采取(   )的一种零担车。

A. 定线路 B. 定班期 C. 定车辆 D. 定时间 E. 定货物

3. 公路零担货物运输业务托运受理制度包括(   )。

A. 定时受理制 B. 随时受理制 C. 预先审批制

D. 日历承运制 E. 定点受理制

4. 零担货物中转作业的基本方法有(   )。

A. 坐车法 B. 落地法 C. 过车法 D. 换车法

5. 特种货物主要包括(   )。

A. 超限货物 B. 危险货物 C. 贵重货物 D. 鲜活货物

6. 按托运批量大小可分为整车运输、(   )、集装箱运输和包车运输。

A. 分散运输 B. 零担运输 C. 单边运输 D. 短途运输

三、判断题

1. 理货是长大、笨重货物运输业务的组织与其他货物运输组织明显不同的环节。(   )

2. 公路零担货物运输业务托运受理制度包括定时受理制、随时受理制和定点受理制。(   )

3. 过车法对到发车辆时间衔接要求较高，容易遭受意外因素的干扰。(   )

4. 固定式零担车是指车辆运行采取定线路、定班期、定车辆、定时间的一种零担车，也叫"四定运输"，通常又称为汽车零担货运班车（简称零担班车）。(   )

5. 非固定式零担车是临时组织而成的零担车，通常在新辟零担货运线路或季节性零担货物线路上使用。(   )

四、思考题

1. 公路货物运输如何分类？

2. 试述公路零担车分类及零担货运的作业程序。

3. 与普通公路货物运输相比较，公路超限货物运输具有哪些特殊性？应该如何组织？

4. 公路货运方式包括哪两类？在选择时应该考虑哪些主要影响因素？

5. 试写出公路货运作业基本流程。

 **本章案例**

JEI 承运公司

在年度股东大会上，JEI 承运公司的琼·贝尔林（Jean Beierlein）与公司的工会会员观点分歧很大。一段时间以来，公司一直与工会磋商有关运营灵活性的问题。因为根据工会协议，JEI 承运公司不能任意从事联运，也就是说，目前，只有在起始地或者关键中转站没有司机的情况下，公司才能采取联合运输。而对公司来说，由于近年来多种运输方式团体的出现，使运输业内的竞争越来越激烈。

在许多情况下，没有工会的公司抢占了原先 JEI 承运公司占领的市场，因为没有工会的承运公司运输服务更加灵活。因此，这些公司的市场份额越来越大。

联合运输的运用给承运人带来更多的使用各种运输工具的机会，因此，它们能更好地为消费者服务。在货车运输业中，通常选择联合运输的是铁路运输。此外，JEI 承运公司希望对雇员试行交替分次轮班制度。

工会不允许公司在整个长途运输中联运超过 28%，因此公司缺乏灵活性和竞争力。工会因为害怕工会成员失业而不想让公司参与联运。自从放松管制以来，在货车运输业已经失去了 40 多万个工会工作。

公司想保持竞争力，摆脱不利地位，但由于工会限制联运，JEI 承运公司的竞争对手就处于有利地位，并且吸引了 JEI 公司的众多客户。货车运输业这些年来竞争越来越激烈，许多公司都运用联运作为竞争手段来吸引和保持客户，同时降低成本。

问题与思考：

1. 你有什么建议，能够同时提高公司灵活性和保障工会员工不失业？
2. 如果工会仍旧限制使用联运，JEI 承运公司应该采用什么战略来保持竞争力？
3. 你认为拥有工会对 JEI 承运公司而言，是利还是弊？为什么？

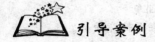

第 4 章

铁路运输

❖ **学习目标**

掌握：铁路货物运输概念；铁路货物运输类型；铁路货物运输作业流程；铁路货运合同。

了解：铁路货物运输期限的计算及运到逾期；铁路货物运输费用。

铁路运输是我国交通运输体系的骨干和中坚，在现代物流体系中发挥着十分重要的作用。它是陆地长距离运输的主要方式，与其他运输方式相比，铁路运输的特点是运输速度快、运载量大、安全可靠、运输成本低、运输的准确性和连续性强并且受气候因素影响较小等。

引导案例

承运人未按规定把货物发送至货主指定到站

1994 年某月，发货人（同时又是收货人）在陕西西安某供应商处订购一批教学模拟设备，准备通过铁路整车将该批设备以棚车装运至山东。发货人填写在货物运单"到站"栏内的到站名称是济南铁路局"黄台"站，发货人在办理完托运手续，并在发站交付完一切费用后，带上"领货凭证"返回原单位，等待催领通知。某日，当收货人在运到期限过后还没有接到催领通知时，便打电话询问黄台火车站货运室，在得知黄台火车站根本没有该批货物的情况下，收货人便又打电话给该批货物的发站进行查询。通过发站和收货人的共同努力，终于查到了这批货物的下落。原来，这批货物被发送到了湖北"黄石"火车站。在收货人的催促下，被运送到湖北"黄石"火车站的这批货物，最后终于到达了其该到的"黄台"火车站。收货人在经历了一场虚惊后最终收到了这批价值几十万元人民币的货物。但货物的运到期限比正常运到期限延迟了 18 天。让收货人感到纳闷的是该批货物怎么会被发送到方向完全不同的湖北"黄石"火车站去的呢？

（选自：吴玉贤，高和岩. 物流运输管理与实务. 北京：北京大学出版社，2007.）

思考题： 1. 该批货物被错发到站的可能原因有哪些？

2. 如收货人追究逾期违约，应如何计算逾期违约金？

4.1　铁路货物运输概述

4.1.1　铁路货物运输概念

铁路货物运输是指用铁路线路、火车等专用的铁路运输设备将物品从一个地点向另一个地点运送，包括集货、分配、搬运、中转、装入、卸下、分散等一系列操作，有三个因素对铁路运输来说是十分重要的，即运输成本、速度和一致性。

4.1.2　铁路运输系统的构成要素

铁路运输的特点是采用轨道运输方式，列车必须在铁路线路上行驶，铁路线路是列车运行的基础。车站是铁路办理运输的基地，除办理客、货运输的作业外，还办理和列车运行有关的各项工作，是铁路系统的一个基层生产单位。铁路线路和车站及其上的信号设备共同构成了铁路运输系统的基础设施。

1. 铁路车站

车站是铁路运输的基层生产单位。在车站上，除了办理客货运输的各项作业外，还要办理与列车运行有关的各项作业，如：列车的接发、会让与越行；车列的解体与编组；机车的换挂与整备；车辆的检查与修理等。车站不仅是铁路内部各项作业的汇合点，也是提高铁路运输效率和运输安全的保证设施。

目前，我国铁路有大小车站几千个，根据它们的任务量和在国家政治、经济生活中的地位，共分为六个等级，即：特等站、一、二、三、四、五等站。车站按技术作业性质的不同可分为编组站、区段站和中间站。编组站和区段站总称为技术站，但二者在车流性质、作业内容和设备布置上均有明显区别。车站按业务性质又分为货运站、客运站和客货运站。

2. 铁路线路设施

铁路线路是由路基、桥隧建筑物（包括桥梁、涵洞、隧道等）和轨道（包括钢轨、轨枕、联结零件、道床、防爬设备和道岔等）组成的一个整体工程结构。

铁路（线路）等级是铁路的基本标准。设计铁路时，首先要确定铁路等级。根据铁路在铁路网中的作用、性质和远期的客货运量的不同，我国铁路共划分为三个等级，即Ⅰ级、Ⅱ级、Ⅲ级。

铁路线路在空间的位置是用它的中心线表示的。线路中心线在水平面上的投影，叫做线路平面，它表明线路的直、曲变化状态。直线和曲线是线路平面的组成要素，曲线又包括圆曲线和缓和曲线。

线路中心线纵向展直后在铅垂面上的投影，叫做线路纵断面，它表明线路的起伏变化情况，其高程为路肩高程。铁路线路的纵断面分平道和坡道。

路基是指用以铺设铁轨设施的路面，而为了适合铁轨铺设，原有的路面过高者必须挖掘成路堑，过低者必须填筑使之成为路堤。道砟是指铺设于路基上的碎石。

钢轨是铁路系统中列车行驶的支撑设施，钢轨可分为三个等级：重量为 31～40kg 的轻型钢轨，适用于运量较小的支线；重量为 45～57.5kg 的中型钢轨，适用于普通路线；重量为 50～69kg 的重型钢轨，适用于大运量的干线。轨距是指两条平行钢轨的内侧距离，可分为宽轨、标准轨和窄轨三类。轨枕分为木枕、钢枕及混凝土枕三种。通过道岔列车可驶向其他路线。限界主要包括机车车辆限界和建筑接近限界。

3. 铁路信号与通信设备

铁路信号设备是信号、联锁、闭塞设备的总称。它在保障行车安全，提高运输效率和改善行车工作人员的劳动条件方面发挥着重要作用。

通信设备是指挥列车运行，组织运输生产及进行公务联络等的重要工具，应能做到迅速、准确、安全、可靠，使全国铁路的通信系统能成为一个完善与先进的铁路通信网。

（1）铁路信号设备。信号是指示列车运行和调车工作的命令。有关行车人员必须按照信号的指示办事，以保证铁路运输安全与提高运输效率。

铁路上的信号可以分为视觉信号和听觉信号两大类。用信号机、信号灯、信号旗、信号牌、火炬等表示的信号就是视觉信号，用号角、口笛、响墩发出的音响和机车、轨道车鸣笛等发出的信号，属于听觉信号。

在大多数情况下，是将信号设备固定安装在一定位置，这种信号叫做固定信号，相对而言还有手信号和移动信号。固定信号机应设在列车运行方向的左侧，或设在它所属线路中心线的上空。但在有曲线、建筑物等影响瞭望信号的特殊情况下，也可设在右侧。按照构造的不同，铁路上的固定信号机分为色灯信号机和臂板信号机。当线路上出现临时性障碍或进行施工，要求列车停车或减速时，应按照规定设置移动信号，安放响墩、火炬或用手信号进行防护，以便保证行车安全。

（2）联锁设备。联锁设备的任务，是保证车站范围内行车和吊车的安全，并提高车站通行能力，改善有关行车人员的劳动条件。

列车进站、出站和车站内的调车工作，主要是根据车站上信号机的显示进行的，而列车和机车车辆的运行进路，则是靠纵线路上的道岔来排列。因此在道岔和信号机之间及信号机与信号机之间，必须建立一种相互制约的关系，才能保证安全和提高运输效率。这种相互制约的关系叫做联锁。为完成这种联锁关系而安装的技术设备叫联锁设备。

联锁设备分为集中联锁（继电联锁和计算机联锁）和非集中联锁（臂板电锁器联锁和色灯电锁器联锁）。编组站、区段站和电源可靠的其他车站，有条件的均应采用集中联锁。在新建铁路线上，条件不具备时，可采用靠得住得非集中联锁。

（3）闭塞设备。闭塞设备是用来保证列车在区间运行安全并提高区间通过能力的区间信号设备。

在单线区间，上行和下行两个方向的列车，按不同的时间都在同一条正线上运行。在双线区间，正常情况下，上行列车和下行列车，分别占用一条正线；在区间每一条正线上虽然不会有对向列车，但还是有可能有同向列车。为了防止同向列车在区间内尾追，或对向列车在单线区间内对撞，区间两端车站值班员在向区间发车前，必须办理行车联络手续，叫做行车闭塞。用来办理行车闭塞的设备叫闭塞设备，闭塞设备必须保证在一个区间内同时只能有一列车占用这一基本原则的实现。

我国《铁路技术管理规程》规定行车基本闭塞方法采用半自动闭塞和自动闭塞两种。半自动闭塞需要人工办理闭塞手续，列车凭出站信号机显示发车，但列车出发后，出站信号机能自动关闭。自动闭塞是指通过色灯信号机的显示可以自动变换，列车凭信号机的显示行车。

4. 机车及车辆设备

机车是列车的动力来源。由于铁路车辆大都不具备动力装置，需要把客车或货车连挂成列，由机车牵引沿着钢轨运行。在车站上，车辆的转线及货场取送车辆等各项调车作业，也要由机车完成。因此，必须保证提供足够数量的牵引性能良好的机车；还必须加强对机车的保养与检修工作，以及对机车的运用进行合理的组织。

铁路采用的机车类型很多。从运用上分，有客运机车、货运机车和调车机车。客运机车要求速度高，货运机车需要牵引力大，调车机车要求机动灵活。从动力上分，有蒸汽机车、内燃机车和电力机车。

（1）蒸汽机车。这是早期的铁路机车类型。蒸汽机车主要由锅炉、汽机、走行部、车架、煤水车、车钩缓冲装置及制动装置等部分组成。锅炉是供给机车动力的能源，它的作用是使煤燃烧，将水加热后变成具有相当高的温度和压力的蒸汽，供给机车汽机使用；汽机则把蒸汽的热能转变成机械能，使机车运行。

蒸汽机车的构造比较简单，制造和维修比较容易，成本比较低，因此最早被世界各国铁路采用。但是，蒸汽机车牵引力不够大，热效率太低，其总效率一般只在 5% ~ 9%；煤水消耗量很大，需要大量的上煤、给水设备，而且会污染空气。因此，在现代铁路运输中，蒸汽机车已逐渐被其他新型机车所取代。

（2）内燃机车。内燃机车系利用柴油作燃料，以内燃机运转发电机产生电流作为动力来源，再由电流牵引马达使其带动车轮转动。

铁路上采用的内燃机绝大多数是柴油机。在内燃机车上，柴油机和机车动轮之间都装有传动装置，柴油机的功率是通过传动装置传递到动轮上去，而不是由柴油机直接驱动动轮的，其原因就在于柴油机的特性不能满足机车牵引性能的要求。内燃机车按传动方式的不同可分为电力传动内燃机车和液力传动内燃机车两种类型。

内燃机车一般以柴油为燃料，热效率高，可达 30% 左右，内燃机车的热效率是各类机车中效率最高的一种。内燃机车机动灵活，机车的整备时间短，持续工作的时间长，上足一次油后能运行较长距离，适用于长交路，用水量少，初期投资比电力机车少，而且机车乘务员劳动条件好，便于多机牵引。但内燃机车最大的缺点是对大气和环境有污染，机车构造也较复杂，制造、维修和运营费用都较高，制造大功率的车用柴油机也受到限制。

（3）电力机车。电力机车是利用机车上的受电弓将高压电流自轨道上空的接触电线网直接输入至机车内的电动机，再将电流导入牵引马达，使之带动机车车轮。电力机车的牵引动力是电能，但机车本身没有原动力，而是依靠外部供电系统供应电力，并通过机车上的牵引电动机驱动机车运行。

电力机车的构造比内燃机车要相对简单一些，所用电能可由多种能源（火力、水力、核能等）转换而来，电气设备工作稳定、安全可靠；而且具有功率大、效率高，不污染环境等多种优点。电力机车是被公认为最有发展前途的一种机车。

表 4-1 给出了蒸汽机车、内燃机车及电力机车三种不同类型机车的概略性比较。由表可以看出，为了配合将来铁路的高速及重载的发展趋势，电力机车势必是将来铁路的发展方向。

表 4-1 三类机车比较表

项目/形式	构造与造价		运行速度	马力	热能效率	空气污染度	维护难易度
蒸汽机车	简单	低廉	最小	最小	最低	最严重	容易
内燃机车	复杂	较高	较高	较大	较高	轻微	困难
电力机车	复杂	较高	最高	最大	最高	没有	容易

目前世界上发展中的最新机车形式有涡轮机车与磁悬浮列车，这两种机车都希望能达到速度快、牵引力大、低污染及节省能源的最佳状态。

铁路车辆是运送旅客和货物的工具，在铁路车辆上一般没有动力装置，需要把车辆连挂编成一列，由机车牵引在线路上运行，才能达到运送旅客和货物的目的。

按用途分，铁路车辆可分为客车、货车及特种用途车。

按轴数分，车辆分为四轴车、六轴车和多轴车。四轴车的四根轴分别组成两个相同的转向架，我国铁路上的大部分车辆均采用这种形式。

按载重分，货车有 50 吨、60 吨、75 吨、90 吨等多种。

（1）客车。客车指运送旅客、为旅客服务的车辆。

① 硬座、软座、硬卧、软卧车是指设有硬、软席座椅或卧铺的车辆。

② 餐车是指设有厨房、餐室等设备供旅客途中进餐的车辆。

③ 行李车是指设有行李间、办公室等设备供旅客运送行李、包裹的车辆。

④ 双层客车是指设有上、下层客室的车辆。

（2）货车。货车种类很多，有通用货车、专用货车和特种货车等。

① 通用货车是指能装运多种货物的车辆，如棚车、敞车、平车等。

② 专用货车是指专供装运某些种类货物的车辆，如牲畜车、罐车、保温车、水泥车集装箱车等。

③ 特种货车是指专供运送各长大重型货物的车辆，如落下孔车、凹底平车、钳夹车等。

（3）特种用途车。特种用途车指一般不直接用于运送旅客和货物、具有特种用途的车辆，如卫生车、文教车、检横车、发电车、救援车、扫雪车等。

铁路车辆的种类虽然很多，但它们的构造都是相似的。每一辆车均由车体及车底架、走行部、车钩缓冲装置、制动装置等基本部分组成。

车体及车底架。车体是输送旅客和货物的部分，车体一般和车底架构成一个整体，其结构形式与车辆的用途有关。

• 棚车。棚车车体由地板、侧板、端板、车顶、门和窗组成。主要用于运送粮食、日用品及仪器等比较贵重的和怕晒、怕湿的货物。大多数棚车都是通用型的。

• 敞车。敞车车体由地板、端板和侧板组成，主要用来运送煤炭、矿石、钢材等不怕湿的货物。若在所装运的货物上面加防水篷布，也可替代棚车装运怕湿货物。因此敞车具有很大的通用性，在货物中数量最多。

• 平车。大部分平车车体只有地板。平车主要用于运送钢材、木材、汽车、机械等体积或重量较大的货物，也可借助集装箱装运其他货物。新制造的双层的平车是用于运送小轿车的。

·保温车。保温车的车体外形与棚车相似，车体外表涂成银灰色，墙板夹层内装有隔热材料，车内设有制冷、加温、测湿和通风装置。保温车主要用于运送鱼、肉、水果、蔬菜、等新鲜易腐的货物。

　　·罐车。罐车车体呈罐状，用来运送各种液体、液化气体和粉末状（水泥、氧化铝粉）等货物。在罐车的气包或罐顶设有呼吸式安全阀，用于调节罐体内的压力，保证运行的安全。

　　·守车。守车是为货物列车车长在列车运行中工作和乘坐用的。车体墙板内装有绝热材料，车内还设有瞭望窗、办公用的桌椅等设备。

　　·特种货车。长大货车是铁路运输中使用的一种特种车辆，专为装运各种长大重型货物，如大型机床、发电机、化工合成塔等。由于这些车的载重量及自重大，为适应线路允许的轴重要求，车轴较多。

　　·客车。客车车体采用整体承载薄壁筒形结构，由底架、侧墙、车顶、外端墙和内端墙、门窗等组成。此外，还有通风和空调、取暖装置等。

　　车底架是车体的基础。它承受车体和所装货物的重量，并通过上、下心盘将重量传给走行部。在列车运行时，它还承受机车牵引力和列车运行中所引起的各种冲击力，所以必须具有足够的强度和刚度。

　　货车车底架由中梁、侧梁、枕梁、横梁、端梁等组成。客车车底架构造和货车车底架相似。客车两端必须设置通过台，所以两端各有一个通过台架。

4.1.3　铁路货物运输分类

　　铁路货物运输按照一批货物的重量、体积、性质或形状等因素可分为整车运输、零担运输和集装箱运输三种。

1. 整车运输

　　一批货物的重量、体积、性质或形状需要一辆或一辆以上铁路货车装运（用集装箱装运除外）即为整车运输。

　　（1）整车运输的条件。

　　① 货物的重量或体积。我国现有的货车以棚车，敞车，平车和罐车为主，标记载重量（简称为标重）大多为 50 吨、60 吨及其以上，棚车的容积在 100 立方米以上。达到这个重量或容积条件的货物，应按整车运输。有一些专为运输某种货物的专用货车，如毒品车，散装水泥车，散装粮食车，长大货物车，家畜车等，按专用货车的标重、容积确定货物的重量与体积是否需要一辆货车装载。

　　② 货物的性质或形状。有些货物，虽然重量，体积不够一车，但按其性质、形状需要单独使用一辆（阔大货物至少需要一辆）货车时，也应按整车运输。

　　下列货物除按集装箱运输外，应按整车运输办理（即不得按零担运输的货物）：

　　需要冷藏、保温或加温运输的货物。

　　·根据规定应按整车运输的危险货物。

　　·易于污染其他货物的污秽品，例如未经过消毒处理或未使用密封不漏包装的牲骨、湿毛皮、粪便、炭黑、化肥、盐、油等。

　　·蜂蜜。

- 不易计算件数的货物。
- 未装容器的活动物。
- 一件货物重量超过 2 吨、体积超过 3 立方米或长度超过 9 米的货物（经发站确认不影响中转站和到站装卸作业的除外）。

（2）特殊整车运输。

① 整车分卸。整车分卸的目的是为解决托运人运输的货物数量不足一车而又不能按零担办理的货物的运输。这类货物有工农业生产中不可缺少的生产资料，为了方便货主，可按整车分卸运输。其条件为：运输的货物必须是不得按零担运输的货物，但蜜蜂、使用冷藏车装运需要制冷或保温的货物及不易计算件数的货物不能按整车分卸办理；到达每一个分卸站的货物数量不够一车；到站必须是同一路径上的两个或三个到站；必须在站内卸车；在发站装车必须装在同一节货车内作为一批运输。

按整车分卸办理的货物，除派有押运人外，托运人必须在每件货物上拴挂标记，分卸站卸车后，对车内货物必须整理以防偏重或倒塌。

② 准、米轨直通运输。所谓准、米轨直通运输是指使用一份运输票据，跨及准轨或米轨铁路，将货物从发站直接运到到站。不办理直通运输的货物有鲜活货物，需要冷藏、保温或加温运输的货物，灌装运输的货物，每件重量超过 5 吨、长度超过 16 米或体积超过米轨装载界限的货物。

一批重质货物重量为 30 吨、50 吨、60 吨，一批轻浮货物体积为 60 立方米、95 立方米、115 立方米。

2. 零担运输

一批货物的重量、体积、性质或形状不需要一辆铁路货车装运（用集装箱装运除外），即属于零担运输，简称为零担。

（1）零担运输的条件。为了便于装卸、交接和保管，有利于提高作业效率和货物安全，除应按整车办理的货物外，一件体积最小不得小于 0.02 立方米（一件重量在 10 千克以上的除外）、每批件数不超过 300 件的货物，均可按零担运输办理。

（2）零担货物的分类。根据零担货物的性质和作业特点，零担货物分为以下几类。

- 普通零担货物，简称普零货物或普零，即按零担办理的普通货物。
- 危险零担货物，简称危零货物或危零，即按零担办理的危险货物。
- 笨重零担货物，简称笨零货物或笨零，是指一件重量在 1 吨以上、体积在 2 立方米以上或长度在 5 米以上，需要以敞车装运的货物。货物的性质适宜敞车装运和吊装吊卸货物。
- 零担易腐货物，简称鲜零货物或鲜零，即按零担办理的鲜活易腐货物。

（3）整零车种类。装运零担货物的车辆称为零担货物车，简称为零担车。零担车的到站必须是两个（普零）或三个（危零或笨零）以内的零担车，称为整装零担车（简称为整零车）。整零车按车内所装货物是否需要中转分为直达整零车和中转整零车两种；按其到站个数分为一站整零车、两站整零车和三站整零车三种。由上述两种方法的组合，则有一站（两站或三站）直达整零车和一站（两站或三站）中转整零车六种。

危零货物只能直接运至到站，不得经中转站中转。

（4）整零车组织条件及分类如表 4-2 所示。

表 4-2　整零车组织条件及分类

分类标准	类型名称	整零车组织条件
按车内所装货物是否需要中转分	直达整零车	——
	中转整零车	——
按其到站个数分	一站整零车	车内所装货物不得少于货车标重的 50% 或容积的 90%
	两站整零车	第一到站的货物不得少于货车标重的 20% 或容积的 30% 第二到站的货物不得少于货车标重的 40% 或容积的 60% 两个到站必须在同一径路上且距离不得超过 250 公里，但符合下列条件之一可以不受距离限制：第二到站的货物重量达到货车标重的 50% 或者容积的 70%；两个到站为相邻中转站
	三站整零车	危零、笨零货物不够条件组织一站或两站整零车时可以组织同一径路上三个到站的整零车，但第一到站与第三到站的距离不得超过 500 公里

由上述两种方法的组合，则有一站（两站或三站）直达整零车和一站（两站或三站）中转整零车六种

3. 集装箱运输

使用集装箱装运货物或运输空集装箱，称为集装箱运输。集装箱适于运输精密、贵重、易损的货物，凡适合集装箱运输的货物，都应按集装箱运输，其要求如下：

（1）应在铁路集装箱办理站办理运输业务；

（2）必须是适合集装箱装载运输的货物；

（3）必须符合一批办理的条件（即集装箱必须是相同箱型）；

（4）由托运人、收货人负责装拆箱；

（5）必须由收货人确定重量。

4.2　铁路货物运输作业管理

4.2.1　铁路货物运输作业流程

铁路货物的运输作业一般包括托运、受理、承运、装卸和到达、支付等各项货运作业。

1. 铁路货物的托运

托运人向承运人提出铁路运输服务订单、货物运单和运输要求，称为货物的托运。

铁路实行计划运输，托运人要求铁路运输整车货物，应向铁路提出月度要车计划，车站根据要车计划受理发货。在进行货物托运时，托运人应向车站按批提出货物运单（见表 4-3）一份，如使用机械冷藏车运输的货物，同一到站，同一收货人可数批合提一份运单。对于整车要求分卸的货物，除提出基本货运单一份外，每一分卸站应另增加分卸货物运单两份（分卸站、收货人各一份）。对同一批托运的货物因货物种类较多，托运人不能在运单内逐一填记，或托运集装箱货物，以及同一包装内有两种以上的货物，托运人应提出物品清单一式三

份，其中一份由发运站存查，一份随同运输票据递交到达站，一份退还托运人。托运人对其在运单和物品清单内所填记事项的真实性应负完全责任，匿报、错报、谎报货物品名、重量，则应按有关规定核收违约罚款。

表 4-3　铁路货物运单式样

货物指定于　　月　日搬入　　××铁路局					
货位：　　　　　　　　　　货物运单					
计划号码或运输号码：托运人→发站→到站→收货人			承运人/托运人装车		
运到期限　　　日　　　　　货票第　　　号			承运人/托运人施封		

托运人填写			承运人填写		
发站		到站(局)	车种车号		货车标重
到站所属省（市）自治区			施封号码		

托运人	名称		经由	铁路货车篷布号码	
	住址		电话		
收货	名称		运价里程	集装箱号码	
	住址		电话		

货物名称	件数	包装	货物价格	托运人确定重量（千克）	承运人确定重量（千克）	计费重量	运价号	运价率	运费
合计									

托运人记载事项	保险：　　　　　　　　　承运人记载事项			

注：本单不作为收款凭证，托运人签约须知见背面。规格 350 毫米×185 毫米	托运人签章或签字　年　　月	到站交付日期戳	发站承运日期戳

货物运单（背面）

托运人须知

1. 托运人持本货物运单向铁路托运货物，证明并确认和愿意遵守铁路货物运输的有关规定。
2. 货物运单所记载的货物名称，重量与货物的实际完全相符，托运人对其真实性负责。
3. 货物的内容、品质和价值是托运人提供的，承运人在接收和承运货物时并未全部核对。
4. 托运人应及时将领货凭证寄交收货人，用以联系到站领取货物。

2. 铁路货物的受理

托运人提出货物运输服务订单及货物运单后，经承运人审查符合铁路运输条件和要求时，承运人在货物运单签订货物搬入车站日期或装车日期的业务过程即为受理。

车站审查托运人提出的货物运单时，主要审查以下内容。

（1）货物运单内填记的事项是否符合铁路运输条件，货物运单各栏填写是否齐全、正确、清楚，领货凭证与货物运单的相关栏内容是否一致。

（2）整车货物有无批准的计划号码，计划外运输有无批准命令。

（3）按承运日期表运输的零担货物和集装箱货物是否符合日期表所规定的去向。

（4）货物（集装箱）到站的营业办理有无限制，包括有无临时停限装命令，有关车站的起重能力是否足够。

（5）到站、到局和到站所属省、市、自治区是否相符。

（6）货物名称是否正确。

（7）有无违反一批托运的限制。

（8）托运易腐货物和"短寿命"放射性货物时，其容许期限是否符合要求。

（9）需要声明事项是否在"托运人记载事项"栏内填明，例如派有押运人的货物，托运人应在"托运人记载事项"栏内注明押运人姓名、注明文件名称和号码。

（10）需要的证明文件是否齐全有效。根据中央或省（市）、自治区法令需要证明文件运输的货物，托运人应将证明文件与货物运单同时提出并在货物运单托运人记载事项栏注明文件名称和号码。

对根据中央或省（市）、自治区法令，需凭证明文件运输的货物（如粮食需要销货发票），托运人应将证明文件与货物运单同时提出，并在货物运单由托运人记载事项一栏内注明文件名称、号码、车站，在证明文件背面注明货物托运数位，并加盖车站日期戳，退还托运人或按规定留人在运站存查。承运人在证明文件背面应注明托运数量并加盖车站日期戳后，退还托运人或按规定留发站存查。

经车站审查符合铁路运输条件和要求后，车站便可进行签证，车站加盖受理章及经办人的名章。

对危险货物、易腐货物、超限货物，车站应加盖有关表示该货物性质或运输要求及注意事项的戳记。

对办理海关、检疫手续及其他特殊情况的证明文件及有关该批货物数量、质量、规格等方面的一些单据，托运人可委托承运人代递至到站交给收货人。托运人对委托承运人代递的有关文件或单据，应牢固地附在货物运单上，并在货物运单托运人记载事项栏内记明代递文件或单据的名称和页数。

对托运的货物，托运人应根据货物的性质、质量、运输要求及装载等条件，使用便于运输、装卸，并能保证货物质量的包装。对有国家包装标准或专业标准的货物，应按其规定进行包装。对没有统一规定包装标准的货物，车站应会同托运人研究制定货物运输包装暂行标准。

托运人托运零担货物时，应在每件货物上标明清晰、明显的标记，在使用拴挂的标记货签（见图 4-1，是理货、装卸、中转、交付货物的识别凭证）时，应用坚韧材料制作，在每件货物两端各拴挂、粘贴或钉固一个。不适宜用纸制作货签的托运货物，应使用油漆在货件上书写标记，或用金属、木质、布、塑料板等材料制成的标记。

```
                    0
               0         0
        运输号码－－
        到    站－－
        收 货 人－－
        货物名称－－
        总 件 数－－
        发    站－－
```

备考：不得使用铅笔填写。

规格：110毫米×60毫米

图 4-1 货物标记（货签）

3. 铁路货物的承运

零担和集装箱货物由发运站接受完毕，整车货物装车完结，发运站在货物运单上加盖承运日期戳时，即为承运。实行承运前保管的货物，对托运人交由车站的整车货物，铁路从接受完毕时起负有承运前的保管责任。对办理海关、检疫手续及其他特殊情况的文件及有关货物数量、质量、规格的单据，托运人可委托铁路代递至到站交收货人。

4. 铁路货物的装卸

凡在铁路车站装车的货物，托运人应在铁路指定的日期将货物运至车站，车站在接受货物时，应对货名、件数、运输包装、标记等进行检查。

对整车运输的货物如托运人未能在铁路指定的日期将货物运至车站，则自指定运至车站的次日起至再次指定装车之日或将货物全部运出车站之日止由托运人负责。

铁路货物的装车和卸车的组织工作，凡在车站公共装卸场所以内由承运人负责。有些货物虽然在公共场所以内进行装卸作业，由于在装卸作业中需要特殊的技术或设备、工具，仍由托运人或收货人负责组织。

除车站公共装卸场所以外进行的装卸作业，装车由托运人、卸车由收货人负责。此外，前述由于货物性质特殊，在车站公共场所装卸也由托运人、收货人负责。其负责的情况有：

（1）罐车运输的货物；

（2）冻结的易腐货物；

（3）未装容器的活动物、蜜蜂、鱼苗；

（4）一件重量超过 1 吨的放射性同位素；

（5）用人力装卸带有动力的机械和车辆。

其他货物由于性质特殊，经托运人或收货人要求，并经承运人同意，也可由托运人或收货人组织装车和卸车。例如，气体放射性物品、尖端保密物资、特别贵重的展览品、工艺品等。货物的装卸不论由谁负责，都应在保证安全的条件下积极组织快装、快卸，以缩短货车停留时间，加速货物运输。

由托运人装车或收货人卸车的火车，车站应在货车调到前，将时间通知托运人或收货人。托运人或收货人在装卸作业完成后，应将装车或卸车结束时间通知车站。由托运人、收货人负责组织装卸的货车，超过规定的装卸车时间标准或规定的停留时间标准时，承运人向托运人或收货人核收规定的货车使用费。

5．铁路货物的到达、支付

凡由铁路负责卸车的货物，到达站应在不迟于卸车完毕的次日内用电话或书信向收货人发出催领通知。此外，收货人也可与到达站商定其他通知方法。收货人应与铁路发出或寄发催领通知的次日（不能实行催领通知或会同收货人卸车的货物为卸车的次日）起算，在两天内将货物提走，超过这一期限将收取货物暂存费。从铁路发出催领通知日起（不能实行催领通知时，则从卸车完毕的次日起）满 30 天仍无人领取的货物（包括收货人拒收，托运人又不提出处理意见的货物），铁路则按无法交付货物处理。

收货人在领取货物时，应出示领货凭证（见表 4-4），并在货票（见表 4-5）上签字或盖章。在提货凭证未到或遗失的情况下，则应出示单位的证明文件。收货人在到达站办妥提货手续和支付有关费用后，铁路将货物连同运单一起交给收货人。

表 4-4　领货凭证

领货凭证		领货凭证（背面）
车种及车号 货票第　号 运到期限　日		收货人领货须知 1. 收货人接到托运人寄交的领货凭证后，应按时与到站联系，领取货物。 2. 收货人领取货物的时间超过免费暂存期限时，应按规定支付货物暂存费。 3. 收货人在到站领取货物，遇货物未到时，应要求到站在本证背面加盖车站戳证明货物未到。
发站		
到站		
托运人		
收货人		
货物名称	件数　重量	
托运人盖章或签字		
发站承运日期		
注：收货人领货 　　　　　　　须知见背面		

表 4-5　铁路局货票

计划号码或运输号码　　　　　　　　　　　　　　　　　　　　　　　　　　　丙联
货物运到期限　日　　　　　　　　承运凭证：发站→托运人报销用　　　　　　A00001

发站		到站（局）			车种车号		货车标重		承运人/托运人　装车	
托运人	名称				施封号码				承运人/托运人　施封	
	住址		电话		铁路货车篷布号码					
收货人	名称				集装箱号码					
	住址		电话		经由		运价里程			
货物名称	件数	包装	货物重量（千克）计费重量		运价号	运价率			现付	
			托运人确定	承运人确定					费别	金额
									运费	
									装费	
									取送车费	
									过秤费	
合计										
记事									合计	

　　　　　　　　　　　　　　　　　　　　　　　　　　　发站承运日期戳
　　　　　　　　　　　　　　　　　　　　　　　　　　　经办人盖章

4.2.2　铁路货运合同

1. 货运合同的签订

　　货运合同是承运人将货物从发站运输至指定地点，托运人或收货人支付运输费用的合同。货运合同的当事人是承运人、托运人与收货人。根据《合同法》、《铁路货物运输合同实施细则》的规定，承托双方必须签订货运合同。

　　铁路货运合同有预约合同和承运合同，都属于书面形式的合同。书面形式是指合同书、信件和数据电文（包括电报、传真、电子数据交换、电子邮件）等可以有形地表现所载内容的形式。

　　预约合同以"铁路货物运输服务订单（见表 4-6）"作为合同书。预约合同的签订过程就是订单的提报与批准过程。托运人按要求填写订单并提报或通过网络提报，一旦被审定并通知，预约合同成立，合同当事人必须履行预约合同的义务和责任。

　　承运合同以"货物运单"作为合同书。托运人按要求填写运单提交承运人，经承运人审核同意并承运后承运合同成立，从承运人接收货物后，对货物的不完整，除免责范围外，负赔偿责任。运单是托运人与承运人之间为运输货物而签订的一种货运合同或货运合同的组成部分。因此，运单既是确定托运人、承运人、收货人之间在运输过程中的权利、义务和责任的原始依据，又是托运人向承运人托运货物的申请书、承运人承运货物和核收运费、填制货票及编制记录和理赔的依据。

　　综上所述，零担货物和以零担形式运输的集装箱货物使用的运单也作为货运合同。整车运输与以整车形式运输的集装箱货物的货运合同包括经审定的订单和运单。

表 4-6　铁路运输服务订单式样

××铁路局　　　　　　　　　　　　　　　　编号：

托运人： 地址： 电话：　　　　邮编：	收货人： 地址： 电话：　　　　邮编：

发站	到站（后）	车种/车数　　箱型/箱数

装货地点	卸货地点

货物品名	品名代码	货物价值	件数	货物重量	体积

要求发站装车期限　　月　　日前或列车次　　日期：　　月　　日	付款方式

供用户自愿选择的服务项目（由用户填写，需要的项目打√）

□1. 发送综合服务	□5. 清运垃圾
□2. 到达综合服务	□6. 代购，代加工装载加固材料
□3. 仓储保管	□7. 代对货物进行包装
□4. 篷布服务	□8. 代办一共三检手续

说明或其他要求事项

承运人报价（包括运费、杂费、服务费）　　元。具体项目，金额列后：

序号	项目名称	单位	数量	收费标准	金额/元	序号	项目名称	单位	数量	收费标准	金额/元

申请人签章 　年　月　日	承运人签章 　年　月　日	车站指定装车日期及货位

说明：

1. 涉及承运人与托运人，收货人的责任和权利。按《铁路货物运输规程》办理。

2. 实施货物运输。托运人还应递交货物运单，承运人应该报价校收费用，装卸等需发生后确定的费用。应先列出费目，金额按实际发生核收。

3. 用户发现超出国家计委，铁道部，省缓物价部门公告的铁路货运价格的收费项目，标准收费的行为和强制服务，强行收费的行为，有权举报。

举报电话：物价部门 021—46038382 铁路部门 021—56383657

2. 货运合同的变更

托运人或收货人由于特殊原因对铁路承运后的货物可向铁路提出运输变更要求。货运合同变更的种类主要有以下情况。

（1）变更到站。货物已经装车挂运，托运人与收货人可按批向货物所在的中途站或到站提出变更到站。如：邯郸运往渭南的货物在洛阳东站要求变更到宝鸡。为保证液化气体运输安全，液化气体罐车不允许进行运输变更或重新起票办理新到站，如遇特殊情况需要变更或重新起票办理新到站时，需经铁路局批准。

（2）变更收货人。货物已经装车挂运，托运人与收货人可按批向货物所在的中途站或到站提出变更收货人。

① 货运合同变更的限制。铁路是按计划运输货物的，货运合同变更必然会给铁路运输工作的正常秩序带来一定的影响。所以，对于有些情况承运人不受理货运合同的变更。

对于下列情况承运人不受理货运合同的变更：
• 违反国家法律、行政法规；
• 违反物资流向；
• 违反运输限制；
• 变更到站后的货物运到期限大于容许运输期限；
• 变更一批货物中的一部分；
• 第二次变更到站的货物。

② 货运合同变更的处理。托运人或收货人要求变更时，应提出领货凭证或货物运输变更要求书，提不出领货凭证时，应提出其他有效证明文件，并在货物运输变更要求书内注明。提出领货凭证是为了避免托运人要求铁路办理变更，而原收货人又持领货凭证向铁路要求交付货物的矛盾。

3. 货运合同的解除

整车货物和大型集装箱在承运后托运前，零担和其他型集装箱货物在承运后装车前，托运人可向发站提出取消托运，经承运人同意，货运合同即告解除。解除合同，发站退还全部运费与押运人乘车费。但特种车使用费和冷藏车回送费不退。此外，还应按规定支付变更手续费、保管费等费用。

4. 货运合同争议的调解、仲裁和诉讼

货运合同具有法律效力，当事人（托运人、承运人及收货人）都必须全面履行。当发生货运合同争议时，可以通过和解或调解解决。当事人不愿和解、调解或者和解、调解不成的，可以根据仲裁协议向仲裁机构（设在省、自治区、直辖市人民政府所在地或其他设区市的仲裁委员会）申请仲裁（涉外合同的当事人可以根据仲裁协议向中国仲裁机构或者其他仲裁机构申请仲裁）。当事人没有订立仲裁协议或者仲裁协议无效的，可以向人民法院起诉。当事人应当履行发生法律效力的判决、仲裁裁决、和解书；拒不履行的，对方可以请求人民法院执行。

铁路货运合同赔偿案件限向审核该赔偿案件的铁路局或铁路分局所在铁路运输法院起诉。起诉时效为赔偿要求人自收到铁路拒赔之日起或规定答复期满次日起180天提出诉讼，过期认为弃权。

4.2.3　铁路货物运输期限

货物运到期限是铁路在现有技术设备和运输组织水平的条件下，将货物运送一定距离所需要的时间。货物实际运到期限是指从发站承运货物的次日起，至到站卸车完了时止或货车调到卸车地点、货车交接地点时止的时间。

1. 货物运到期限的计算

铁路承运货物的期限从承运货物的次日起按下列规定计算。

货物运到期限按日计算。起码日数为 3 天，即计算出的运到期限不足 3 天时，按 3 天计算。运到期限由下述三部分组成。

（1）货物发送期间（$T_发$）为 1 天。货物发送期间是指车站完成货物发送作业的时间，它包括发站从货物承运到挂出的时间。

（2）货物运输期间（$T_运$）。每 250 运价公里（承运车辆行驶每公里的运输价格）或其未满为 1 天；按快运办理的整车货物每 500 运价公里或其未满为 1 天。货物运输期间是货物在途中的运输天数。

（3）特殊作业时间（$T_特$）。特殊作业时间是为某些货物在运输途中进行作业所规定的时间，具体规定如下。

① 需要中途加冰的货物，每加冰一次，另加一天。

② 运价里程超过 250 公里的零担货物和 1 吨、5 吨型集装箱另加 2 天，超过 1 000 公里加 3 天。

③ 一件货物超过 2 吨、体积超过 3 立方米或长度超过 9 米的零担货物，另加 2 天。

④ 整车分卸货物，每增加一个分卸站，另加 1 天。

⑤ 准、米轨间直通运输的货物另加 1 天。

对于上述五项特殊作业时间应分别计算，当一批货物同时具备几项时，应累计相加计算。

若运到期限用 T 表示，则：

$$T = T_发 + T_运 + T_特$$

【例 4-1】 济南站承运到青岛站零担货物一件，重 2 200 千克，计算运到期限。已知运价里程为 393 公里。

解：（1）$T_发 = 1$ 天

（2）$T_运 = 393/250 = 1.572 = 2$ 天

（3）运价里程超过 250 公里的零担货物另加 2 天，一件货物重量超过 2 吨的零担货物另加 2 天，$T_特 = 2 + 2 = 4$ 天

故这批货物的运到期限为 $T = T_发 + T_运 + T_特 = 1 + 2 + 4 = 7$ 天。

2. 货物运到逾期

如果货物的实际运到天数超过规定的运到期限，即为运到逾期。若货物运到逾期，不论收货人是否因此受到损害，铁路均应向收货人支付违约金。违约金的支付是根据逾期天数，按承运人所收运费的百分比支付的。

快运货物运到逾期，除按规定退还快运费，货物运输期间按 250 运价公里或其未满为 1 天，计算运到期限仍超过时，还应按上述规定向收货人支付违约金。

特别规定事项如下。

（1）超限货物、限速运行的货物、免费运输的货物及货物全部灭失时，若运到逾期，承运人不支付违约金。

（2）自承运人发出催领通知的次日起（不能实行催领通知或会同收货人卸车的货物为卸车的次日起），如收货人于 2 天内未将货物搬出，即失去要求承运人支付违约金的权利。

（3）货物在运输过程中，由于不可抗力（如风灾、水灾、雹灾、地震等），因托运人的责任致使货物在途中发生换装、整理，托运人或收货人要求运输变更，运输的活动物在途中上水及其他非承运人的责任之一造成的滞留时间，应从实际运到天数中扣除。

3. 铁路货运事故处理

铁路应对货物在保管、运输期间所发生的灭失、损害、有货无票或有票无货都应按批编制货运记录，在不能判明损害、灭失原因和程度时，铁路应在交付前联系收货人进行检查或申请检验，并按每一货运记录分别编制签订书。货物在运输过程中，如发现有违反政府命令或危及运输安全的情况或铁路无法处理的意外情况，即应通知托运人或收货人处理。

托运人或收货人在向铁路提出赔偿时，应按批向到站提出赔偿要求书，并附货物运单、货运记录和有关证明文件。货物损失的价格，灭失时按灭失货物的价格，损坏时，则按损坏货物所降低的价格。

4.3　铁路货物运输费用

4.3.1　铁路货物运输费用概述

1. 铁路货物运输费用概念

铁路货物运输费用是铁路运输企业所提供的各项生产服务消耗的补偿，包括运行费用、车站费用和额外占用铁路设备的费用等。铁路运输费用由铁路运输企业使用"货票"和"运输杂费收据"核收，它由铁道部运价主管部门集中管理。

2. 铁路货物运价及种类

铁路货物运价按货物运输种类分为整车货物运价、零担货物运价和集装箱货物运价三种。

（1）整车货物运价。整车货物运价是铁路对整车运输的货物所规定的运价，由按货物种别的每吨的发到基价和每吨·公里或每轴·公里的运行基价组成。保温车货物运价是整车货物运价的组成部分，是为按保温车运输的货物所规定的运价（见表 4-7）。

（2）零担货物运价。零担货物运价是铁路按零担运输的货物所规定的运价，由按货物种别的每 10 千克的发到基价和每 10 千克·公里的运行基价组成。

（3）集装箱货物运价。集装箱货物运价是铁路对按集装箱运输的货物所规定的运价，由每箱的发到基价和每箱·公里的运行基价组成。

表 4-7　整车货物运价表

办理类别	运价号	发到基价		运行基价	
		单位	标准	单位	标准
整车	1	元/吨	4.60	元/（吨·公里）	0.021 0
	2	元/吨	5.20	元/（吨·公里）	0.023 9
	3	元/吨	6.00	元/（吨·公里）	0.027 3
	4	元/吨	6.80	元/（吨·公里）	0.031 1
	5	元/吨	7.60	元/（吨·公里）	0.034 8
	6	元/吨	8.50	元/（吨·公里）	0.039 0
	7	元/吨	9.60	元/（吨·公里）	0.043 7
	8	元/吨	10.70	元/（吨·公里）	0.049 0
	9			元/（轴·公里）	0.150 0
	冰保	元/吨	8.30	元/（10 千克·公里）	0.045 5
	机保	元/吨	9.80	元/（10 千克·公里）	0.067 5
零担	21	元/10 千克	0.085	元/（10 千克·公里）	0.000 350
	22	元/10 千克	0.101	元/（10 千克·公里）	0.000 420
	23	元/10 千克	0.122	元/（10 千克·公里）	0.000 504
	24	元/10 千克	0.146	元/（10 千克·公里）	0.000 605
集装箱	1 吨箱	元/箱	7.00	元/（箱·公里）	0.031 8
	5、6 吨箱	元/箱	55.20	元/（箱·公里）	0.243 8
	10 吨箱	元/箱	85.30	元/（箱·公里）	0.376 8
	20 英尺箱	元/箱	149.50	元/（箱·公里）	0.660 3
	40 英尺箱	元/箱	292.30	元/（箱·公里）	1.290 9

我国现行铁路货物运价是将运价设立为若干个运价号，即实行分号运价制。整车货物运价为 9 个号（1 号~9 号）；保温车货物运价可按冰保车和机保车两类来确定，相当于两个运价号；零担货物运价分为 4 个号（21 号~24 号）；集装箱货物按箱型不同进行确定。一般来说，运价号越大，运价越高。表 4-8 是常见货物品名及运价号。

表 4-8　常见货物品名及运价号

货物品名	运价号	货物品名	运价号	货物品名	运价号
煤	4	洗精煤	5	水泥	5
化肥	2	粮食	2	食用盐	1
钢材	5	渣油	7	汽柴油	7
原油	7	铝锭	5	硅铁	5

货物品名	运价号	货物品名	运价号	货物品名	运价号
电石	7	石灰氮	7	木材	5
焦炭	4	机械设备	8	白糖	6
纸	6	卷烟	6	烟叶	4
苹果	6	土豆	2	石膏	2

4.3.2 铁路货物运价核收依据

铁路货物运输费用根据《铁路货物运价规则》核收。

1.《铁路货物运价规则》的适用范围

《铁路货物运价规则》是计算铁路货物运输费用的依据，承运人和托运人、收货人必须遵守该规定。铁路营业线的货物运输，除军事运输（后付）、水路联运，国际铁路联运过境运输及其他另有规定者外，均按《铁路货物运价规则》计算货物的运输费用。《铁路货物运价规则》以外的货物运输费用按铁道部的有关规定计算核收。

2.《铁路货物运价规则》的基本内容

《铁路货物运价规则》规定了在各种不同情况下计算货物运输费用的基本条件，各种货物运费、杂费和其他费用的计算方法及国际铁路联运货物国内段的运输费用的计算方法等。

3.《铁路货物运价规则》附件

该规则包含有四个附件：《铁路货物运输品名分类与代码表》、《铁路货物运输品名检查表》、《铁路货物运价率表》及《货物运价里程表》。

4.《铁路货物运价规则》附录

该规则有三个附录：附录一为铁路电气化附加费核收办法，附录二为新路新价均摊核收办法，附录三为铁路建设基金核收办法。

电气化附加费
均摊运费 ＝费率×运价里程×计费重量（或轴数、箱数）
建设基金

4.3.3 计算货物运输费用的程序

铁路货物运输计算费用主要程序如下。

（1）根据运单上填写的发站和到站，按《货物运价里程表》算出发站至到站的运价里程。

（2）整车、零担货物根据运单上填写的货物名称和运输种别查找《铁路货物运输品名与分类表》和《铁路货物运输品名检查表》，确定出适用的运价号。

（3）整车、零担货物按货物适用的运价号，集装箱货物根据箱型，冷藏车货物根据车种分别在《铁路货物运价率表》中查出适用的发到基价和运行基价。

（4）根据运输种别、货物名称、货物重量与体积确定计费重量。货物适用的发到基价，加上运行基价与货物的运价里程相乘之积后，再与按《铁路货物运价规则》确定的计费重量

（集装箱为箱数）相乘，计算运费。

整车以吨为单位，吨以下四舍五入；零担以 10 千克为单位，不足 10 千克的按 10 千克计算；集装箱以箱为单位。每项运费的尾数不足 1 角时，按四舍五入处理。零担货物的起码运费为每批 2 元。计算公式如下：

整车货物运费 ＝（发到基价＋运行基价×运价里程）×计费重量

整车货物运费 ＝运行基价×运价里程×轴数

零担货物运费 ＝（发到基价＋运行基价×运价里程）×计费重量/10

集装箱货物运费 ＝（发到基价＋运行基价×运价里程）×箱数

运输超限货物时，发站应将超限货物的等级在货物运单中"货物名称"栏内注明，并按下列规定计费：

① 一级超限货物按运价率加 50％；

② 二级超限货物按运价率加 100％；

③ 超级超限货物按运价率加 150％；

④ 需要限速运行（不包括仅通过桥梁、隧道、出入站限速运行）的货物，按运价率加 150％计费。

【例 4-2】某站发送 1 台总重为 21 吨的锅炉到甲站，以一辆标记载重为 60 吨的平车装运，该批货物运价号为 8 号，运价里程 1 005 公里，装车后经测算为一级超限，需限速运行，运价率加成 150％，试计算该批货物运费。

【解】（10.7＋0.049 0×1 005）×（1＋150％）×60＝8 991.75（元）

4.3.4　铁路货运杂费及其他

1. 运杂费

铁路货运杂费是铁路运输的货物自承运至交付的全过程中，铁路运输企业向托运人、收货人提供的辅助作业、劳务，以及托运人或收货人额外占用铁路设备、使用用具、备品，所发生的费用，简称货运杂费。货物杂费分为货运营运杂费，延期使用运输设备，违约及委托服务杂费，租占用运输设备杂费三大类，每类都有各自的项目和费率。各项杂费按从杂费费率表中查出的费率与规定的计算单位相乘进行计算。各项杂费凡不满一个计算单位，均按一个单位计算（另有规定者除外）。

铁路货物运输费用包括货物作业过程中实际发生的各种杂费。铁路货运杂费的分类，每类都有各自的项目和费率。

2. 其他费用

一批货物除运费、杂费外，还可能发生铁路建设基金、电气化附加费、新路新价均摊运费、加价运费（在统一运价的基础上再加收一部分运价）和其他代收款（如印花税）等费用。这些费用在计算时，发生几项计算几项。

复习思考题

一、基本概念

铁路运输（铁路）　整车运输　货运合同

二、选择题

1. 铁路货物运输按照一批货物的重量、体积、性质或形状等因素可以分为_____、_____和_____三种。（　　）

A. 整车运输　　　　B. 零担运输　　　C. 集装箱运输　　　D. 特种货物运输

2. 零担和集装箱货物由发运站接受完毕，整车货物装车完结，发运站在货物运单上加盖承运日期戳时，即为（　　）。

A. 托运　　　　　B. 受理　　　　　C. 承运　　　　　D. 装卸

3. 从铁路发出催领通知日起（不能实行催领通知时，则从卸车完毕的次日起）满（　　）天仍无人领取的货物，铁路则按无法交付货物处理。

A. 10　　　　　　B. 15　　　　　　C. 20　　　　　　D. 30

4. 下列关于铁路货运合同的说法正确的是（　　）。

A. 货运合同的当事人是承运人、托运人与收货人

B. 预约合同以"货运运单"作为合同书

C. 承运合同以"铁路货物运输服务订单"作为合同书

D. 发货人或收货人由于特殊原因对铁路承运后的货物可向铁路提出运输变更要求

5. 下列有关运单的说法正确的是（　　）。

A. 运单是承运人与托运人之间为运输货物而签订的一种货运合同或货运合同的组成部分

B. 运单是确定托运人、承运人、收货人之间在运输过程中的权利、义务和责任的原始依据

C. 运单是托运人向承运人托运货物的申请书

D. 运单是承运人承运货物和核收运费、填制货票及编制记录和理赔的依据

6. 我国铁路货物运价实行分号运价制，一般来讲，号越大，运价越（　　）。

A. 高　　　　　　B. 低　　　　　　C. 不变　　　　　　D. 不一定

三、判断题

1. 一件重量在 1 吨以上、体积在 3 立方米以上或长度在 5 米以上、需要敞车装运的货物称为笨重零担货物。（　　）

2. 在铁路货物运输中，如果一件货物重量超过 2 吨、体积超过 3 立方米或长度超过 9 米就应按整车运输办理。（　　）

3. 解除铁路货物运输时，发站需要退还的费用包括全部运费、押运人乘车费及特种车使用费等。（　　）

4. 当采用铁路运输方式运输蜂蜜时，承运人不受理货运合同的变更。（　　）

四、思考题

1. 铁路整车运输应符合哪些条件？

2. 下列几种货物能否按零担办理？简要说明理由。

（1）服装（289 箱，40 千克/件，0.80 米×0.60 米×0.45 米）

（2）冻鸡（3 箱，30 千克/件）

（3）电动机（1 箱，500 千克/件）

（4）钢柱（1 件，600 千克/件，长 20 米）

（5）铣床（1 箱，2 200 千克/件）

3. 零担货物的分类有哪些？

4. 如何办理铁路货物的托运？

5. 由甲站发往戊站按快运办理的易腐货物一批，运价里程为 1 782 公里，运行途中经过两次补冰盐作业，问其运到期限应是多少天？

6. 我国运输纠纷解决的方式有哪些？

 本章案例

CBN 铁路运输公司

本案例是一个经典的转变运输公司经营模式的案例，很值得国内运输企业借鉴。

CBN 铁路运输公司的总裁约翰·斯派查尔斯凯（John Spychalski）一直关心着一个在公司中存在了约 20 年的问题，即公司使用的机车不十分可靠。使用以前的方法处理这个问题，也一直没有改善这些机车的可靠性。1995—1997 年，公司购买了 155 辆新的机车，并修复了一个 CBN 修理车间，但这个车间一直没有效率。斯派查尔斯凯估计该车间每年应该完成 300 次大修，但实际上，它平均每年只完成了 160 次大修。

公司在提供设备等顾客服务方面也一直很糟糕。CBN 公司的设备利用率平均只有 87%～88%，而其他公司的设备利用率达到 90% 以上。铁路行业业务的增加，使其尽可能减少机车的维修。CBN 公司的平均故障时间很低，只有 45 天，而其他公司达到了 75 天。这些因素使 CBN 公司的服务质量不高。

对于设备问题，斯派查尔斯凯仔细考虑了从外边租借 135 辆机车的可能性，租期从 90 天到 5 年，另外，还包括 CBN 公司现有的 496 辆机车的维修，但是，CBN 公司只负责提供劳动力。租约要求生产者按每列车实际运营的英里数收取维修费用。公司希望这个协议的期限平均是 15 年。

根据公司副总裁约翰·托姆西克（Jim Thomchick）估计，由于公司不必支付一些零件和材料的费用，大约每年可以节约 500 万美元。机车问题存在于整个 CBN 公司中，对顾客的服务延迟已经上升到了 5 天。斯派查尔斯凯和托姆西克认为，这种租借安排可以解决公司的问题。

问题与思考：

1. 这种按实际运营的英里数收取维修费用的租约有什么潜在的好处和缺陷？

2. 在租期内，机车的问题仍然存在，该怎么处理？

3. 你认为租借机车是 CBN 公司最好的解决方法吗？请解释原因。

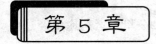

第 5 章

航空运输

❖ **学习目标**

掌握：航空运输的概念和业务类型；国际航空货物运输当事人；国际航空货物运输进出口流程；国际航空运输单证；国际航空货物运单的基本概念、种类。

了解：航空运输服务的特点；航空运输的主要技术装备与设施；国际航空货物运费。

空运的最大优势在于时间的节约，面对高速发展的经济，时间也成为竞争的重要领域之一，由此促成了航空运输业的快速发展。本章将介绍航空运输的相关内容。

 引导案例

航空货运巨头在中国

中国对外贸易额的激增，带来了航空货运量的增长。国际航空货运公司纷纷加快中国布局，DHL（敦豪）丹砂航海空运公司将投资1 200万美元用于基础设施扩建计划，将20个分支机构增加至37个，并扩大 DHL 丹砂航海空运公司的中国服务网络，将货物运到京、沪、深圳等国际城市。

大韩航空的北京货运经理南基宅介绍，北京大韩航空一个月的国际货运量能达到1 500吨，大韩航空共有20架全货机，现在每周有8个客机腹舱和两个全货机来运送北京和汉城之间的货物。

国内某货运公司的人士表示，中国的航空公司全货机规模大概为20多架，即使加上客机腹舱的运力，也不能满足高速增长的航空货运需求，这就为国际航空公司的发展留下了充足的市场空间。另外，我国航空公司的硬件设施和管理水平都与国际有一定的差距，比如运作良好的外国航空公司人机比例达到 1∶320 左右，在竞争方面还不具备优势。

（选自：http://cms.jctrans.com/zxzx/zhbd/2005628100032.shtml）

思考题：中国的航空公司在这种形势下应如何发展呢？

5.1　航空运输概述

据新华社报道，2011 年中国民用航空客运量、货运量依然保持高速增长，4 月份分别同比增长 14.3％和 31.6％。国际航线货运量连续四个月保持 70％以上的强劲增长。4 月货运量同比增长 31.6％，其中国内航线增长 17.7％，港澳台航线增长 60％，国际航线增长达 71％，国际航线货运量已经远超过 2007 年同期水平。

国际航线货运量增速已连续四个月强劲增长，今年前三个月增速分别为 120.8％、70.4％、84.2％。1 月至 4 月民航运输总周转量同比增长 30.6％，其中国际航线增长 61.5％，货邮周转同比增长 42.2％，其中国际航线增长 88.6％。

5.1.1　航空运输的概念及业务类型

1. 概念

航空运输是使用飞机或其他航空器进行运输的一种形式。航空运输的单位成本很高，因此，主要适合运载的货物有两类：一类是价值高、运费承担能力很强的货物，另一类是紧急需要的物资。

航空运输业务形态有航空运输业、航空运送代理业和航空运送作业三种。

2. 航空货物运输的分类

航空货物运输活动虽然只是整个航空运输的一部分，但它是一项复杂的系统工程。根据实践的需要，人们按照不同的分类标准，把航空货物运输划分为许多种类。

（1）按照运输的性质划分。按照运输的不同性质划分，航空货物运输分为国内航空货物运输和国际航空货物运输。

（2）按照运输的货物特征划分。按照所运输货物的不同特征划分，航空货物运输分为普通货物运输、快件运输、特种运输等。

（3）按照运输的方式划分。按照运输的不同方式划分，航空货物运输分为班机运输、包机运输，还有集中托运、航空快递及货到付款、货主押运等方式。

① 班机运输（Scheduled Airline）。班机是指定期开航、定航线、定始发站、定目的港、定途经站的飞机。

按照业务对象不同班机运输可分为客运航班和货运航班。客运航班，通常航空公司采用客货混合型飞机，在搭乘旅客的同时也承揽小批量货物的运输。货运航班，只承揽货物运输，大多使用全货机。但考虑到货源方面的因素，货运航班一般只由一些规模较大的航空公司在货运量较为集中的航线上开辟。

班机运输具有以下特点。

• 迅速准确。由于班机运输具有固定航线、固定的始发目的港、中途挂靠港，并具有固定的班期，它可以准确、迅速地将货物送到目的港。

• 方便货主。收发货人可以准确掌握货物的起运、到达时间，对于贸易合同的履行具有较高的保障。

• 舱位有限。由于班机运输大多采用客货混合机型，随货运量季节的变化会出现舱位不足现象，不能满足大批量货物及时出运要求，往往只能分批运送。

近年来，随着航空运输业的发展，航空公司为实现航空运输快速、准确的特点，不断加强航班的准班率（航班按时到达的比率），并强调快捷的地面服务，在吸引传统的鲜活货物、易腐货物、贵重货物、急需货物的基础上，又提出为企业特别是跨国企业提供后勤服务，正努力成为跨国公司分拨产品、半成品的得力助手。

② 包机运输（Chartered Carrier）。包机人为一定的目的包用航空公司的飞机运载货物的形式称为包机运输。由于班机运输形式下货物舱位常常有限，因此当货物量较大时，包机运输就成为重要方式。

包机运输通常可分为整机包机和部分包机。

整机包机即包租整架飞机，指航空公司按照与租机人事先约定的条件及费用，将整架飞机租给包机人，从一个或几个航空港装运货物至目的地。

整机包机的费用是一次一议的，它随国际市场供求情况变化而变化。一般是按每飞行一公里固定费率收取费用，并按每飞行一公里费用的80%收取放空费。因此大批量货物使用包机时，要争取来回程都有货载，这样费用会降低。

部分包机指由几家航空货运公司或托运人联合包租一架飞机或者由航空公司把一架飞机的舱位分别卖给几家航空货运公司装载货物。

相对而言，部分包机适合于运送1吨以上货量不足一架整飞机舱容的货物，在这种形式下，货物运费较班机运输低，但由于需要等待其他货主备好货物，因此运送时间要长。

包机运输的优点如下。

• 解决班机舱位不足的矛盾。
• 货物全部由包机运出，节省时间和多次发货的手续。
• 弥补没有直达航班的不足，且不用中转。
• 减少货损、货差或丢失的现象。
• 在空运旺季缓解航班紧张状况。
• 解决海鲜、活动物的运输问题。

③ 集中托运（Consolidation Transport）。集中托运是指集中托运人（Consolidator）把若干批单独发运的货物组成一批向航空公司办理托运，填写一份总运单将货物发运到同一目的站，然后由航空货运代理公司在目的站的代理人负责收货、报关，并将货物分别拨交给各收货人的一种运输方式，也是航空货物运输中开展最为普遍的一种运输方式，是航空货运代理的主要业务之一。

与货运代理人不同，集中托运人的地位类似多式联运中的多式联运经营人。它承担的责任不仅仅是在始发地将货物交给航空公司，在目的地提取货物并转交给不同的收货人，而是承担了货物的全程运输责任，且在运输中具有双重角色，它对各个发货人负货物运输责任，地位相当于承运人，而在与航空公司的关系中，它又被视为集中托运的一整批货物的托运人。其各关系方承担的责任如图5-1所示。

集中托运可以采用班机或包机运输方式。

提供集中托运业务的企业，在欧美被称为集中托运商（简称集运商，Consolidator），而其在目的站的代理人，则被称为分拨代理商（Break Bulk Agent）。

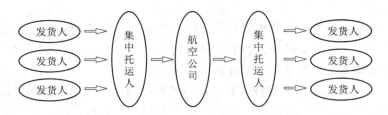

图 5-1　空运当事人责任划分

集中托运作为最主要的一种航空货运方式有着鲜明的特征，同时也给托运人带来了极大地便利，主要表现在以下几个方面。

· 更为低廉的费率。由于航空运费的费率随托运货物数量增加而降低，所以当集中托运人将若干小批量货物组成一大批出运时，能够争取到更为低廉的费率。集中托运人会将其中一部分支付目的地代理的费用，另一部分会返还给托运人以吸引更多的客户，其余的作为集中托运人的收益。

· 更高的服务质量。集中托运人的专业性服务也会使托运人受益，这包括完善的地面服务网络，拓宽了的服务项目及更高的服务质量。将货物集中托运，可使货物到达航空公司到达地点以外的地方，延伸了航空公司的服务，方便了货主。

· 更快的资金周转。托运人将货物交与航空货运代理后，即可取得货物分运单，可持分运单到银行尽早办理结汇，资金的周转加快。

但是，集中托运也有它的局限性，主要表现在以下几方面。

· 贵重物品、活动物、尸体、骨灰、危险品、外交信袋等根据航空公司的规定不得采用集中托运的形式。

· 由于集中托运的情况下，货物的出运时间不能确定，所以不适合易腐烂变质的货物、紧急货物或其他对时间要求高的货物的运输。

· 对书本等可以享受航空公司优惠运价的货物来讲，使用集中托运的形式可能不仅不能享受到运费的节约，反而使托运人运费负担加重。

5.1.2　航空运输的主要技术装备与设施

1. 飞机

所有飞行器可以分为航空器和航天器，前者是大气飞行器，而后者是空间飞行器（如火箭、航天飞机、行星探测器等）。航天器可分为轻于空气的航天器（如气球、飞艇等）与重于空气的航天器。飞机是最重要的航天器，由于它的用途很多，其分类方法也很多。

（1）按构造分类。

按机翼的数目，飞机一般可分为双翼机和单翼机。

按发动机类型可分为活塞式发动机飞机、螺旋桨式飞机和喷气式飞机。

按发动机数目可分为单发动机飞机、双发动机飞机、三发动机飞机和四发动机飞机。

按起落地点可分为陆上飞机、雪（冰）上飞机、水上飞机、两栖飞机和舰载机。

按起落方式可分为滑跑起落式飞机和垂直/短距起落式飞机。

此外，还可按机翼位置或数量、机身数量分类。

（2）按用途分类。

由于飞机的性能、构造和外形基本上是由用途确定的，故按用途分类是最主要的分类方法之一。现代飞机按用途主要可分为军用机和民用机两类，另有一类专门用于科研和试验的飞机，可称为研究机。下面主要介绍民用机。

① 旅客机。用于运载旅客和邮件，联络国内各城市和地区或国际间的城市。旅客机可按大小和航程进一步分为：洲际航线上使用的远程（大型）旅客机，国内干线上使用的中程旅客机，地方航线上使用的近程旅客机。中型旅客机使用较广泛，既有喷气式又有螺旋桨式的，如"三叉戟"型飞机。

② 货机。用于运送货物，一般载重较大，有较大的舱门，或机身可转折，便于装载货物。货机修理维护简易可在复杂气候下飞行。

③ 教练机（民用）。用于训练民航飞行人员，一般可分为初级教练机和高级教练机。

④ 农业机、林业机。用于农业喷药、施肥、播种、森林巡逻、灭火等，大部分属于轻型飞机。

⑤ 体育运动机。用于发展体育运动，如运动跳伞等，可作机动飞行。

⑥ 多用途轻型飞机。这类飞机种类和用途繁多，如用于地质勘探、航空摄影、空中旅游、经济救护、短途运输等。

2. 通信设备

民航客机用于和地面电台或与其他飞机进行联系的通信设备包括：高频通信系统（HF），甚高频通信系统（VHF），选择呼叫系统（SELCAL）。

（1）高频通信系统。一般采用两种制式工作，即调幅制和单边带制，以提供飞机在航路上长距离的空与地或空对空的通信。它工作在短波波段，频率范围一般为 2～30MHz。

（2）甚高频通信系统。一般采用调幅方式工作，主要提供飞机与地面塔台、飞机与飞机之间近距离视线范围的语音通信。其工作与超短波波段，频率范围一般为 113～135.975MHz。

（3）选择呼叫系统。选择呼叫指地面塔台通过高频或甚高频通信系统对指定飞机或一组飞机进行呼叫。飞机呼叫系统收到地面的呼叫后，指示灯亮或铃响，告诉飞行员地面在呼叫本飞机。

3. 导航设备

民航客机的导航主要依赖于无线电导航系统，其设备有：甚高频全向无线电信标/测距仪系统（VOR/DME），无方向性无线电信标系统（NDB），仪表着陆系统（ILS）等。

（1）甚高频全相信标/测距机系统。甚高频全相信标/测距机系统（VOR）是一种近程无线电导航系统。1949 年被 ICAO 采用为国际标准航线的无线电导航设备。它由地面发射台和机载设备组成。地面设备通过天线发射从 VOR 台到飞机的磁方向信息，机载设备接收和处理该信息，并通过有关指示器指示出飞机到 VOR 台的磁方位角。

测距仪（DME）是为驾驶员提供距离信息的设备。1959 年，它成为 ICAO 批准的标准测距系统。它由机载测距机和地面测距信标台配合工作。一般情况下，地面测距台与 VOR 台安装在一起，形成极坐标近程定位导航系统。它是通过询问应答方式来测量距离的。

（2）无方向性无线电信标系统。无方向性无线电信标系统（NDB），即导航台，是用来为机上无线电罗盘提供测向信号的发射设备。根据要解决的导航任务，导航台可以设置在航线上的某些特定点、终端区和机场。航线上的导航台可以引导飞机进入空中走廊的出、入口，或到某一相应的导航点以确定新的航线。终端区的导航台用来将飞机引导到所要着陆的机场，并保证着陆前机动飞行和穿云下降，也用来标志该机场的航线出口位置。机场着陆导航台，用来引导飞机进场，完成基地飞行和保持着陆航向。

（3）仪表着陆系统。仪表着陆系统（ILS）1949 年被 ICAO 确定为飞机标准进近和着陆设备。它能在气象恶劣和能见度差的条件下，给驾驶员提供引导信息，保证飞机安全进近和着陆。

（4）监视设备。目前实施空中交通监视的主要设备是雷达。它是利用无线电波发现目标，并测定其位置的设备。

4. 机场

航空港是航空运输的重要设施，是指民用航空运输交通网络中使用的飞机场及其附属设施。与一般飞机场比较，航空港的规模更大，设施更为完善。

航空港体系主要包括飞机活动区和地面工作区两部分，而航站楼则是两个区域的分界线。民航运输网络由机场、航路和机队构成。机场是民航运输网络中的结点，是航空运输的起点、终点和经停点，机场可实现运输方式的转换，是空中运输和地面运输的转接点，因此也把机场称为航空站。

（1）按航线性质划分，可分为国际航线机场和国内航线机场。国际航线机场供国际航班进出，并设有海关、边防检查、卫生检疫和动植物检疫等政府联检机构。国内航线机场是专供国内航班使用的机场。我国的国内航线机场包括"地区航线机场"。地区航线机场是指我国内地城市和港、澳等地区之间定期或不定期航班飞机使用的机场，并设有相应的类似国际机场的联检机构。

（2）按机场在民航运输网络中所起的作用划分，可分为枢纽机场、干线机场和支线机场。国内国际航线密集的机场称为枢纽机场。在我国内地，枢纽机场只有北京、上海、广州三大机场。干线机场是指各直辖市、省会、自治区首府及一些重要的城市的机场，我国有 30 多个。干线机场连接枢纽机场，客运量较为集中。而支线机场则空运量较少，航线多为本省区内航线或邻近省区支线。

（3）按机场所在城市的性质、地位划分，可分为Ⅰ类机场、Ⅱ类机场、Ⅲ类机场和Ⅳ类机场。

（4）按旅客乘机目的划分，可分为始发/终程机场、经停机场和中转机场。始发/终程机场中，始发/终程旅客占旅客的大多数，始发和终程的飞机或掉头回程架次比例很高。目前国内机场大多数属于这类机场。

（5）按服务对象划分，机场可分为军用机场、民用机场和军民合用机场。

5.1.3　国际航空货物运输当事人

国际航空货物运输当事人主要有托运人、收货人、承运人、代理人，以及地面运输公司。承运人一般指航空公司，代理人一般指航空货运公司。

1. 航空公司

航空公司自身拥有飞行器并借以从事航空运输活动，它的主要业务是把货物和旅客从某地机场用飞机运到另一地机场。多数航空公司有定期航班，像开航我国的法航、日航、德航、瑞航、美联航等。有些则无定期航班，只提供包机服务，如卢森堡货运航空公司、马丁航空公司，它们拥有货机，对运输大批量货物、超限货物及活种畜等十分方便。目前，我国的航空公司主要有中国国际航空公司、中国西南航空公司、中国东南航空公司等。

2. 航空货运公司

航空货运公司又称空运代理，它是随着航空运输的发展及航空公司运输业务的集中化而发展起来的一种服务性行业。它们从事航空货物在始发站交给航空公司之前的揽货、接受、报关、订舱及在目的地从航空公司手中接货、报关、交付或送货上门等业务。它具有以下优点。

（1）使航空公司能更加集中精力搞好空中运输业务而不必担心货源。

（2）方便货主，货主可以及时托运、查询、跟踪货物。

（3）将零散货物集中拼装托运，简便手续，降低运输成本。

通常，空运代理可以是货主代理，也可以是航空公司的代理，也可以身兼二职。

航空货运公司在经营进出口货运业务时，可以向货主提供以下服务。

（1）提供上门收、送货服务。

（2）订舱。

（3）报关。

（4）制作航空运单。

（5）办理保险、结汇及费用代付业务。

（6）办理货物转运业务。

（7）提供信息查询及货物跟踪服务。

要提供上述服务，航空货运公司必须具备广泛的商品知识，了解复杂的法律、法规、规章、制度及所需的文件、单证，以及货物在集中托运时的尺码、比重、各种超限数字、飞机机舱的可用容积及有关质量限制，还有各种附加费用、货损处理、保险、进出口许可证等方面的知识。

航空货运代理之所以存在并能发展，主要是因为航空公司致力于自身主业，不负责处理航运前和航运后繁杂的服务项目；大多数的货主无法花费大量的精力熟悉繁复的空运操作流程；空代在办理航空托运方面具有无可比拟的优势，比如对航空运输环节和有关规章制度十分熟悉；与各航空公司、机场、海关、商检、卫检、动植检及其他运输部门有着广泛而密切的联系；具有代办航空货运的各种设施和必备条件；各航空货运代理公司在世界各地或有分支机构，或有代理网络，能够及时联络，掌握货物运输的全过程。

航空货运代理可分为国际航空货运代理和国际航空货物运输销售代理。国际航空货运代理仅作为进出口托运人、收货人的代理人，严禁从航空公司处收取佣金。国际航空货物运输销售代理作为航空公司的代理人，代为处理国际航空客货运输销售及其相关业务。

根据我国《民用航空运输销售代理业管理规定》，空运销售代理分为一类销售代理和二类销售代理。一类销售代理主要经营国际航线或者香港、澳门、台湾地区航线的民用航空销售代理业务；二类销售代理主要经营国内航线的民用航空运输销售代理业务。

还需注意，在我国，申请设立国际航空货物运输销售代理的前提之一是必须首先成为国际货运代理。这表明，这类代理人一方面可以为货方提供代理服务，从中收取代理费；另一方面也可以为承运方（航空公司）服务，收取佣金。

　　航空货运代理的业务范围主要包括：传统代理业务如订舱、租机、制单、代理包装、代刷标记、报关报验、业务咨询等；集中托运业务；地面运输和多式联运服务。

5.2　国际航空货物运输流程及主要单证

5.2.1　出口货物运输流程

　　航空货物出口程序是指航空货运公司从托运人手中接货到将货物交给航空公司承运这一过程所需通过的环节、所需办理的手续及必备的单证，它的起点是从托运人手中接货，终点是货交航空公司，其操作流程如图 5-2 所示。

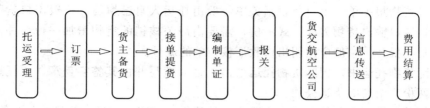

图 5-2　出口货物流程

　　（1）托运受理。托运人在货物出口地寻找合适的航空货运公司，为其代理空运订舱、报关、托运业务；航空货运公司根据自己的业务范围、服务项目等接受托运人委托，并要求其填制航空货物托运书，以此作为委托与接受委托的依据，同时提供相应的装箱单、发票。

　　（2）订舱。航空货运公司根据托运人的要求及货物本身的特点（一般来说，非紧急的零担货物可以不预先订舱）填写民航部门要求的订舱单，注明货物的名称、体积、重量、件数、目的港、时间等，要求航空公司根据实际情况安排航班和舱位，也就是航空货运公司向航空公司申请运输并预订舱位。

　　（3）货主备货。航空公司根据航空货运公司填写的订舱单安排航班和舱位，并由航空货运公司及时通知托运人备单、备货。

　　（4）接单提货。航空货运公司去托运人处提货并送至机场，同时要求托运人提供相关单证，主要有报关单证，例如报关单、合同副本、商检证明、出口许可证、出口收汇核销单、配额许可证、登记手册、正本的装箱单、发票等。

　　对于通过空运或铁路等其他运输方式从内地运往境外的出口货物，航空货运公司可以按托运人提供的运单号、航班号及接货地点、接货日期代其提取货物。

　　（5）缮制单证。航空货运公司审核托运人提供的单证，缮制报关单，报海关初审。缮制航空货运单，要注明名称、地址、联络方法、始发及目的港、货物的名称、件数、质量、体积、包装方式等，并将收货人提供的货物随行单据订在运单后面；如果是集中托运的货物，要制作集中托运清单、航空分运单，一并装入一个信袋，订在运单后面，将制作好的运单标签粘贴或拴挂在每一件货物上。

　　（6）报关。持缮制完的航空运单、报关单、装箱单、发票等相关单证到海关报关放行。海关将在报关单、运单正本、出口收汇核销单上盖放行章，并在出口产品退税的单据上盖验讫章。

（7）货交航空公司。将盖有海关放行章的航空运单与货物一起交给航空公司，由其安排才可运输，随附航空运单正本、发票、装箱单、产地证明、品质鉴定书等。航空公司验收单、货无误后，在交接单上签字。

（8）信息传递。货物发出后，航空货运公司及时通知国外代理收货。通知内容包括航班号、运单号、品名、数量、质量、收货人的有关资料等。

（9）费用结算。最后是费用结算问题。费用结算主要涉及托运人、承运人和国外代理三个方面，即向托运人收取航空运费、地面运费及各种手续费、服务费，向承运人支付航空运费并向其收取佣金，可按协议与国外代理结算到付运费及利润分成。

5.2.2　出口业务主要单证

（1）出口货物报关单。出口货物报关单一般由托运人自己填写。一般出口货物填写报关单一式两份，转口输出货物需要一式三份，需要由海关核销的货物增加一份，并使用专用报关单。出口货物报关单一般应注明出口收汇核销单的编号。

（2）国际货物托运书。国际货物托运书由托运人填写并由其签字盖章，该托运书需要用英文缮制出两份交给航空货运公司。

（3）装箱单及发票。装箱单上应注明货物的唛头、体积、质量、数量及品名等。

发票上应注明收货人和托运人的名称、地址、货物的品名、单价、总价、原产国家等。装箱单和发票都必须由托运人签字盖章。

（4）航空运单。航空运单分为航空总运单和分运单两种，是航空运输中最重要的单据。它是承运人或代理人出具的一种运输合同，但不能作为物权凭证，是一种不可议付的单据。

（5）商检证明。出口货物的商检分为法定商检和合同商检。法定商检是由国家为维护出口商品质量，而规定某些商品必须经过商检机构检验并出具检验证书；合同商检是指进口商为保证商品质量而要求出口方出据商检证书。

商检证书是出口业务中十分重要的单证，适用范围广泛，几乎每票出口货物都需要，常见的检验证书有：质量检验证书、数量检验证书、卫生检验证书、兽医检验证书、防毒检验证书、产地检验证书。

（6）出口许可证。凡出口国家限制出口的商品均应向出境地海关交验出口许可证。我国实行出口许可证管理的商品主要有：珍贵稀有野生动植物及其制品、文物、金银制品、精神药物、音像制品等。

（7）出口收汇核销单。我国出口收汇管理办法于1991年1月1日起实施。出口收汇核销单由出口单位向当地外汇管理部门申领，出口报关时交出境地海关审核。核销单上需加盖外汇管理部门的"监督收汇章"和出境单位的公章。

（8）配额许可证。我国自1979年以来，先后与美国、加拿大、挪威、瑞典、芬兰、奥地利及欧盟签订了双边纺织品贸易协定，这些国家对我国进出的纺织品的数量和品种进行限制。因此，凡向上述国家出口纺织品必须向有关部门申领纺织品配额许可证。

（9）登记手册。凡以来料加工、进料加工和补偿贸易等方式出口的货物均需向海关交验《登记手册》。

5.2.3 进口货物运输流程

航空货物进口程序是指航空货物从入境到提取或转运的整个过程中所需通过的环节、所需办理的手续及必备的单证。航空货物入境后，要经过各个环节才能提出海关监督场所，而每经过一道环节都要办理一定的手续，同时出具相关的单证，例如商业单据、运输单据及所需的各种批文和证明等。在入境地海关清关的进口货物，流程图如图 5-3 所示。

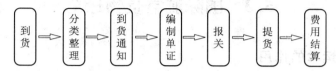

图 5-3 进口货物流程

（1）到货。航空货运入境后，即处于海关监督之下，相应的货存在海关监管场所内。同时，航空公司根据运单上的收货人发出到货通知。

若运单上的第一收货人为航空货运公司，则航空公司会把有关货物运输单据交给航空货运公司。

（2）分类整理。航空货运公司在取得货运公司运单后，根据自己的习惯进行分类整理，其中集中托运货物和单票货物、运费预付和运费到付货物应区分开来。

集中托运货物需对总运单项下的货物进行分拨，对每一份运单的货物分别处理。分类整理后，航空货运公司可对每票货编上公司内部的编号，以便于用户查询和内部统计。

（3）到货通知。航空货运公司根据收货人资料寄发到货通知，告知其货物已到港，催促其速办报关、提货手续。

（4）缮制单证。根据运单、发票及证明货物合法进口的有关批文缮制报关单，并在报关单的右下角加盖报关单位的报关专用章。

（5）报关。将做好的报关单连同正本的货物装箱单、发票、运单等递交海关，向海关提出办理进口货物报关手续。海关在经过初审、审单、征税等环节后放行货物。只有经过海关放行后的货物才能提出海关监管场所。

（6）提货。凭借盖有海关放行章的正本运单到海关监管场所提取货物并送货给收货人，收货人也可自行提货。

（7）费用结算。货主或委托人在收货时应结清各种费用，如国际段到付运费、报关单、仓储、劳务费等。

5.2.4 进口业务主要单证

（1）进口货物报关单。进口货物报关单与出口货物报关单格式大体相同。报关单是货物办理报关手续的必备文件。

（2）装箱单、发票。与出口业务的装箱单、发票相同。

（3）航空运单。

（4）进口许可证。

凡进口国家限制进口的商品，均需申领进口许可证。我国属于进口许可证管理的商品很多，可参阅中国海关总属公布的"实行进口许可证商品目录"。

（5）商检证明。凡进口属于法定商检的商品，均需向海关交验国家商检机构及有关检验部门出具的检验证书。

（6）其他单证。

对于其他特殊货物或特殊情况应依海关规定提交不同的文件、证明、单证，如无线电管委会证明、登记手册、减免税证明、保证函、赠送函、接收函等。

5.3 国际航空货物运单

5.3.1 航空运单的作用

航空运单（Air Waybill）与海运提单有很大不同，却与国际铁路运单相似。与海运提单最大的不同是航空货运单不是物权凭证，不能转让，持有航空运单也不能说明可以对货物要求所有权。它是由承运人或其代理人签发的重要的货物运输单据，是承托双方的运输合同，其内容对双方均具有约束力。

（1）航空运单是发货人与航空承运人之间的运输合同。与海运提单不同，航空运单不仅证明航空运输合同的存在，而且航空运单本身就是发货人与航空运输承运人之间缔结的货物运输合同，在双方共同签署后产生效力，并在货物到达目的地交付给运单上所记载的收货人后失效。

（2）航空运单是承运人签发的已接收货物的证明。航空运单也是货物收据，在发货人将货物发运后，承运人或其代理人就会将其中一份交给发货人（即发货人联），作为已经接收货物的证明。除非另外注明，它是承运人收到货物并在良好条件下装运的证明。

（3）航空运单是承运人据以核收运费的账单。航空运单分别记载着属于收货人负担的费用，属于应支付给承运人的费用和应支付给代理人的费用，并详细列明费用的种类、金额，因此可作为运费账单和发票。承运人往往也将其中的承运人联作为记账凭证。

（4）出口时航空运单是报关单证之一。在货物到达目的地机场进行进口报关时，航空运单也通常是海关查验放行的基本单证。

（5）航空运单同时可作为保险证书。如果承运人承办保险或发货人要求承运人代办保险，则航空运单也可用来作为保险证书。

（6）航空运单是承运人内部业务的依据。航空运单随货同行，证明了货物的身份。运单上载有有关该票货物发送、转运、交付的事项，承运人会据此对货物的运输作出相应安排。

航空运单的正本一式三份，每份都印有背面条款，其中一份交发货人，是承运人或代理人接收货物的依据；第二份由承运人留存，作为记账凭证；最后一份随货同行，在货物到达目的地，交付给收货人时作为核收货物的依据。

5.3.2 航空运单的种类

1. 按有无承运人的名称分类

（1）航空公司货运单（Airline Air Waybill）。指印有出票航空公司（Issue Carrier）名称及标志（航徽、代码等）的航空货运单。

（2）中性货运单（Neutral Air Waybill）。指没有预先在运单上打印任何承运人名称及标志的货运单。

2. 按照不同作用分类

（1）航空主运单（Master Air Waybill，MAWB）。凡由航空公司签发的航空运单均称为航空主运单。它是航空公司据以办理货物运输和交付的依据，是航空公司和托运人之间签订的运输合同。每一批航空运输货物都应有相应的航空主运单。航空主运单一式 12 份，其中 3 份为正本（具有运输合同初步证据的效力），其余为副本（不具有运输合同初步证据的效力）。

（2）航空分运单（House Air Waybill，HAWB）。航空分运单是由航空货运公司在办理集中托运业务时签发给每一托运人的运单。在集中托运的情况下，除了航空公司要签发给集中托运人主运单之外，集中托运人还必须签发航空分运单给每一托运人。在这中间，航空分运单作为集中托运人与托运人之间的货物运输合同，合同双方分别为货主和集中托运人；而航空主运单作为航空运输公司与集中托运人之间的货物运输合同，当事人则为集中托运人和航空运输公司，货主与航空运输公司没有直接的契约关系。不仅如此，由于在起运地货物由集中托运人将货物交付航空运输公司，在目的地由集中托运人或其代理从航空运输公司处提取货物，再转交给收货人，因而货主与航空运输公司也没有直接的货物交接关系。

航空分运单有正本 3 份，副本若干份。正本分别交托运人、航空货运公司及随货物同行交收货人。副本分别作为报关、财务、结算及国外代理办理中转分拨等用。

5.3.3　航空运单的填写

1. 航空货运单各栏目的填写说明

国际航空主运单填写说明如下。

（1）托运人名称和地址（Shipper's Name and Address）。详细填写托运人全名，地址应详细填明国家、城市、门牌号码及电话号码。

（2）托运人账号（Shipper's Account Number）。有必要时填写。

（3）收货人名称和地址（Consignee's Name and Address）。详细填写收货人全名，地址应详细填明国家、城市、门牌号码及电话号码。此栏不得出现 "To Order" 或 "To Order of the Shipper"（按托运人的指示）等字样，因为航空货运单不能转让。

（4）收货人账号（Consignee's Account Number）。有必要时填写。

（5）始发站，第一承运人地址及所要求之线路〔Airport of Departure（Address of First Carrier）and Requested Routing〕。填写始发站城市的英文全称。

（6）路线和目的站（Routing and Destination）。由民航经由的航空路线。

（7）货币（Currency）。填写运单上所用货币代码。例如 CNY（元），EUR（欧元）。

（8）运费/声明价值费（WT/VAL）、其他费用（other）。选择预付或到付。并在选择付费方式栏内作 "×" 记号。

预付费用，包括预付的费用总额、声明价值附加费、税金、代理人需要产生的其他费用、承运人需要产生的其他费用。到付费用，包括需要到付费用总额/声明价值附加费、税金、分别属于代理人与承运人需要产生的其他到付费用。其他费用主要包括容器费（包括集装箱费）、中转费、地面运输费、保管费与制单费等。

（9）托运人向承运人声明的货物价值（Declared Value for Carriage）。填写托运人在运输货物时声明货物的价值总数。如托运人不需办理声明价值，则填写"NVD（No Value Declared）。"

（10）托运人向目的站海关声明的货物价值（Declared Value for Customs）。填写托运人向海关申报的货物价值。托运人未声明价值时，必须填写"NCV"（No Custom Valuation）。

（11）目的站（Airport of Destination）。填写目的站城市的英文全称，必要时注明机场和国家名称。

（12）航班/日期（Requested Flight/Date）。填写已定妥的航班日期。

（13）保险金额（Amount of Insurance）。托运人委托航空公司代办保险时填写。

（14）处理情况（Handling Information）。本栏填写以下内容：货物上的唛头标记、号码和包装等；通知人的名称、地址、电话号码；货物在途中需要注意的特殊事项；其他需要说明的特殊事项；运往美国商品的规定。

（15）件数（No. of Pieces/RCP）。如各种货物运价不同时，要分别填写，总件数另行填写。

（16）毛重（Gross Weight）。重量单位为"千克"。分别填写时，另行填写。

（17）运价类别（Rate Class）。用 M、N、Q、C、R 或 S 分别代表起码运费、45 千克以下普通货物运价、45 千克以上普通货物运价、指定商品运价、附减运价（低于 45 千克以下普通货物运价的等级运价）、附加运价（高于 45 千克以上普通货物运价的等级运价）。

（18）品名编号（Commodity Item Number）。指定商品运价则填写其商品编号；按 45 千克以下普通货物运价的百分比收费的，则分别填写具体比例。

（19）货物品名及体积（Nature and Quantity of Goods）。货物体积按长、宽、高的顺序以厘米（cm）为单位填写最大的长、宽、高度。

（20）托运人或其代理人签字（Signature of Shipper or his Agent）。日期应为飞行日期，如货运单在飞行日期前签发，则应以飞行日期为货物装运期。

（21）运单签发日期（Executed on Date）。

（22）承运人或其代理人签字。有此签字，航空货运单才能生效。

2. 航空货运单的填写责任及要求

目前，经营国际货物运输的航空公司及其航空货运代理公司使用的都是统一的一式 12 份的空运单，其中 3 份正本（Original）、6 份副本（Copy）和 3 份额外副本（Extra Copy）。

航空货运单各份的用途及流转如表 5-1 所示。

表 5-1　国际航空货运单的构成及其用途

顺序	名称	颜色	用　　　途
1	正本 3	蓝	交托运人。作为承运人收到货物的证明，以及作为承托双方运输合同成立的证明
2	正本 1	绿	交承运人财务部门。除了作为承运人财务部门的运费账单和发票外，还作为承托双方运输合同成立的证明
3	副本 9	白	交代理人，供代理人留存
4	正本 2	粉红	随货物交收货人

顺序	名称	颜色	用　途
5	副本 4	黄	交付联。收货人提货后应签字并交承运人留存，以证明已交妥货物
6	副本 5	白	交目的港机场
7	副本 6	白	交第三承运人
8	副本 7	白	交第三承运人
9	副本 8	白	交第三承运人
10	额外副本	白	供承运人使用
11	额外副本	白	供承运人使用
12	额外副本	白	供承运人使用

根据《华沙公约》第 6 条第（1）款和第（5）款规定，航空货运单一般由承运人根据托运人填写并签字的托运书填制，承运人根据托运人的要求填写航空货运单的，在没有相反证据的情况下，应当视为是代替委托人填写的。这表明托运人应对货运单所填各项内容的正确性、完备性负责。由于货运单所填内容不准确、不完全，致使承运人或其他人遭受损失，托运人负有责任。

根据《中华人民共和国民用航空法》第一百一十三条和第一百一十四条规定，托运人应当填写航空货运单正本一式三份，连同货物交给承运人。承运人有权要求托运人填写航空运单，托运人有权要求承运人接受该航空运单。托运人未能出示航空货运单、航空货运单不符合规定或航空货运单遗失，不影响运输合同的存在或有效。

填制货运单的基本要求有以下几点。

（1）货运单要求用英文打字机或计算机，用英文大写字母打印，各栏内容必须准确、清楚、齐全，不得随意涂改。

（2）货运单已填内容在运输过程中需要修改时，必须在修改项目的近处盖章，注明修改货运单的空运企业名称、地址和日期。修改货运单时，应将所有剩余的各联一同修改。

（3）货运单的各栏目中，有些栏目印有阴影。其中，有标题的阴影栏目仅供承运人填写。

5.4　国际航空货物运费

航空货物运价是承运人为运输货物对规定的质量单位（或体积或货物的价值）从起运机场至目的机场所收取的空中费用。航空货物运输费用包括运费和附加费。运费是指根据适用的运价所计算的应核收的每批货物的费用。附加费包括声明价格附加费、地面运费、中转手续费、制单费、货到付款手续费、提货费、送货费。

5.4.1　计费质量

计费质量（Chargeable Weight）就是据以计算运费的货物质量。由于一架飞机所能装载的货物是受飞机的装载量和舱容限制的。质量大、体积小的货物往往受飞机载货量的限制，舱容未被充分利用；轻泡货物和体积大的货物往往受舱容限制，而载货量未达到额定限度。

因此，航空公司规定计费质量按实际质量和体积质量两者之中较高的一种统计。

1. 实际质量

实际质量（Gross Weight）是指一批货物包括包装在内的实际总重，即毛重。凡质量大而体积相对小的重货物（如机械、金属零件等）用实际质量作为计费质量。具体界限是每6 000立方厘米或每366立方英寸质量超过1千克，或每166立方英寸质量超过1磅的货物。具体计算时，质量不足0.5千克的按0.5千克计算，0.5千克以上不足1千克的按1千克计算，不足1磅的按1磅计算。

2. 体积质量

体积大、质量相对小的货物称为轻泡货物，具体指那些每6 000立方厘米不足1千克或每166立方英寸不足1磅的货物。

轻泡货物以体积质量作计费质量，计算方法如下。

（1）分别量出货物的最长、最宽、最高的部分，单位为厘米或英寸，测量数值四舍五入。

（2）计算货物的体积。

（3）将体积折合成千克或磅，即根据所使用的度量单位分别用体积值除以6 000立方厘米或366立方英寸，结果即为该货物的体积质量，即：

$$体积质量 = 最长 \times 最宽 \times 最高 \div 6000（或366）$$

3. 集中托运货物的计费质量

在集中托运情况下，有重货也有轻泡货物，其计费质量采用整批货物的总实际质量或总的体积质量，按两者之中较高的一个计算。

5.4.2 公布的直达运价

公布的直达运价是指航空公司在运价本上直接注明承运人对由甲地运至乙地的货物收取的一定金额。

1. 指定商品运价

指定商品运价（Specific Commodity Rates，SCR）是指承运人根据在某一航线上经常运输某一类货物的托运人的请求或为促进某一地区间某一类货物的运输，经国际航空运输协会同意所提供的优惠运价。

指定商品运价是给予在特定的始发站和到达站的航线上运输的特种货物的。

公布指定商品运价时，同时公布起码质量。

国际航空运输协会公布指定商品运价时，将货物划分为10种类型。

（1）0001~0999为食用动物和蔬菜产品。

（2）1000~1999为活动物和非食用动物和蔬菜产品。

（3）2000~2999为纺织品、纤维及其制品。

（4）3000~3999为金属及其制品，不包括机械、车辆、电器设备。

（5）4000~4999为机械、车辆和电器设备。

（6）5000~5999为非金属矿产品及其制品。

（7）6000~6999为化工品及其制品。

（8）7000~7999为纸、芦苇、橡胶和木材及其制品。

（9）8000～8999 为科学和贵重的仪器及其零件。

（10）9000～9999 为其他货物。

从中国始发的常用指定商品代码有：0008 代表新鲜的水果、蔬菜；0300 代表鱼、海鲜、海产品；2199 代表纱、线、纤维、纺织原料。

指定商品运价的运价代号用字母"C"表示。

在具体使用指定商品运价时应注意以下事项。

（1）决定货物是属于哪一种货物。

（2）查阅在所要求的航线上有哪些特种货物运价。

（3）查阅"航空货物运价表"上的"货物明细表"，选择与货物一致的号码，如果该货物号码有更详细的内容，则选择最合适的细目。

（4）根据适用该货物的起码质量，选择合适的指定商品运价。

指定商品运价的计算步骤如下。

① 先查询运价表，如运输始发地至目的地之间有公布的指定商品运价，则考虑使用指定商品运价。

② 查找 TACT RATES BOOKS 的品名表，找出与运输品名相对应的指定商品编号。然后查看在公布的运价表上，该指定商品编号是否公布有指定商品运价。

③ 计算计费重量。此步骤与普通货物的计算步骤相同。

④ 找出适用运价，然后计算航空运费。

此时需比较计费重量与指定商品的最低重量。

•如果货物的计费重量超过指定商品的最低重量，则优先将指定商品运价作为商品的适用运价。

•如果货物的计费重量没有达到指定商品的最低重量，则需要比较计算。

步骤如下。

Ⅰ．按普通货物运价算出运费。

Ⅱ．按指定货物运价算出运费。此时，因货量不足，托运人又希望适用指定商品运价，那么货物的计费重量就要以所规定的最低运量为准，即，该批货物的运费＝最低运量×所适用的指定商品运价。

Ⅲ．比较Ⅰ和Ⅱ计算出来的航空运费，取低者。

⑤ 比较④计算出来的航空运费与最低运费，取高者。

【例 5-1】

Routing：Beijing，CHINA（BJS）to OSAKA，JAPAN（OSA）

Commodity：FRESH APPLES

Gross weight：EACH 65.2kgs，TOTAL 5 PIECES

Dimensions：102cm×44cm×25cm×5

公布运价如下。

BEIJING	CN		BJS
Y. RENMINBI	CNY		kgs
OSAKA	JP	M	230
		N	37.51
		45	28.13
	0008	300	18.80
	0300	500	20.61
	1093	100	18.43
	2195	500	18.80

请计算其航空运费。

解：查找 TACT RATES BOOKS 的品名表，品名编号"0008"所对应的货物名称为"FRUIY，VEGETABLES-FRESH"，现在承运的货物是 FRESH APPLES，符合指定商品代码"0008"。且货主所交运的货物重量也符合"0008"指定商品运价使用时的最低重量要求。

Volume：$102cm \times 44cm \times 25cm \times 5 = 561\,000cm^3$

Volume weight：$561\,000cm^3 \div 6\,000\ cm^3/kg = 93.5kgs$

Gross Weight：$65.2kgs \times 5 = 326.0kgs$

Chargeable weight：326.0kgs

Applicable rate：SCR 0008/Q 18.80CNY/KG

Weight charge：$326.0 \times 18.80 = CNY6\,128.80$

2. 等级货物运价

等级货物运价（Commodity Classification Rates，CCR）适用于指定地区与内部地区之间的少数货物运输。通常是在普通货物运价的基础上增加或减少一定的百分比。当某种货物没有指定商品运价可以适用时，才可以选择合适的等级运价，其起码质量规定为 5 千克。

国际航空运输协会（International Air Transport Association，IATA）规定，等级货物运价主要包括以下两类。

（1）等级运价加价。等级运价加价是指在普通货物运价基础上增加一定百分比，用运价代号"S"（Surcharged Class Rates）表示，适用商品包括：活动物、贵重物品、尸体、骨灰等。

（2）等级运价减价。等级运价减价是指在普通货物运价的基础上减少一定百分比，用运价代号"R"（Reduced Class Rates）表示，适用商品包括：报纸、杂志、书籍及出版物、作为货物托运的行李。

3. 普通货物运价

普通货物运价（General Cargo Rates，GCR）又称一般货物运价，是应用最为广泛的一种运价。当一批货物不能适用等级货物运价，也不属于指定商品时，就应该选择普通货物运价。普通货物运价的数额随运输量的增加而降低。

普通货物运价分类如下。

（1）45 千克（100 磅）以下，运价类别代号为 N。

（2）45 千克以上（含 45 千克），运价类别代号为 Q。

（3）45 千克以上可分为 100 千克、300 千克、500 千克、1 000千克、2 000千克等多个计费质量分界点，但运价类别代号仍以 Q 表示。

由于对大运量货物提供较低的运价，航空公司规定在计算运费时除了要比较其实际质量和体积质量并以较高者为计费质量外，如果用较高的计费质量分界点，计算出的运费更低，则可选用较高的计费质量分界点的费率，此时货物的计费质量为那个较高的计费质量分界点的最低运量。

【例 5-2】A 地到 B 地运价分类如下：N 类为 18 元/千克；Q 类中，45 千克的为 14.8 元/千克，300 千克的为 13.54 元/千克，500 千克的为 11.95 元/千克。有一件普通货物为 38 千克，从 A 地运往 B 地，计算其运费。

解： N 级运费：38×18＝684（元）

Q 级运费：45×14.8＝666.45（元）

二者比较取其低者，故该件货物应按 45 千克以上运价计算的运费 666.45 元收取运费。

4. 起码运费

起码运费代号为 M，它是航空公司办理一批货物所能接受的最低运费，是航空公司在考虑办理即使很小的一批货物也会产生固定费用后判定的。如果承运人收取的运费低于起码运费，就不能弥补运送成本。

航空公司规定无论所运送的货物适用哪一种航空运价，所计算出来的运费总额都不得低于起码运费，否则以起码运费计收。

【例 5-3】A 点至 B 点，一普通货物为 4 千克，M 级运费为人民币 37.5 元，而 45 千克以下货物运价即等级运价为人民币 7.5 元/千克，应收运费为多少？

解： N 级运费：4×7.5＝30（元）

M 级运费：37.5 元

N 级运费＜M 级运费，故此批货物应收运费为 37.5 元。

航空货运中除了以上的四种公布的直达运价外，还有一种特殊的运价，即成组货物运价，它适用于托盘或集装箱货物运输。

在具体使用以上各种运价时应注意以下几点。

① 航空运费计算时，首先适用指定商品运价，其次是等级货物运价，最后是普通货物运价。

② 无论适用何种运价，当最后计算的运费总额低于所规定的起码运费时，按起码运费计收。

③ 公布的直达运价是一个机场至另一个机场的基本运费，不含其他附加费，而且该运价仅适用于单一方向。

④ 除了起码运费外，公布的直达运价一般以千克或磅为计算单位。

运价的货币单位一般以起运地货币单位为准，费率以承运人签发运单时的费率为准。

5.4.3　非公布的直达航空运价

如果甲地至乙地没有可适应的公布的直达运价，则要选择比例运价或利用分段相加运价。

1. 比例运价

在运价手册上除了公布的直达运价外，还公布一种不能单独使用的附加数。当货物的始发地或目的地无公布的直达运价时，可以采用比例运价和已知的公布的直达运价相加，构成非公布的直达运价。

2. 分段相加运价

分段相加运价是指在两地间既没有直达运价也无法利用比例运价时，可以在始发地或目的地之间选择合适的计算点，分别找到始发地至该点、该点至目的地的运价，两段运价相加。

5.4.4 声明价值附加费及其他附加费

1. 声明价值附加费

声明价值附加费，又称声明价值费（Valuation Charges）。航空运输的承运人与其他运输方式的承运人一样，都向货主承担一定程度的责任。按《华沙公约》规定，对由于承运人的失职而造成的货物损坏、丢失或错误等所承担的责任，其赔偿的金额为 20 美元/千克或 9.07 英镑或其他等值货币。

如果货物的价值超过了上述值，托运人得到足额赔偿，就必须事先即向承运人作出特别声明，并在航空运单"供运输使用的声明价值"栏中注明声明金额。这样，一旦货物发生应由承运人承担责任的毁灭、遗失、损坏或延误，承运人将根据实际损失情况，按照高于赔偿责任限额的托运人声明价值予以全额赔偿。

货物的声明价值是针对整件货物而言，不允许对货物的某部分声明价值。

由于托运人声明价值增加了承运人的责任，承运人要收取声明价值费，否则即使出现更多的损失，承运人对超出的部分也不承担赔偿责任。

声明价值费的收取依据货物的实际毛重，计算公式为：

声明价值费＝（货物价值－货物毛重×20 美元）×声明价值费费率

声明价值费费率通常为 0.5％。

即：声明价值附加费＝（整批货物声明价值－货物毛重×20 美元）×0.5％

使用声明价值附加费时还需注意以下两点。

（1）根据中国民航各有关航空公司的规定，每批货物（即每份货运单）的声明价值不得超过 10 万美元或其等值货币（未声明价值的，按毛重每千克 20 美元计算）。超过时，应分批交运（即分两份或多份货运单）；如货物不宜分开，必须经有关航空公司批准后方可收运。

（2）大多数的航空公司在规定声明价值费率的同时，还要规定声明价值费的最低收费标准。如果根据上述公式计算出来的声明价值费低于航空公司的最低标准，则托运人要按照航空公司的最低标准缴纳声明价值费。

2. 其他附加费

其他附加费包括地面运费、中转手续费、制单费、货到付款附加费、提货费、送货费等，一般只有在航空公司或航空货运公司提供相应服务时才收取。

5.5　航空快递

5.5.1　概述

1. 航空快递的概念

航空快递也称速递、快运、快递业务（Air Courier），是指航空快递企业利用航空运输，收取收件人托运的快件并按照向发件人承诺的时间将其送交指定地点或者收件人，掌握运送过程的全部情况并能将即时信息提供给有关人员查询的门到门速递服务。

国际航空快递主要以文件和包裹两大类物品为收件范围由具有独立法人资格的企业将进出境的货物或物品从发件人所在地通过自身或代理的网络运达收件人的一种快速运输方式。

2. 国际航空快递的形式

国际航空快递提供以下三种服务形式来满足广大客户需求。

（1）机场到机场。发货人在飞机始发机场将货物交给航空公司，然后发货人发传真通知目的地的收货人到机场取货。该种服务方式比较简单，收费较低，但发收货人都感到不方便。

（2）门/桌到机场服务。与前一种服务方式相比，门/桌到机场的服务指快件到达目的地机场后不是由快递公司去办理清关、提货手续并送达收件人的手中，而是由快递公司通知收件人自己去办理相关手续。采用这种方式的多数是海关当局有特殊规定的货物或物品。

（3）门/桌到门/桌服务。门/桌到门/桌的服务形式也是航空快递公司最常用的一种服务形式。首先由发件人在需要时电话通知快递公司，快递公司接到通知后派人上门取件，然后将所有收到的快件集中到一起，根据其目的地分拣、整理、制单、报关、发往世界各地，到达目的地后，再由当地的分公司办理清关、提货手续，并送至收件人手中。

（4）专人派送服务。专人派送是指由快递公司指派专人携带快件在最短时间内将快件直接送到收件人手中。这是一种特殊服务，一般很少采用。该服务方式周到，但费用较高。

3. 航空快递的特点

（1）运送速度快。到目前为止，飞机仍然是最快捷的交通工具，常见的喷气式飞机的经济巡航速度大都在每小时 850～900 公里。快捷的交通工具大大缩短了货物在途时间，对于那些易腐烂、变质的鲜活商品；时效性、季节性强的报刊、节令性商品；抢险、救急品的运输，这一特点显得尤为突出。可以这样说，快速加上全球密集的航空运输网络才有可能使人们从前可望而不可即的鲜活商品开辟远距离市场，使消费者享有更多的利益。

运送速度快，在途时间短，也使货物在途风险降低，因此许多贵重物品、精密仪器也往往采用航空运输的形式。当今国际市场竞争激烈，航空运输所提供的快速服务也使得供货商可以对国外市场瞬息万变的行情即刻作出反应，迅速推出适销产品占领市场，获得较好的经济效益。

航空物流运输利用天空这一自然通道，不受地理条件的限制。对于地面条件恶劣交通不便的内陆地区非常合适，有利于当地资源的出口，促进当地经济的发展。

（2）安全、准确。与其他运输方式比，航空快递运输的安全性较高，航空公司的运输管理制度也比较完善，货物的破损率较低。如果采用空运集装箱的方式运送货物，则更为安全。

（3）节约包装、保险、利息等费用。由于采用航空运输包装管理方式，货物在途时间短，周转速度快，企业存货可以相应减少。一方面有利资金的回收，减少利息支出，另一方面企业仓储费用也可以降低。又由于航空货物运输安全、准确，货损、货差少，保险费用较低。

（4）方便查询。快递公司在接受和交接货物时均有签收，可以及时提供货物交接信息。快递公司还大都配备各种通信设施，对快运货物的查询能做到及时答复。

4. 航空快递业务和邮政业务的区别

航空快递业务是以商务文件、资料、小件样品和货物等为主。办国际航空快递业务的公司绝大多数是国际性的跨国公司，只是在少数的国家采取代理制。因此，整个业务过程是在公司内部进行的。

国际邮政业务整个过程是有两个以上国家之间连续作业完成的，主要业务是以私人信函、小包裹为主。

快递业务所提供的是"桌到桌"服务，上桌取货，货到桌。整个运输过程中由计算机密切监视通信网络。在繁忙的航线上，有专人携带货物，随机带货，当场进行清关。对所承办的货物，提供全球性服务。

国际邮政业务则需要邮政局办理手续，在运送过程中受到不同国家邮政业务效率的影响。一般邮件投寄人必须亲自到邮政信箱和邮局投寄。邮件丢失难以查询，挂号信函是被动查询，答复速度慢。邮局对所托运货物没有清关服务，还受到尺寸和重量的限制。

国际邮政和速递业务隶属不同的国际组织。世界各国邮政参加"万国邮政联盟"；而从事航空速递业务都隶属货运代理业务，其国际组织为航空货运协会。

5.5.2 国际航空快递业务程序

1. 国际航空快递出口业务程序

（1）查所到城市的编码。

（2）制运单、清单、并输入计算机。

（3）到海关办理报关手续。

（4）以航空货运单的形式将文件、包裹发往国外。

（5）信息存入计算机后向到达地代理发送离岗信息。

2. 国际航空快递进出业务程序

（1）到达地代理根据国外信息、货运单和到货通知按时到达机场取回快件。

（2）办理进口清关手续。

（3）按区域登记、分拨、运转。

（4）上门派送，取回签收的回执（Proof of Delivery，POD），即各快递公司所签发的分运单，也可称为交付凭证。

（5）将 POD 输入计算机，并及时退寄回执。

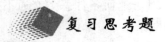 复习思考题

一、基本概念

航空运单　体积质量　等级货物运价　起码运费

二、选择题

1. 由航空公司签发的航空运单均称为（　　　）。

　　A. 航空分运单　　　　B. 航空主运单　　　　C. 航空货运单　　　　D. 国内航空分运单

2. 国际航空货物运输当事人主要有（　　　）和地面运输公司。

　　A. 发货人　　　　　　B. 收货人　　　　　　C. 承运人　　　　　　D. 代理人

3. 航空运费计算时，首先适用（　　　）。

　　A. 起码运费　　　　　B. 指定商品运价　　　C. 等级货物运价　　　D 普通货物运价

4. A 点至 B 点，某种普通货物为 4 千克，M 级运费为人民币 37.5 元，而 45 千克以下货物运价即等级运价为人民币 8 元/千克，应收运费为（　　　）元。

　　A. 32　　　　　　　　B. 37.5　　　　　　　C. 32 或 37.5　　　　D. 35

5. 航空运输主要适合运载的货物有（　　　）。

　　A. 价值高的货物　　　B. 价值低的货物　　　C. 紧急需要的物资　　D. 体积小的货物

6. 进出口货物空运主要采用（　　　）三种方式。

　　A. 班机运输　　　　　B. 包机运输　　　　　C. 集中托运　　　　　D. 零担运输

7. 国内航空货物运输代理业务主要单证包括（　　　）。

　　A. 国内货物托运书　　B. 报关单　　　　　　C. 航空货运单　　　　D. 国内航空分运单

8. 在两地之间没有可适应的公布的直达运价时，则要选择（　　　）。

　　A. 比例运价　　　　　B. 分段相加运价　　　C. 声明价值附加费　　D. 协议运价

三、判断题

1. 航空运输中，一批货物体积为 18 000 立方厘米，实际重量为 2 千克，则其体积重量为 2 千克。（　　　）

2. 航空公司在计算普通货物运价时，如果用不同的计费质量分界点计算出的费用不同，则二者取其高。（　　　）

3. 航空运单是航空运输中最重要的单据，也可以将其作为一种物权凭证。（　　　）

4. 在集中托运情况下，有重货也有轻泡货物，其计费质量采用整批货物的总实际质量或总的体积质量，按两者之中较高的一个计算。（　　　）

四、思考题

1. 国际航空运输当事人主要有哪些？

2. 国际航空货物运单主要包括哪两类？其作用如何？

3. 简述国际航空货物运输的进口货物运输流程。

4. 简述国际航空货物运输的出口货物运输流程。

5. Routing：SHANGHAI, CHINA（EJS）to PARIS, FRANCE（PAR）

Commodity：TOY

Gross Weight：5.6kgs

Dimensions：40cm×28cm×22cm

公布运价如下：

SHANGHAI	CN		SHA
Y. RENMINBI	CNY		kgs
PARIS	FR	M	320.00
		N	50.22
		45	41.43
		300	37.90
		500	33.42
		1 000	30.71

要求：

（1）请计算其航空运费；

（2）请根据计算结果，填写航空货运单运费计算栏。

No. of Pieces Rcp	Gross Weight	kg /lb	Rate Class		Chargeable Weight	Rate/ Charge	Total	Nature and Quantity of Goods (Incl. Dimensionor Volume)
			Commodity Item No.					

6. Routing：Beijing，CHINA（BJS）to NAGOYA，JAPAN（NGO）

Commodity：FRESH ORANGES

Gross weight：EACH 47.8kgs，TOTAL 6 PIECES

Dimensions：128cm×42cm×36cm×6

公布运价如下：

BEIJING	CN		BJS
Y. RENMINBI	CNY		kgs
NAGOYA	JP	M	230
		N	37.51
		45	28.13
	0008	300	18.80
	0300	500	20.61
	1093	100	18.43
	2195	500	18.80

要求：

（1）请计算其航空运费；

（2）请根据计算结果，填写航空货运单运费计算栏。

No. of Pieces Rcp	Gross Weight	kg/lb	Rate Class	Chargeable Weight	Rate/ Charge	Total	Nature and Quantity of Goods（Incl. Dimensionor Volume）
			Commodity Item No.				

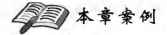 **本章案例**

美国西南航空公司

西南航空公司是以提供得克萨斯州内的航空客运服务起家的。

起初，它只提供到拉斯、休斯敦和圣安东尼奥的客运服务。在公司业务发展初期，西南航空公司的发起人可能被视为思维有点古怪甚至疯狂。毕竟，它们的战略与 20 世纪七八十年代航空公司的通常思路相矛盾。

许多航空公司经理认为洲际空运是大部分潜在利润的源泉，并且以交通枢纽为中心是效率的重要组成部分。它们同时认为舱内的饮料、小吃和食品服务应该包括在机票中，确认订舱和行李检查都是服务成功的组成部分，或许它们更重要的感受是：空运是一种溢价运输方式而且应据此定价。

1. 西南航空公司的方法

由于不满意过去和现在的空运服务，西南航空公司的创始人感到在为达拉斯、休斯敦和圣安东尼奥等新兴城市的居民提供州内的空运服务存在着巨大的商机，西南航空公司随后为其他较大的航空公司已经取消的达拉斯、休斯敦老机场提供航空服务。

西南航空公司把不虚饰、低价格的服务作为它的市场战略，在 1978 年取消航空管制后，它有较大的机会向特定的市场区域内的顾客提供最低价格和点到点的服务。

西南航空公司战略的另一个重要部分是与员工贴近。西南航空公司实行民主管理，所有员工都有机会参与公司的运营，并可以通过股票投资成为公司的主人。员工被视为公司最重要的资产，具有第一优先权，强调这一企业文化换来的是心情舒畅的员工帮助公司高效运转并向顾客提供更好的服务，这一方法已经在西南航空公司发挥作用——它的利润、客户服务和员工道德品质都成了传奇。

它们不断成功的关键点是：

• 利用次级机场控制短距离、高密度的市场；

• 折扣票价；

• 进攻性广告；

- 高水平的服务；
- 员工的态度和大批买进；
- 稳健的财务。

2. 现状

西南航空公司的运营成本增加及与员工的关系更具挑战性。它的低成本、不虚饰的服务已不具备独特优势。新的航空公司，如穿越航空、捷蓝航空和达美航空的子公司已经在西南航空的主要航线上成功地复制了这一战略。工会最近上调工资（6 年中的机务人员工资上涨 31%），这一举动挤压了公司利润并使股价下跌。

西南航空可采用两种手段改善这一局势：提升票价或削减成本。提升票价会减少市场份额，折扣票价在费城遇到了美洲航空和美国航空的进攻。主要的成本削减方法在西南航空已经采用，进一步削减成本会产生风险。事实上，西南航空每座位英里成本已由 2003 年第二季度的 0.0788 美分上涨至 2004 年第二季度的 0.0809 美分。进一步削减成本不会产生实质影响。

公司首席执行官詹姆斯·帕克（James Parker）于 2004 年 7 月突然退休，由公司原财务总监加里·凯利（Gary kelly）接任。尽管凯利对公司的成本和财务状况非常了解，但却缺乏做首席执行官的工作经历。

问题与思考：

1. 你如何评价西南航空公司？
2. 你有何建议可以帮助西南航空维持其竞争力和盈利能力？
3. 一个新的市场进入者在面对低成本市场时会面临哪些困难？如果你想开设一条航线与西南航空竞争，你会怎么做？

第 6 章

水路运输和管道运输

❖ **学习目标**

掌握： 班轮运输的货运程序及单证；租船运输的方式及特点；租船运输的货运程序。

了解： 水路运输的概念及类型，船舶和港口的基本知识，租船经纪人，管道运输的基本概念，管道运输的发展。

远洋货物运输业务是历史悠久的国际贸易运输方式，它是根据外贸合同中的运输条款将进出口货物通过海运运到国内外目的港的一种货运业物。对于进出口货物数量较大，需要整船载运时需要办理租船手续；进出口货物不需要整船装运时，需要洽订班轮或租订部分舱位。由于进出口公司或企业没有国际海运资格和手段，一般委托外运公司或具有国际货运代理资格的企业去办理货物海运业务。

 引导案例

租船合同与提单

某进口商进口一批纸浆，由一租船人与船东签订航次租船合同承运，并由租船人作为承运人签发了以进口商为收货人的提单。租船合同与所签发的提单在滞期费方面的规定不同，前者规定候泊时间作为装卸时间，后者则无此规定。船舶到卸货港后，候泊近一个月，靠泊卸货后又因接收货物的设备不足将船舶移泊锚地候卸近一个月。船东依租船合同向租船人收取了全部滞期费。

（选自：金戈. 运输管理. 南京. 东南大学出版社，2006.）

思考题： 租船人应以租船合同为依据还是以提单为依据向收货人索取滞期费？

6.1 水路货物运输概述

6.1.1 水路运输的定义及其分类

1. 水路运输的定义

水路运输是指利用船舶、排筏和其他浮运工具，在江、河、湖泊、人工水道及海洋上运送旅客和货物的一种运输方式。

2. 水路运输的分类

水路运输按其航行的区域，大体上可划分为海上运输和内河运输两大部分。海上运输按运距又分为远洋运输、沿海运输和近海运输三种类型。

内河运输是使用船舶在陆地内的江、河、湖等水道进行运输的一种方式，主要使用中、小型船舶。

海上运输是指船舶在海洋上的运输，通常使用中大型船舶。

远洋运输是国际海运的主要形式，是使用船舶跨大洋的长途运输形式，主要依靠运量大的大型或巨型船舶，例如东行航线可到达日本，横渡太平洋可以到达美洲各国港口；西行航线可到达东南亚、南亚、西亚、非洲和欧洲各港口；南行航线可到达南亚、大洋洲各港口；北行航线可到达韩国及俄罗斯远东沿海港口。

沿海运输是使用船舶通过大陆附近沿海航道运送货物的一种方式，一般使用中、小型吨位的船舶，有些为客货混用，如上海到广州、青岛到大连等。

近海运输也称近洋运输，多为近距离国际货运，是使用船舶通过大陆邻近国家海上航道运送货物的一种运输方式，视航程可使用大中型船舶，也可使用小型船舶。我国习惯上把在亚丁港以东地区的亚洲和大洋洲的航线称为近海航线。

6.1.2 水路运输的技术装备和设施

水路运输的技术装备和设施主要包括船舶和港口。

船舶是水路运输的载运工具。船舶是能航行或停泊于水域内，用以执行作战、运输、作业等任务的运载工具，是各类船、舰、舢板、筏及水上作业平台等的总称。世界运输总量中，水上运输占了70％。水上运载工具由最初的独木舟运输方式发展到现在种类繁多的船舶运输方式。

1. 船舶的分类

在综合物流中广泛应用的水上运载工具是运输船舶中的货船，其又细分为以下几类。

（1）干货船。

① 杂货船，适用于运载各种包装、桶装及成箱、成捆等件杂货的船。它具有2～3层全通甲板，根据船的大小设有3～6个货舱，通常设有吊杆或吊车以装卸货物，底部采用双层底结构以保证船舶的安全。

② 集装箱船，是以载运集装箱为主的专用高速货船。集装箱船外形瘦长，通常设置单层甲板，设巨大的货舱口。绝大多数集装箱船上不设起货设备，装卸通常是由岸上的专用起重

机、集装箱装卸桥来进行的，装卸效率高，船舶停靠时间短。为加快船舶的周转，集装箱船的航速高于杂货船，通常为 20～30 节，高的可达 33 节以上。随着造船技术及港口配套设施的改善，集装箱船正在向更大载装量的趋势发展。

③ 散货船，是指专门用于载运粉末、颗粒状、块状等非包装类大宗货物的运输船舶。散装货物一般是指廉价的原材料或农产品之类。其运量大，通常是单向运输。这类船舶主要有普通散货船、专用散货船、兼用散货船和特种散货船等。

普通散货船一般为单甲板、尾机型、货舱截面呈八角形，舱室的分隔要求不高。大吨位的散货船一般不设起重设备。

专业散货船是根据一些大宗、大批量散货对海上运输技术的特殊要求而设计的，主要有运煤船、散粮船、矿砂船和散装水泥船等。

兼用散货船则是根据某些特定的散货或大宗货物对海上运输技术的特殊要求设计建造，并具有多种装运功能的船舶，如车辆散货船、矿-散-油兼用船等。

特种散货船有大舱口散货船、自卸散货船和浅吃水型大型船。

① 滚装船，是把装有集装箱及其他件货的半挂车或装有货物的带轮子的托盘作为货运单位，用牵引车或叉车直接进出货舱进行装卸的船舶。使用滚装船运输货物能大大提高装卸效率。

② 载驳船，是一种用来运载或驳船的运输船舶。各种货物或集装箱装到规格统一的驳船上，驳船在港内装完货后，用母船的起重设备将其装到母船上，母船把驳船运到目的地后，卸下驳船，驳船可被托运至无法航行的航道或无法停靠的码头，从而把货物运送到。

③ 冷藏船，是指使易腐货物处于冻结或某种低温条件下进行载运的专用船舶工具。冷藏舱温度范围为 $-25℃～15℃$，可以根据不同货种选择适宜的温度。

（2）液货船，是专门用于运输液态货物的船舶，其运量在现代商船中占很大的比例。液货船主要包括油轮、液化气船和液体化学品船等。

① 油船，也称油轮，是专门用于载运散装石油的液货船。它是远洋运输中特大型、大型船舶，一般分为原油船和成品油船两种。目前，油轮载货量在 5 万吨以上的已很普遍，大型油轮载重量在 20 万～30 万吨之间，超大型油轮的载重量可达 50 万吨以上。原油船由于油种单一，吨位较大，可以取得规模效益。成品油轮受到货物批量与港口设施条件的限制，一般比原油船小。

② 液化气船，是专门载运各种液化气的液货船，船上装有特殊的高压液舱，分为液化天然气船和液化石油气船。

③ 液体化学品船，是专门载运各种液体化学品（如醚、苯、醇、酸等）的液货船。由于液体化学品一般都具有易燃、易挥发、腐蚀性强等特征，有的还有剧毒，所以对船舶的防火、防爆、防毒、防泄漏、防腐等方面有较高的要求，通常设双层底和双层舷侧。

（3）驳船、推船和拖船。驳船是内河运输货物的主要运载工具，通常无推进动力装置，依靠推船或拖船等机动船带动形成船队运输。推船是用以顶推驳船或驳船队的机动船，有大的功率和良好的可操作性。拖船是专门用于拖曳其他船舶、船队、木排或浮动建筑物的工具，是一种多用途的工作船，与推船一样具有大的动率和较好的可操纵性。

2. 运输船舶的主要性能

（1）航行性能。船舶必须具有良好的航行性能，以适应各种海况、气候、海区等航行条件，从而保证航行安全。

船舶主要有浮性、稳性、抗沉性、快速性、适应性和可操作性六大航行性能。它们是由设计人员在船舶建造前根据船舶拟投入营运的航区等多方面信息来设计建造的，并由船员在船舶营运过程中根据具体要求进行控制。

（2）重量性能。运输船舶的重量性能包括船舶的排水量和载重量，计量单位以吨表示。

① 排水量，即船舷浮于水面时所排开的水的重量。它等于船上的总重量，根据不同的载装状态可分为满载排水量、空载排水量、空船排水量和压载排水量。

空船排水量是指新的船造好后的排水量，等于空船重量，即船上只有船体钢材、机电设备、木作舾装这三部分重量时船舶所排开的水的重量。

满载排水量一般也称设计排水量，是船舶满载时的排水量，即船舶在满载水线时所排开的水的重量。

空载排水量是指船舶空载时排开水的重量，即不装货物时的重量。

压载排水量是指船舶压载航行时排开水的重量。船舶为了保证空载航行时的航行性能，常在船上加压载水，使船处于压载航行状态。

② 载重量。这是指船舶运输货物的能力，有总载重量和净载重量之分。

总载重量是指船舶所允许装载的最大重量。它是货物和旅客、燃料、淡水、粮食和供应品、船用备品、船员和行李及船舶常数等重量的总和。船舶总载重量等于相应的吃水时的船舶排水量减去空船重量。

净载重质量是指船舶所装载的最大限度的货物重量。船舶净载重量等于船舶总载重量减去燃料、淡水、粮食和供应品、船用备品、船员和行李和船舶常数后的重量，是总载重量中能够盈利的那部分重量。

③ 船舶载重线标志。为了保证运输船舶能够在各种条件下安全行驶，同时又能最大限度地利用船舶的载重量，国家验船机构或其他国家勘定干舷的主管机关，根据船舶航行于不同的航区和季节，分别规定船舶的最小干舷及允许使用的载重水线，称船舶的载重线。它用载重线标志的形式堪绘在船的两舷外侧，以限制船舶的最大吃水量。

（3）船舶的容积的性能。船舶的容积性能包括货舱容积和船舶登记吨位。

① 货舱容积。货舱容积是指船舶货舱内部空间大小的度量，可细分为型容积、散装容积和包装容积三种。

型容积是货舱的理论容积，即不包括外板厚、货舱内的骨架等在内。丈量所得到的货舱内部的总容积。

散装容积是货舱内能够装载散货（如散粮、矿砂、煤炭、盐等）的货舱容积，是型容积中扣除骨架等的体积后剩下的容积。它具体是指船舶两侧壳板内缘、舱底板、舱盖板和横舱壁包围的空间排除胁骨、支柱和横梁所占空间后剩下的容积。

包装容积是货舱内部能够装载包装件货的货舱容积，它是型容积扣除骨架及骨架间容积后剩下的容积，一般为散装容积的 90%～96%。

舱容系数是船舶货舱容积与船舶净载重量的比值，即每一净载重吨所能提供的货舱容积数。将船容系数与货物的积载因数相比较，可以判断船舶是适宜于装重货还是轻货。船容系数越大，船舶越适宜于装轻货；反之，则越适宜于装重货。

② 船舶登记吨位。船舶登记吨位是指按船舶吨位丈量规范的有关规定丈量所得的内部容

积，它是为船舶注册登记而规定的一种以容积折算的专门吨位，分为总吨位和净吨位两种。

总吨位是通过对船舶所有围蔽处所进行丈量计算后确定的吨位。一般用于表示船舶的大小等级，作为国家统计船舶数量的单位。具体作用体现在：用来计算造船、买卖船舶及租船费用的依据；用来作为船舶登记、检验和丈量的收费标准；用来计算海损事故赔偿的基准及作为计算净吨位的依据等。

净吨位是指对船舶能够实际营运的载货（客）所进行丈量计算后得出的吨位，一般用于计算船舶向港口交纳各种费用和税收等的依据，或作为计算航经苏伊士运河和巴拿马运河时的船舶通行税的依据等。各运河都有自己的净吨位计算方法。净吨位大致在总吨位的 $0.63\sim0.7$ 之间。

（4）船舶航速。船舶的航行速度简称航速。船舶航速常用的单位为节，即海里/小时（1 海里＝1.825km）。运输船舶的速度性能包括试航航速和服务航速。

试航航速是船舶试航时测得的航速。服务航也称常用航速或营运航速，是指运输船舶在平时营运时所达到的航速。服务航速一般是一个平均值，通常比试航航速小 $0.5\sim1$ 节。这主要是由于海上有风浪，且浪大小变化多端，主机不常开最大持续功率以保护主机；船的装载量、船舶污底的影响等，都会使船舶服务航速比试航航速小。

（5）船舶的装卸性能。船舶的装卸性能随货舱的布置、船体结构、起货设备的不同而不同，即具有不同的货舱布置、船体结构和起货设备的船舶，其装卸性能有优有劣。

货舱布置，包括船舱货船数的多少，舱口尺度、舱口数、货舱位置、货舱容积的平衡性等，都会影响船舶的装卸性能，进而影响船舶的装卸效率。

船体结构对船舶装卸性能的影响主要涉及货舱的结构、甲板层数等。

船舶装卸设备的形式、数量、技术性能（包括起货设备的起重量、工作幅度、起升高度、起升速度、旋转速度、变幅速度、皮带输送机的输送量、油泵的输油量等）对船舶的装卸效率起着决定性作用。装卸设备的技术性能越好、数量越多，装卸船舶的效率越高。

目前，运输船舶正朝着大型化、专业化方向发展，船舶装卸设备也采用专业机械并大幅度地提高单机效率和自动化控制，以适应新形势的需要。

3. 港口的分类

港口是水上运输的另一重要设施。港口是指具有一定面积的水域和陆域，供船舶出入和停泊、货物及旅客集散的场所。它是一个国家或地区的门户，是交通运输的枢纽、水陆运输的衔接点，又是货物的集散地，还是对外贸易的重要通路。

港口的任务是为船舶提供能安全停靠的设施，及时完成货物由船到岸或由岸到船由船到船的转运，并为船舶提供补给、修理等技术服务和生活服务。港口具有运输、工业和商业等多种功能，是一个国家和地区的重要经济资源。

对港口可以作以下四种分类。

（1）按用途分类，可分为以下六类。

① 商港。以一般商船和货物运输为服务对象的港口，也称贸易港，如我国的上海港、大连港、天津港、广州港和湛江港等均属此类，国外的鹿特丹港、安特卫普港、神户港、伦敦港、纽约港和汉堡港也是商港。

② 渔港。用于渔船停泊、鱼货装卸、鱼货保鲜、冷藏加工、修补渔网和渔船生产及生活物资补给的港口，如舟山的定海港。

③ 工业港。供大型企业输入原材料及输出制成品而设置的港口，如大连地区的甘井子化工码头、上海市的吴泾焦化厂煤码头及宝山钢铁总厂码头均属此类。

④ 避风港。用于船舶在航行途中，或海上作业过程中躲避风浪的港口。一般是为小型船、渔船和各种海上作业船设置的。

⑤ 军港。供舰船停泊并取得供给的港口。

⑥ 旅游港。为海滨休憩活动的海上游艇设置的港口。

（2）按地理位置分类，可分为以下三类。

① 海港。即在自然地理条件和水文气象方面具有海洋性质的港口。其中海岸港，位于有掩护的或平直的海岸上。河口港，位于入海河流河口段，或河流下游潮区界内。我国的上海港，国外的鹿特丹港、纽约港和汉堡港均属河口港。

② 河港。即位于河流沿岸，且有河流水文特征的港口，如我国的南京港、武汉港和重庆港。

③ 运河港。即位于运河上的港口，如我国的徐州港。

（3）按潮汐的影响分类，可分为以下三类。

① 开敞港。即缸内水位潮汐变化与港外相同的港口。如我国的烟台港、大连港和青岛港。

② 闭合港。即在港口入口处设闸，将港内水域与外海隔开，使港内水位不随潮汐变化而升降，保证在低潮时港内仍有足够水深的港口，如英国的伦敦港。

③ 混合港。即兼有开敞港池和闭合港池的港口，如比利时的安特卫普港。

（4）按地位分类，可分为以下三类。

① 国际性港。即靠泊往来于世界各国港口的船舶的港口，如我国的香港港、上海港和深圳港等，国外的鹿特丹港和伦敦港。

② 国家性港。即主要靠泊往来于国内港口的船舶的港口。

③ 地区性港。即主要靠泊往来于国内某一地区港口的船舶的港口。

4. 港口的主要设施

从平面布置看，现代港口由水域和陆域两大部分组成。

（1）港口水域。港口水域是供船舶进出港，以及在港口运转、锚泊和装卸作业使用的。因此要求它有足够的深度和面积，水面基本平静，流速和缓，以便船舶安全停泊和技术操作。港口的水域包括港池、航道和锚地。

① 港池。港池一般指码头附近的水域。它需要有足够深度与宽广的水域，供船舶靠离操作。对于河港或与海连通的河口港，一般不需要修筑防浪堤坝，如上海黄浦江内的各港区和天津海河口的港口。对于开敞海岸港口，如烟台港、青岛港、大连港等，为了阻拦海上风浪与泥沙的影响，保持港内水面的平静与水深，需要修筑防波堤。港池要保持足够的水深，以保证最大吃水的进港船舶靠泊；港池要有足够宽广的水域，使船舶有足够的操纵余地。

② 航道。航道是指船舶进出港航道。为保证安全通航，航道必须有足够的水深与宽度，弯曲度不能过大。由于有时实际水深与预报水深不一致，且船舶运动时吃水增加，为了避免搁浅而造成生命财产损失与环境污染，船舶在航行时七龙骨基线以下必须保持足够的富余水深。

确定航道宽度时要考虑船舶航行时风、流的影响，船舶对遇、追越或平行航行时的船间效应，以及船舶贴近航道边航行时的岸壁效应。因此，典型的单向航道为通航船舶宽度的 5 倍，双向航道为通航船舶宽度的 8 倍。从航行安全考虑，转弯半径应不小于通航船舶船长的 3～5 倍。

③ 锚地。锚地是供船舶抛锚候潮、等候泊位、避风、办理进出口手续、接受船舶检查或过驳装卸等停泊的水域。锚地要求有足够的水深，使抛锚船舶即使由于较大风浪引起升沉与摇摆时仍有足够的富余水深。锚地的地质一般为平坦的沙土或亚泥土，使锚具有较大的抓力，而且远离礁石、浅滩等危险区。锚地离进出港航道要有一定距离，以不影响船舶进出为准，但又不能离进出港航道太远，以便于船舶进口港操作。过驳装卸的锚地不仅要考虑锚泊大船本身的旋回余地，还要考虑过驳小船与装卸作业的安全。锚地水域面积的大小根据港口进出港船舶艘次与风浪、潮水等统计数据而定。

（2）港口陆域。为便于货物装卸、堆存和转运作业，港口陆域必须有适当的高程、岸线长度和纵深，以便在这里安置装卸设备、仓库、堆场、铁路、道路，以及各种必要的生产、生活设施。

① 码头与泊位。供船舶停靠、货物装卸的水上建筑物称为码头。码头前沿线通常为港口的生产岸线，它也是港口水域和陆域的交接线。码头岸线布置码头泊位（供船舶停泊的位置）。一个泊位可供一艘船舶停泊，泊位的长度依船型的大小而有差异。一个码头往往要同时停泊几艘船，即要有几个泊位。

② 仓库与堆场。仓库与堆场是供货物在装船前或卸船后存放使用的设施场所。多数较贵重的件杂货都在仓库内堆存保管；而那些如矿石、煤炭、钢铁和矿建材料等不怕风吹日晒雨淋的货物则放入露天堆场或棚内。按仓库（堆场）位于码头所在位置分为前方仓库（堆场）和后方仓库（堆场）。前方库（场）位于码头的前沿地带，用于临时存储准备装船与自船上卸下的货物；后方库（场）用于较长期存储货物，位于离码头较远处。

③ 港口铁路与道路。货物在港口的集散除了充分利用水路外，主要需依靠陆路交通，因此铁路和道路系统是港口域上的重要设施。港口铁路一般应包括港口车站、分区车场、码头和库场的装卸线，以及连接各部分的港口铁路区间正线、联络线和连接线等。港口车站负责港口列车的到发、交接、编解集结；分区车场负责管辖范围内码头、库场的车组到发、编组及取送；港口铁路区间正线用于连接铁路网接轨站与港口车站；装卸线承担货物的装卸作业；联络线连接分区车场与港口车站；连接线连接分区车场与装卸线。大型港区的道路系统尤为重要，港口道路可分为港内道路与港外道路。港内道路用于通行重载货车与流动机械，要求能通往码头前沿和各场库，因此对道路的轮压、车宽、纵坡与转弯半径等都有特殊要求；港内道路行车速度较低，一般为 15 公里/小时左右。港外道路是港区与城市道路或与公路连接的通道。

④ 港口装卸机械。港口装卸机械是港口完成货物装卸的主要手段，是港口码头最基本的设备之一，用于完成船舶与车辆的装卸、货物的堆码、拆垛与转运等。港口码头前方的机械多数用于对船舶装卸，其起重量的大小，往往决定了来港货物单元的组成。港口后方的机械则多数用于场库与场库、场库与车辆之间的倒载，此类机械的起重量一般不是很大。港内流动的装卸机械有较大型的轮胎起重机、履带式起重机、浮式起重机、各种装卸搬运机械如叉车、单斗车、索引车等；固定装卸机械有门座起重机、岸边起重机、集装箱起重机；各种连续输送机械，如带式输送机、斗式提升机、气力输送机和螺旋输送机。对于专业化的码头通

常都设有专门的装卸机械，如煤炭装船码头设有装船机、散粮卸船码头设有吸粮机，集装箱码头前方设有集装箱桥，后方设有跨运车、重型叉车。

⑤ 辅助生产设施。为维持港口的正常生产秩序，保证各项工作得以顺利进行，港口还需在陆域上配备下列设施：给水、排水系统，输电、配电系统，燃料供应站，工作船基地，各种办公用房，维修工程队和船舶修理站等。例如，港口给水系统为船舶和港口的生产、生活、环境保护与消防提供用水，根据不同用途的需要提供不同的水量、水压与水质；港口排水系统及时地排除港区的生产水、生活污水及地面雨水，对有害污水必须净化处理后排放，以防环境污染。

6.2　班轮运输业务

国际海上运输的经营方式主要分为班轮运输和租船运输两种。

班轮运输又称定期船运输，它是指固定船舶按照公布的船期表在固定航线和固定港口间运行的运输组织形式。

从事班轮运输的船舶称为班轮。所谓班轮（Liner），是指按预定的时间、在固定的航线上以既定的港口顺序经常地从事航线上各港口之间往返载货的船舶。

6.2.1　班轮运输货运程序

1. 揽货与订舱

揽货就是揽集货载，即从货主那里争取货源的行为。船公司为使自己所经营的班轮运输船舶能在载重和舱容上得到充分利用，以期获得最好的经济效益，通常都会采取一些措施来招揽顾客，可以就自己经营的班轮航线、船舶挂靠的港口及其到、发港口时间制定船期表，并做广告宣传或者在各挂靠港设立分支机构等。揽货工作的好坏直接影响到班轮船公司的经营效益。

订舱是指货物托运人或其代理人向承运人（即船公司或其代理）申请货物运输，承运人对这种申请给予承诺的行为。班轮运输不同于租船运输，承运人与托运人之间不需要签订运输合同，而是以口头或传真的形式进行预约。只要承运人对这种预约给予承诺。并作出舱位安排，即表明承托双方已建立了有关货物运输的关系。

2. 接受托运申请

货主或其代理向船公司提出订舱申请后，船公司首先考虑其航线、港口、船舶、运输条件等能否满足托运人的要求，然后再决定是否接受托运申请。

3. 接货

传统的件杂货不仅种类繁多，性质各异，包装形态多样，而且货物又分属不同的货主，如果每个货主都将自己的货物送到船边，势必造成装货现场的混乱。为提高装货效率，加速船舶周转，减少货损，在杂货班轮运输中，对于普通货物的交接装船，通常采用由船公司在各装货港指定装船代理人，由装船代理人在各装货港的指定地点（通常是码头仓库）接受托运人送来的货物，办理交接手续后，将货物集中整理，并按货物的性质、包装、目的港及卸货次序进行适当的分类后进行装船，即所谓的"仓库收货，集中装船"。对于特殊货物如危险品、冷冻货、贵重货、重大件货等，通常采取由托运人将货物直接送至船边，交接装船的方式，即采取现装或直接装船的方式。

仓库在收到托运人的货物后，应注意认真检查货物的包装和质量，核对货物的数量，无误后即可签署场站收据给托运人。至此，承运人与托运人之间的货物交接即已结束。

4. 换取提单

托运人可凭经过签署的场站收据，向船公司或其代理换取提单，然后去银行结汇。

5. 装船

船舶到港前，船公司和码头计划室对本航次需要装运的货物制作装船计划，待船舶到港后，将货物从仓库运至船边，按照装船计划装船。

如果船舶系靠在浮筒或锚地作业，船公司或其代理人则用自己的或租用的驳船将货物从仓库驳运至船边再装船。

6. 海上运输

海上承运人对装船的货物负有安全运输、保管、照料的责任，并依据货物运输提单条款划分与托运人之间的责任、权利、义务。

7. 卸船

船公司在卸货港的代理人根据船舶发来的到港电报，一方面编制有关单证，约定装卸公司，等待船舶进港后卸货；另一方面还要把船舶预定到港的时间通知收货人，以便收货人做好接收货物的准备工作。

与装船时一样，如果各个收货人都同时到船边接收货物，同样会使卸货现场十分混乱，所以卸货一般也采用"集中卸货，仓库交付"的方式。

8. 交付货物

在实际业务中，交付货物的过程是，收货人将注明已经接收了船公司交付的货物并将签章的提交单交给船公司在卸货港的代理人，经代理人审核无误后，签发提货单交给收货人，然后收货人凭提货单前往码头仓库提取货物，并与卸货代理人办理交接手续。

交付货物时，除了要求收货人必须交出提单外，还必须要求收货人付清运费和其他应付的费用，如船公司或其代理人垫付的保管费、搬运费等费用及共同海损分摊和海滩救助费等。如果收货人没有付清上述费用，船公司有权根据提单上的留置权条款的规定暂不交付货物，直到收货人付清各项应付的费用后才交付货物。如果收货人拒绝支付应付的各项费用而使货物无法交付时，船公司还可以经卸货港所在地法院批准，对卸下的货物进行拍卖，以卖得的货款抵偿应向收货人收取的费用。

6.2.2　货物交付方式

1. 船边交付货物

船边交货又称"现提"，是指收货人以提单在船公司卸货港的代理人处换取提货单后，凭提货单直接到码头船边提取货物，并办理交接手续的方式。收货人要求船边提货必须事先征得船公司或其代理人的同意。

2. 选港交付货物

选港交付货物是指货物在装船时尚未确定卸货港，待船舶开航后再由货主选定对自己最方便或最有利的卸货港，并在这个港口卸货和交付货物。在这种情况下，提单上的卸货港一栏内必须注明两个或两个以上的卸货港的名称。如"选择神户/横滨""选择伦敦/鹿特丹/汉堡"。而且，货物的卸货港也只能在提单上所写明的港口中选择。

货主托运选港货难免会给积载工作造成困难，因此，船公司对选港货要加收一定的附加费用。货物托运人应在办理货物托运时提出申请，而且还必须在船舶自装货港开船后，到达第一个选卸港前的一定时间以前（通常为 24 小时或 48 小时），把已决定的卸货港通知船公司及被选定卸货港船公司的代理人；否则，船长有权在任何一个选卸货港将货物卸下，并认为船公司已履行了对货物的运送责任。

3. 变更卸货港交付货物

变更卸货港交付货物是指在提单上所记载的卸货港以外的其他港口卸货和交付货物。如果收货人认为，将货物改在提单上所载明的卸货港以外的其他港口卸货并交付对其更为方便有利时，可以向船公司提出变更卸货港的申请。船公司接到收货人提出变更卸货港的申请后，必须根据船舶的积载情况，考虑在装卸上能否实现这种变更，比如是否会发生严重的翻船、倒载情况，在变更的卸货港所规定的停泊时间能否来得及将货物卸下，能否会延误船舶的开航时间等，之后才能决定是否同意收货人的这种变更申请。

因变更卸货港交付货物与一般情况下货物的交付不同，收货人在办理收货手续时，必须向船公司或变更后的卸货港的船公司代理人交出全套正本提单之后才能办理提货手续，这是与正常情况下的提货手续和货主选择卸货港交付货物的提货手续不相同的地方。

4. 凭保证书交付货物

在班轮运输中，有时因提单邮寄延误而出现提单到达的时间迟于船舶到港的时间的情况。这种情况的产生是由于提单失窃，或者是当船舶到港时作为用汇的跟单票据的提单虽已到达进口地银行，但是因为汇票的兑现期限的关系，收货人暂时还拿不到提单。在这些情况下，收货人无法交出提单来换取提货单提取货物，此时，常由收货人开具保证书，以保证书交换提货单，然后持提货单提取货物。

保证书的内容一般包括：收货人保证在收到提单后立即向船公司或它的代理人交回这一提单，承担应由收货人支付的运费及其费用的责任；对因未提交提单而提取货物所产生的一切损失均承担责任并表明对于上述保证内容由有关银行与收货人一起负连带责任。

如果提单已遗失，致使这种解除保证无法实现，则应根据该国的法律规定，经过公告的形式宣布该提单失效，或经法院的免除效力的判决才能做到解除保证。

在使用保证书交付货物时，值得船公司或其代理人注意的是，近年来，国际航运中的诈骗活动不断增加，船公司或其代理人必须弄清楚提取货物的人确实是有权支配货物的人和要求提取货物的人，提供可靠的银行担保或相应数额的保证金，并承担船公司不凭提单交货可能产生的一切损失，否则船方不要轻易凭保证书交付货物。

6.2.3 班轮运输主要单证

在班轮运输中，为了方便货物的交接，区分货方与船方之间的责任，需要用到许多单证。

主要单证是基本一致的，并能在国际航运中通用。

在这些单证中，有些是受国际公约和各国国内法的约束，有些是按港口的规定和航运习惯编制的。尽管这些单证种类繁多，但主要单证是基本一致的，并能在国际航运中通用，常用单证有以下几种。

（1）托运单（Booking Note，B/N）。托运单是承运人或其代理人在接受托运人或货物托运人的订舱时，根据托运人的口头或书面申请货物托运的情况，据以安排货物运输而制定的单证。托运单一经承运人确认，便作为承托双方订舱的凭证。

（2）装货单。装货单是由托运人按照订舱单的内容填制，交船公司或其代理人签章后，据以要求船公司将承运货物装船的凭证。

装货联单一般由三联组成，第一联为留底联，用于缮制其他货运单证；第二联是装货单（Shipping Order，S/O），第三联是收货单（Mate's Receipt，M/R），又称大副收据，是船方接受货物装船后签发给托运人的收据。

对于传统件杂货物，装货单的流转程序是船公司或其代理人接受托运后，将确定的载运船舶及编号填入订舱单，然后将装货单发给托运人填写，填妥后交回船公司的代理人，经代理人审核无误后签章留下底联，将装货单和收货单（第二联、第三联）交给托运人前往海关办理出口货物报关手续，经海关审核准予出口，在装货单上加盖海关放行章，便可持其要求船公司将货物装船承运。

对于集装箱货物，装货单的流转程序是由船公司或其代理人接受托运后，将确定的载运船舶及编号填入订舱单，然后将装货单发给托运人填写，填妥后交给船公司的代理人，经代理人审核无误后签章留下底联，将装货单和收货单（第二联、第三联）交给托运人前往海关办理出口货物报关手续，经海关审核准予出口，在装货单上加盖海关放行章，然后托运人盖有海关放行章的装货单交回船公司或其代理人，或代理再将装货单送交码头，码头凭此将集装箱货物装船。

（3）装货清单（Loading List，L/L）。装货清单是本航次船舶待装货物的汇总，装货清单由船公司或其代理人根据装货单的留底联制作，制作的要求是将待装货物按目的港和货物性质归类，按照挂靠港顺序排列，编制出一张总表。

装货清单是船舶大副编制船舶积载图的主要依据。这份单证是否正确，对积载的正确、合理具有十分重要的影响。

（4）载货清单（Manifest，M/F）。载货清单是本航次全船实际载运货物的汇总清单，它反映船舶实际载货情况。载货清单由船公司的代理人根据大幅收据或提单编制，编好后再送交船长签字确认，编制的要求是将所装货物按照卸货港顺序分票列明。

（5）装箱单。装箱单是在载运集装箱货物时使用的单证。装箱单上应详细记载集装箱和货物的名称、数量等内容，每个载货的集装箱都要制作这样的单据，它是根据已装进集装箱内的货物制作的。不论是货主自己装箱，还是由集装箱货运站负责装箱，集装箱装箱单都是记载每个集装箱内所装货物情况的唯一单据。

（6）码头收据（Dock Receipt）。又称场站收据、港站收据。码头收据一般都由托运人或其代理人根据公司已指定的格式填制，并跟随货物一起运至某装箱码头用场或码头仓库，由接收货物的人在收据上签字后交还给托运人，证明托运的货物已收到。接受货物的人在签署场站收据时，应仔细审核收据上所记载的内容与运来的货物实际情况是否相一致，如货物的实际情况与收据记载的内容不一致，则必须修改。如发现货物或箱子有损伤情况，则一定要在收据的备注栏内批注货物或箱子的实际情况。码头收据的签署，不仅表明承运人已收到货物，而且也明确表示承运人对收到的货物已经开始负有责任。

（7）提单（Bill of Loading，B/L）。传统件杂货运输的货运提单是在货物实际装船完毕后经船方在收货单上签署，表明货物已装船，托运人凭经船方签署的收货单（大副收据）去船公司或其代理公司换取已装船提单。

集装箱提单则是以码头收据换取，它同传统杂件货船船运输下签发的提单不同，是一张收货待运提单。所以，在大多数情况下，船公司根据托运人的要求在提单上注明具体的装船日期和船名后，该收货待运提单也便具有了已装船提单同样的性质。

（8）货物残损单和货物溢短单。货物残损单和货物溢短单，是我国港口在卸货时使用的，作为卸货交接证明的单证。

货物残损单是在卸货完毕后，由理货长根据现场理货人员在卸货过程中发现货物的各种残损情况，包括货物的破损、水湿、水浸、汗湿、油渍、污损等情况的记录汇总编制而成的，是货物残损情况的证明。

货物溢短单是在货物缺货时，对每票货物所卸下的数量与载货清单上所记载的数量进行核对，如果有不相符（发生溢卸或短卸货）的情况，待船舶卸货完毕、理清数字后，由理货组长汇总编制，它表明货物溢出或短缺的情况。

（9）提货单（Delivery Order，D/O）提货单是收货人或代理人据以向现场（码头、仓库或船边）提取货物的凭证。

虽然收货人或其代理人提取货物是以正本提单为交换条件，但在实际业务中采用的办法是由收货人或其代理人先向船公司在卸货港的代理人交出正本提单，再由船公司的代理人签发一份提货单给收货人或其代理人，然后再到码头仓库或船边提取货物。

船公司或其代理人在签发提货单时，首先要认真核对提单和其他单证的内容是否相同，然后才详细地将船名、货物名称、件数、质量、包装标志、提单号、收货人名称等记载在提货单上，并由船公司或其代理人签字交给收货人到现场退货。若同意收货人在船边提货，亦应在提货单上注明。

提货单性质与提单完全不同，它只不过是船公司或其代理人指令仓库或装卸公司向收货人交付货物的凭证而已，不具备流通或其他作用。为了慎重起见，一般都在提货单上记有"禁止流通"字样。

对集装箱货物，提取货物采用的是船公司签发的港口设备交接单（Equipment Interchange Receipt）。

6.3 租船运输业务

租船运输又称不定期船运输。它与定期船运输不同，船舶没有预订的船期表、航线、港口，船舶按租船人和船东双方签订的租船合同规定的条款行事。也就是说，根据协议，船东将船舶出租给租船人使用，以完成特定的货运任务，并按商定的运价收取运费。

6.3.1　租船运输业务分类

在实际租船业务中，采用的主要租船经营方式有航次租船、定期租船、包运租船和光船租船。

1. 航次租船

航次租船是指由船舶所有人负责提供一艘船舶，在指定的港口之间进行一个行次或几个航次运输指定货物的租船方式。

（1）航次租船的形式。根据承租人对货物运输的需求，航次租船可以分为下列三种不同的形式。

① 单航次租船。单航次租船是指船舶所有人与承租人双方合租一个单航次的租船的方式。船舶所有人负责将指定的货物从一个港口运往另一个港口，货物运到目的港卸货完毕后，船舶所有人的合同义务即将结束。

② 来回程航次租船。来回程航次租船是指船舶所有人与承租人双方洽租一个往返航次的租船方式。在这种方式下，同一艘船舶在完成一个单航次后，紧接着在原卸货港（或其附近港口）装货运回原装货港（或其附近港口）卸货后，航次租船才告终止，船舶所有人的合同义务才能结束。但是，这种租船形式是极少见的。

③ 连续单航次或连续来回程航次租船。连续单航次或连续来回程航次租船是指船舶所有人与承租人双方洽租连续完成几个单航次或几个连续来回程航次的租船方式。在这种情况下，同一艘船舶在同方向、同航线上连续完成规定的两个或两个以上的单航次或来回程航次运输后，航次租船才告结束，船舶所有人的义务也在这个时候才能结束。

（2）航次租船的特点。

① 在航次租船的情况下，船舶的营运调出工作仍由船舶所有人负责。并负担船舶的燃料费、物料费、修理费、港口费用、淡水费等营运费用，承租人按合同的规定将货物装上船舶后即可在卸货港等待提货。

② 船舶所有人负责配备船员，负担船员的工资、伙食费。

③ 航次租船的"租金"通常称为运费，运费按货物的数量及双方商定的费率计收。

④ 在租船合同中需要订明货物的装卸费用由船舶所有人或由承租人负担。

⑤ 在租船合同中需要订明可用于装卸货物的时间及装卸货物时间的计算办法，并规定延滞费和速遣费的标准。

2. 定期租船

定期租船是指船舶所有人将一艘特定的船舶出租给承租人使用一段时间的租船方式。这种租船方式不是以完成航次数为依据，而是以约定使用的一段时间为限。在这个期限内，承租人可以利用船舶的运载能力来安排运输货物。租期的长短完全由船舶所有人与承租人根据实际情况洽商而定，少则几个月，多则一两年或更长的时间。

定期租船的特点。

（1）船员由船舶所有人配备，并负担他们的工资、伙食费；所指派的船长应听从承租人的指挥。

（2）船舶的营运调度工作由承租人负责，并负担船舶的燃料费、港口费、货物装卸费、运河通行费等与船舶营运有关的费用，而船舶所有人则负担船舶的折旧费、维修保养费、船用物料费、润滑油费、船舶保险费等费用。

（3）租金按船舶的载货量、租期长短及商定的租金率计算。

（4）租船合同中订有关于交船和还船及关于停租的规定。

3. 包运租船

所谓包运租船是指船舶所有人提供给承租人一定的运力，在确定的港口之间，以事先约定的时间、航次周期和每航次较均等的货运量完成合同规定总运量的租船方式。

包运租船的特点。

（1）包运租船合同中不确定船舶的船名及国籍，仅规定船舶的船级、船龄和船舶的技术规范，船舶所有人必须提供能够完成合同规定每航次货运量的运力，这对船舶所有人在调度和安排船舶方面是十分有利的。

（2）租期的长短取决于货物的总量及船舶航次周期所需的时间。

（3）船舶所承运的货物主要是运量大的干散货或液体散装货，承租人往往是业务量大和实力强的综合性工矿企业、贸易机构、生产加工集团或大石油公司。

（4）船舶航行时所产生的时间延误损失风险由船舶所有人承担，而对于船舶在港内装卸货物期间所产生的延误，则通过合同中订有的"延滞条款"的办法来处理，通常是由承租人承担船舶的时间损失。

（5）运费按船舶实际装运货物的数量及商定的费率计收。采用包运租船运输的方式对船舶所有人来说，由于货运量大且时间长，能保证船舶有充足的货源，对运费收益有较稳定的保障；又由于船舶运力的安排完全由船舶所有人灵活控制，在保证按合同规定完成货运任务的前提下，若能掌握船舶的航次时间和调度管理船舶得当，还可以有机会利用中间航次的多余时间承揽其他的货物，以获得额外的收益。对于承租人而言，不但能在较长的时间内满足货物对运输的需求，而且在很大程度上可以摆脱因租船市场行情的变动所产生的影响，从而不必担心有无运力将货物运往最终市场的问题。

4. 光船租船

光船租船又称船壳租船。这种租船不具有运输承揽的性质，只相当于一种财产租赁。光船租船是指在租期内船舶所有人只提供一艘空船给承租人使用，而配备船员、供应给养、船舶的营运管理及一切固定或变动的营运费用都由承租人负担的租船。

光船租船的特点如下。

（1）船舶所有人只提供一艘空船。

（2）全部船员由承租人配备并听从承租人的指挥。

（3）承租人负责船舶的经营及营运调度工作，并承担在租期内的时间损失。

（4）承租人除不承担船舶的投资费用外，承担船舶全部固定的及变动的营运费用。

（5）租金按船舶的装载能力、租期及商定的租金率计算。

6.3.2　租船经纪人

租船是通过租船市场进行的，在国际租船市场上，船舶所有人是船舶的供给方，而承租人则是船舶的需求方。船舶交易通常都不是由船舶所有人和承租人亲自到场直接洽谈，而是通过租船经纪人代为办理并签约的。

所谓租船经纪人是指在租船业务中代表船舶所有人和承租人进行磋商租船业务的人。他既可以是接受船舶所有人的委托，代表船舶所有人，站在船舶所有人的立场上进行交易的船舶所有人的经纪人；也可能是接受承租人的委托，代表承租人，站在承租人的立场上进行交易的船舶承租人的经纪人。租船经纪人都非常熟悉租船市场行情，精通租船业务，并具有丰富的租船知识和经验，在整个租船交易过程中起着桥梁和中间人的作用，对顺利成交起着十分重要的作用。租船经纪人一般都与船舶所有人和货主保持着频繁的联系，一些大的租船经纪人更和世界范围内的租船市场保持着互通情报的关系，他们能够经常地掌握货源和动力的情况，及时了解市场行情的变动。所以，船舶所有人或承租人委托他们代办租船交易，不但能够比较及时地以比较合理的条件满足你的需求，而且可以减少许多事务上的烦琐手续。

国际上，通过租船经纪人洽谈租船业务的主要方式有以下两种。

一种是由船舶所有人和承租人分别指定的租船经纪人进行洽谈。在代表各自委托方利益的经纪人就租船所涉及的基本条件达成一致的意向，且船舶所有人和承租人也表示可按这些条件成交的条件下，一般由船舶所有人的经纪人在成交后的最短时间内，根据双方同意选用的某种租船合同范本及达成的各项条件和条款制定完善的租船合同，并代表船舶所有人或承租人在合同上签署（须经船舶所有人或承租人事先授权），如另一方经纪人对所制定的租船合同条款无异议，也代表他的船舶所有人或承租人在合同上签字。

另一种是船舶所有人和承租人共同指定同一租船经纪人进行洽谈。在这种情况下，双方当事人往往在现场当面洽谈，并在谈判中决定是否成交。在这当中，租船经纪人只是引导双方当事人共同议定各项条件或条款，并利用自己的知识和技能，尽可能促进谈判尽快地顺利进行、成交及签订。

租船经纪人接受船舶所有人或承租人的委托，代办租船交易的谈判和签订租船合同后将从船舶所有人那里取得一定的报酬，这种报酬称为佣金。通常佣金为租金的 1.25%。如果船舶所有人和承租人双方只委托一个租船经纪人，那么，在谈判成功并签订租船合同后，船舶所有人只需按租金的 1.25% 支付佣金即可。但是，如果双方各委托一个租船经纪人，在谈判成功并签订合同后，船舶所有人需按租金的 2.5% 支付佣金。以此类推，双方委托的租船经纪人越多，船舶所有人就要按照人数比例增加佣金的支出，对此，承租人和船舶所有人都不能不加以考虑。从表面上看，佣金是成交后由船舶所有人支付的，但实际上船舶所有人是会通过提高租金而将这种支出转嫁给承租人的。

在正常情况下，只要租船经纪人为某项租船签订了租船合同，就可以获得佣金。但是，有时会发生所签订的租船合同因某些原因而被解除的情况，对此租船经纪人是否仍可按所确定的数额如数获得佣金，则应视租船合同中的佣金条款的规定而定。

通常有关佣金的支付有以下三种规定。

（1）佣金在签订合同时支付；如果合同中规定"佣金在签订合同时支付"，则在签订租船合同时，租船经纪人即可获得该项佣金。

（2）佣金在货物装运时支付；如果合同中规定"佣金在货物装运时支付"，则一旦租船合同在货物实际开始装运前被取消，租船经纪人就不能获得该项佣金。

（3）佣金在赚取运费的基础上支付。如果合同中规定"佣金在赚取运费的基础上支付"，则租船经纪人只能在租船合同得到履行，且船舶所有人从承运人那里获得了运费之后，才能获得该项佣金。

在定期租船方式或光船租船方式下，如果在合同履行过程中被撤销，可能使租船经纪人遭受一定的佣金损失，为此，租船合同中通常规定以一"特定期限"（如半年、一年）的租金为基数计算佣金补偿给租船经纪人。至于这个"特定期限"的长短，则取决于双方在租船合同中的规定。

当然，也可能出现虽经租船经纪人的努力仍不能达成租船交易的情况，这时，租船经纪人是不能获得佣金的，但可以要求船舶所有人或承租人补偿其在整个洽谈过程中支付的电传费、电报费等费用及相应的劳务费。

6.3.3 租船运输业务程序

租船运输业务程序主要经过以下几个环节。

1. 询价

询价（Inquiry）又称询盘（Quote），是指由承租人以其期望的条件，通过租船经纪人在租船市场上要求租用船舶的行为，即货求船。询价主要以电报或电传等书面形式提出，承租人询价所期望的条件一般应包括需要承运货物的种类、数量、装货港和卸货港、装运期限、租船方式或期限、期望的运价（租金）水平及所需用船舶的明细说明等内容。

询价也可以由船舶所有人为承揽货载而先通过租船经纪人向航运交易市场发出求货载信息，即为船求货。由船舶所有人发出的询价内容包括出租船舶的船名、国籍、船型、船舶的散装和包装容积及可供租用的时间和希望承揽的货物种类等。询盘的作用是让对方知道发盘所需要的大致情况，内容简单扼要。

2. 报价

报价（Offer）又称报盘或发盘，是船舶出租人对承租人询价的回应。是指当船舶所有人从租船经纪人那里得到承租人的询价后，经过成本估算或者比较其他的询价条件后，通过租船经纪人向承租人提出自己所能提供的船舶情况和提供的条件。若是船舶所有人先提出询价，则报价由承租人提出。

报价的主要内容除了对询价的内容作出答复和提出要求外，最主要的是关于租金的水平、选用的租船合同范本及对范本条款的修订和补充等。

报盘又分为实盘和虚盘。实盘为报盘条件不可改变，并附加时效的硬性报价；虚盘则是可磋商、修改的条件报价。

在"硬性报价"的情况下，常附有有效期规定，询价人必须在有效期内对报价人的报价作出接受订租的答复，超过有效期，这一报价即告失效。"硬性报价"对报价人也有约束力，在"硬性报价"的有效期内，他不得再向其他报价人报价，也不得撤销或更改已报出的报价条件。

在"条件报价"的情况下，报价人可以与询价人反复磋商、修改报价条件，报价人也有权同时向几个询价人发出报价。当然，作为商业习惯和从商业信誉出发，当报价人先后接到几个询价人发出的报价时，应遵循"先到先复"的原则。

3. 还价

还价（Counter Offer）又称还盘，是指在条件报价的情况下，承租人与船舶所有人之间对报价条件的谈判、协商、讨价还价的过程。

还价意味着询价人对报价人报价的拒绝和新的询价的开始。因此，报价人收到还价后还需要对是否同意还价条件作出答复，或再次作出新的报价。这种对还价条件作出答复或再次作出新的报价称为返还价（Recounted Offer）或称为返还盘。

4. 接受

接受（Acceptance）又称受盘，船舶所有人和承租人经过反复多次还盘后，双方对合同主要条款意见一致，即最后一次还实盘的全部内容在时限内被双方接受，就算成交。根据国际上通常的做法，接受订租后，双方当事人应签署一份"订租确认书"（Fixture Note），就商谈租船过程中双方承诺的主要条件予以确认，对于细节问题还可进一步商讨。

5. 签订租船合同

签订确认书只是一种意向合同，正式租船合同要按租船合同范本予以规范，进行编制，明确租船双方的权利和义务，双方当事人签署后即可生效。之后，哪一方提出更改或撤销等异议，造成的损失由违约方承担责任。

定期租船合同的主要内容包括：出租人和承租人的名称、船名、船籍、船级、吨位容积、船速、燃料消耗、航区、用途、租船期限，交船和还船的时间、地点及条件，租金及其支付等相关事宜。

航次租船合同的主要内容包括：出租人和承租人的名称、船名、船籍、吨位容积、货名、装货港和目的港、受载期限、装卸期限，运费、滞期费、速遣费的支付及其他事项。

租船合同正式签订以后，船舶所有人就可以按照合同的要求安排船舶投入营运。

以上是租船和签订租船合同的一般程序。有时货主急于求船货，船东急于求货，使租船流程变得简单、直接。承租人将询盘省略，直接进入还盘，提出的承租条件需要船东当场决定是否成交，经过紧急磋商达成共识，这就是所谓的"当场成交"。在这种情况下，作为承租人的货主当然要以较高的代价才能取得船舶所有人的承诺。

6.4　管道运输

管道运输已有约130余年的历史。作为输送原油和成品油的最主要的方式之一，管道运输的发展与能源工业（尤其是石油工业）的发展密切相关。目前，全球的管道运输承担着很大比例的源物质运输，包括原油、成品油、天然气、油田伴生气、煤浆等。近年来，管道运输也被进一步研究开发用于解决散状物料、成件货物、集装物料的运输，以及发展容器式管道输送系统。

6.4.1　管道运输概述

1. 管道运输的概念

管道运输是利用管道输送气体、**液体和粉状固体**的一种运输方式。其运输形式是靠物体在管道内顺着压力方向循序移动的，与其他运输方式的重要区别之一在于：管道设备是静止不动的。

2. 管道运输的意义与作用

管道运输由于具有运量大、运输成本低、易于管理等特点而备受青睐，呈快速发展的趋势。随着科学技术的发展，各国越来越重视管道运输的研究和应用。随着运行管理的自动化，管道运输将会发挥越来越大的作用。

管道不仅能在地面上修建，而且可以铺设于河底、海底，或者遇水架桥，不受地形地貌的限制，因此越来越受到各国政府和企业界的高度重视。

3. 管道运输的种类

（1）根据运输介质划分。

① 输油管道。由于世界对原油及成品油的需求巨大，而石油属于易燃、易爆、易泄漏的物体，管道运输的连续性和密封性使得它与其他运输方式相比具有巨大的优势。

② 输气管道。工业上常见的气体有天然气、油田伴生气、液化气、煤气、沼气、乙炔等能源气体，此外，还有压缩空气、氧气等动力和助燃气体。这些气体大多要通过干线管道和输气管网从产地输往用户。管道运输方式几乎是上述气体输送的唯一安全可靠、经济合理的运输方式。

③ 其他管道。管道运输货物除了油、气之外，还可运输粉粒状物料、浆体及一些特种物体。例如，煤炭、精矿、尾矿的高浓度浆体管道运输，特高浓度的膏体物料管道运输，海底锰矿核石的气力提升、密封容器的管道运输等。

（2）根据制造材料划分。根据制造材料的不同，可将管道分为：①竹制管道；②铁制管道；③钢制管道。当今运输液、气使用的管道材料都是钢铁等金属材料制成的。

（3）根据动力驱动机械划分。根据运输介质不同的要求与管道特性，管道是由不同类型的泵或压缩机来驱动的，如往复泵、螺杆泵等。其中，泵的驱动方式包括蒸汽机驱动、内燃机驱动、电动机驱动和燃气轮机驱动等。

6.4.2 管道运输的发展概况

中国是世界上最早使用管道方式运输流体的国家。早在公元前200多年，古人已建造用打通的竹管连接起来的管道，用来运送卤水，这可以说是管道运输的雏形。现代管道运输始于19世纪中叶，1861年美国建成了第一条原油输送管道。随着第二次世界大战后石油工业的发展，管道运输业进入了一个新的阶段，各产油国竞相兴建大量石油及油气管道。自20世纪60年代开始，输油管道的发展趋于采用大管径、长距离，并逐渐建成成品油输送的管网系统。同时，开始了用管道输送煤浆的尝试。20世纪70年代，管道运输技术又有较大提高。管道不仅能运输石油、天然气等流体物料，还能通过特殊的方法运输煤等固体物料。

目前输气管道运输正朝着大口径（1 400毫米以上）、高压力方向发展，并不断研制采用新材料、新技术、新工艺。采用大口径管道不仅可以提高运输能力，还能降低投资和运输成本。近年来，新建管道压力较过去有较大增加，增大输气压力既可以提高输气压力，还可以减少压气站数量，降低经营成本。不过，大口径、高压力管道的应用，需要由高强度的钢材作保证，这间接促进了冶金、制管、焊接、施工等工艺技术的发展。

国外研究的新技术还包括新的输气工艺，如管道运输条件下天然气密度的提高技术，着重研究在低温、高压下气态或液态输送天然气的技术，它可以大幅度提高输气能力。

通信系统是长距离运输中运行调度和指挥的重要工具，目前国内采用的大部分是有线载波通信。随着管理水平的提高，对通信系统的要求也越来越高，微波通信也开始得到应用。

近几十年来，国内外管道运输发展很快。迄今为止，尽管研究和开发的管道运输系统有水力管道、风动管道、集装胶囊管道和管道旅客运输系统，但应用最广泛的仍主要是液体输油管道及输气管道。

就管道运输技术而言，输油管道、输气管道和固体料浆管道等，采用的设备各不相同。与国外相比，我国的管道运输技术还存在一定差距，从输油管道上看，主要表现如下。

1. 在管道用材与制管工艺方面

我国采用 16 号锰钢，制管工艺不够完善，管道承压较低，导致泵站间距短，钢材消耗量大。

2. 在输油工艺方面

我国原油多为高凝固点、高含蜡、高黏度的原油，需要采用加热炉直接输送。国外部分管道采用换热器间接加热、利用高速流动的摩擦热输送或经热处理后常温输送的技术，这样可大大降低技术难度与输送成本。

3. 在机、泵、阀门等方面

当前，国外发展的方向为：单级、大排量、中扬程、高效率离心泵，电机、阀门的调节性、可靠性均优于我国目前的设备水平。

4. 在自动化技术方面

国外采用全线集中控制设计较先进的自动化技术，我国虽然也研究自动程序控制，并试用微波通信，但离自动化还有一定差距。

5. 在防腐技术方面

国外普遍采用阴极保护与管道涂层相结合的防锈蚀技术，我国仍以传统的沥青玻璃布涂层为主。

6. 在管道施工技术方面

我国在机械化水平、绝缘质量、焊接工艺、质量检测方面仍存在较大差距。

当前，我国正加快油气管线网络建设，建成西油东送、北油南运成品油管道，同时适时建设第二条西气东输管道及陆路进口油气管道。

未来十年是我国管道运输发展的黄金期，除得益于我国经济的持续快速发展和能源结构的改变，建设中的中俄输气管线等，不仅为中国，也为世界管道运输提供了发展机遇。

6.4.3　管道运输生产管理

1. 管道设备系统的设备组成及其功能

管道运输除了输送石油及其制品和天然气外，还可用于输送其他如矿石、煤炭、粮食等物料。

输油管道系统的设备主要包括长距离输油管油输油站和线路两大部分。输油管道起点为起点输油站，亦称首站，其主要组成部分是油罐区、输油泵房和油品计量装置。

首站的任务是收集原油或石油产品，经计量后向下一站输送。油品沿管道向前流动，压力不断下降，需要在沿途设置中间输油泵站继续加压以便将油品送到终点，如需继续加热则设置中间加热站。对低凝固点原油都采用常温输送，而对高凝固点的原油则需要采用加热输送。

输油管的终点又称末站，它可能属于长距离输油管的转运油库，也可能是其他企业的附属油库。末站的任务是接受来油单位供油，所以有较多的油罐与准确的计量系统。

长距离输油管的线路部分包括管道本身，沿线阀室，通过河流、公路、山谷的穿（跨）越建筑物，阴极保护设施，以及沿线的简易公路、通信与自控线路、巡逻人员住所等。

2. 管道运输生产管理

生产管理是管道在最优化状态下长期安全而平稳运行的保证。

（1）管道的生产管理内容。管道的生产管理包括管道输送计划管理、输送技术管理、输送设备管理和管道线路管理。

管道输送计划管理是按管道承担的运输任务及管道设备状况编制输送的年度计划及月计划、批次计划、周期计划等，并据以安排管道全线的运行计划及其他有关计划。

管道输送技术管理是根据所输货物的特性，确定输送方式、工艺流程和管道运行的基本参数等，以实现管道运输最优化。

管道输送设备管理是对管道输油站、输气站进行维护和修理，以保证管道正常运行。

管道线路管理是对管道线路进行巡线检查和维修，防止线路受到自然灾害和其他因素的破坏。

（2）实施管道生产管理的技术手段。实施管道生产管理的技术手段主要有管道监控、管道流体计量和管道通信。

管道监控是利用仪表和信息传输技术对管道运行工况进行监测，将测得的工况参数作为就地控制的依据，或传递给控制室作为对全线运行工况进行监视和管理的依据。

管道流体计量是利用流量计测量管道运输的流体货物的流动量，为管道管理提供输量和油、气质量的基本参数，是履行油品交接、转运和气体调配所必需的。

管道通信是利用通信系统了解管道全系统的情况，传递各种参数信息，下达调度指令，实现监控。

6.4.4 管道运输技术的应用

管道物流运输由于具有运量大、运输成本低、易于管理等特点而备受青睐，呈快速发展的趋势。但随着科学技术的发展，各国越来越重视发展城市地下物流及管道物流运输的研究和应用。

1. 管道运输技术的多样化发展

传统的管道物流运输主要担负单向、定点、量大的流体状货物的输送，这些货物都是连续性的介质，而发展城市管道固体货物的输送则是把地面上以车辆配送为主要形式的物流转向地下和管道中，这是一个崭新的思路和具有划时代意义的研究和发展领域。通过实施地下管道物流，可以减少城市地面 60% 的车辆，大大优化城市环境，提高物流配送的速度、效率和安全性，适应电子商务和网上购物发展的要求，改善人们的生活质量。

输送固体货物的管道运输形式可以分为气体输送管道（Pneumatic Pipeline）、浆体输送管道（Slurry Pipeline、Hydraulic Transport）、囊体输送管道（Capsule Pipeline）三种。

（1）气体输送管道。气体管道输送是利用气体为传输介质，通过气体的高速流动来携带颗粒状或粉末状的物质完成物流过程的管道运输方法。

在 20 世纪，开始通过管道采用气力或水力的方法来运输颗粒状的大批量货物。该方法输送的物质种类通常有煤炭和其他矿物、水泥、谷物、粉煤灰及其他固体废物等。

世界上第一个气力管道输送系统是 1853 年在英国伦敦建立的城市管道邮政系统；随后，在 1865 年，由 Siemens & Halske Company 在柏林建立了德国第一个管道邮政网，管道直径为 65 毫米，该系统在其全盛时期的管道总长度为 297 公里，使用达 100 余年，在西柏林该系统一直运行到 1971 年，而东柏林直到 1981 年才停止使用。

近年来，管道气力输送开拓了一个新的应用领域——管道废物输送，在欧洲和日本的许多大型建筑系统，都装备了这种自动化的垃圾处理管道，位于美国奥兰多的迪斯尼世纪乐园也采用了这种气力管道系统，用于搜集所产生的垃圾。在管道气力输送中，最重要的是吹动固体颗粒需要较高的气流速度，特别是当固体颗粒直径或密度较大时，更是如此。在气力输送中，管道的磨损和能量消耗也是较高的。因此，管道气力输送的经济、使用的输送距离通常是很短的，一般不超过 1 公里。但在特殊情况下，也有使用如美国在建造胡佛大坝和大古力水坝时，就采用了大约 2 公里长的气力管道来输送水泥，这是相当长的气力输送管道。

气力输送管道多见于港口、车站、码头和大型工厂等，用于装卸大批量的货物。美国土木工程师学会（ASCE）在报告中预测：在 21 世纪，废物的管道气力输送系统将成为许多建筑物（包括家庭、医院、公寓和办公场所等）常规管道系统的一部分，可取代卡车，将垃圾通过管道直接输送到处理厂。这种新型的垃圾输送方法有望成为一个快速增长的产业。

（2）浆体输送管道。浆体管道输送是将颗粒的固体物质与液体输送介质混合，采用泵送的方法运输，并在目的地将其分离出来而完成物流过程的管道运输方法。浆体管道输送的介质通常才用清水。

浆体管道一般可分为两种类型，即粗颗粒浆体管道和细颗粒浆体管道。

粗颗粒浆体管道借助于液体的紊流使得较粗的固体颗粒在浆体中呈悬浮状态并通过管道进行输送。

细颗粒浆体管道输送的较细颗粒一般为粉末状，有时可均匀悬浮于浆体中，类似于气力输送。

粗颗粒浆体管道的能耗和对管道的磨损都较大，通常只适用于特殊材料（如卵石或混凝土）的短距离输送；而细颗粒浆体管道则相反，由于能耗低、磨损小，在运输距离超过 100 公里时，其经济性也比较好。

（3）囊体输送管道。囊体输送管道（Capsule Pipeline）又可分为气体囊体输送管道（Peneumatic Capsule Pipeline，PCP）和水利囊体输送管道（Hydraulic Capsule Pipeline，HCP）两类。

PCP 是利用空气作为驱动介质，囊体作为货物的运载工具而完成物流过程的管道运输方法。PCP 运输管道分为圆形和方形管道两种。

由于空气远比水轻，囊体不可能是悬浮在管道中，必须采用带轮的输送囊体。PCP 系统中的囊体运行速度（10 米/秒）远高于 HCP 系统（2 米/秒）。所以，系统更适合于需要快速输送的货物（如邮件或包裹、新鲜的蔬菜、水果等）；而 HCP 系统在运输成本上则比 PCP 系统更有竞争力，适合于输送乳固体废物等不需要即时运输的大批量货物。

大部分气力管道系统是在 19 世纪的下半叶到 20 世纪的上半叶兴建并投入运行的，这里值得一提的是，20 世纪 60 年代初德国汉堡的大直径管道邮政系统，其管道直径为 450 毫米，由于运输工具的尺寸和重量较大，其下部安装有滚轮，运输速度为 36 公里/小时。从技术上来看，该系统运行一直非常良好，但是由于该系统的时代性，终于在 1976 年经历了 16 年之后由于经济原因而关闭。英国伦敦在 1927 年建成了一个称为"Mail Rail"的地下运输系统，用于在伦敦市区的邮局之间进行邮件传送，该系统至今仍在运行之中；另外，在伦敦还有一条新的自动化地下管道运输系统，管道的内径为 2.74 米，每辆运输车的运输能力为 1 吨，行驶速度达 60 公里/小时。第二次世界大战以后，在其他一些国家也分别建立了各具特色的气力管道输送系统，其直径达到或超过 1 000 毫米，其中有两个具有代表性的例子：一是前苏联的"Transporgress"系统，该系统采用直径为 1 220 毫米的钢制运输管道，可输送到单个的集装箱或者装有集装箱的运输车；二是建于美国 Georgia（佐治亚州）的"Tubexpress"系统。

目前日本在 PCP 技术领域处于世界领先地位。在 1972 年，日本的住友株式会社将管道运输的应用领域进一步扩大，建立了一条货物运输管道，用于从一个石灰石矿向水泥长运送石灰石，从 1983 年开始，其年输送能力达到 200 万吨。其采用的管道形式有两种：圆形管道和方形管道，这两种系统均有日本 Somitomo 金属工业兴建并成功地运行。其中圆形的管道是用来运输石灰石等，方形管道是用来在施工较长隧道或高速公路时，运输挖掘下来的岩石和建筑材料等。另外，日本的邮政和通讯部还提出要在东京的深部地下空间（50 米～70 米）修建一个"Tokyo L-net"，用来连接东京市中心的邮政局并用来运送其他货物（包括纸张、杂志和食品等）。

以上应用的实例，只是初级形式的管道物流。美国荷兰和日本的研究主要集中在管道的水力和气力运输及大型的地下货物运输系统（UFTS）上，而德国于 1998 年则开始研究 Cargo Cap 地下管道运输配送系统。这一系统应该是目前管道运输系统的最高级形式。运输工具按照空气动力学的原理进行设计，下面采用滚轮来承受荷载，在侧面安装导向轮来控制运行轨迹，所需的有关辅助装置直接安装于管道中。

该系统的最终发展目标是形成一个连接城市各居民楼和生活小区的地下管道物流运输网络，并达到高度智能化，人们购买任何商品都只需要单击鼠标，所购商品就像自来水一样通过地下管道很快地"流入"家中。

2. 管道运输的关键技术分析

管道运输，特别是城市地下管道运输，是一项综合性、跨学科的复杂系统工程，涉及经济学、地下工程、机械工程、电子工程、运输工程和信息技术等多个领域，需要考虑城市布局、交通规划、物流管理、物资分拨与配送、地下管道工程施工、机械传输自动化和信息网络化等多个方面。对管道物流运输的关键技术，我国还处于研究初期，可以先就以下方面的问题开展研究。

（1）分析论述适合我国国情的管道运输系统模式、发展前景和重大社会与历史意义及对社会生产力和国民经济发展的贡献。

（2）分析研究地下管道运输对城市物流配送、城市可持续发展、城市环境改善与城市生活质量提高的作用和影响。

（3）地下管道运输的工程建设技术，属于现代非开挖式地下管线工程技术。

（4）选择并优化运输工具的结构设计、驱动方式和驱动技术。

（5）管道运输在连续运行或静止状态下的监控技术。

（6）地下物流运输管道直径的合理选择和优化。

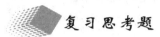复习思考题

一、基本概念

班轮运输　租船运输　光船租船　提单　租船经纪人　码头收据　船边交货

二、选择题

1. 装货联单包括（　　　）。

A. 载货清单　　　B. 留底联　　　C. 装货单　　　D. 收货单　　　E. 订舱单

2. 对于租船经纪人，通常有关佣金的支付有以下（　　　）规定。

A. 佣金在签订合同时支付　　　　　B. 佣金在货物装运时支付

C. 在赚取运费的基础上支付　　　　D. 在货运合同履行完两个月之后支付

3. 发货人凭经签署的（　　　）单据，向作为承运人的集装箱班轮公司或其代理人换取提单。

A. 设备交接单　　　B. 托运单　　　C. 场站收据　　　D. 装箱单

4. 承运人与托运人之间不需要签订运输合同，而是以口头或传真的形式进行预约的运输方式是（　　　）。

A. 铁路运输　　　B. 航空运输　　　C. 班轮运输　　　D. 租船运输

5. 必须向船公司或其代理人交出全套正本提单之后才能办理提货手续的货物交付方式是（　　　）。

A. 船边交付货物　　　　　　　　　B. 变更卸货港交付货物

C. 选港交付货物　　　　　　　　　D. 凭保证书交付货物

6. 提单按对货物的外表状况是否有不良批注划分为（　　　）。

A. 清洁提单　　　B. 已装船提单　　　C. 收货待运提单

D. 不清洁提单　　　E. 记名提单

7. 以下有关定期租船的描述，（　　　）是正确的。

A. 所指派的船长应听从承租人的指挥

B. 船舶所有人负责配备船员，负担船员的工资、伙食费

C. 船舶的燃料费、港口费、货物装卸费、运河通行费等费用由船舶所有人负担

D. 船舶的营运调度工作由承租人负责

8. 在实际租船业务中，采用的主要租船经营方式有（　　　）。

A. 航次租船　　　B. 定期租船　　　C. 定价租船

D. 包运租船　　　E. 光船租船

三、判断题

1. 收货单又称大副收据，是船方接收货物装船后签发给托运人的收据，是装货联单的第二联。（　　　）

2. 港站收据又称码头收据，这是承运人委托集装箱装卸作业区、集装箱堆场、集装箱货

运站或内陆站在收到整箱货或拼箱货后签发的收据。（　　）

3. 货物溢短单也是我国港口在卸货时惯用的作为卸货交接证明的单证。（　　）

4. 载货清单是详细记载每个集装箱内所装货物情况的唯一单据。（　　）

5. 航次租船的"租金"常称为运费，运费按货物的数量及双方商定的费率计收。（　　）

四、思考题

1. 提单与提货单的区别是什么？

2. 远洋货物运输包括哪两类运输方式？试比较二者的货运程序。

3. 在实际租船业务中，采用的主要租船经营方式有哪几种？各适用于什么情况下的租船运输？

4. 简述班轮运输的货物交付方式。

5. 班轮运输的主要单证有哪些？请简要介绍。

 **本章案例**

大湖散货运输公司

2004 年的夏天，大湖散货运输公司的总裁梅根·罗德（Meghan Ronder）与公司营销副经理格雷西柯罗瑟（Gracie Klauser），拜访了五大湖各港口的董事们。他们想为本公司的散装货物运输寻找新的货源，同时调查五大湖集装箱运输的潜在需求。

大湖散货运输公司是梅根的祖父在 1940 年创立的。当时只有一条船将煤和铁矿石沿大湖河道运送至扬斯顿、匹兹堡的周边地区和克利夫兰的钢厂。如今，公司已有 7 条散货矿砂运输船，将德鲁斯的铁矿石运往克利夫兰和多伦多；同时将五大湖的谷物运往芝加哥和布法罗。由于国外钢材的竞争和铁路运输谷物的增加，这两种货物的运输需求在过去五年有所下降。

格雷西建议梅根：大湖区域的集装箱运输是一片空白，它将是大湖散货运输公司发展的绝好机会。

美国和英国之间的集装箱运输经由铁路运往蒙特利尔港，在这里反向装载至集装箱远洋货轮上。北美自由贸易区的集装箱运输（美国—加拿大）由铁路或公路运至濒临大湖的城市。大湖区域是主要的生产区域，它产生了各港口城市之间大量的货物运输需求。

格雷西和梅根讨论了装箱运输需要的船只，得出大湖散货运输公司不必为集装箱运输改造船只的结论。

由于圣罗伦斯航道的限制，新型船只可以容纳 1 000 TEU。典型的集装箱远洋货轮最少可装载 2 500 TEU。

目标运营包括多伦斯起航至芝加哥、底特律、托莱多、克利夫兰、布法罗和蒙特利尔的每周航行日程表，沿线每一个港口都可以装载和装卸集装箱。从多伦斯至蒙特利尔的水运时间估计是 7 天，而铁路只需 4 天，公路只需 2 天。中途的起止港口，如芝加哥至克利夫兰，水运时间为 3 天，公路只需 1 天。集装箱 30% 有公路运输，65% 有铁路运输。

与港口董事的会议证实：由大湖运输的谷物和铁矿石在减少，并且在以后 5～10 年，依然保持减少态势。会议还证实大湖集装箱运输的短缺，并对大湖散货运输公司提供该项服务表示赞赏。

在 2004 年大湖水路即将停运的时候，格雷西和梅根计划分析了集装箱水运，并为下一运输季的到来制定目标。

问题与思考：

1. 你认为制定运输发展规划需要哪些市场数据？
2. 你认为发展运输业应考虑哪些因素？
3. 大湖散货运输公司需要考虑的物流供应链因素有哪些？
4. 基于所学知识，关于集装箱水运，你对大湖散货运输公司董事会有何建议？

第 7 章

集装箱运输

❖ **学习目标**

掌握：集装箱的交接方式；集装箱不同运输方式的特点及适用范围；综合一贯制运输的形式；托盘化运输的优点、特征。

了解：集装箱运输的概念、特点，以及集装箱运输系统的组成；熟悉集装箱的概念、特点、种类、标准及标记，以及集装箱货物的种类、装箱方式；托盘的种类。

集装箱运输是现代化交通运输的组成部分，是对传统的以单件货物进行装卸运输的一次重要革命，凭借其大运量、高效益，适用于多式联运的特点，已迅速成长为世界贸易的主要纽带。根据有关预测，今后相当长一段时期内，全球各港口吞吐量特别是集装箱吞吐量仍将保持增长趋势，我国集装箱吞吐量增长率会高于全球增长率，我国将成为世界最大的集装箱运输中心。

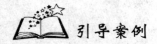
引导案例

大陆桥运输集装箱运输

为促进连云港至阿拉木图集装箱五定班列运输的发展，连云港积极主动加强与东亚、中亚地区客户、运输部门的联系，强化海港衔接，开拓新市场，开发新货种，双向过境运输业务增长迅速。连云港全力组织货物，确保每周班列正常运行，代理日本、韩国、马来西亚、越南、泰国等国过境货物及国内出口的汽车、汽配、家电、文具、医药、化妆品、教学设备、石油设备等货物，确立了我国第一列跨国五"定"集装箱直达班列运输品牌。据统计，2007年，新亚欧大陆桥过境集装箱运输再创新高：全年大陆桥过境集装箱运输共完成5.9万标箱，逼近6万箱，同比增长19％，再创陆桥运输新纪录。

（选自：http：//www.cnr.cn/zhuantil/gkwlx/ylkb/t20060120-504158282.html）

思考题：请结合上述案例，了解一下我国大陆桥运输的发展情况。

7.1 集装箱运输概述

7.1.1 集装箱运输的定义及特点

1. 集装箱运输的定义

集装箱是作为运输工具使用的一种特殊的货物容器，中华人民共和国《物流术语》中没有对集装箱运输作出定义，本书将这一概念定义为：集装箱运输是以集装箱为单元积载设备（货运单位）所进行的货物运输。应当明确的是，集装箱运输只是诸多运输方式中的一种，它以集装箱为货运单位（单元积载设备），在海、陆、空运输中都可以使用。

2. 集装箱运输的优点

集装箱运输是以集装箱为运输单位进行货物运输的一种先进的运输方式，目前已成为国际货物运输中一种重要的运输方式。与传统的货物运输相比较，集装箱运输具有以下优点。

（1）集装箱运输能提高装载效率，减轻劳动强度。集装箱运输主要是将单件杂货集中成组装入箱内，可以减少重复操作，从而大大提高车船装载效率。其中每一环节的装载时间一般仅需 3 分钟，每小时装卸货物可达 400 吨，这是普通货船装卸效率的 10 倍。据铁路部门测算，用人工装车，平均一个车皮需要 2 小时，而采用铁路专用集装箱运输，机械化作业一般只需 20 分钟。此外，集装箱运输还能提高船舶运营率，它不受气候影响，能减少非生产性停泊，大大降低劳动强度。

（2）集装箱运输能避免货物倒载，防止货损货差。采用件杂货运输方式时，由于在运输和保管过程中货物较难保护，尽管也采取了一些相关措施，但货损、货差情况仍较严重，特别是在运输环节多、品种复杂的情况下，货物的中途转运搬动使商品破损及被盗事故屡屡发生，尤其是零担百货商品发生的事故更多。据铁路部门统计，零担货物事故约占整个货损事故的 80%。采用集装箱运输方式后，由于集装箱本身实际上起到了一个强度很大的外包装作用，因此，即使经过长途运载或多次换装，也不易损坏箱内货物。此外，集装箱在发货人处签封，一单到底，途中不拆箱，这就能大大减少货物丢失，货运质量在一定程度上得到了保证。

（3）集装箱运输能加快车船周转，提高运载速度。集装箱化给港口和场站的货物装卸、堆码的机械化和自动化创造了条件。标准化的货物单元使装卸搬运的运作变得简单，而机械化和自动化的装卸可以大大缩短运输车船在港站停留的时间，加快了货物的送达速度。另一方面，由于集装箱运输方式减少了运输中转环节和收发货的交接手续，方便了货主，也提高了运输服务质量。

（4）集装箱运输可减少营运费用，简化货运手续。集装箱箱体作为一种能反复使用的包装物，虽然一次性投资较高，但与一次性的包装相比，其单位货物运输分摊的包装费用投资反而降低。由于采用统一的货物单元，使换装环节设施的效能大大提高，从而降低了运输成本，减少运营费用。此外，使用集装箱运输以前，在装卸时必须按货物外包装上的标志加以分类，逐件检查。而使用集装箱运输以后，可按箱进行检查，大大加快了检验速度，降低了验收费用。

（5）集装箱运输可组织综合运输，实现多式联运。由于各种运输工具各自独立发展，装载容积无统一考虑的依据，因此，传统的运输方式给货物的换装带来了困难。随着集装箱作为一种标准运输单元的出现，使各种运输工具的运载尺寸向统一的满足集装箱运输需要的方向发展。根据标准化的集装箱设计的各种运输工具将使运输工具之间的换装衔接变得更加便利。集装箱运输逐渐由海上的两端间运输延伸发展为与陆运、空运结合的国际多式联运。

由于集装箱运输具有以上特点，从而从根本上改变了传统运输方式的面貌，所以被世界公认为是"运输史上的一场革命"。

3. 集装箱运输的条件

集装箱运输虽然有一些优点，但开展集装箱运输须具备一些基本条件，其中最主要的三个基本条件如下。

（1）要有稳定而大量的集装箱适箱货源。由于国际集装箱运输大部分采用定期班轮运输，开行日期、开航时间、停靠港口是固定的，因此集装箱运输要求货物流量大而且比较稳定集中，货种适合集装箱装载，尤其要求航线两端货运基本平衡，否则就会造成大量空箱积压和空箱运输，从而可能造成运营亏损。

（2）要有良好的基础设施。开展国际集装箱运输的基础设施除了集装箱船舶、集装箱外，还要有快速装卸集装箱的大型现代化集装箱港口或码头及发达的内陆运输系统，以保证进出口集装箱及时的集散，这就要求公路、铁路、内河运输应有接受大型集装箱的能力，包括相应的装卸搬运集装箱的重型机械设备，如岸壁集装箱装卸桥、跨式龙门重吊和跨式集装箱搬运车等，以便进行海陆联运，使集装箱能在各种运输方式之间迅速、顺利地换装。

（3）必须对集装箱进行专门掌握、调度、回收、修理等一系列复杂的管理工作。国外一些较大的集装箱运输公司大都采用计算机对集装箱进行编目控制，把集装箱的每一动态信息详细存储在电子计算机内，随时掌握集装箱的行踪，并可根据需要进行合理调度，以充分利用集装箱并使空箱的回运减少到最低程度。

7.1.2 集装箱运输系统

1. 集装箱运输系统的概念

由于集装箱运输是一种"门到门"的运输方式，是一种国际间的多式联运，所以集装箱运输必定是一个复杂的大系统。这个复杂的大系统可从"基本要素"和由"基本要素"不同的组合方式而形成的各个子系统等两个层面上去观察和认识。

2. 集装箱运输系统基本组成

集装箱运输系统的基本组成要素如下。

（1）适箱货物。适箱货物是指本身具有较高价值，其外包装形态、尺度及重量等属性使之可以装载于集装箱内进行运输的货物。

（2）集装箱。集装箱是标准化的货物装运工具和外包装。它既是货物的一部分，又是运输工具的组成部分，是运输的基本单元。

（3）集装箱船舶。集装箱船舶经历了一个由非专业到专业转化的过程。最早的集装箱船舶是件杂货与集装箱混装的，没有专门的装载集装箱的结构。发展到现在，在国际海上集装箱运输使用的集装箱船舶，均已专业化，而且船型越来越大。内河运输的集装箱船，大多是由原来的驳船改造的。

（4）集装箱码头。与集装箱水路运输密切相关的是集装箱港口码头。集装箱水路运输的两端必须有码头，以便装船与卸船。现代化的集装箱码头已高度专业化，码头前沿岸机械配置、场地机械配置、堆场结构与装卸工艺配置均完全与装卸集装箱配套。

（5）集装箱货运站。集装箱货运站在整个集装箱运输系统中发挥了"承上启下"的重要作用，是一个必不可少的基本要素。集装箱货运站分为设在码头的集装箱货运站和设在内陆的集装箱货运站，主要职能是：集装箱货物的承运、验收、保管与交付；拼箱货的装箱和拆箱作业；整箱货的中转作业；实箱和空箱的堆存和保管；票据单证的处理及运费、堆存费的结算等。

（6）集装箱卡车。集装箱卡车主要用于集装箱公路长途运输、陆上各结点（如码头与码头之间、码头与集装箱货运站之间、码头与铁路办理站之间）之间的短驳及集装箱的"末端运输"（将集装箱交至客户手中）。

（7）集装箱铁路专用车。集装箱铁路专用车主要用于铁路集装箱运输。铁路集装箱专用车主要用于集装箱的陆上中、长距离运输和所谓的"陆桥运输"。

3. 集装箱运输子系统

集装箱运输的各个"基本要素"，以各种不同的方式组合起来，大致可以组成六个子系统。

（1）集装箱水路运输子系统。集装箱船舶、集装箱码头与集装箱货运站等基本要素，可组合成集装箱水路运输子系统。

集装箱水路运输子系统完成集装箱的远洋运输、沿海运输和内河运输，是承担运量最大的一个子系统。

集装箱水路运输子系统由集装箱航运系统和集装箱码头装卸系统两个次级系统组成。

（2）集装箱铁路运输子系统。铁路专用车、集装箱铁路办理站与铁路运输线等组成了集装箱铁路运输子系统。

它是集装箱多式联运的重要组成部分。随着"陆桥运输"的起始与发展，集装箱铁路运输子系统在整个集装箱多式联运中起着越来越重要的作用。

（3）集装箱公路运输子系统。集装箱卡车、集装箱公路中转站与公路网络，构成了集装箱公路运输子系统。集装箱公路运输子系统在集装箱多式联运过程中，完成短驳、串联和"末端运输"的任务。

在不同国家和地区，由于地理环境、道路基础设施条件的不同，集装箱公路运输子系统处于不同的地位，发挥着不同的作用

（4）集装箱航空运输子系统。在相当长一段时期内，由于航空运输价格昂贵、运量小，集装箱的航空运输占的份额很小。近年来，随着世界经济整体的增长，航空运输速度快、对需求响应及时，从而可缩短资金占用时间等优越性逐渐显现出来。集装箱航空运输子系统的地位正在逐渐提高。

（5）集疏运子系统。集装箱运输的集疏运子系统是围绕各干线（枢纽港）展开的，是由各种方式的运输线路（包括铁路、公路、内河航线、海上支线、远洋运输船舶等）和各类集装箱货物集散点（包括码头堆场、集装箱货运站、内陆（港）货运站、铁路办理站、公路中

转站、内河码头、支线港、货主工厂和仓库等）组成的覆盖枢纽港及周边广大地区的网络系统，一般具有多级结构。

（6）集装箱运输管理子系统。集装箱运输管理子系统主要包括管理机构、经营机构、集装箱运输的法规及标准体系、集装箱运输技术和工艺体系、集装箱运输管理信息系统及与集装箱运输相关的子系统。

4. 集装箱运输发展简介

集装箱运输起源于英国。早在 1801 年，英国的詹姆斯·安德森博士已提出将货物装入集装箱进行运输的构想。最早提出现代化集装箱运输构想的是美国人马尔康·麦克林，他建议集装箱运输应由陆地推向海上，并主张在一个公司控制之下实现海陆联运。在 1956 年他通过自己拥有的泛大西洋轮船公司首先在纽约—休斯敦航线上进行海陆集装箱联运试运。3 个月后，取得了巨大的经济效益，每吨货物的装卸成本由原来的 5.83 美元降低到 0.15 美元，仅为原来装卸成本的 1/37。该公司开展集装箱运输取得的成就，引起了世界航运界的重视，一些大航运公司争相效仿，海上集装箱运输日趋活跃，并开始发展成为国际贸易中通用的运输方式。

1967—1983 年，集装箱运输的优越性越来越被人们承认，以海上运输为主导的国际集装箱运输发展迅速，是世界交通运输进入集装箱化时代的关键时期。在这一阶段，集装箱运输从美、欧、日、澳等先进国家扩展至东南亚、中东、南非等地。集装箱的箱型从非国际标准箱转而采用长度为 20 英尺和 40 英尺的国际标准集装箱，世界集装箱保有量大幅度增长，从 1970 年的 51 万 TEU 增加到 1983 年的 440 万 TEU。与此同时，在世界各海港相继建成了专为停泊集装箱船的专用码头和泊位，配备了相应的集装箱装卸、搬运设备。传统的件杂货运输管理体系得到了全面改革，与集装箱运输相适应的管理体系逐步形成，电子计算机也得到了更广泛的应用。

1984 年以后，随着硬件与软件的成套技术趋于完善，集装箱运输开始进入多式联运和“门到门”运输的成熟发展阶段。目前，发达国家件杂货运输的集装箱化程度已超过 80%。集装箱运输已遍及世界上所有的海运国家，世界海运货物的集装箱化已成为不可阻挡的发展趋势。

虽然世界集装箱运输已进入成熟阶段，但也应看到世界各国集装箱运输的发展是不平衡的。集装箱运输是资本密集、管理技术要求高的产业，发展中国家由于资金和人才的短缺，起步也较晚，一般还处于集装箱运输的发展阶段，少数还处于起步阶段。但集装箱运输已广泛用于国际贸易，发展中国家必须吸收先进国家的先进技术和管理经验，才能跟上时代的要求，适应国际贸易发展的需要。

快速发展是我国集装箱运输发展最显著的特点。我国集装箱运输起步虽晚于世界近 20 年，却以世界上少有的年均 35% 的增幅，实现了连续七年雄踞世界第一的跨越式发展。根据截至 2009 年上半年的统计，上海、香港、深圳等九大港口的集装箱吞吐量进入世界前 10 位，中远、中海集装箱船队运力进入世界前 10 位，我国沿海港口的集装箱化率达到或接近国际先进水平。

目前，我国已成为全球第二大贸易国，我国 90% 的外贸进出口货物是通过港口和航运实现的。我国港航业的迅速发展有力地支持了全球航运业的发展。中国目前占据了全球集装箱吞吐量的 1/3。这充分说明中国在世界经济和航运业格局中占据重要地位。

5. 集装箱运输发展趋势

（1）集装箱运输量继续增长。与其他运输方式相比，集装箱运输是一种新的发展模式，并且在不断地发展和创新。集装箱运输的优越特点，决定它将在整个运输中承担越来越大的市场份额。

（2）集装箱的箱型向大型化和专业化发展。为了充分利用各类运输工具的载运能力，进一步提高集装箱运输系统各环节的效率，近年来，一些发达国家多次在国际标准化组织的会议上提出修改集装箱有关标准的要求和建议，其内容主要是增大集装箱尺寸和总重量标准。在实际投入运营的集装箱中，大型集装箱和各类专用箱的比例正在逐年增长。

集装箱的大型化和专业化将推动集装箱优势的发挥及其自身的发展，但其同时也将对整个集装箱运输系统产生重大影响，可能导致系统设施和设备的大量更新和变化，因此在系统规划和建设中必须给予足够的重视。

（3）集装箱运输组织方式会明显改变。目前，各种运输方式基本各自为政，各种运输方式在争夺货源时相互间难以协调，由此造成客户的极大不便。而现代集装箱运输系统则要求铁路、公路、水运、航空、港口、机场、场站、仓储及相关的企业等方面协同组织，这种需求与人们追求运输系统整个过程的效率，降低整个过程的运输成本的要求是一致的。因此，集装箱运输系统组织的进一步集成化将是未来发展的一种趋势。

（4）信息流与集装箱运输物流的集成。集装箱运输的优点正是表现在它的快捷性，而这种快速送达又必须有先进的信息技术作为支持。运输信息的及时传递，可以实现运输过程组织的并行处理，从而加快运输节奏。随着自动扫描、识别技术的应用，管理信息系统的不断完善和全球范围计算机通信网络系统及电子数据交换技术在运输业中的应用，与集装箱运输有关的各个单位、部门、企业内部和相互间信息的处理、通信及集装箱的动态跟踪都将出现根本性的变化。信息的即时性处理和传递速度与质量都将进一步提高，电子单证将取代现行纸面单证，各种业务手续将大大简化，从而大大提高运输效率、运输服务质量和运输管理水平。

（5）集装箱多式联运将得到进一步完善和发展。便于实现多式联运是集装箱运输的特点之一。现代集装箱运输从产生时起就与多式联运紧密联系在一起。目前，一些发达国家的运输工具、场站设施和相关设备已配套形成了较为完善的综合运输系统，同时不断加强多式联运的正规化和国际化工作，制定和通过了与集装箱运输有关的国际公约和国内法规，建立了全球性的货运代理和多式联运经营网络。这一切为多式联运的发展创造了良好的硬、软件环境，使集装箱运输已基本上实现了多式联运化。而在发展中国家，由于各方面条件的限制，多式联运仍处在起步和发展阶段，但多式联运的优越性使这些国家加快了引进先进的硬、软件技术，发展本国综合运输网和多式联运的步伐。发展中国家经济的发展及世界范围内多式联运经营网络及硬软件环境的改善，将进一步促进集装箱多式联运的发展。

7.2　集装箱概述

我国的集装箱工业始于 20 世纪 70 年代末 80 年代初。当时我国仅有普通货物集装箱一类产品，集装箱生产厂也只有 4 家，年生产能力不足 4 万 TEU。经过我国集装箱生产企业、配套件企业及相关单位近 30 年的不断开拓创新，截至 2008 年年底，已发展到特种集装箱、航空集装箱等八大类产品。集装箱的生产能力能满足世界集装箱市场的需求，集装箱产品的产销量已占世界的 95%。在我国业内外同仁的共同努力下使我国集装箱工业创造了三个世界第一，即集装箱生产能力世界第一；集装箱的种类规格世界第一；集装箱产销量已 16 年蝉联世界第一。

1. 集装箱的定义

集装箱是进行散、杂货及特殊单元组合的大型容器性工具，其英文名称是 Container。在我国香港称为"货箱"，在我国台湾称为"货柜"。国际标准化组织（ISO）1999 年在货物集装箱的定义中，提出了作为一种运输工具的货物集装箱的基本条件，即：

（1）具有足够的强度，在有效使用期内可以反复使用；

（2）适于一种或多种运输方式运送货物，途中无须倒装；

（3）设有供快速装卸的装置，便于从一种运输方式转到另一种运输方式；

（4）便于箱内货物装满或卸空；

（5）内容积等于或大于 1 立方米（35.3 立方英尺）。

集装箱这一术语，不包括车辆和一般包装。集装箱实际上是一种流动的货舱，属于一种现代化的装卸运输工具。

目前，中国、日本、美国、法国等国家都全面地引进了国际标准化组织的定义。

除了 ISO 的定义外，还有《集装箱海关公约》、《国际集装箱安全公约》、英国国家标准和北美太平洋班轮公会等对集装箱下的定义，内容上基本大同小异。

2. 集装箱的特点

集装箱的优缺点都很明显，其优点主要表现在以下方面。

（1）因为箱体强度高，保护、防护货物的能力强，因而货损较小。

（2）集装箱本身还是一个小型储存仓库，所以使用集装箱可以不再配置仓库、库房。

（3）集装箱具备标准化装备的一系列优点，如尺寸、形状有一定的规定，便于对装运货物和承运设备作出规划、计划。是可以统一装卸、搬运的工具，简化了装卸工艺，通用性、互换性强。

集装箱也有一些缺点，因而也限制集装箱在更广的范围中应用。

（1）自重大，因而无效运输、无效装卸的比重大。在物流过程中，许多劳动消耗于箱体本身，增加了货物对运费的承担。

（2）集装箱本身造价高，在每次物流中分摊成本较高。

（3）集装箱返空困难，如果空箱返空则浪费很大。

3. 集装箱的种类

随着集装箱运输的发展，为适合装载不同种类货物的需要，出现了不同种类的集装箱。这些集装箱不仅外观不同，而且结构、强度、尺寸等也不相同。集装箱可以按结构、用途、材料等进行分类。

（1）按集装箱的结构分类。

① 整体式集装箱。此类集装箱为整体的刚性结构，一般具有完整的箱壁、箱顶和箱底，如通用集装箱、通风集装箱、保温集装箱、干散货集装箱等。

② 框架式集装箱。它一般呈框架结构，没有壁板和顶板，如某些台架式集装箱，有时甚至没有底板，如汽车集装箱。

③ 罐体式集装箱。外部为刚性架构，以便堆放，内有罐体，适于装运液体、气体及部分颗粒体货物。

④ 折叠式集装箱。其主要部件（指侧壁、端壁和箱顶）能够折叠或分解。在回空和保管时能缩小集装箱的体积。但由于其主要部件是铰接的，故其强度受到一定影响。

⑤ 软式集装箱。是指用橡胶或其他复合材料制成的有弹性的集装箱。其优点是结构简单，空箱状态时体积不大，自重系数小。

（2）按箱内适装货物分类。

① 通用集装箱。也称杂货集装箱，具有集装箱的基本结构，但不需要调控温度，内部也不装其他特殊设备的适于一般杂货的封闭集装箱，箱门设于一端或侧面，是使用最广、数量最大的一类。

② 专用集装箱。具有集装箱的基本结构，但为满足不同专业领域的特殊需要装有各种专用设备或有特殊构造的集装箱。可进一步分为以下几种。

保温集装箱。这是专为运输要求保持一定温度的冷冻货或低温货而设计的集装箱。其箱体采用隔热保温材料或隔热保温结构，内部有温度控制设备，如制冷剂等，能进行适度温度控制。保温集装箱又分为冷藏集装箱、低温恒温集装箱及隔热集装箱三类。

通风集装箱。它是具有空气调节能力的集装箱。内设通风装置，如排风扇等，或在集装箱上装设通风孔、通风栅栏，甚至箱壁采用金属网等通风材料制造。主要用于动植物装运。

罐体式集装箱。它是一种能装运各种液体、气体及部分颗粒体的特殊形状的集装箱，这种集装箱主要采用罐体，承受较大应力作用，保持高度密封性能。罐体的稳定可采用框架结构，也可采用支架结构。

动物集装箱。这是一种专供装运活牲畜的集装箱。它的特殊之处在于有良好的通风、采光、饮水喂食设施。箱壁采用栏网式、栅栏式或栅窗式。

汽车集装箱。这是专为装运小型轿车而设计制造的集装箱。其结构特点是无侧壁，仅设有框架和箱底，可装载一层或两层小轿车。

（3）按集装箱主体材料分类。

① 钢制集装箱。其框架和箱壁板均用钢材制成。最大优点是强度高、结构牢、焊接性和水密性好、价格低、易修理、不易损坏，主要缺点是自重大、抗腐蚀性差。

② 铝制集装箱。铝制集装箱有两种：一种为钢架铝板；另一种仅钢架两端用钢材，其余用铝材。主要优点是自重轻、不生锈且外表美观、弹性好、不易变形，其主要缺点是造价高、受到碰撞时箱体易损坏。

③ 不锈钢制集装箱。一般多用不锈钢制作罐式集装箱。不锈钢制作集装箱的主要优点是强度高、不生锈、耐腐蚀性好，主要缺点是投资大。

④ 玻璃钢制集装箱。玻璃钢制集装箱是在钢制框架上装上玻璃钢复合板构成的。主要优点是隔热性、防腐性和耐化学性均较好,强度大,能承受较大应力,易清扫,修理简便,集装箱内容量较大等;主要缺点是自重较大,造价较高。

(4) 按集装箱的总重分类。集装箱按总重可分为大型集装箱(总重≥20吨)、中型集装箱(5吨≤总重<20吨)和小型集装箱(总重<5吨)。有时也可以直接根据集装箱的总重来称呼集装箱,如1吨箱、5吨箱、10吨箱等。

为了便于计算集装箱数量,可以以20英尺的集装箱作为换算标准集装箱(Twenty-foot Equivalent Units,TEU)。即:40英尺集装箱=2 TEU、30英尺集装箱=1.5 TEU;20英尺集装箱=1 TEU、10英尺集装箱=0.5 TEU。

4. 集装箱的标准

集装箱标准对集装箱的发展具有非常重要的作用,在整个物流系统中,集装箱标准也是十分重要的一环。集装箱的标准不仅与集装箱本身有关,也与运输设备、装卸机具,甚至与车站、码头、仓库的设施有关。

集装箱标准主要有两部分,一部分是硬件标准,另一部分是软件标准。硬件标准包括集装箱的外部尺寸、集装箱重量、集装箱的结构和强度、集装箱角件、集装箱门搭扣件等;软件标准包括统一名称术语、作业规则、使用方法、装运方法、代码标志等。下面是中华人民共和国国家标准《系列1集装箱　分类、尺寸和额定质量》(GB/T 1413—2008)对物流运输中集装箱作出的相关规定,见表7-1、表7-2和表7-3。

表 7-1　系列 1 集装箱公称长度

集装箱型号	公称长度	
	米	英尺
1EEE 1EE	13.716	45
1AAA 1AA 1A 1AX	12	40
1BBB 1BB 1B 1BX	9	30
1CC 1C 1CX	6	20
1D 1DX	3	10

表 7-2　系列 1 集装箱的外部尺寸和额定质量

集装箱型号	长度		宽度		高度			额定总质量（总质量）	
	毫米	英尺　英寸	毫米	英尺	毫米	英尺	英寸	千克	镑
1EEE	13 716	45	2 438	8	2 896[b]	9	6[b]	30 480[b]	67 200[b]
1EE					2 591[b]	8	6[b]		
1AAA	12 192	40	2 438	8	2 896[b]	9	6[b]	30 480[b]	67 200[b]
1AA					2 591[b]	8	6[b]		
1A					2 438	8			
1AX					<2 438	<8			
1BBB	9 125	29　11 $\frac{1}{4}$	2 438	8	2 896[b]	9	6[b]	30 480[b]	67 200[b]
1BB					2 591[b]	8	6[b]		
1B					2 438	8			
1BX					<2 438	<8			
1CC	6 058	19　10 $\frac{1}{2}$	2 438	8	2 591[b]	8	6[b]	30 480[b]	67 200[b]
1C					2 438	8			
1CX					<2 438				
1D	2 991	9　9 $\frac{3}{4}$	2 438	8	2 438	8		10 160	22 400
1DX					<2 438	<8			

b 某些国家对车辆和装载货物的总长度载荷有法规限制（如铁路和公路部门）。

　注：此表是根据《系列 1 集装箱　分类、尺寸和额定质量》（GB/T 1413—2008）编写的，删除了原表中的公差部分。

表 7-3　系列 1 集装箱的最小内部尺寸和门框开口尺寸

集装箱型号	最小内部尺寸			最小门框开口尺寸	
	高度/毫米	宽度/毫米	长度/毫米	高度/毫米	宽度/毫米
1EEE	箱体外部高度减去 241	2 330	13 542	2 566	2 286
1EE			13 542	2 261	
1AAA			11 998	2 566	
1AA			11 998	2 261	
1A			11 998	2 134	
1BBB			8 931	2 566	
1BB			8 931	2 261	
1B			8 931	2 134	
1CC			5 867	2 261	
1C			5 867	2 134	
1D			2 802	2 134	

目前，在海上运输中，经常使用的是 1AA 型和 1CC 型集装箱，在实际使用中常以不同长度作为区别的标准，如 6 米（20 英尺）、12 米（40 英尺）集装箱就是指 1CC、1AA 型集装箱。

5. 集装箱的标记

为了在运输过程中便于识别和管理集装箱、编制集装箱运输文件，便于集装箱运输信息的传输和处理，在集装箱的箱体上要标打清晰、易辨、耐久的标记。国内使用的集装箱按国家标准标打；国际间使用的集装箱按国际标准 ISO 6346：1995 标打，但按 1986 年标准标打的集装箱无须另作标记。

国际标准化组织规定的标记有必备标记和自选标记两类，每一类标记中又分识别标记和作业标记。具体来说，集装箱上有箱主代号；箱号或顺序号、核对号；集装箱尺寸及类型代号。

1）必备标记。包括识别标记和作业标记，分述如下。

（1）识别标记。它包括箱主代号、顺序号和校对数。

① 箱主代号。箱主代号是表示集装箱所有人的代号，用四个拉丁大写字母表示（国内使用的集装箱用汉语拼音表示），前三位由箱主自己规定，第四个字母规定为"U"（U 为国际标准中海运集装箱的代号）。表 7-4 为世界一些主要船公司和租箱公司的箱主代号。为了避免箱主代号重号，箱主在使用集装箱前应向本国主管部门登记注册。国际间使用的集装箱，由箱主向国际集装箱局（BIC）登记注册，登记时不得与登记在先的箱主代号重复。

表 7-4　箱主代号

国家或地区	公司中文名	公司英文名	箱主代号
美国	海陆联运公司	SEA-LAND	SEAU
德国	赫伯格·劳埃德轮船公司	HAPAG-LLOYD	HLCU
日本	大阪商船三井航运公司	MITSUI-OSK LINE	MOLU
中国	中国远洋运输公司	CHINA OCEAN SHIPPING LINE	COSU

② 顺序号。顺序号是集装箱的箱号，按国家标准 GB 1836—1997 的规定，由 6 位阿拉伯数字组成，如果有效数字不足 6 位，则在数字前用"0"补足 6 位，如"001234"即一种顺序号。各公司可以根据自己的需要，以类型、尺寸、制造批号及其他参数进行编号，以便于识别。

③ 校对数。校对数是在传输或记录时验证箱主代号和顺序号准确性的手段。位于集装箱号以后，用一位阿拉伯数字加一方框表示，如"COSU001234②"的校对数是 2。

（2）作业标记。它包括以下三个内容。

① 总重和自重。自重是指空箱时的重量，用 TARE：××××千克（kg）或磅（lb）表示；总重是集装箱的自重与最大净货载（Net Weight）之和，用 MAX GROSS：×××××千克或磅表示，它是一个常数，集装箱装载货物时都不能超过这一重量。

② 空陆水联运集装箱标记。由于该集装箱的强度仅能堆码两层，因而国际标准化组织对该集装箱规定了特殊的标志，该标记为黑色，该位于侧壁和端壁的左上角，并规定标记的最小尺寸为：高 127 毫米，长 355 毫米，字母标记的字体高度至少为 76 毫米。

③ 登箱顶触电警告标记。该标记为黄色底各色三角形，一般设在罐式集装箱和位于登顶箱顶的扶梯处，以警告登体者有触电危险。

2）自选标记。也分为识别标记和作业标记。

（1）识别标记具体内容如下。

① 国家或地区代号。在 ISO6346-1995 标准中，国家和地区代号用两个字母表示，用以说明集装箱的登记国，如"CN"表示登记国为中华人民共和国，"US"表示登记国为美国。国家代号可查表得到。

② 尺寸代号。用两位阿拉伯数字表示，用以说明集装箱的尺寸情况，如"20"即 20 英尺长、8 英尺高的集装箱。尺寸代码可查表得到。

③ 类型代号。用两位阿拉伯数字表示，用以说明集装箱的类型，如"30"即为冷冻集装箱。类型代号可查表得到。

（2）作业标记具体内容如下。

① 超高标记，该标记为在黄色底上标出黑色数字和边框，此标记贴在集装箱每侧的左下角，距箱底约 0.6 米处，同时该贴在集装箱主要标记的下方。凡高度超过 2.6 米的集装箱应贴上此标记。

② 国际铁路联盟标记。凡符合《国际铁路联盟条例》规定的集装箱，可以获得此标记。该标志是在欧洲铁路上运输集装箱的必要通行标志。

3）通行标记。集装箱在运输过程中能顺利地通过或进入他国国境，箱上必须贴有按规定要求的各种通行标志，否则，必须办理烦琐的证明手续，延长了集装箱的周转时间。

集装箱上主要的通行标记有：安全合格牌照、集装箱批准牌照、防虫处理板、检验合格徽及国际铁路联盟标记等。

通常，将集装箱标记分为三组，第一组包括箱主代号、顺序号和校对数；第二组包括国家或地区代号、尺寸代号和类型代号；第三组包括总重和自重标记。

以上是集装箱基本的标志，因此，标准要求将上述内容列在易于展示的位置上，要达到在集装箱离地面 1.2 米，观看者距集装箱侧面或端面中部 3 米的地方，能清楚地看到侧面或端面的标志。如果由于位置所限而不能如图列明示，则第一组、第二组标志可写成一行，如"COSU001234□CN2030"。除以上规定标志外，可有自选标志，但以上标志不能缺少。

此外，标准对标志中字体的大小也有具体要求，第一组、第二组高度不小于 100 毫米，第三组高度应不小于 50 毫米，所有字样的宽度和笔画粗细应有适当的比例，字迹应当耐久和不同于集装箱本身的颜色。

7.3　集装箱货物与交接方式

不同货物对集装箱的适用性不同，但是绝大多数货物都是适合于通用型集装箱（即杂货集装箱）的。另外，特种集装箱的运输和装卸费用也高于通用型集装箱，因此在实际工作中应适当选取最适合的集装箱种类。

7.3.1 集装箱货物概述

1. 集装箱货物的概念

集装箱运输方式的出现改变了传统的货运单位，从而有效地克服了传统运输所存在的各种不同的缺陷；但这并不意味着所有的货物都可以成为集装箱货物。

集装箱货物是指以集装箱为单元积载设备而投入运输的货物。通常适宜用集装箱装运的货物具有两个基本特点：一是能较好地利用集装箱的载货能力（重量和容积）；二是价格较高。

2. 集装箱货物的分类

实际上集装箱货物是多种多样的，集装箱货物可按以下方法进行分类。

（1）按适箱程度分类。尽管集装箱运输发展很快，但并不是所有的货物都适合集装箱运输。根据适合装箱的程度，货物可划分如下。

① 最适合装箱货物。指货价高、运费也较高、体积不很大的商品。这一类货物有针织品、酒、医药品、各种小型电器、光学仪器、电视机、小五金类等。

② 适合装箱货物。指货价、运费较适合集装箱运输的货物。如纸浆、电线、电缆、面粉、生皮、皮革、炭精、金属制品等。

③ 边际装箱货物。边际装箱货物，这种货物可用集装箱来装载，但其货价和运价都很低，用集装箱来运输，在经济上不合算。而且，这类货物的大小、质量、包装也难于集装化，如钢锭、生铁、原木、砖瓦等。

④ 不适合装箱货物。这是指从技术上装箱有困难的货物，或货流量大时用专用运输工具运输更适宜的货物。如原油、矿砂等均有专门的运输工具，不宜装箱运输。

（2）按货运特征分类。

① 整箱货（FCL）。指一个货主托运的足以装满一个集装箱的货物。货主向承运人或租赁公司租用一定的集装箱。空箱运到工厂仓库后在海关人员监管下，货主把货装入箱内，填写装箱单，加锁铅封后，交承运人并取得站场收据，最后凭收据换取提单或运单。习惯上整箱货只有一个发货人和一个收货人。

② 拼箱货（LCL）。指一个货主托运的不能装满一个集装箱，须由集装箱货运站或货运代理人将分属不同货主的同一目的地的货物进行合并装箱的货物。承运人接受货主托运的数量不足整箱的小票货，运后根据货类性质和目的地进行分类整理，把去同一目的地的货，集中到一定数量，拼装入箱。习惯上拼箱货涉及几个发货人或几个收货人，货物的装、拆箱作业由承运人负责。

（3）按货物性质分类。

① 普通货。一般通称为百杂货，它是指不需要特殊方法进行装卸和保管，可按件计数的货物总称。普通货又分为清洁货和脏污货两类。

清洁货是指清洁而干燥的货物，在积载和保管时，货物本身无特殊要求，如与其他货物混载不会损坏或污染其他货物，如罐头食品、布匹、陶瓷器、电器制品、玩具等。

脏污货是指容易发潮、发热、风干、融解、发臭或有可能渗出液汁、飞扬货粉、产生害虫而使其他商品遭受严重损失的货物，如兽皮、水泥、石墨、沥青、牛骨、胡椒、樟脑等。

② 特殊货。指在性质上、质量上、价值上或货物形态上具有特殊性，运输时需要用特殊集装箱装载的货物，如冷藏货、活动植物、重货、高价货、危险货、液体货、易腐货、散货等许多种。

冷藏货是指需要用冷藏集装箱或保温箱运输的货物，如水果、蔬菜、鱼类、肉类、鸡蛋、奶油、奶酪等。

活动植物指活的家禽、家畜、其他动物，以及树苗和其他苗木等植物。

重货是指单件货物质量特别大的货物，如重型机械等。

高价货是指价格比较昂贵的货物，如生丝绸缎、丝织品、照相机、计算机及其他电子类产品等。

危险货是指货物本身具有易燃、易爆、腐蚀性、放射性等危险性的货物。危险货物装箱时必须采取特别的安全措施，以保证运输设备及人身的安全。

液体货是指需要装在罐、桶、瓶、箱等容器内运输的液体或半液体货。液体货易泄漏和散发，经常会漏损或污染其他货物，还具有一定程度的危险性。

易腐货是指在运输途中因通风不良，或遇高温、高湿等容易腐败变质的货物。

散货是指食物、盐、煤、矿石等无特殊包装的散装运输的货物。随着集装箱运输的发展，水泥、糖等也可用集装箱散装运输。

（4）按货物包装形式分类。

① 货板货；

② 箱装货；

③ 袋装货；

④ 滚筒货及线圈货；

⑤ 桶装货；

⑥ 大件货；

⑦ 特殊货。

3. 集装箱货物的选择

可以根据不同集装箱类型来选择货物，不同种类货物适合的集装箱类型也不同，如表7-5所示。

表 7-5　集装箱适合运输的货物

集装箱种类	货物种类
杂货集装箱	清洁货、污货、箱装货、危险货、滚筒货、卷盘货等
开顶集装箱	超高货、超重货、清洁货、长件货、易腐货、污货等
台架式集装箱	超高货、超重货、袋装货、捆装货、长件货、箱装货等
散货集装箱	散货、污货、易腐货等
平台集装箱	超重货、超宽货、长件货、散件货、托盘货等
通风集装箱	冷藏货、动植物检疫货、易腐货、托盘货等
动物集装箱	动植物检疫货

续表

集装箱种类	货物种类
罐式集装箱	液体货、气体货等
冷藏集装箱	冷藏货、危险货、污货等

7.3.2 集装箱货物的拼装与交接方式

1. 集装箱货物装载

搞好集装箱货物的配载工作十分重要。为了确保集装箱货运质量，必须注意集装箱货物的合理装载和固定。集装箱货物的装载应做到以下几个方面。

（1）认真检查。装拆箱作业人员在装箱前，应按规定认真检查箱体，检查集装箱外表有无损伤、变形、破口等异样；集装箱内侧六面是否有漏水、漏光、水迹、油迹、残留物、锈蚀；箱门、搭扣件、密封条有无变形、缺损，箱门能否开启180°；发现集装箱不适合装运货物时，应拒绝装箱。

（2）质量分配。货物装箱时，应使货物质量平均分布于集装箱底平面，使箱底承受均匀的载荷。否则，货物质量集中作用于箱底某一点，易导致箱底脱落或底梁弯曲。货物重心偏移时，易导致吊运倾翻或运载工具因前后、左右车轮受力不均，影响安全停车。货物装箱还应保证将外包装坚固和质量较重的货物置于下面，将外包装脆弱、质量较轻的货物放在上面。货物装载质量应以不超过所使用集装箱规定的最大允许载重为限。

（3）衬垫设置。当货物及其外包装有可能被压坏或挤破时，必须在货物之间设置衬垫、夹衬或缓冲材料、货物支架等。

（4）货物固定。集装箱内的货物之间、货物与箱壁之间如有间隙，货物在运输过程中极易窜动、挪动、倾斜，从而造成货物被挤损、倒塌，乃至造成人身伤害。因此，箱内货物必须被固定在各自的位置上。货物固定就是使运输货物在集装箱内不产生位置移动的作业。货物固定的方法通常有支撑、塞紧、系紧及缓冲等。

（5）货物混载。把许多种货物装在同一集装箱内时，要注意货物的性质和包装，如果有可能引起事故，就要避免货物混载。一般货物与强臭货物、粉末货物、危险货物之间不得混载。

（6）货物装箱程序。

① 选定货物在集装箱内部宽度和高度方面的装载方案，并尽可能使其接近集装箱内部的宽度和高度。

② 为了使剩余容积最小，应首先装满集装箱内的宽度和高度，然后确定长度方面应装件数。

③ 装箱方案确定后，从里面开始装，直到箱门处。

④ 在箱门处，可根据剩余容积，适当改变货件的配制方法，但应防止开关箱门时发生货物倒塌。装卸集装箱内货物，应尽量创造条件用机械操作。其装卸作业方式，随箱型或货物品种而异。如散装货箱可用抓斗或皮带机装箱，用倾斜方式卸箱；顶开门式货箱可用起重机装卸；侧开门式货箱可用叉车装卸箱；端开门式大型通用集装箱，可用小型机械出入箱内装

卸箱等。集装箱货物装箱后，装拆箱作业人应缮制货物装箱单，按有关规定施加封志，并按要求在箱体外贴上运输及有关标志。

集装箱装载需要注意的是包装不同的货物应分别装载；有夹角或突出部分的货物之间，应用木板等材料分隔，以免相互损伤；严格遵守货物包装上的规定，如严禁倒置的货物必须正置；包装不整、不牢固、破损货物不装；防止因运输时间长、外界条件差而损害货物的措施必须得力；装箱时应考虑卸箱的难易及所需条件，为卸货创造方便。

2. 集装箱换装作业

将集装箱从一种运输工具上卸下，转装到另一种运输工具上，称为集装箱换装作业。同类运输工具之间，如汽车与汽车、轮船与轮船之间，也会发生换装作业。换装作业有直接换装与间接换装两种方式。

（1）直接换装。这是指将一种运输工具上装运的集装箱，利用装卸机械吊装到另一种运输工具上，如将轮船上的集装箱吊运到汽车或火车上；或将汽车或火车上的集装箱吊装到轮船上；或在汽车与火车之间直接吊装。

（2）间接换装。将集装箱自某种运输工具上卸下后，放置在堆场上，然后再装到另一种运输工具上。集装箱换装作业有垂直式换装与水平式换装两种组织方式。垂直式换装也称吊上吊下式换装。它是利用集装箱跨运车或跨运起重机、叉车、码头上的集装箱桥等，将集装箱从轮船上吊下转装在汽车或火车上（或者相反）。水平式换装也称开上开下式换装。它是利用牵引车在水平方向上移动置于底盘车上的集装箱来进行换装作业的。

3. 集装箱货物的交接地点

（1）集装箱码头堆场（Container Yard，CY）。集装箱码头堆场包括集装箱前方堆场（Marshalling Yard）和集装箱后方堆场（Container Yard），但有些国家对集装箱堆场并不分前方堆场或后方堆场，统称为堆场。在集装箱码头堆场交接的货物，不论是发货港集装箱堆场还是卸货港集装箱堆场，都是以整箱交接。

（2）集装箱货运站（Container Freight Station，CFS）。集装箱货运站是处理拼箱货的场所。它办理拼箱货的交接、配积载后，将集装箱送往集装箱堆场，还接受集装箱堆场交来的进口货箱。集装箱货运站一般包括集装箱装卸港的市区货运站，内陆城市、内河港口的内陆货运站和中转站。在集装箱货运站交接的货物，不论是在起运地集装箱货运站交接还是在到达地集装箱货运站交接都是拼箱交接。

（3）发货人或收货人的工厂或仓库（即门，Door）。在发货人或收货人的工厂或仓库交接的货物都是整箱交接。一般意味着发货人或收货人自行负责装箱或拆箱。

4. 集装箱货物的交付形式

在集装箱运输中交接地点可以是装运地发货人的工厂或仓库和交货地收货人的工厂或仓库（Door），装运地和交货地的集装箱堆场（CY），装运地和卸货地的集装箱货运站（CFS）及装运港和卸货港的船边（Hook or Rail）。因此，集装箱货物的交接方式就可能有以下几种。

（1）门到门交接（Door/Door）。这种交接方式是指承运人在发货人的工厂、仓库接受所托运的货物，然后负责全程运输，直到收货人的工厂或仓库交货为止。

这是一种整箱货运方式，因此货物的装、拆箱作业由货主自理，即发货人负责装箱，收货人负责拆箱，承运人与货主所进行的交接都是以整箱为单位进行的。承运人的责任是保证集装箱数量的正确和外表状况良好，而对箱内货物是不负责交接的。

（2）门到场交接（Door/CY）。这种交接方式是指承运人在发货人工厂或仓库接收货箱后，由承运人负责将货箱运至卸货港集装箱码头堆场交货。

这也是一种整箱货运方式，货物的装、拆箱作业由货主自理，承运人与货主所进行的交接都是以整箱为单位进行的。与门到门方式所不同的是承运人负责的范围变小了，不再负责从目的港码头堆场到收货人所在地的内陆运输，此段运输转由收货人自己负责。承运人的责任是保证集装箱数量的正确和外表状况的良好，而对箱内货物是不负责交接的。

（3）门到站交接（Door/CFS）。这种交接方式是指在发货人工厂或仓库接收货箱后，由承运人负责将货箱运至目的地集装箱货运站交货。

这是一种整箱—拼箱货运方式，货物的装卸作业由发货人负责，而拆箱作业则由承运人负责，即在目的港集装箱货运站拆箱并交付给收货人，承运人不再负责从货运站到收货人所在地的内陆运输，此段运输由收货人自己负责。由于交给收货人时，是进行实际货物交接，而不是以"整箱"为单位进行的，所以承运人的责任是保证货物数量的正确和外表的良好，其货运站可以是集装箱码头货运站，也可以是内陆货运站（中转站）。

（4）场到门交接（CY/Door）。这种交接方式是指在装货港集装箱码头堆场接收货箱，由承运人将货运至收货人的工厂或仓库的交接方式。

这是一种整箱货运方式，由收、发货人分别负责货物的装、拆箱作业，承运人与货主是以"整箱"为单位进行的，与门到门方式所不同的是从发货人所在地到装运港集装箱码头的内陆运输由发货人自己负责，承运人同样要保证集装箱数量的正确和外表状况的良好。

（5）场到场交接（CY/CY）。这种交接方式是指由承运人在装运港的集装箱码头堆场接收货箱，然后负责全程运输，直到目的港集装箱码头堆场交付货物为止。

这是一种整箱货运方式，由收、发货人分别负责货物的装、拆箱作业，承运人与货主是以"整箱"为单位进行作业的，同时保证集装箱数量的正确和外表状况的良好，与门到门方式所不同的是其收货前和交货后的内陆运输分别由发货人和收货人负责。

（6）场到站交接（CY/CFS）。这种交接方式是指承运人在装运港的集装箱码头堆场接受所托运的货物，然后负责全程运输，直到目的港的集装箱货运站交付货物为止。

这是一种整箱—拼箱货运方式，发货人负责装箱，承运人负责拆箱，即在目的港的集装箱货运站拆箱，并将货物交给收货人，因为是进行实际货物的交接，所以承运人应保证货物数量的正确和外表状况的良好，同时承运人不负责收货前交货后的内陆运输，这分别由发货人、收货人承担。

在场到站交接方式下，运输经营人应该尤其注意声明自己的责任，因为整箱接收货物时无法获知箱内货物的状态，而货物按件交付时，货物是否完好的状态就比较明显了，一旦此时发生货损货差，运输营运人将不得不承担相应的责任。

（7）站到门交接（CFS/Door）。这种交接方式是指承运人在装运港的集装箱码头货运站或收货地内陆货运站接受所托运的货物，然后负责全程运输，直到收货人的工厂、仓库交付货物为止。

这是一种拼箱—整箱货运方式，承运人接收的是散件货物（实际货物），而向收货人交付的货物则是以"整箱"为单位的集装箱，所以装箱作业由承运人负责，而拆箱作业由收货人负责，承运人要保证货物数量的正确和外表良好。

（8）站到场交接（CFS/CY）。这种交接方式是指承运人在装运港的集装箱码头货运站或收货地内陆货运站（中转站）接受所托运的货物，然后负责全程运输，直到目的港集装箱码头交付货物为止。与"站到门"方式相比，所不同的是从码头堆场到收货人工厂、仓库所在地的内陆运输由收货人负责。

（9）站到站交接（CFS/CFS）。这种交接方式是指承运人在装运港的集装箱码头货运站或收货地内陆货运站（中转站）接受所托运的货物，然后负责全程运输，直到目的港的集装箱码头货运站或交货地内陆货运站（中转站）交付货物为止。

这是一种拼箱货运方式，货物的装、拆箱作业由承运人负责，交接时以货物为单位，而不是"整箱"交接。因此，承运人必须对货物的数量和外表状况负责，但是收货前和交货后的内陆运输分别由发货人和收货人负责。

了解了集装箱货物、集装箱货物交接方式后，可以清楚地知道货运的四种形态：整箱货——整箱货；整箱货——拼箱货；拼箱货——整箱货；拼箱货——拼箱货。

在不同的交接方式下，承托双方的责任是不一样的，要分清其责任。

7.4　集装箱运输方式

集装箱运输既有各种单独的铁路、水路、公路和航空等方式，又有不同组合的集装箱联运。正确选择集装箱的运输方式，充分利用集装箱优势，提高集装箱运输的效率。

7.4.1　集装箱的铁路运输

集装箱铁路运输主要负担"门到门"的任务，在多式联运中，承担陆地干线运输的责任。铁路的集装箱运输要受到车辆、路线和接发集装箱车站的限制。

1. 铁路运输方式选择

铁路运输方式受集装箱办理车站和路线的限制，进行运输作业时需要作出不同的选择。

（1）选择一般集装箱办理站的集装箱铁路运输。由于受到铁路货站装卸设备和装卸能力的限制，同时还受到发、到货量的限制，不可能所有的铁路货站都能承运集装箱。选择铁路集装箱运输必须首先选择集装箱办理站。

（2）铁路集装箱直达列车。铁路集装箱直达列车和路线班车是发达国家普遍采用的一种高效、快速的集装箱铁路运输方式，采用这种方式可以解决铁路干线运输领域的准时、快速问题。

2. 铁路运输车辆的选择

一般铁路货车均可装运集装箱，但集装箱大小及长度受铁路货车尺寸的制约；普通铁路平板货车虽然可装运集装箱，但自重较大，无效运输较严重，车辆结构也不适于快速装卸和大量运输。所以，除了一般混入运输线以外，专门进行集装箱运输的线路及定期集装直达列车一般都采用集装箱专用车。集装箱运输的专用车主要有以下类型。

（1）梁架式集装箱专用车。此类专用车上没有平底台板，而是将集装箱直接放在梁架的平面之上，并设有锁固集装箱的稳固装置及缓冲装置。

（2）车载车式滚装集装箱货车。此类专用车采用的是低平台平板货车，拖车式集装箱可从货车的一端借助高站台或斜面开上货车，进行"车载车"运输。由于列车运行速度快，装卸速度快而且装运能力大，所以这种运输形式在不少国家普遍采用。在美国，铁路驮背运输方式的直达列车已占相同领域集装箱货运量的44％。这种车载方式运输集装箱，主要好处在于实行"门到门"联运时，免去了烦琐的转运换载装卸，而靠载集装箱的全挂车或半挂车实现"门到门"。

（3）双层集装箱货车。使用铁路运输集装箱时，受通过道路的桥梁、涵洞高度限制，一般货车只能进行单层放置，因而往往达不到货车的载重要求。然而，双层叠放又会出现超高问题，双层集装箱货车采用凹形车底，以降低车底高度。所以采用双层集装箱货车可以大大提高车辆的运载能力。

7.4.2　集装箱的水上运输

在集装箱运输中，尤其是国际集装箱运输，水上运输是很重要的一种方式，船舶是主要的运输工具。国际通用20英尺及40英尺两种大型集装箱，用普通船运输装运量有限，且装运困难，所以近几十年发展出了不同载运能力、载运方式的各种形式的专用集装箱船，这已成为集装箱运输，尤其是集装箱联运的主要运输工具。

1. 集装箱水上运输船舶

目前能载运集装箱的船舶种类很多，其载运能力、载运方式相距甚远。现在主要采用的有以下几种。

（1）吊装式集装箱船。吊装式集装船主要有三种类型：专用全集装箱船；半集装箱船；集装箱—杂货两用船。集装箱入出船作业都采用吊装方式，利用岸上或船上起重设备进行吊装吊卸。

① 专用全集装箱船。它是集装箱专用船，其特点是载运集装箱的数量较多，一般为大开口单甲板，舱内有稳固集装箱的箱格结构，每一箱格可堆放集装箱4～9层。甲板上可堆放集装箱2～3层，并有系紧装置稳固集装箱。

② 半集装箱船。这是一种将部分船舱（中部）作为集装箱专用舱、其余船舱作为普通杂货舱的船舶，船上一般不设装卸集装箱的起重设备。

③ 集装箱—杂货两用船。它属于多用途的货船，这种船主要适于在货种、货流变化量大且未形成有效的集装箱集运系统的航线上采用，往往是集装箱和各种散杂货混载，有很高的灵活性。

（2）滚装式集装箱船。这是指集装箱货载连同牵引车一起驶入船上，车及集装箱一同完成水运或上船后只卸下集装箱而将车辆从船上驶下的方式。连同车辆一起运输的集装箱船，所运的集装箱不能叠放堆码，因而船型必是多层甲板。这种船与码头之间的装卸是在船首、船尾与船侧的开口处，通过跳板将车载集装箱驶上驶下。各层次的沟通主要靠斜坡道或升降机。

滚装式集装箱船其优点是对码头要求较低、装卸速度快、装卸效率高、适应货种多。缺点是仓容利用率低、造价高。在集装箱运输中是一种辅助船型。

（3）载驳集装箱船。它又称子母集装箱船。载有集装箱的驳船浮进载驳船或整体吊入载驳船之后，进行"船载船"的载驳运输，到达目的地后在将载有集装箱的子驳船放入水中。

这种方式又称浮装式集装船。

载驳集装箱船的主要特点是利用小驳船的机动性及通达性将海上干线运输、内航干线运输与小河道、小水域的配送、集货运输有效地连接起来，有利于实现"门到门"运输，尤其是大小船之间的运转，利用载驳集装箱船可以节省转运时间、转运时的费用。

（4）内河集装箱船。它是用于内河航运的专用集装箱船，主要是有自航能力的自航驳船，驳船组队的形式。

内河集装箱船的主要特点是上部建筑简单，有大开口或大甲板便于装卸集装箱。但它受内河航运限制，船体较小，内河水深变化较大，因而主要采用吊上吊下方式进行集装箱装卸。

（5）江海联运型集装箱船。这是一种能在海上和江上运输而不需换运的集装箱船，又有江船出海型和海船进江型两种。这种船有利于江海直达联运，是一种新的船型。

2. 我国集装箱港口布局

我国集装箱港口布局分为北、东、南三大集装箱主枢纽港群。

（1）北部集装箱主枢纽港群。以大连港、天津港和青岛港为主。大连港是东北地区的出海门户。青岛港水深条件好、腹地货源足，越来越受到航运界青睐。中远、马士基和青岛港三国四方合资经营的青岛港前湾二、三期集装箱码头及马士基欧洲线正式首航青岛港便是最好的例证。天津港位于渤海湾最里端，由于地处京津唐经济区，货源较充足。

（2）东部集装箱主枢纽港群。以上海港、宁波港为主。上海港腹地优越，经济发展势头好，逐渐成为国际集装箱中转港之一。宁波港是我国地理位置最优良的港口之一，总长2 138米的集装箱泊位可停靠第5代集装箱船，将与上海和江苏港口共同形成东部集装箱主枢纽港群。

（3）南部集装箱主枢纽港群。以香港港、深圳港和广州港为主。香港港集装箱吞吐量目前已经稳坐世界第一的宝座。与香港港比邻的深圳港，集装箱吞吐量连年攀高，深圳港大铲湾码头的建设使目前较为紧张的集装箱通过能力得到有效改善。随着香港、澳门两地与内地经贸联系的加强，制造业不断向中山、广州等地延伸，加之广州港龙穴岛集装箱码头的投产，广州港将和香港港、深圳港一起实现"共同构成亚太地区超一流国际航运中心"的目标。

7.4.3 集装箱的公路运输

集装箱公路运输是集装箱运输的重要运输形式，尤其是集装箱"门到门"汽车直接运输和联运系统，集装箱公路运输是不可或缺的首尾运输重要环节。对于大型集装箱而言，集装箱公路运输也进行长距离的干线运输。

1. 集装箱公路运输车辆

集装箱公路运输可选择以下车辆运输集装箱。

（1）集装箱半挂车。集装箱半挂车又分为平板式、梁架式、浮动轮式及伸缩梁架式若干种。其基本结构是：半挂车前部有支脚或浮动轮，后部为承重轮。在运输时，前部搭放于拖车之上和拖车一起形成一个整体，集装箱自重及挂车自重由拖车和挂车共同承重。几种半挂车中，梁架式有较强的专用性，挂车车体较轻，因而运输耗能较少。平板式属于多用型，除了用于集装箱运输之外还可以装运其他多种大重量、长尺寸货物，专用性较高，车身重量较大，因而运输集装箱的技术经济效果不如梁架式。

（2）集装箱全挂车。全挂车车体是无动力可行走式车体，挂车完全承载集装箱，进行短距离移动时，可用各种小型车辆拉动，进行长距离集装箱运输时，接上拖车形成集装箱全挂列车。这种车型用于国际大型集装箱时，则列车总长度太长，运行产生不便，一般用于小型集装箱，采用较短的全挂车。

（3）集装箱自装自卸车。这是一种车上带有装卸集装箱设施的特殊形式的集装箱车。在开展集装箱"门到门"运输时，在一端或两端缺乏装卸工具时，采用这种车型十分有利，是开展集装箱"门到门"运输的重要车辆。

2. 公路集装箱货物运输的经营范围

公路集装箱货物运输的经营范围如下。

（1）海上国际集装箱由港口到内陆腹地的延伸运输、中转运输及在内陆中转站进行的集装箱交接、堆存、拆装、清洗、维修和集装箱货物的仓储、分发等作业。

（2）由国内铁路集装箱中转站至收、发货人仓库，以及车间、堆场间的门到门运输及代理货物的拆装箱作业。

（3）由沿海、内河国内水运向腹地的延伸运输、中转运输或至货主间的短途门到门运输。

（4）各城市之间干线公路直达的集装箱运输。

（5）内地与港澳之间及其他边境口岸出入国境的集装箱运输、接驳运输和大陆桥运输。

3. 公路集装箱运输的形式

在集装箱运输过程中，根据货物发、收批量的不同，集装箱货物可分为整箱货货流和拼箱货货流两种形态。相应地，集装箱公路运输，有以下四种流转方式。

（1）发量大收量也大的货物：整箱货装箱——集装箱运输——整箱货拆箱。

（2）发量大收量小的货物：整箱货装箱——集装箱运输——拼箱货在货运站拆箱。

（3）发量小收量大的货物：拼箱货在货运站装箱——集装箱运输——整箱货拆箱。

（4）发量小收量也小的货物：拼箱货在货运站装箱——集装箱运输——拼箱货在货运站拆箱。

可以看出，采用整箱货还是拼箱货来完成集装箱货物运输，主要取决于集装箱的货流。

7.4.4 集装箱大陆桥运输

1. 大陆桥运输概述

所谓大陆桥运输（Land Bridge Transport），是指以集装箱为主要运输工具，以横贯大陆的铁路、公路运输系统作为中间桥梁，把大陆两端的海洋连接起来的运输方式。因其是以集装箱为主要运输工具，陆上运输主要依托国际铁路来完成，所以大陆桥运输又称为国际铁路集装箱运输。

大陆桥运输的优越性主要表现在可简化理货、搬运、装卸、储存、保管等作业环节；集装箱经海关铅封，中途不用开箱检验，可以迅速转换运输工具；缩短货物运输时间，节省运输费用；提高货运质量，降低运输成本。

2. 北美大陆桥

北美大陆桥是指从日本港口海运至美国或加拿大西部（太平洋沿岸）港口卸货，再用铁路将集装箱运至美、加东海岸（大西洋沿岸）或墨西哥湾港口，经海运运往欧洲或相反方向的运输路线。

（1）美国大陆桥。美国大陆桥运输始于1967年，它包括两条路线，一条是连接太平洋与大西洋的路线，另一条是连接太平洋与墨西哥湾的路线。

（2）加拿大大陆桥。加拿大大陆桥运输于1979年开通使用，与美国大陆桥是平行的，是连接太平洋与大西洋的大陆通道。

（3）小陆桥。所谓小陆桥运输，也就是比大陆桥的海—陆—海运输缩短一段海上运输，成为陆—海或海—陆联运方式的运输。

美国小陆桥是在1972年由美国的船公司和铁路公司联合创办的，它是将日本或远东至美国东部大西洋口岸或美国南部墨西哥湾口岸的货运，由原来的全程海运改为由日本或远东装船至美国西部太平洋口岸或南部墨西哥湾口岸，以陆上铁路或公路作为桥梁把美国东海岸与西海岸和墨西哥湾连接起来。

还有一种微桥运输即微型陆桥运输，就是没有通过整条陆桥，而只利用了部分陆桥区段，是比小陆桥更短的海陆运输方式，又称为半陆桥运输。美国微型陆桥运输是指从日本或远东至美国中西部地区的货运，由日本或远东运至太平洋港口后，再换装铁路或公路续运至美国中西部地区。

3. 欧亚大陆桥

欧亚大陆桥（如图7-1所示北边的铁路线）因经西伯利亚铁路所以又称西伯利亚大陆桥，它是由远东或日本海运至俄罗斯东部港口，跨越西伯利亚铁路，再以铁路、公路或海路将集装箱运往欧洲或中东、近东地区或相反方向。

在大陆桥运输中，日本—欧洲、中近东（伊朗、阿富汗）之间的西伯利亚大陆桥是最典型的多式联运链。它是远东—欧洲间运输距离最短的一条运输链，可实现集装箱的门到门运输。

欧亚大陆桥运输具有下列特点。

（1）运距短、时间快。东起纳霍德卡西至荷兰鹿特丹，约13 000公里。如从天津运至赫尔辛基，海运运距23 200公里，时间为60天；大陆桥运距为9 485公里，比海运减少13 715公里，运输时间20天，提高了40天左右。

（2）费用少。费用包括运杂费和包装费用。从中国至欧洲内陆、伊朗、阿富汗的大陆桥运费比海运少。大陆桥运输可节省外包装材料，因此可以降低货物运输的成本。

（3）手续简便。大陆桥运输属于多式联运，因此托运人只需办理一次托运，凭一张运输单据即可从发货地直接装箱发运，完成全部手续。

（4）结汇快。运输公司接受发货单位委托后，将货物装箱完毕施封后立即签发联运提单，发货单位即可凭联运提单向银行办理结汇。

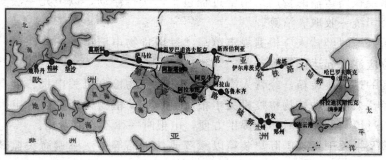

图 7-1　欧亚大陆桥示意图

4. 亚欧大陆桥

亚欧大陆桥是指从中国连云港经新疆阿拉山口西至荷兰鹿特丹及相反方向的运输路线，是跨及欧亚大陆的又一条大陆桥（如图 7-1 所示南边的铁路线）。

与欧亚大陆桥相比具有以下特点。

（1）运程短、运期短、运费少。亚欧大陆桥全长 10 837 公里，欧亚大陆桥全长 13 000 公里，可缩短运程 2 163 公里，可缩短运期 4 天左右，显然还可以减少运费。根据中国铁路现行规定，由阿拉山口的国境站接入过境中国铁路，经国境站和港口站出境及其相反方向，过境大吨位集装箱货物运费的计算系数为 0.3，运费还可以减少。

（2）东桥头堡具有多桥头堡的条件。除连云港主桥头堡之外，还有北边的青岛、日照，天津南面的上海、宁波、福州、厦门、广州、湛江港口和深圳北站等，在货流、箱流、车流和运输组织上具有充分的回旋余地。欧亚大陆桥，只有同属一个港并相距很近的纳霍德卡和东方港，基本上是独桥头堡。

（3）东桥头堡无封冻期。亚欧大陆东桥头堡的海港中，最北面的青岛港位于北纬 36°，最南边的湛江港位于北纬 21.2°，均为全年不冻港。欧亚大陆桥的纳霍德卡和东方港都位于北纬 45°，每年有 3 个月的冻结期，需要用破冰船经常破冰才能保证船舶的正常航行，而且桥头堡和沿途天气多变、通过能力已达到饱和状态。

5. 大陆桥货物的托运

（1）过境集装箱箱型应符合 ISO 的规定。目前只办理普通型 20 英尺、40 英尺箱。其他如冷藏、板架、敞顶等专用集装箱的运输需临时商定。

（2）各种武器、弹药及军需品、鸦片、吗啡、海洛因、可卡因、烈性毒品及动植物不准过境运输。

（3）办理过境集装箱的中国口岸目前有连云港、天津、大连、上海、广州港和阿拉山口、二连、满洲里、深圳北铁路车站。

（4）过境集装箱在港口的装卸船费、堆存费及装卸车费等实行包干，按现行规定支付。各港应对集装箱的提取、装卸、转运提供方便。

（5）我国办理过境集装箱运输的全程经营人为中国铁路对外服务总公司、中国对外贸易运输总公司、中国远洋运输公司、中国外轮代理公司及其在口岸所在地分支机构和口岸所在地政府指定的少数有国际船、货运代理权的企业。办理过境集装箱铁路运输的中国段经营人为中国铁路对外服务总公司。

过境集装箱经铁路运输的费用采用全过程包干，实行浮动，以美元一次支付，由中国铁路对外服务总公司统一收取、清算。

过境集装箱入境时经营人应根据规定填写"过境货物申请单"一式两份，向入境地海关申报。申报单位应注明起运国和到达国。

对来自疫区的过境集装箱，经营人需向卫检、动植物检疫机关申报。装有动植物产品的过境集装箱，经营人需向动植物检疫机关申报。卫检、动植物检疫机关对申报的过境集装箱应简化手续，为过境集装箱及时转运提供方便，申报时一律不收取费用。

在口岸联检及报关中发现国际集装箱以藏匿或伪报品等手法逃避海关监督、装运禁止过境的货物时，由海关按我国有关规定处理；箱体外形完整、封标无损且未发现违法或可疑的情况下，可只作外形查验，为过境集装箱提供方便。

（6）过境集装箱原则上由经营人办理运输保险或保价运输。

7.5　综合一贯制与托盘化运输

伴随着现代社会物流业的迅猛发展，综合一贯制运输作为物流运输的一种重要形式，在现代物流组织中越发显得重要。集装箱运输的发展形成了现在成熟的运输体系，也带动了全球航运的相关产业的发展。托盘的出现也促成了集装箱和其他集装方式的形成和发展，目前托盘已是和集装箱一样重要的集装方式，形成了集装系统的两大支柱，它们在现代物流运输体系的建立过程中起到重要作用。

7.5.1　综合一贯制运输

综合一贯制运输是以集装化、托盘化运输为配合手段，集装箱、托盘作为连接各种运输工具的通用媒介，充分利用所有运输方式的长处，把它们中的两种以上的运输方式有机地结合起来，实行多环节、多区段、多工具，相互衔接进行货物运输的一种方式。

1. 综合一贯制运输的特点

综合一贯制运输可以把卡车的机动灵活和铁路、海运的成本低廉及飞机的快速等特点结合起来，通过优势互补，提高运输效率，降低运输成本，完成门到门的运输。具体特点如下。

（1）手续简便。在综合运输中发货单位在发货时，只要在起始地一次办理好运输手续，收货方在指定到达站即可提取运达的商品，它一次起票，全程负责。

（2）实现门到门运输。综合运输实行全程负责、多种运输方式综合使用，能很便利地实现门到门运输，这对于保证供应链管理和产、销、物结合管理目标的实现具有重要的推动作用。

（3）运费低廉。交通运输部门规定，凡交通部门直属运输企业，对综合运输的运费一律核减 15％；地方经营船舶运输时，运费一律核减 10％。此外，我国还规定凡是交通运输部门能办联运的一律不办中转业务。

2. 综合一贯制运输的形式

我国目前实现的综合一贯制运输可分为两大类：一类是运输部门之间的联运；另一类是产、供、销之间的运输复合。前一类是由两种以上的运输方式或是同一运输方式不同区段的联运，其形式有水陆联运、水上联运、陆陆联运、陆空联运等；而后一类联运目前已发展为所谓的"一条龙运输"。

（1）水陆联运。是指船舶运输与铁路运输相衔接的一种运输形式。按距离可以划分为陆路—水路（路水）、水路—陆路（水陆）两段联运；水路—陆路—水路（水陆水）、陆路—水路—水路（陆水水）三段联运；以及水路—陆路—水路—陆路（水陆水陆）四段联运等几种形式。

（2）水上联运。是指同一水系不同路线，或同一水运路线不同类型船舶之间的接力运输形式。具体形式有：江海联运、江河联运、河海联运、海江河之间的联运。

（3）陆陆联运。即铁路与公路相互衔接的运输形式。

（4）陆空联运。即公路与飞机相互衔接的运输形式，一般形式为汽车—飞机—汽车（航空集装箱）。

（5）一条龙运输。它是产、供、销大协作的运输形式，参加的部门有路、港、船、货等各个方面。"一条龙运输"打破了一切路界、港界、厂界，把产、供、销多种运输方式及运输企业各环节之间全面贯穿起来，可以说它是供应链管理的表现形式之一。从本质上体现了产、供、销之间的新型合作关系。由于采用了四定（定船、定运量、定周转期、定泊位），有利于增大运输力；由于充分利用水运，也可以节约运输费用，有利于及时供应市场。

3. 综合一贯制运输的推进措施

为了加快综合一贯制运输的发展，社会各界都应采取一些积极措施。

（1）铁路和海运要大力提高运输服务水平。

（2）铁路和海运要设法减少企业的运输成本。

（3）提高铁路的运输能力。如加长集装箱列车编组；实行公路、铁路集装箱联运；实施SVS（敞式、半敞式、封闭式运输系统）运输；研制开发牵引力强的货运机车；延长货车的错车线路；扩大货运车站等。

（4）提高海运运力。可以改善内航集装箱船、滚装船、汽车专用船和长距离渡船等的运输条件，加强码头建设。

（5）以卡车运输为中心，开展协同一贯运输。

（6）为推进联运，卡车运输业、铁路、海运业和货主等各方应建立战略互助关系。

（7）货主应提高认识，积极推进联运。

7.5.2 托盘化运输

托盘化运输又称一贯托盘运输，它是将载货托盘货体，从发货人开始，通过装卸、运输、转运、保管、配送等物流环节，最后将托盘货体原封不动地送达收货人的一种"门到门"运输方法。

由于采用了托盘，在物流过程中的各个环节都可以以托盘货体整体作为处理对象，而不需要逐个处理每件货物，在减少货物装卸次数、节省运输费用、减少事故和货损的发生、加快物流速度方面取得很好的效果。

1. 托盘的种类

托盘是一种用于机械化装卸、搬运和堆放货物的集装工具，由两层铺板中间夹以纵梁（或垫块）或单层铺板下设纵梁（或垫块、支腿）所组成。在托盘上集装一定数量的单件货物，并按要求捆扎加固，组成一个运输单位，它是一种随货同行的载货工具。

托盘最初是在装卸领域出现并发展的，在应用过程中又进一步发展了托盘作为储存设施，作为一个运输单位的重要作用，使托盘成了物流系统化的重要装备机具，对现代物流的形成，对物流系统的建立起了不小的作用。

托盘可以分为以下几种。

（1）平板托盘。一般所说的托盘，主要是指平板托盘，它是托盘中使用量最大的一种。平板托盘又进一步按三个条件分类。

① 按托盘台面分类。按托盘承托货物的台面可分成单面型托盘、单面使用型托盘和双面

使用型托盘、翼型托盘四种。

　　• 单面型托盘。只有一个有铺板，结构强度小，适用于轻载荷或小型托盘。这种型式的托盘一般不能用于堆垛。

　　• 单面使用型托盘。这种型式的托盘两面均有铺板，但只有一面是载货面。一般多使用这种型式的托盘。

　　• 双面使用型托盘。这种型式的托盘两面均有铺板，并且都是载货面，强度也大，可以放在滚筒输送机上运送，也可堆垛，多用于运输行业中。

　　• 翼型托盘。又分为单翼型和双翼型两种。单翼型上铺板的两端突出纵梁侧面，在用起重机搬运时供吊挂之用。双翼型上、下铺板的两端都突出纵梁侧面，其用途与单翼型相同。

　　② 按叉车叉入托盘的方式分类。有双向叉入型、四向叉入型。

　　• 双向叉入型托盘。这种托盘在面对的两个方向有插口，结构强度大。通常使用的托盘多为这种型式。

　　• 四面叉入型托盘。这种托盘四侧都有插口可以插入货叉。在铁路货车、载重汽车及仓库内部需要变换托盘的方向来堆垛作业时多采用这种型式的托盘。

　　③ 按制造材料分为木制平板托盘、钢制平板托盘、塑料平板托盘、纸制平板托盘四种。

　　• 木制平板托盘。它制造方便，便于维修，自重也较轻，装载的货物不打滑，价格也比较便宜，是目前世界各国使用最广泛的一种托盘。

　　• 钢制平板托盘。它最大的特点是强度高，使用寿命长，不易损坏和变形，维修工作量较小。但它造价较高，自重较大，货物较容易打滑，人力搬运较为困难。

　　• 塑料平板托盘。它的主要特点是体重较轻、耐腐蚀性能强、卫生、可着各种颜色分类区分，由于这种托盘是整体结构，不存在透钉刺破货物问题，但塑料承载能力不如钢、木制托盘。造价高、挠度大，容易打滑，有待研究改进。

　　• 纸质平板托盘。又称滑片，为一厚实纸片，成本很低，供一次性使用，但需与专用叉车配合作业。

　　(2) 柱式托盘。柱式托盘的基本结构是托盘的四个角有固定式或拆卸式的立柱，这种托盘的进一步发展又可从对角的柱子上端用横梁连接成门形框架。这种托盘在从棒料与管材等长型物料的储存搬运到商品陈列的广大范围都可以应用。

　　柱式托盘的立柱主要作用有两个：一是防止托盘上所置的货物在运输、装卸等过程中发生塌垛；二是利用立柱支撑承重，可以将托盘货载堆高叠放，而不用担心压坏下面托盘上的货物。

　　(3) 箱式托盘。箱式托盘的基本结构是沿托盘的四个边由板式、栅式、网式等各种平面组成箱体，有些箱体上有顶板，有些箱体上没有顶板。箱板有固定式、折叠式和拆卸式三种。在公路等零散货物的存放或铁路、载重汽车等的杂货运输等方面使用最多。

　　箱式托盘的主要特点有两个：一是防护能力强，可有效防止塌垛，防止货损；二是由于四周有护板、护栏，这种托盘的装运范围较大，不但能装运那些可整齐码垛的包装货物，也可装运各种异形、不能稳定堆码的物品。

　　(4) 轮式托盘。箱式托盘的基本结构是在柱式、箱式托盘下部装有小型轮子，这种托盘不但具有一般柱式、箱式托盘的特点，而且可利用轮子做短距离移动，可不用搬运机具实现搬运。可利用轮子做滚上滚下的装卸，也有利于在装入车内、船内后移动其位置，所以轮式托盘有很强的搬运性。此外，轮式托盘在生产物流系统中还可以兼做作业车辆。

（5）特种专用托盘。上述托盘都有一定的通用性，可以适合装运多种中、小件。杂、散、包装货物。由于托盘制作简单，造价较低，所以某些较大数量运输的货物，可以制出装载效率高、装运方便的专用托盘。目前各国采用的专用托盘种类很多，都在某些特殊领域发挥作用。例如，航空货运或行李托运使用的航空托盘、平板玻璃集装托盘、油桶专用托盘、轮胎专用托盘等。

2. 托盘的特点

托盘作为一种集装化运输的工具，具有以下特点。

（1）自重量小。用于装卸、运输，托盘本身所消耗的劳动力较少，无效运输及装卸相比集装箱较少。

（2）容易返空。托盘在返空时占用运力很少，由于托盘造价不高，又很容易互相替代，互以对方托盘抵补，所以无须像集装箱那样必有固定归属者，也无须像集装箱那样返空。即使返运，也比集装箱容易。

（3）装盘容易。无须像集装箱那样深入到箱体内部，装盘后可以采用捆扎、紧包等技术处理。

（4）托盘能集中一定数量，比一般包装的组合量大得多。

托盘的主要缺点是对货物的保护性比集装箱差，露天存放困难，需要有仓库等配套设施。

3. 托盘作业的优点

（1）装卸效率高。使用托盘作业，用机械可一次装卸较多数量的货物，缩短作业时间，节省劳动力。由于装卸时间缩短，可以缩短这些运输工具的停留时间，提高其利用率，而且由于使用叉车，可使高层堆垛便利迅速，并能有效利用空间。用于托盘作业的装卸机具一般多是移动式的，因此，可以通过机动运用这些设备来提高其利用率。因为是集装单元货物，减少了换装货物次数，从而可以避免较大的损失。由于托盘的自重量小，因此，在货物的装卸、运输中托盘所消耗的劳动力较少，无效运输及装卸与集装箱相比，相对较小。

（2）可实行货物统一集装化。尽管货物的品种和形状不一，但一旦码放在托盘上，就变成完全同样的统一集装货物，从而可以有计划地实现标准化作业，提高工作效率；也可以把货物放在输送线上，实现搬运自动化。

往往容易错误地认为只有同一品牌的大量货物才能实行托盘运输，其实，这种作业系统更适合于有多种货物的情况。只要把多个托盘按不同的货物品种或按运往地点分开，就不必担心会造成不同品牌或不同运往地点混杂的现象，而且保管场地也容易整理。

（3）搬运灵活。托盘装载货物，经常得处于容易移动的状态，或者说处于所谓活动货物的状态。本来，对货物多次装卸搬运是不利的，所以用人力搬运货物时，必须小心作业，防止货物破损。但装在托盘上的货物，只要有机械，即可简单地把全部集装货物一次搬动，即使是经过多次搬运货物也比较安全。这对那种出入作业频繁、保管多品种货物的所谓中转仓库来说，与人工操作相比，可以大大提高保管效率。

由于使用托盘搬运货物灵活，在货物流通过程中各交接点的调配工作也比较容易进行，在车站的汽车和铁路货车之间，以及在港口汽车和船舶之间换装货物时，在运输交接点将货物从某一运输工具直接换装到另一运输工具，总有一些等待时间，为了消除这种浪费，可以把货物暂时装到托盘上，或者把已经装在托盘上的货物暂时存放，这样，运输工具就不用等待了，这也是搬运灵活性好带来的优点。

（4）有利于保护货物。码放在托盘上的货物不需逐件搬动，从而可以防止货物的破损、污损、丢失、混装等现象。

码盘货物的包装可以简化，或者不用单件包装而把货物包装本身做成托盘单元的大小，这样可以更加节约包装费用。码放在托盘上的货物在储存时可以防止受潮和损坏，需要通风的货物，装在托盘上码垛起来效果也较好。

4. 托盘的使用及管理

物流托盘化是物流集装化的一种重要形式，它是实现货物装卸、储存等物流作业机械化的基本和必要的前提。我国的物流托盘化仍然是一个十分薄弱的环节，在物流系统化组织设计中要解决的主要是托盘标准化、系列化及托盘经营的流通问题，其中托盘标准化是首要问题。我国物流托盘化起点低，直接以国际标准作为规范的依据比较适宜。

（1）托盘的使用。托盘的使用有两种方法：托盘联运和托盘专用。

① 托盘联运。托盘联运是托盘的重要使用方式。托盘联运又称一贯托盘运输，其含义是将载货托盘货体从发货人开始，通过装卸、运输、转运、保管、配送等物流环节将托盘货体原封不动地送达收货人的一种"门到门"运输方法。

托盘联运是社会化的问题，很难在一个行业、一个部分或一个小地区范围自行解决，因此，要解决托盘联运问题，必须实行全社会统一的托盘技术标准和托盘管理制度。

实行联运的托盘有固定的尺寸标准和有限的种类。我国联运托盘主要有三个规格：800毫米×1 000毫米、800毫米×1 200毫米、1 000毫米×1 200毫米。联运用的托盘都采用平托盘，以便于叉车、货架、仓库的标准化。

② 托盘专用。各个产业领域，各个流通领域，各工厂、车间、仓库内部都存在提高工效，追求物流合理化的问题，因此，托盘专用也是托盘使用的一个不可忽视的领域。

托盘专用即按某一领域的要求，在这个领域的各个环节，采用专用托盘作为贯通一气的手段，实际上是一个小领域的托盘联运。

托盘联运则可根据某一领域的特殊性选择设计效率最高的专用托盘，而无须照顾社会物流标准化的要求，因而，托盘的选择更合理，在这一领域中有其他领域无法比拟的技术经济效果。如平板玻璃专用托盘解决了其他种类托盘不能解决的立装、紧固等问题，是托盘专用的典型例子。但是，专用托盘的流通，有时要配以专用机具、设施，会降低这些机具设施的使用效率，限制了它的发展，这是专用托盘的缺点。

（2）托盘的管理和联营体系。由于联运托盘种类少，尺寸及材料大体相同，托盘价格相差不大，因此，不像集装箱那样严格计划返运，也不像集装箱那样有明确的不可变的归属。基于这个特点，托盘可以只保留一个数量的归属权，具体托盘则可以在联营系统中广泛进行交换，而不强调个别托盘的归属和返盘。

联营共用托盘有以下几种方式。

① 对口交流方式。有关单位之间签订协议，各单位所属托盘可在若干有关单位之间运营，共同承担接收、回送等义务，到一定时期清算。

② 即时交换方式。以运输承担人和发货人为双方，当发货人发出一批托盘后，运输承担人则给予发货人同等数量的托盘。这种方式在趋近一体化的欧洲采用颇为广泛。

③ 租赁方式。托盘由托盘公司所拥有，托盘公司在各地设营业点，货主自己不备托盘，使用时从附近租赁公司租用，接货后空盘就近归还租赁公司，托盘公司拥有全部托盘并调配、维修、更新托盘。这是一种社会化很强的托盘管理形式。

④ 租赁交换并用方式。这种方式是在运输当事人与货主之间采用交换方式，而与托盘公司之间采用租赁方式。

⑤ 结算交换方式。这是针对即时交换方式而制定的。即时交换方式容易出现现场空托盘数量不足的情况，空托盘无法及时回收与返还，致使托盘货物滞留，而影响整个发送过程进行。采用结算交换方式，其托盘的流动方式与即时交换方式程序相同，只是不须在现场交换托盘，通过传票处理，在规定的日期内返还即可。对不能按期返还的或造成丢失的要支付赔偿金。由于该方式对托盘回收、返还的责任范围等有明确规定，因而较即时交换方式更有优越性。

托盘经营方式合理与否是提高托盘流动性的关键因素。托盘标准化、系列化是提高托盘流动性的基础。只有切实做好托盘租赁、交换、交流等的组织设计，才能实现托盘装卸、搬运、储存、运输、配送、销售等。使托盘化物流活动顺畅运行。

5. 推行托盘化运输的要点

（1）为使一贯托盘化运输取得成功，发货单位、收货单位、物流业者和托盘租赁业者必须共同努力。

（2）公正地分配有关投资费用和收益。

（3）确立防止货物散落崩塌的对策（不要把货物沿水平方向向外延伸，尽量使用防止货物散落的简易方法等）。通过变更捆包模式或改变交易单价确立防止货物散落的对策。

（4）设立共同回收机构。

① 从托盘租赁公司租赁。

② 在行业内部设立共同回收机构。

③ 立即交换托盘（在收发之间使用同一种规格）。

④ 行业内部托盘共同利用。

⑤ 使用押金制度等办法回收托盘，提高托盘的回收率和使用效率。

（5）提高装载率。通过：

① 使用标准托盘；

② 提高总装载效率；

③ 采用循环运输配送系统；

④ 使用托盘缩短装卸时间，提高卡车的周转效率以弥补装载率的下降。

（6）采用标准托盘。采用改变捆包的办法、一贯托盘化运输效率宣传等促进措施或优惠措施。

（7）普及叉车，提高收货单位的作业效率；对于订货单位则要求它们使用托盘单元或面积单位订货。

（8）促使运输车辆改变型号，使之适合用来实行一贯托盘运输。

（9）统一物流机器设备规格。确立购进机器设备的检验体制，机具要相互配套，以推进一贯托盘化运输的发展。

复习思考题

一、基本概念

集装箱　集装箱运输　大陆桥运输　综合一贯制运输　托盘化运输

二、选择题

1. 液体货、气体货适合选用的集装箱类型是(　　　)。

A. 开顶集装箱　　　　　B. 平台集装箱　　　　　C. 罐式集装箱　　　　　D. 台架式集装箱

2. 下列关于集装箱单证英文和中文名称对应正确的有(　　　)。

A. 收货单 (Mate's Receipt)　　　　　　B. 港站收据 (Dock Receipt)

C. 装货单 (Shipping Order)　　　　　　D. 装货清单 (Manifest List)

3. 下列属于一个发货人发货给几个人收货人收货的货物组织形式是(　　　)。

A. 拼箱货装，整箱货拆　　　　　　B. 拼箱货装，拼箱货拆

C. 整箱货装，整箱货拆　　　　　　D. 整箱货装，拼箱货拆

4. 下列运输经营人以拼箱形态接受货物，以整箱形态交付货物的交接方式是(　　　)。

A. CFS to CY　　　　B. CFS to CFS　　　　C. CY to CFS　　　　D. CY to CY

5. 我国联运托盘的规则尺寸主要有(　　　)三个规格。

A. 800 毫米×800 毫米　　　　　　B. 800 毫米×1 000 毫米

C. 800 毫米×1 200 毫米　　　　　　D. 1 000 毫米×1 000 毫米

E. 1 000 毫米×1 200 毫米

6. 以下有关大陆桥运输的描述，(　　　)是正确的。

A. 陆上运输主要依托国际铁路

B. 可简化理货、搬运、装卸、储存、保管等作业环节

C. 可缩短货物运输时间，节省运输费用

D. 跨越国界时，需开箱检验

7. 北美大陆桥包括(　　　)。

A. 美国大陆桥　　　B. 西伯利亚大陆桥　　　C. 加拿大大陆桥

D. 亚欧大陆桥　　　E. 小陆桥

8. 办理过境集装箱的中国口岸目前有(　　　)。

A. 阿拉山口　　　　B. 青岛　　　　C. 天津

D. 满洲里　　　　E. 厦门

三、判断题

1. 大型集装箱其总重应大于等于 30 吨。(　　　)

2. 集装箱的尺寸按国际标准化组织和国际标准分类，国际标准集装箱系列共分 13 种。(　　　)

3. 罐式集装箱是专运散料集装箱。(　　　)

4. 集装箱在托运人处签封一单到底，途中不拆箱。(　　　)

5. 场到门交接是一种整箱—拼箱货运方式。(　　　)

6. 我国联运托盘大多采用平托盘，以便于叉车、货架、仓库的标准化。(　　　)

四、思考题

1. 开展集装箱运输需具备什么基本条件？
2. 集装箱货物的交接方式有哪几种？
3. 集装箱货流有哪几种组织形式？
4. 结合我国实际情况，试述发展集装箱运输的意义。
5. 联系实际，试述为了加快综合一贯制运输的发展，应采取哪些积极措施。
6. 简述集装箱运输与托盘化运输的区别与联系。

 本章案例

中远集团的集装箱运输与新亚欧大陆桥

随着中国北疆铁路与哈萨克斯坦上西铁路接轨，一条濒临东海连接我国主要港口，西出新疆阿拉山口、横穿亚欧大陆、终抵大西洋东岸西欧各港口的新亚欧大陆桥已全线贯通。这条新大陆桥的开通，对于形成亚欧非三大洲、太平洋、大西洋的物流新格局，促进我国中、西部地区的对外开放，加强我国远洋运输在国际集装箱运输中的地位，都具有重要的意义和作用。

1. 中远集团的国际集装箱运输

作为中国最大的航运企业集团，中远集团在发展远洋航运事业方面紧跟世界科学技术前进的步伐，从船舶运输、国际物流、信息处理等方面，均应用了世界最先进的技术。目前，中远集团拥有各类大型运输船舶 579 艘 1 662 万载重吨，航行于世界 150 多个国家和地区的 1 100 多个港口。其中集装箱运输船队数量居世界各航运公司第二位，共拥有船舶 156 艘，总箱位 17.4TEU。1995 年完成集装箱运量 307 万余 TEU。中远集团是以中国远洋运输（集团）总公司为核心，由中远集装箱运输总部、中远散货运输总公司、中远国际货运总公司、中国外轮代理总公司、中国船舶燃料供应总公司等大型企业组成，是以国际航运为中心，集多种业务为一身，跨国家、跨地区、跨行业经营的大型企业集团。

国际集装箱运输是中远集团的龙头产业之一。1994 年以来陆续投入了技术先进的 3 500～3 800TEU 全集装箱船 13 艘，服务航速达 23.5 节，比原有集装箱船提高近 30%，可缩短交货期，提高了服务质量，降低了运输成本，使中远集团在世界三大航线的集装箱船的单船载箱量有了很大的提高。

中远集团于 1994 年年底又相继订造了世界最大的 5 250TEU 超巴拿马型集装箱船 6 艘，这批船投入营运后，大大提高了中远集团运输国际集装箱的能力。

在大陆桥的利用方面，中远集团作为跨国运输公司，除已充分利用北美大陆桥实现国际集装箱运输的多式联运以外，从国内已通过全国八个最大的口岸站天津、大连、广州、上海、青岛、满洲里、二连、深圳等接运国际集装箱。为了促进新亚欧大陆桥集装箱运输的沟通，已开辟由天津港经二连至内蒙古及从阿拉山口出境的陆桥集装箱运输，收到了很好的效果。

2. 国外大陆桥运输

大陆桥一般系指利用贯穿大陆的多种运输方式作为连接海洋与大陆或大陆与海洋之间的桥梁，构成的国际间联合运输。目前世界上主要的大陆桥运输线路有两条。

（1）贯穿北美东西海岸的北美大陆桥。跨越 4 500 多公里的、加东西部有数条铁路线从太平洋岸到大西洋岸。美国柏灵顿铁路公司，每日从西雅图港开出八列双层列车，能连接美国其他铁路，妥善回转集装箱，年运量达 30 余万 TEU。铁路公司可以帮助组织回头货源，整个大陆桥运输快捷，跨越美国西东两岸，从西雅图—纽约或孟菲斯运行时间仅 100 小时，从西雅图至芝加哥为 62 小时。北美另一家铁路公司，加拿大太平洋铁路公司（CP Rail System）也经营北美陆桥运输，经营铁路线里程达 11 850 公里，采用双层平板车运输进出口集装箱。服务的线路有温可华港—多伦多、蒙特利尔、温哥华—芝加哥等。列车运行时间分别为 110 小时和 70 小时。年运量达 20 余万 TEU。

中远集团已开辟中国—长滩、奥克兰、中国—西雅图、温哥华，以及中国美东航线，均为每周一班，采用大型集装箱干线班轮，3 500 TEU 大型集装箱船已投入营运，世界最大的 5 250 TEU 集装箱船在年内也将投入该航线营运，年运量达数十万 TEU。其运输货物大多为运往北美内陆的消费品，并利用北美大陆桥进行转运，开展门到门的国际集装箱多式联运。

（2）沟通俄罗斯远东地区与欧洲地区间，跨越西伯利亚的欧亚大陆桥。该大陆桥是由日本和原苏联两个国家发起开辟的。它发挥了地理的优势，加快了船舶和货车等运输工具的周转，大大提高了运输效率，得到稳步的发展，深受各国客户和转运公司欢迎。该大陆桥运输始于 1967 年，由于管理上的原因 1967 年至 1970 年只运输了 511 个标准箱。1970 年 9 月，日苏双方就组织日本与西欧间西伯利亚大陆桥运输，正式谈判达成协议。从 1971 年 3 月 30 日起，1972 年得到了较快发展，当年又开辟了西欧与香港之间的西伯利亚大陆桥运输。1975 年 2 月，从苏联东部的纳霍德卡港至马尼拉的大陆桥运输也开始运营。

尽管西伯利亚大陆桥的运量在波动，但获利甚巨。根据有关资料：由日本各港至纳霍德卡港至西伯利亚大陆桥到布列斯特路径，年运 7 万箱，可收入 1.3 亿美元，是一项创汇相当可观的运输收入。

西伯利亚大陆桥以日本至欧洲/中近东（伊朗、阿富汗）的集装箱运输为主。俄罗斯为了开办过境集装箱运输业务，成立了全俄过境运输总公司，全俄过境运输总公司作为总的组织者，安排日本各港到欧洲各收、交货点的运输。远东和欧洲的有关运输业者，则从事这一大陆桥的订舱业务。并在两端开展转运服务，使之成为一种联运。日本各港至俄罗斯东部港口之间的运输，由日俄双方共同派船承担。西面铁路运输由 INTETCONTAINET 公司承担。公路运输由俄罗斯和波兰共同派汽车承担。全程运输天数合计约 35 天。

3. 新亚欧大陆桥

为进一步扩大我国与东亚、中亚、西亚和欧洲的经济技术合作与交流，加快我国东、中、西部的经济发展，进一步寻求和开辟亚洲与欧洲之间的新大陆桥，已成为当今世界各国交通运输业和客商所共同注目的重大问题之一。其中最具有现实意义的是东起日照港、连云港港、上海港，南连广州港、深圳港，经陇海线和兰新线横穿我国大陆，由新疆阿拉山口进入中亚地区，最终与黑海、地中海，以及大西洋东岸的各港相衔接的新亚欧大陆桥。该大陆桥运输线的贯通，将进一步缩短亚欧之间的运输距离，运费将更低，时间将更短，以快速、安全的运输方式，来满足各国对过境集装箱运输的需要。特别是在俄罗斯西伯利亚铁路能力不足和东部港口冰冻期间，将对世界各国集装箱运输起可靠的保证作用。因此，新亚欧大陆桥的沟通，将对国际贸易和我国外贸事业的发展具有重大的意义。

据分析，新亚欧大陆桥目前处于一个非常有利的发展时期。

(1) 经济一体化促进了集装箱运输市场容量的增长。世界经济全球一体化加速发展，使得国际贸易的发展快于世界经济的增长；而世界贸易量的 90％以上是通过港口和海运业来完成的。国际经济和贸易的发展使得件杂货的箱化率和箱货运输增长率也相应提高。箱货运量在整个海运贸易中的比重从 21 世纪 60 年代的 12％～14％上升到目前的 23％左右，从价值上讲，其比重则高达 80％。

(2) 国际集装箱多式联运业进入综合物流时代。随着跨国公司大规模向世界各地渗透，进行跨国生产、经营和销售，世界消费者的需求正变得越来越接近，从而将形成一个全球统一的贸易市场。另外，全球资源市场也趋向一体化。世界资源市场的集中性和产品市场的趋同性，朝着利于多式联运的方向发展，这就给世界运输业特别是远程多式联运产业带来了发展的机遇。国际多式联运的发展对其质量也提出了更高的要求。随着托运人对多式联运质量要求提高，多式联运经营人要想在全球市场上生存与发展，就必须打破限制，将服务范围扩展到各种运输服务领域。集装箱船公司除了经营传统的海运业务以外，还必须介入陆上运输、内陆货运站、代理、仓储和流通领域，根据多式联运有关的广泛市场的动向及需求者和托运者的各种需求来控制货物的运输过程，从而使国际多式联运产业进入综合物流的新时代。进入 21 世纪以来，综合物流管理已成为推动世界集装箱多式联运业的最重要的力量。

中远集团为了推进新亚欧大陆桥的进程，在连云港成立了中远连云港远洋公司，并积极组织新亚欧大陆桥过境国际集装箱货物的试运。近年来，新亚欧大陆桥过境国际集装箱已超过 2 000TEU，载箱货物 14 000 余吨。

4. 中远集团的集装箱运输与新亚欧大陆桥关系展望

通过对新亚欧大陆桥与我国国际集装箱运输的关系分析，对其前景展望如下。

(1) 新亚欧大陆桥的特点。

① 大陆桥的两端桥头多。该大陆桥东端同时由大连、天津、连云港、上海、广州、深圳等港口和车站上桥。路线多，可综合发挥各港站的中转换装作业能力与线路输送能力，机动灵活。西端桥头也多，主要的有鹿特丹、汉堡、安特卫普、敖德萨、圣彼得堡等港。

② 吸引范围广。由于新亚欧大陆桥的腹地宽广，吸引范围大，预计将来的集装箱源是充足的。日本、韩国、东南亚各国及大洋洲国家和中国香港、台湾等地区，均有可能利用它运输集装箱货物，可形成过境的固定箱源。返程西欧、东欧、近东、中东至远东的货流也是非常充裕的。

③ 沿陆桥两岸物资丰富。这座大陆桥在我国的骨干，由陇海线和兰新线架起，途经各省区，资源蕴藏丰富，且亟待开发。它的沟通，对促进途经省区，特别是中原和西北省区的经济发展十分有利，故得到了这些省区的重视与支持。

④ 地理位置适中，运距短。新亚欧大陆桥比西伯利亚大陆桥运距缩短了 3 000 公里，路径更便捷，运费更便宜。其竞争力更强。

⑤ 自然条件优越，气候适宜。新亚欧大陆桥的东、南端桥头堡，均为不冻港，可全年不间断地作业。而西伯利亚大陆桥，一年中有三个多月的冰冻期，需破冰船协助作业，不仅成本高，且能力受限制。

(2) 通过运量预估。如果各方面条件具备，每年运输 7～8 万箱的运量是可能的，即每日对开列车。但据铁路部门估计，目前铁路全线虽已初通，但兰新线、陇海线的宝鸡—兰州段运能都已饱和，有待在线路上采用多种技术措施，如新修兰州—乌鲁木齐的石油管线和新修宝中线等分流措施。

（3）新亚欧大陆桥的贯通对我国经济发展也具有长远战略意义。它是我国中西部经济带形成的基础。根据国家总体战略部署，加速"大陆桥经济带"的开发，不断完善大陆桥的功能，是建设陆桥经济带的一项长期的共同的战略任务。从长远来说，将给国际集装箱海运带来深远影响，将进一步推进国际集装箱多式联运的发展和提高整个集装箱运输的经营效果。

（4）通过新亚欧大陆桥实现国际集装箱多式联运将给中远集团的集装箱运输带来挑战和机遇。① 中远集团西欧航线的集装箱运输会受到一定的冲击。但在国际集装箱运输激烈竞争下，亦会促使中远集团的国际集装箱运输改善经营、降低成本，提高服务质量。② 中远集团将抓住机遇，适应运输方式的变化更快成为实力雄厚提供优质服务的国际多式联运的经营人和承运人，而进入"下海、登陆、上天"的综合物流时代。

问题与思考：

1. 试结合教材说明集装箱运输的优势是什么？
2. 请深入了解案例中所列举的国际集装箱运输的运输线路及运营的相关资料。
3. 请收集我国国内发展集装箱运输的相关资料和案例。

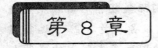

第 8 章

国际物流运输与多式联运

❖ **学习目标**

掌握：国际物流运输的方式及特点；各种国际运输方式的特征；多式联运的基本概念；国际多式联运基本概念。

了解：国际物流的概念及特征；多式联运的特点；多式联运的组织方式；国际多式联运实施条件及责任划分；国际物流运输合理化的内容及途径。

货物运输是物流系统的核心，为了多快好省地完成货物运输任务，从事物流运输的有关人员必须合理地选择运输方式，订好买卖合同中的各项装运条款，正确编制和运用各种运输单据，并掌握与此相关的运输实务。特别是国际货物运输，具有线长面广、中间环节多、情况复杂多变和风险大等特点，其当事人不仅受限于合同的规定，而且受国际运输有关公约法规的制约。因此，全面准确地了解国际货物运输实务，签订国际物流运输合同，保证单据制作准确、标准，遵守运输公约和法规直接关系到国际贸易的顺利进行。

引导案例

海铁联运

全球贸易 90％的货物基本依赖海运完成，海运物流在全球化的供应链服务体系中至关重要。2007 年 10 月 9 日，中国海运集团开通了从连云港到莫斯科的海铁联运通道。此前从日本、韩国运来的货物在经中国港口后，必须先运到德国的汉堡港，在经过陆路运输到莫斯科，需要 40~50 天的时间。而海铁航运通道开通以后，可以从连云港直接转到铁路运到莫斯科，仅仅需要十几天的时间。2007 年 5 月 29 日，深圳北—二连浩特—捷克的国际集装箱班列举行首发仪式，该班列是我国南方发往欧洲的首趟集装箱班列，途经 6 个国家，行程超过

12 000 公里，需时 29 天，比海运时间缩短将近一半。该班列是深圳首条国际海铁联运线路，为深圳乃至珠三角地区的货物去往欧洲增加了一条便捷的运输通道。继开通外贸集装箱海铁联运后，厦门港又开通了内贸集装箱海铁联运通道。2008 年 8 月 3 日，中海集运载着 83 个集装箱到达厦门港后马上又装上火车前往赣州，标志着东北—厦门—赣州集装箱海铁联运正式启动。

（选自：梁金萍. 运输管理. 北京：机械工业出版社，2011.）

思考题：海铁联运及多式联运的优越性主要表现在什么地方？

8.1   国际物流与国际运输

8.1.1   国际物流的含义

国际物流是现代物流系统中重要的物流领域之一，这种物流是国际贸易间的一个必然组成部分，各国之间的相互贸易最终通过国际物流来实现。

所谓国际物流，是指在国际贸易中发生的物流过程，即在国际贸易活动中，实现货物从一国向另一国空间转移的物理流动过程。中华人民共和国国家标准《物流术语》（GB/T 18354—2006）对国际物流（International Logistics）的定义是："跨越不同国家或地区之间的物流活动。"它是出口货物离开国境后，到进入进口国国境这样一个长距离的物流过程。国际物流这一概念，是在经济的发展越来越变成一种国际性活动，国民经济的发展越来越依赖于国际经济环境，各国为了尽快地发展本国经济，都在努力寻找国外市场的情况下提出来的。由于物流这块"黑暗大陆"蕴藏着极大的利润潜力，所以，许多企业的目光都投向这块过去无人问津的"黑暗大陆"，物流成为国际市场上进行有效竞争的重要手段。

国际物流的总目标是为了国际贸易和跨国经营服务，即选择最佳的方式与路径，以最低的费用和最小的风险，保质、保量、适时地将货物从某国的供方运到另一国的需方。国际物流使各国物流系统相互"接轨"，因而与国内物流系统相比，具有一些不同的特征。

国际性是指物流系统涉及多个国家，系统的地理范围大，这一特征又称为国际物流系统的地理特征。国际物流跨越不同地区和国家，跨越海洋和大陆，运输距离长，运输方式多样，这就需要合理选择运输路线和运输方式，尽量缩短运输距离，缩短货物在途时间，加速货物的周转并降低物流成本。

国际物流的复杂性主要包括国际物流通信系统设置的复杂性、法规环境的差异性和商业现状的差异性等。在国际间的经济活动中，生产、流通、消费三个环节之间存在密切的联系，由于各国社会制度、自然环境、经营管理方法、生活习惯的不同，一些因素变动较大，因而在国际间组织好货物从生产到消费的流动，是一项复杂的工作。

国际物流的复杂性主要包括政治风险、经济风险和自然风险。政治风险主要指由于所经过国家的政局动荡，如罢工、战争等原因造成货物可能受到损害或丢失；经济风险又可分为汇率风险和利率风险，主要指从事国际物流必然要发生的资金流动，因而产生汇率风险和利率风险；自然风险则指物流过程中，可能因自然因素，如台风、暴雨等引起的风险。

8.1.2　国际物流的特点

国际物流与国内物流相比在物流环境、物流系统、信息系统及标准化要求这四方面存在着不同。

1. 物流环境

国际物流的一个非常重要的特点是物流环境的差异，这里的物流环境主要指物流的软环境。不同的国家有不同的与物流相适应的法律，这使国际物流的复杂性增强；不同国家不同经济的科技发展水平，使国际物流处于不同的科技条件的支撑下，甚至会因为有些地区根本无法应用某些技术，导致国际物流全系统运作水平下降；不同国家的不同标准使国际物流系统难以建立一个统一的标准；不同国家的国情特征，必然使国际物流受到很大的局限。

由于物流环境的差异，迫使一个国际物流系统需要在多个不同法律、人文、习俗、语言、科技环境下运行，无疑会大大增加国际物流运作的难度和系统的复杂性。

2. 物流系统

由于物流本身的功能要素，系统与外界的沟通已经很复杂，国际物流再在这样复杂的系统上增加不同国家的要素，这不仅是地域和空间的扩大，而且所涉及的内外因素也更多，所需的时间更长，带来的直接后果是难度和复杂性增加，风险增大。正因为如此，国际物流一旦融入现代化系统技术，其效果会十分显著。

3. 信息系统

国际物流需要国际化信息系统的支持。国际信息系统的建立具有较大的难度，一是管理困难，二是投资巨大，三是世界上不同的国家和地区物流信息水平不均衡，使信息系统的建立十分困难。由于国际市场瞬息万变，如果没有高效率的信息传递渠道，就会影响物流功能的正常发挥。因此，国际物流对信息的要求更高，必须建立高效率的信息系统。

4. 标准化要求

要使国际间物流畅通起来，统一标准是非常重要的。可以说，如果没有统一标准，国际物流的效率会很低，水平也会停滞不前。目前，美国、欧洲基本实现了物流工具、设施的统一标准，如托盘的尺寸规格、集装箱的几种统一规格及条码技术等，这大大降低了物流费用，降低了转运的难度，而不向这一标准靠拢的国家，必然在转运、换载等许多方面多消耗时间和费用，从而降低其国际竞争能力。

8.1.3　对国际物流运输的基本要求

国际物流运输是国际物流系统的核心。进出口商品通过国际货物运输作业由卖方转移到买方。国际物流运输具有路线长、环节多、涉及面广、手续繁杂、风险性大、时间性强等特点。随着各国间国际贸易的发展，必然对目前的国际物流，特别是对国际物流运输提出一些新的要求。

1. 物流运输的可靠性

物流必须根据进出口商品的结构，针对不同品种、型号、规格的商品，采用不同的包装和运输方式，保证货物安全、及时、准确的流动。这里的可靠性，一是指运输商品的安全、可靠；二是指运输工具、人员的安全、可靠。

2. 基础设施国际化、标准化

没有标准化的基础设施，不可能提高国际物流水平，如可停靠大吨位船只的泊位、可以起降大型运输机的机场等。国际物流运输的基础设施还必须与进出口商品的数量相适应。随着国际贸易的进一步发展，进出口商品的数量将会越来越大，物流基础设施必须能够适应这种情况，以增强物流系统的应变能力。

3. 国际物流运输的区域性

区域经济的发展是未来经济发展的重要趋势之一，物流必须重视进出口商品的区域结构。针对不同国家和地区，采用不同的运输工具和运输方式，以保证物流渠道畅通无阻。

4. 对国际市场的适应性

物流运输必须适应国际市场的变化，在国际市场竞争日益激烈的环境下，必须实现国际物流运输的最大化、合理化，这也是增强本国商品国际竞争能力的重要途径之一。

8.2　国际物流运输的方式及特点

在国际物流中采用的运输方式很多，其中包括海运、空运、铁路运输、国际多式联运等基本运输方式，而每种运输方式都有其自身的特点和独特的经营方式。了解和掌握各种运输方式的特点和经营方式对于企业合理选择各种运输方式，进行物流运输决策有着重要的意义。下面讲述国际物流运输的几种主要方式。

8.2.1　海上运输

海上运输是国际贸易中最主要的运输方式，它是使用船舶通过海上航道在不同国家和地区的港口之间运送货物的一种方式。目前，国际贸易总运量的 2/3 以上、我国进出口货运总量的 90% 都是利用海上运输。海上运输基本上有两种方式，即班轮运输和租船方式。

1. 班轮运输

班轮运输是指运输公司安排货船或客货船在固定的航线上、固定时间、固定港口间运输货物，并公布船期时间表、按班轮运价收取运费。班轮运输使用最广，在海上运输中占有十分重要的地位。班轮运输的主要特点如下。

（1）计划性强。客户可按船期时间表从容安排计划，有利于客户安排工作。

（2）固定运费率。便于客户核算运费和对不同的运输方式进行选择。

（3）运输灵活。在装运时间、数量、卸货地点等方面都很灵活，非常有利于件杂货和小批量、零星货物运输。

（4）手续简便，便于采用且风险较小。

采用班轮运输，必须具备以下几个条件。

（1）必须具有一份海上运输合同，即提单。提单是采用班轮运输方式的海运合同（所以班轮运输也称为提单运输）。它是承运人在接管货物或把货物装船后签发给托运人，证明双方已订立运输合同，并保证在目的港按照提单所载明的条件交付货物的一种书面凭证。

提单在班轮运输中有以下几方面的作用。

① 提单是承运人对货物出具的收据。提单是承运人收到货物后根据托运人提供的货运资料填写提单并签发给托运人的，这就表明承运人已按提单所记载的内容收到了托运货物。

② 提单是货物的物权凭证。提单作为货物的物权凭证，表示在占有提单时就等于占有了货物，提单的合法转让或抵押等于货物的合法转让或抵押，提单还可以作为向银行押汇的担保品。

③ 提单是海上货物运输合同的依据。提单中规定了承运人或托运人、收货人之间的权利与义务，以书面形式证明运输合同的成立。

提单没有统一的格式，由各运输公司自行制订，但都必须具备提单的主要内容：① 船名和船舶的国籍；② 承运人的名称；③ 装货地和目的地或运输航线；④ 托运人名称；⑤ 收货人名称；⑥ 货物的名称、标志、包装、件数、重量或体积；⑦ 运费和应当付给承运人的其他费用。其中，第①～⑥项由托运人根据实际情况填写；第⑦项由承运人填写。

提单的背面规定承运人与托运人的权利和义务的详细条款，其内容可繁可简，由各运输公司自行拟订。提单通常是一式三份。承运人凭其中一份提单交货之后，其余提单一律作废。

（2）托运人必须按约定提供货物、支付运费和在目的港接受货物。托运人应当及时把约定的货物送到承运人指定的地点，并按规定办妥货物出境的一切手续，向承运人交付有关单据文件，避免造成延期装船，使承运人遭受损失。

托运人支付运费的方法有以下几种。

• 预付运费。即在装货时或在开航前，托运人支付运费。

• 到付运费。即在目的港交货时，收货人支付运费。

• 比例运费。即按货物运送的实际里程与全程之间的比例计付的运费。这种方式通常只适用于船舶中途遇难，放弃原定航线的情况。

以上三种支付运费的方法可由双方当事人协商决定，并在运输合同中进行记载。

托运人交运货物后，应当在目的港接受货物。实际上，在目的港接受货物的人通常是收货人。收货人可能是托运人的代理人，也可能是货物的买方。如果不及时接货或拒绝接货，一切额外费用均由收货人或货主承担。

（3）承运人提供适航的船舶，把货物运达目的港和在目的港交货。承运人在开航前应选择具备航行条件的船舶，船舶的构造和设备能在海上一般风险下安全航行，应配备足够数量的合格人员，包括船长、船员和其他工作人员，并根据航程远近和航经地区情况储备足够的燃料和其他物资。

承运人的主要义务是把货物运达目的港。货物装船后，船舶应按规定日期开航，并在货物运达目的港后，通知收货人提货，在收货人交出合同单据并交清运杂费用以后向收货人交货。

2. 租船方式

租船方式是指租用船舶全部、部分或指定舱位进行运输的方式，租用的船舶只按租船合同规定航线航行，只负责运输租船人根据租船合同提供的货物。在无法采用班轮运输的情况下，一般采用租船运输。

租船方式主要包括定程租船和定期租船两种。

（1）定程租船。出租人将船舶租给租船人，按航程计费租赁。在定程租船方式下，船方必须按租船合同规定的航程完成货物运输任务，并负责船舶的经营管理及其在航行中的各项费用开支；租船人则应支付双方约定的运费。定程租船包括单航次租船、连续单航次租船、连续往返租船等多种形式，并且不用形式下的运费水平有较大差别。

（2）定期租船。出租人将船舶租给承运人，在约定期限内，按约定用途使用船舶进行运输，在租赁期内，船由租船人负责经营管理，租船人可以根据租船合同规定的航行区域自由使用和调动船舶，但船舶经营过程中产生的燃料费、港口费、装卸费和垫仓物料费等项开支均应由租船人负担。船方除收取租金外，还负责保证船舶的适航性。

租船方式运输应具备以下条件。

（1）必须具备一份租船合同。租船合同是在采用租船运输的方式下，托运人与承运人就租赁船舶而签订的海上运输合同，出租人是船舶所有人，承担人是租船人。

租船合同只起运输合同的作用，它既不是货物收据，也不是物权凭证，这与航轮运输的合同—提单是有区别的。

租船合同分为定程租船合同和定期租船合同。下面以定程租船合同为例，说明租船合同的内容。定程租船合同的条款很多，主要有以下内容：①出租人提供特定化的船舶；②规定船舶到达装货港的"受载日期"；③规定装货港和目的港；④规定装卸条件；⑤规定装卸时间、滞期费与速遣费；⑥规定货物损失责任；⑦规定运费计算和支付方法等。

（2）定程租船方式对承运方与托运方的要求，与班轮运输方式基本相同。

8.2.2 国际铁路运输

国际铁路运输是仅次于国际海运的一种主要的方式，铁路运输的运行速度较快，装载量较大且在运输中遭受的风险较小，它一般能保持终年正常运行，具有高度的连续性。

在国际铁路运输中，常采用国际联运方式，就是在国际物流中采用两个或两个以上国家的铁路，联合完成货物的运输。

根据铁路运输的特点，国际铁路联运主要适用于散杂货的运输，它不受集装箱的限制。可以承运各种货物，如建材、钢材、水泥、煤炭、大型机械等。但是，由于存在不同的规矩的国家国境站，这样就需要更换车轮，致使货物容易受损，而且还大大减慢了物流速度。

采用国际铁路联运应具备以下条件。

（1）必须具备一份运输合同。在国际铁路联运中，使用的运单和运单副本是铁路与货主（承运人与托运人）之间缔结的运输合同。

运单和运单副本由收货人填写，签发后交给铁路发站。发货人提交货物和付清运费后，由铁路发站在运单上加盖戳记，记明货已承运。发货人应对运单所填项目的正确性负责，并将有关证件附在运单后面。运单随着货物全程附送，最后交给收货人。运单副本在铁路发站加盖戳记后，发还发货人留存。运单是运输合同的凭证，也是铁路在到站向收货人收取运杂费用和点交货物的依据。运单副本是买卖合同中卖方（发货人）通过银行向买方（收货人）收取货款的主要单证之一。

（2）托运人必须支付运费并领取货物。托运人支付运费，分三种情况：① 发运国铁路的运费，由托运人向始发站支付；② 终到国铁路的运费，由收货人向到站支付；③ 过境国铁路的运费，由托运人向始发站支付或由收货人向到站支付。

货物到达终到站，收货人付清运单所载的一切应付的运送费用后，必须领取货物。只有在货物由于毁损或腐烂使质量发生变化，以致部分货物或全部货物不能按原用途使用时，收货人才可以拒绝领取货物。

（3）承运人必须负责全程运输，并对承运期间发生的损失负责赔偿。由于国际铁路联运是跨国境的路上运输，需要使用各国家的铁路、机车和车站，所以各有关国家使用统一的国际联用单据共同负责货物跨国界的全程运输任务。

从发货国的铁路始发站到收货国的终点站，不论途经几个国家，只要在发站按国际联运要求办妥托运手续，这些国家的铁路就应负责将货物安全运送到终到站，并交给收货人。

在运送过程中的一切业务与行政手续（如换装、转运交接等）均由有关铁路当局办理。

承运方（铁路）对承运期间货物的灭失、延迟交货、丢失运单附件等损失要负其应负的责任。

8.2.3　国际航空运输

国际航空货物运输是超越国界的现代化的航空货物运输。由于航空运输自身的特点，决定了它在国际货物运输中占有重要地位。航空运输速度很快，运行时间短，货物中途破损率小，但航空运输运量有限，且费用一般较高。

航空运输的种类有以下两种形式。

（1）班机运输。和班轮一样，班机是在固定起落站按预先计划规定时间进行定期航行的飞机，主要是客货混载，个别航空公司也有专门的货运班机。班机货运适用于急用物品、行李、鲜活商品、贵重物品、电子器件等的运输。

（2）包机运输。这是指由租机人租用整架飞机或若干租机人联合包租一架飞机进行货运的运输方式。包机如往返使用，则价格较班机低；如单程使用，则价格较班机为高，包机适用于专用高价值货物。

航空运输方式应具备的条件如下。

（1）必须具有一份航空货运单。航空货运单是国际货物航空运输最重要的单证。运单是订立运输合同，接受货物和承运条件的证明，但它并不是物权凭证，它不代表所承运的货物价值，不可转让，不可议付。

航空货运单由承运人填写，必须是正本一式三份，连同货物交给承运人。第一份注明"交承运人"，由托运人签字；第二份注明"交收货人"，由托运人和承运人签字，并附在货上；第三份由承运人在接受货物后签字交给托运人。

航空货运单应具备以下主要内容：①运单带的填写地点和日期；②起运地和目的地；③约定的经停地点；④托运人的名称和地址；⑤第一承运人的名称和地址；⑥必要时应写明收货人的名称和地址；⑦货物的性质；⑧包装方式、包装件数、特殊标志或号数；⑨货物的重量、数量、体积或尺寸。

（2）托运人必须正确填写航空货运单，并提供各种必需资料。托运人应正确填写航空货运单上关于货物的各项说明和声明，避免因这些说明和声明不合规定、不正确或不完备使承运人或任何人遭受其他损失。托运人应在货物交付收货人以前完成海关、税务或公安手续，并且应将必需的有关证件附在航空货运单后面。

（3）承运人应负责货物在空运期的安全，按时把货物空运到目的地。

8.3　国际多式联运

8.3.1　多式联运

1. 多式联运的概念

多式联运是多种方式联合运输的简称，是指根据单一的联合运输合同，使用两种或两种以上的运输方式，由联运经营人组织将货物从指定地点运至交付地点的全程连续运输。多式联运是不同运输方式的综合组织，即在一个完整的货物运输过程中，不同运输企业、不同运输区段、不同运输方式和不同运输环节之间衔接和协调的组织，是一种新的符合综合物流思想的运输组织形式。

中华人民共和国国家标准《物流术语》（GB/T 18354—2006）对多式联运（Multimodal Transport）的定义是："联运经营者受托运人、收货人或旅客的委托，为委托人实现两种以上运输方式（含两种）或两程以上（含两程）运输的衔接，以及提供相关运输物流辅助服务的活动。"

2. 多式联运的特征

多式联运与传统单一运输方式、单程运输相比，具有以下一些主要特征。

（1）简化货运手续，大大方便货主。在多式联运方式下，无论运输距离有多远，由几种运输方式来完成，且不论运输途中货物经过多少次中转，所有一切运输事项均由多式联运经营人负责办理。且托运人只需办理一次托运，订立一份运输合同，一次支付费用，一次保险，从而省去托运人办理托运手续的许多不便。同时由于多式联运采用一份货运单证，统一计费，因而也可简化制单和结算手续，节省人力物力。此外，一旦运输过程中发生货损货差，由多式联运经营人对全程运输负责，从而可简化理赔手续。

（2）提高货运质量，缩短运输时间。多式联运各个运输环节和各种运输工具之间配合密切，衔接紧凑，货物所到之处中转迅速及时，大大减少货物的在途停留时间，从而从根本上保证了货物安全、迅速、准确、及时地运抵目的地，因而也相应地降低了货物的库存量和库存成本。同时，多式联运系统以集装箱为运输单元进行直达运输，货损货差事故大为减少，从而在很大程度上提高了货物的运输质量。

（3）降低运输成本，节省各种支出。对货主来说，在将货物交由第一承运人以后即可取得货运单证，并据以结汇，从而提前了结汇时间。这不仅有利于货物占用资金的周转，而且可以减少利息的支出。此外，还可相应地节省货物的包装、理货和保险等费用支出。

（4）提高运输管理水平，实现运输合理化。由不同的货运经营人共同参与多式联运，经营的范围可大大扩展，同时可以最大限度地发挥其现有设备的作用，选择最佳运输线路组织合理化运输。

3. 多式联运运输组织方法

货物多式联运的全过程就其工作性质的不同，可分为实际运输过程和全程运输组织业务过程两部分。实际运输过程是由参加多式联运的各种运输方式的实际承运人完成的，其运输组织工作属于各方运输企业内部的技术、业务组织。全程运输组织业务过程是由多式联运全程运输的组织者——多式联运企业或机械（多式联运经营人，Multimodal Transport Operator，MTO）完成的，主要包括全程运输所涉及的所有商务性事务和衔接服务性工作的组织实施，其运输组织方法可以有很多种，但就其组织体制来说，基本上可分为协作联运和衔接式联运两大类。

（1）协作式多式联运组织方法。协作式多式联运的组织者是在各级政府主管部门协调下，由参加多式联运的各种方式运输企业和中转港站共同组成的联运办公室，货物全程运输计划由该机构制订，这种联运组织下的货物运输过程如图 8-1 所示。

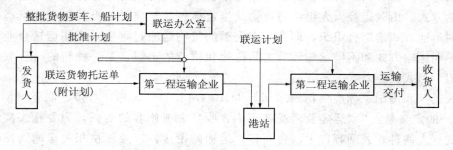

图 8-1　协作式多式联运组织过程示意图

在这种机制下，需要使用多式联运形式运输整批货物的发货人根据运输货物的实际需要，向联运办公室提出托运申请并按月申报整批货物要车、要船计划，联运办公室根据多式联运线路及各运输企业的实际情况制订该托运人托运货物的运输计划，并把该计划批复给托运人及转发给各运输企业和中转港站。发货人根据计划安排向多式联运第一程的运输企业提出托运申请并填写联运货物托运委托书（附运输计划），第一程运输企业接受货物后经双方签字，联运合同即告成立。第一程运输企业组织并完成自己承担区段的货物运输至后一区段衔接地，直接将货物交给中转港站，经换装由后一程运输企业继续运输，直至最终目的地由最后一程运输企业向收货人直接交付。在前后程运输企业之间和港站与运输企业交接货物时，需填写货物运输交接单和中转交接单（交接与费用结算依据）。联运办公室（或第一程企业）负责按全程费率向托运人收取运费，然后按各企业之间商定的比例向各运输企业及港站分配。

在这种组织体制下，全程运输组织是建立在统一计划、统一技术作业标准、统一运行图和统一考核标准基础上的，而且在接受货物运输、中转换装、货物交付等业务中使用的技术装备、衔接条件等也需要在统一协调下同步建设或协商解决，并配套运行以保证全程运输的协同性。

对这种多式联运的组织体制，也称为"货主直接托运制"。这是国内过去和当前多式联运（特别是大宗、稳定的物资运输）中主要采用的体制。

（2）衔接式多式联运组织方法。衔接式多式联运的全程运输组织业务是由多式联运经营人（MTO）完成的，这种联运组织下的货物运输过程可用图 8-2 来说明。

在这种组织体制下，需要使用多式联运形式运输成批或零星货物的发货人首先向多式联运经营人（MTO）提出托运申请，多式联运经营人根据自己的条件考虑是否接受，接受时由双方订立货物全程运输的多式联运合同，并在合同指定的地点（可以是发货人的工厂或仓库，也可是指定的货运站中转站、堆场或仓库）双方办理货物的交接，联运经营人签发多式联运单据。接受托运后，多式联运经营人首先要选择货物的运输路线，划分运输区段（确定中转、换装地点）、选择各区段的实际承运人，确定零星货物集运方案，制订货物全程运输计划并把计划转发给各中转衔接地点的分支机构或委托的代理人。然后根据计划与第一程、第二程等的实际承运人分别订立各区段的货物运输合同。通过这些实际承运人来完成货物全程位移。全程各区段之间的衔接，由多式联运经营人（或其代表或其代理人）采用从前程实际承运人手中接受货物再向后程承运人交接货物，在最终目的地从最后一程实际承运人手中接受货物后再向收货人交付货物。在与发货人订立运输合同后，多式联运经营人根据双方协议（协议内容除货物全程运输及衔接外，还包括其他与货物运输有关的服务业务），按全程单一费率收取全程运费和各类服务费、保险费（如需经营人代办的）等费用。多式联运经营人在与各区段实际承运人订立各分运合同时，需向各实际承运人支付运费及其他必要的费用。在各衔接地点委托代理人完成衔接服务业务时，也需向代理人支付委托代理费用。

在这种多式联运组织体制下，承担各区段货物运输的运输企业的业务与传统分段运输形式下完全相同，这与协作式体制下还要承担运输衔接工作是有很大区别的。

这种多式联运组织机制也称为"运输承包发运制"。目前在国际货物多式联运中主要采用这种组织机制，在国内多式联运中采用这种体制的也越来越多。随着我国经济机制的改革，这种组织机制将成为国内多式联运的主要组织机制。如图 8-2 所示。

图 8-2　衔接式多式联运组织机制

8.3.2　国际多式联运

1. 国际多式联运概述

国际多式联运又称国际复合运输或国际综合一贯制运输，是国际间各种运输形式的联合运输。这是在集装箱运输基础上发展起来的更先进的运输组织形式。这种运输方式是采用一张国际多式联运合同，由一个总承运人负责全程的承运并直接对货主负责，组织两种以上的不同运输方式，跨国界进行联合运输。

国际复合运输是通过采用海、陆、公、空等单一运输方式互不连贯的传统做法，是一种以实现货物整体运输的最优化效益为目标的联运组织形式。

根据 1980 年《联合国国际货物多式联运公约》及 1997 年我国交通部和铁道部共同颁布的《国际集装箱多式联运管理规则》的定义，国际多式联运是指"按照多式联运合同，以至少两种不同的运输方式，由多式联运经营人将货物从一国境内接管货物的地点运至另一国境内指定地点交付的货物运输"。这里所指的至少两种以上的运输方式可以是海陆、陆空、海空等。根据该定义，结合国际上的实际做法，可以得出，构成国际多式联运必须具备以下基本条件。

（1）多式联运经营人与发货人和分段承运人之间的合同关系构成多式联运的主要特征，即经营人与发货人签订一份运输合同，选择最佳运输方式和运输路线，组织完成全程运输任务，提供一次托运，一次收费，统一理赔，一单到底，全程负责的一贯运输服务。

（2）经营人又与分段承运人签订合同，共同完成全程联运的任务。

国际多式联运的基本特征主要有以下几个方面：

（1）承托双方必须订立"一份国际多式联运合同"；

（2）全程运输必须使用"一张国际多式联运单据"；

（3）全程必须"至少包括两种运输方式的连贯运输"；

（4）必须是"国际间的货物运输"；

（5）必须由"一个多式联运经营人对全程负责"；

（6）全程运输使用"单一的运费费率。

2. 国际多式联运的优点

随着世界经济一体化与国际贸易的全球化，托运人对国际物流运输服务的要求也发生了新的变化，方便、快速、经济以及"门到门"的运输服务代表了运输业今后的发展方向，国际多式联运以其将各种运输方式有机结合的特殊优势，在当今运输业的发展中正扮演着重要角色。与单一海运相比，开展国际多式联运具有许多优越性，主要表现在以下几个方面。

（1）提高运输组织水平，实现合理化运输。对于单一运输方式而言，由于单一运输方式的经营人各自为证，自成体系，因而其经营业务范围受到限制，货运量相当有限。而一旦由不同的运输经营人共同参与多式联运，其经营的范围可以大大扩展，同时可以最大限度地发挥其现有设备的作用，改善不同运输方式间的衔接工作，选择最佳运输路线，组织合理化运输。

（2）手续简单统一，节省人力物力。主要表现为在国际多式联运方式下，无论货物运输距离有多远、有几种运输方式共同完成，且不论运输途中货物经过多少次转换，所有一切运输事项均由多式联运经营人负责办理。而托运人只需办理一次托运，订立一份运输合同，一次支付费用，一次保险，从而省去托运人办理托运手续的许多不便。同时，由于多式联运采用一份货运单证，统一收费，因而也可简化制单和结算手续，节省人力和物力。此外，一旦运输过程中发生货损、货差，由多式联运经营人对全程运输负责，从而也可简化理赔手续，减少理赔费用。

（3）缩短货物运输时间，提高货物运输质量。在国际多式联运方式下，各种运输环节和各种运输工具之间密切配合，衔接紧凑，货物所到之处中转迅速及时，大大减少货物的在途停留时间，从而从根本上保证了货物安全、迅速、准确、及时地运达目的地。同时，多式联运是通过集装箱进行直达运输，尽管货运途中需经多次转换，但由于使用专业机械装卸，且不涉及箱内货物，因而货损货差事故大为减少，从而在很大程度上提高了货物的运输质量。

（4）降低运输成本，节省各种支出。由于多式联运可以实现门到门运输，因此，对货主来说，在货物交由第一承运人以后即可取得货运单证，并据以结汇，从而提前了结汇时间。这不仅有利于加速货物占用资金的周转，从而可以减少利息的支出。此外，由于货物是在集装箱内进行运输的，因此从某种意义上来看，可相应地节省货物的包装、理货和保险等费用的支出。

（5）其他作用。从政府的角度来看，发展国际多式联运具体有以下重要意义。

① 有利于加强政府部门对整个货物运输链的监督与管理，保证本国在整个货物运输过程中获得较大的运输收入分配比例。

② 有助于引进新的先进运输技术。

③ 减少外汇支出。

④ 改善本国基础设施的利用状况。

⑤ 通过国家的宏观调控与指导职能保证使用对环境破坏最小的运输方式，达到保护本国生态环境的目的。

国际集装箱多式联运最明显的特点是将传统的国际海运"港到港"运输发展成为"门到门"运输。因此，传统的"两点一线"运输方式已演变为"四环一链"运输方式。即第一环：出口国内陆集疏点（内陆货运站）；第二环：出口国集装箱码头；第三环：进口国集装箱码头；第四环：进口国内陆集疏点（内陆货运站）。

所谓"多式联运链"，概括地说，就是指货物在流通过程中各种运输方式及各种运输环节的有机组合。目前已有的多式联运链类型有陆桥运输链、远东—北美间的多式联运链、远东—非洲间的多式联运链和海空联运链。

3. 国际多式联运的主要业务

国际多式联运的主要业务及办理顺序如下：

（1）接受托运申请，订立多式联运合同；

（2）空箱发送、提取及运送；

（3）出口报关；

（4）货物装箱及接受货物；

（5）订舱及安排货物运送；

（6）办理保险；

（7）签发多式联运提单、组织完成货物的全程运输；

（8）运输过程中的海关业务；

（9）货物交付；

（10）货运事故处理。

4. 国际多式联运的形式

国际多运联运采用两种或两种以上不同运输方式进行联运的运输组织形式，包括海陆、陆空、海空等。这与一般的海海、路路、空空等形式的联运有着本质的区别。后者虽然也是联运，但仍是同一种运输工具之间的运输方式。由于国际多式联运严格规定必须采用两种或两种以上不同的运输方式进行联运，因此，这种运输组织形式可以综合利用各种运输方式的优点，充分体现社会化大生产和大交通的优点。

由于国际多式联运具有其他运输组织形式无可比拟的优越性，因而这种国际运输新技术已在世界一些国家和地区得到广泛的推广应用。目前，有代表性的国际多式联运主要有远东和欧洲、远东和北美等海陆空联合运输。

（1）海陆联运。海陆联运适用于重型货物运输，是国际多式联运的主要组织形式，也是远东和欧洲多式联运的主要组织形式之一。目前，组织和经营远东与欧洲海路联运业务的主要有班轮公会的三联集团、北荷、冠航和丹麦的马士基等国际航运公司，以及非班轮公会的中国远洋运输公司、中国台湾长荣航运公司和德国那亚航运公司等。这种组织形式以航运公司为主体，签发联运提单，与航线两端的内陆运输部门开展联运业务，与大陆桥运输展开竞争。

（2）陆桥运输。在国际多式联运中，路桥运输起着非常重要的作用。它是远东和欧洲多式联运的主要组织形式之一。所谓路桥运输是指采用集装箱专用列车或卡车把横贯大陆的铁路或公路作为中间"桥梁"，使大陆两端的集装箱海运航线与专用列车或卡车连接起来的一种连贯运输方式。严格地讲，路桥运输也是一种海路联运形式，只是因为其在国际多式联运中的独特地位，故在此将其单独作为一种运输组织形式。

（3）海空联运。海空联运又被称为空桥海运。在运输组织方式上，空桥运输与路桥运输有所不同。路桥运输在整个过程中使用同一个集装箱，不用换装，而空桥运输的货运通常要在航空港涣入航空集装箱，不过，两者的目标是一致的，即以低费率提供快捷、可靠的运输服务。

海空货物联运是加拿大航空公司 20 世纪 60 年代初开创的，当时为了将价值昂贵的日本消费品运往美国东海岸、欧洲和中东地区，它们先将货物集装箱用船运往温哥华，再经陆路运输到温哥华机场，在机场开箱把货物分类分装成航空货交机场续运。这项业务的成功促进了海空联运模式的发展，之后不久这条线路沿北美太平洋向南发展到西雅图和洛杉矶。

20 世纪 70 年代中期，波音 747 飞机问世之后，海空货物联运业务得到迅速发展。首先是在美国，继而扩展到其他地区，特别是海湾地区，因为该地区飞往欧洲的飞机货舱往往空载，于是航空公司开始向发货人提供极低的回程费率，许多代理人注意到了海空联运的大好机会。

20 世纪八九十年代，亚洲国家出口货物迅速增长，促进了该地区的海空联运业务，新加坡成为世界级海空货物联运枢纽。东南亚和远东大多数国家出口的纺织品通过海空联运运到欧洲，日本、韩国还越来越多地用海空联运将高技术产品（如电子设备）运往欧洲。

海空联运方式始于 20 世纪 60 年代，到了 20 世纪 80 年代才得以迅速发展。它充分利用了海运的经济性与空运的快捷性，正成为一种具有广泛发展潜力的新的多式联运形式。

目前，国际海空联运线主要有以下几条。

（1）远东—欧洲。目前，这之间的航线有以温哥华、西雅图、洛杉矶为中转地，也有以中国香港、曼谷、海参崴为中转地，此外还有以旧金山、新加坡为中转地的。

（2）远东—中南美。近年来，远东至中南美的航空联运发展较快，因为此处港口和内陆运输不稳定，所以对海空运输的需求很大，该联运航线以迈阿密、洛杉矶、温哥华为中转地。

（3）远东—中近东、非洲、大洋洲。这是以香港、曼谷为中转地至中近东、非洲的运输服务。

特殊情况下，还有经马赛至非洲、经曼谷至印度、经香港至大洋洲等联运航线，但这些线路货运量较小。

总的来讲，运输距离越远，采用海空联运的优越性就越大，因为同完全采用海运相比，其运输时间更短，同直接采用空运相比，其费率更低。因此，若从远东出发，则将欧洲、中南美和非洲作为海空联运的主要市场是合适的。

5. 国际多式联运实施的条件

（1）必须订立一份国际多式联运合同。多式联运合同由多式联运经营人本人或其代表就多式联运的货物与托运人本人或其代表协商订立，是以书面形式明确双方的权利、义务的证明。它是多式联运经营人与托运人之间权利、义务责任与豁免的合同关系和运输性质的确定依据，也是区别多式联运与一般货物运输的主要依据。该合同的成立必须具备。

① 至少使用两种以上不同的运输方式。

② 承担国际货物运输。

③ 接受货物运输，对合同中的货物负有运输、保管的责任。

④ 属于一种承揽、有偿的合同。

（2）全程运输必须使用国际多式联运单据。多式联运单据是由联运人在接管货物时签发给发货人的，它是证明多式联运合同及证明多式联运经营人接管货物并负责按照合同条款交付货物的单据。按照发货人的选择，多式联运单据做成可转让的单据或不可转让的单据。

签发可转让的多式联运单据，应当：

① 列明是按指示或是向持票人交付；

② 如果列明按指示交付，须经背书即可转让；

③ 如果列明是向持票人交付，无须背书即可转让；

④ 如果签发一套一份以上的正本，应注明正本份数；

⑤ 如果签发任何副本，每份副本均应注明"不可转让副本"字样。

只有交出可转让的多式联运单据，才能向多式联运经营人或其代表提取货物。签发不可转让的多式联运单据时，应指明记名的收货人。

多式联运单据的内容包括以下几项：

① 货物品类、标志、危险货物的性质、包数或件数、货物毛重；

② 货物的外表状况；

③ 联运人的名称和地址；

④ 托运人的名称；

⑤ 收货人的名称；

⑥ 联运人接管货物的地点和日期；

⑦ 联运人或经其授权人的签字；

⑧ 每种运输方式的运费，或应由收货人支付的运费；

⑨ 预期经过的路线、运输方式和转运地点；

⑩ 在不违背签发多式联运单据所在国法律的情况下，双方同意列入多式联运单据的任何其他事项。

（3）托运人必须提供货物、支付运费，并提供其他相关准确信息。发货人向联运人提供货物，并准确无误的告知货物的品类、标志、件数、重量和质量。

如果是危险货物，发货人在交付给多式联运经营人或其代表时，应告知其货物的危险特性，必要时告知应采取的预防措施。

（4）联运经营人必须对多式联运负责。对多式联运负责主要是指联运经营人。国际多式联运的经营人是国际多式联运的组织者和主要承担者，以事主身份从事这一经营，经营人依靠自己的经营网络和信息网络，依靠本身的资信从事这一业务。也可以是货主、各运输方式以外的第三方，或者是铁路、公路等运输公司充当经营人。

联运经营人不是发货人的代理人或代表，也不是参与多式联运的承运人的代理人或代表，它对整个联运期间负责。在联运人接管货物后，不论货物在哪一个运输阶段发生丢失或损坏，联运人都要直接承担赔偿责任，而不能借口以把全程的某一个运输阶段委托给其他运输分包人而不负责任。

6. 国际多式联运实施的责任划分

（1）多式联运经营人的责任形式。在目前的国际多式联运业务中，多式联运经营人的责任形式主要有两种。

① 统一责任制。它又称同一责任制，就是多式联运经营人对货主负有不分区段的统一原则责任，也就是说经营人在整个运输中都使用同一责任向货主负责。即经营人对全程运输中货物的灭失、损坏或延期交付负全部责任，无论事故责任是明显的，还是隐蔽的；是发生在海运端，还是发生在内路段，均按一个统一原则由多式联运经营人按约定的限额进行赔偿。但是，如果多式联运经营人已尽了最大努力仍无法避免的或确实证明是货主的故意行为过失等原因所造成的灭失或损坏，经营人则可免责。统一责任制是一种科学、合理、手续简化的责任制度，但这种责任对联运经营人来说责任负担较重，因此，目前在世界范围内采用还不够广泛。

② 网状责任制。所谓网状责任制系指由签发多式联运提单的人对全程运输负责，但其损害赔偿与统一责任制不同，它是按造成该货损的实际运输区段的责任制予以赔偿，在各运输区段中依据的法律有：

- 公路运输——根据《国际公路货运公约》或国内法；
- 铁路运输——根据《国际铁路货运公约》或国内法；
- 海上运输——根据《海牙规则》或国内法；
- 航空运输——根据《华沙运输公约》或国内法。

网状责任制是介于全程运输负责制和分段运输责任之间的一种责任制，又称混合责任制。也就是该责任制在责任范围方面与统一责任制相同，而在赔偿限额方面则与区段运输形式下的分段运输责任制相同。

目前，国际上大多采用的是网状责任制。我国发展和采用网状责任制有以下有利之处。

① 与国际商会 1975 年修订的《联合运输单证统一规则》有关精神相一致，也与大多数航运发达国家采用的责任形式相同。

② 我国各运输区段，如海上、公路、铁路等均有成熟的运输管理法规可以遵循，采用网状责任制，各运输区段所适用的法规可保持不变。

③ 相对于统一责任制而言，网状责任制减轻了多式联运经营人的风险责任，对保护刚刚起步的我国多式联运经营人的积极性，保证我国多式联运业务顺利、健康的发展具有积极意义。

但是从国际多式联运发展来考虑，网状责任制并不十分理想，容易在责任轻重、赔偿限额高低等方面产生分歧。因此，随着我国国际多式联运的不断发展与完善，统一责任制将更为符合多式联运的要求。

（2）多式联运经营人的责任期限。责任期限是指多式联运经营人对货物负责的时间或期限，自 1924 年《海牙规则》制定以来，承运人的责任期限随着运输的变化也在不断发展着。《海牙规则》对承运人关于货物的责任期限规定为："自货物装上船舶时至卸下船舶为止"的一段时间，也就是说货物的灭失、损害发生在在渡期间才适用《海牙规则》。1978 年《汉堡规则》规定：包括在装船港、运输途中和卸船港由承运人掌管的整个期间。即从接管货物时起至交付货物时为止。《汉堡规则》的这一规定扩大了承运人的这一责任期限，突破了《海牙规则》对承运人的最低责任限制，向货物装卸前后两个方面发展，在一定程度上加重了承运人的责任。

1980 年《联合国国际货物多式联运公约》根据集装箱运输下，货物在货主仓库、工厂及集装箱货运站、码头堆场进行交接的地点，仿照《汉堡规则》，对多式联运经营人规定的责任期间是"自其接管货物之时起至交付货物时止"。

依照多式联运公约条款的规定，多式联运经营人接管货物有以下两种形式：

① 从托运人或其代表处接管货物，这是最常用、最普遍的规定方式；

② 根据接管货物地点适用的法律或规章，货物必须交其运输的管理当局或第三方，这是一种特殊的规定。

在第二种接管货物的方式中，有一点应予以注意，即使多式联运公约规定多式联运经营人的责任从接管货物时开始，但在从港口当局手中接受货物的情况下，如货物的灭失或损坏系在当局保管期间发生的，多式联运经营人可以不负责任。

多式联运公约对交付货物规定的形式有以下三种：

① 将货物交给收货人；

② 如果收货人不向多式联运经营人提取货物，则按多式联运的合同或按照交货物地点适用的法律或特定行业惯例，将货物置于收货人支配之下；

③ 货物交给根据交货地点适用法律或规章必须向其交付的当局或其他第三方。

在收货人不向多式联运经营人提取货物的情况下，多式联运经营人可以按上述第②③种交货形式交货，责任即告终止。在实践中，经常会发生这种情况，如收货人并不急需该批货物，为了节省仓储费用而延迟提货；又如市场价格下跌，在运费到付的情况下，收货人也有可能造成延迟提货。

因此，多式联运公约的这种规定不仅是必要的也是合理的。

（3）多式联运经营人的赔偿责任限制。赔偿责任限制包括两个方面内容。

① 赔偿责任限制基础。已通过的《多式联运公约》对多式联运经营人所规定的赔偿责任基础仿照了《汉堡规则》，规定多式联运经营人对于货物的灭失、损害或延迟交货所引起的损失，如果该损失发生在货物由多式联运经营人掌管期间，则应负赔偿责任。除非多式联运经营人能证明其本人、受雇人、代理人或其他有关人为避免事故的发生及其后果以采取一切符合要求的措施。如果货物未在议定的时间内交付或虽然没有规定交货时间，但未按具体情况在一个勤勉的多式联运经营人所能受理的时间内交货，即构成延迟交货。

《多式联运公约》采用的是完全过失责任制，即多式联运经营人除对由于其本人所引起的损失负责赔偿外，对于他的受雇人或代理人的过失也负有赔偿责任。

《海牙规则》中对延迟交货未作任何规定。

《多式联运公约》对在延迟交货情况下的多式联运经营人的赔偿责任规定有以下两种情况：

• 未能在明确规定的时间内交货；

• 未能在合理的时间内交货。

对于如何理解一个勤勉的多式联运经营人未在合理时间内交货，要根据具体情况加以判断。如果在货物运输过程中，为了船和货的安全发生绕航运输；又由于气候影响，不能装卸货物，这些情况的发生，都有可能构成延迟交货。但显然上述情况的发生，即使是再勤勉的多式联运经营人也可能是心有余而力不足。在延迟交货的情况下，收货人通常会采取这样的处理方法：
- 接受货物，再提出由于延迟交货而引起的损失赔偿；
- 拒受货物，提出全部赔偿要求。

② 赔偿责任限制。所谓赔偿责任限制是指多式联运经营对每一件或每一货损单位负责赔偿的最高限额。

《海牙规则》对每一件或每一货损单位赔偿的最高限额为 100 英镑；《维斯比规则》则为 10000 金法郎，或毛重每千克 30 金法郎①，两者以较高者计。

此外，《维斯比规则》对集装箱、托盘或类似的装运工具在集装运输时也作了规定，如果在提单上载明这种运输工具中的件数或单位数，则按载明的件数或单位数赔偿。《汉堡规则》规定每一件或每一货损单位为 835 个特别提款权（国际货币基金组织规定的记账单位），或按毛重每千克 2.5 个特别提款权②，两者以较高者为主。《汉堡规则》对货物用集装箱、托盘或类似的其他运载工具在集装时所造成的损害赔偿也做了与《维斯比规则》相似的规定。对于延迟交货的责任限制，《汉堡规则》做了相当于该延迟交付货物应付运费的 2.5 倍，但不超过运输合同中规定的应付费用总额。

已通过的《多式联运公约》规定，货物的灭失、损害赔偿责任按每一件或每一货损单位计，小的超过 920 个特别提款权，或毛重每千克 2.75 个特别提款权，两者以较高者计。如果货物系用集装箱、托盘或类似的装运工具运输，赔偿则按多式联运单证中已载明的该种装运工具中的件数或包数计算，否则，这种装运工具的货物应视为一个货运单位。

各种运输公约对延迟交货的赔偿限额的规定如表 8-1 所示。

表 8-1　各种运输公约对延迟交货的赔偿限额规定

公约	延误损失赔偿责任限制	备注
多式联运公约	应付运费的 2.5 倍（40% 以下）	不超过合同运费总额
华沙公约	无限制规定	无限额规定
海牙规则		
铁路货物公约	应付运费的 2 倍	无限额固定
公路货物公约	延误货物运费总额	

有关延迟交货的赔偿则是建立在运费基础上的，与运费基数成正比。多式联运的费用基数是由各种货物和运输区段的运费作为总的赔偿基数，可列式为：

$$X = a + b + c$$

---

① 金法郎（法文 franc，英文 gold franc）是历史悠久的一种货币单位。法郎诞生于 14 世纪，1795 年法郎成为法兰西第一共和国货币。1803 年 3 月 28 日（法国共和 11 年芽月 7 日），法国制定金币法郎法律，因此又称"芽月法郎"。1834 年法郎真正成为法国唯一的货币。

② 特别提款权（Special Drawing Right，SDR）是国际货币基金组织创设的一种储备资产和记账单位，亦称"纸黄金 (Paper Gold)"。它是基金组织分配给会员国的一种使用资金的权利。会员国在发生国际收支逆差时，可用它向基金组织指定的其他会员国换取外汇，以偿付国际收支逆差或偿还基金组织的贷款，还可与黄金、自由兑换货币一样充当国际储备。但由于其只是一种记账单位，不是真正的货币，使用时必须先换成其他货币，不能直接用于贸易或非贸易的支付。因为它是国际货币基金组织原有的普通提款权以外的一种补充，所以称为特别提款权。

式中：X——运费总数。

　　a、b、c——各段的运费。

　　（4）赔偿责任限制权利的丧失。为了防止多式联运经营人利用赔偿责任限制的规定从而对货物的安全掉以轻心，致使货物所有人遭受不必要的损失，从而影响国际贸易与国际航运业的发展，如果证明货物的灭失、损害或延迟交货系由于多式联运经营人有意造成，或明知有可能造成而由毫不在意的行为或不行为所引起，多式联运经营人则无权享受赔偿责任限制的权益。此外，对于多式联运经营人的受雇人或代理人或为其多式联运合同服务的其他人有意造成明知有可能造成而由毫不在意的行为或不行为所引起的货物灭失、损害或延迟交货，则该受雇人、代理人或其他人无权享受有关赔偿责任限制的规定。

　　但在实际业务中，作为明智的多式联运经营人，在有赔偿责任限制的保护下，故意造成货物灭失、损害而失去责任限制，这是不现实的。所谓毫不在意的行为或不行为，即多式联运经营人已经意识到这种做法有可能引起损失，但其仍然采取了不当的措施，或没有及时采取任何措施，即明知而又毫不在意。

　　表 8-2 是《国际货物运输公约》对每一件或每一货损单位或每千克毛重赔偿限额的规定。

表 8-2　各种运输公约对赔偿限额的规定

公约名称	每一件或每一单位		每千克毛重/kg		备注
	责任限制 S. D. R	多式联运公约所占 /%	责任限制 S. D. R	多式联运公约所占 /%	
多式联运公约	920		2.75		包括海运或内河
海牙规则	161	570			包括海运或内河
维斯比规则	280	135	2.04	135	包括海运或内河
CMR（公路）			8.33	33	包括海运或内河
CIR（铁路）			16.67	16.5	包括海运或内河
华沙公约			17	16	包括海运或内河
多式联运公约			8.33		不包括海运或内河
CMR（公路）			8.33	100	不包括海运或内河
CIR（铁路）			16.67	49.9	不包括海运或内河
华沙公约			17	48	不包括海运或内河

　　从表中可以看出，多式联运中不论是否包括海运或内河运输，多式联运经营人的赔偿责任限额比《海牙规则》高出 5 倍以上，比《维斯比规则》高出 35％，与铁路、公路、华沙公约相比较，多式联运经营人的赔偿责任限额显得较低，只有公路承运人赔偿限额的 1/3，航空承运人的 1/6。

　　（5）托运人的赔偿责任。在国际多式联运过程中，如果多式联运经营人所遭受的损失系由于托运人的过失或疏忽，或者系由于他的受雇人或代理人在其受雇范围内行事时的疏忽或过失所造成，托运人对这种损失应负赔偿责任。

托运人在将货物交给多式联运经营人时应保证：

① 所申述的货物内容准确、完整；

② 集装箱铅封牢固，能适合多种运输方式；

③ 标志、标签应准确、完整；

④ 如系危险货物，应说明其特性和应采取的对该货物的预防措施；

⑤ 自行负责由于装箱不当、积载不妥引起的损失；

⑥ 对由于自己或其受雇人、代理人的过失对第三者造成的生命财产损失负责；

⑦ 在货运单证上订有"货物检查权"的情况下，海关和承运人对集装箱内的货物有权进行检查，其损失和费用由托运人自行负责。

8.4　国际物流运输合理化

8.4.1　国际物流运输合理化的内容

随着国际贸易的发展，国际物流水平也将得到进一步的提高。为了提高国际货物运输的效率，满足货主的运输要求，推进国际物流运输合理化具有重要意义。

国际物流运输合理化包括以下几个方面：

（1）物流设施合理；

（2）商品运输渠道合理化；

（3）商品包装规格化、系列化；

（4）装卸、储存托盘化、机械化；

（5）运输网络化。

国际物流运输合理化的主要目标在于实现国际运输合理化及有关包装、装卸、保管诸环节的合理化。国际运输以谋求国际物流合理化为目标，采取了从发货地到收货地的直达运输系统，从而降低了物流总费用。

国际物流运输合理化的主要基本形式。

• 汽车——船舶——汽车。

• 汽车——铁路——汽车。

• 汽车——飞机——汽车。

为了实现国际物流合理化，利用集装箱通过各种组合运输，推进国际间的直达运输，这些组合运输是推进物流及国际物流运输合理化的主要形式。

8.4.2　国际物流运输合理化的途径

1. 成品出口渠道系统合理化

国际物流系统机制的正常运转必须借助合理的出口渠道系统。只有建立多层次的出口渠道系统，并运用现代化的管理技术、现代化的信息系统，国际物流才能顺畅流转。在成品出口中，增加机械类、机电类成品比例已经成为一种发展趋势。为了寻找出口商品的国际运输的合理化的途径，以海上集装箱为主要载体的国际联运已居主导地位。

根据货物组织者和委托者不同，表现出成品出口渠道合理化的几种基本形式。

（1）制造商通过出口机构向对方的进口机构出售产品。

（2）大公司的出口机构在进口国设置分公司及其驻外机构。

（3）工厂、企业与进口结构直接交易而形成的国际物流。

（4）工厂、企业在进口国设立驻外办事机构或代理点。

（5）制造商在进口国建立工厂，进行生产、销售，变国际物流为企业物流。

2. 单位成组装载系统合理化

所谓单位成组装载系统，不是将货物单个地、一件一件地进行运输，而是把众多的货物分类排列，组合成一个单元进行运输的一种方法。用这种方式运输商品，一般具有以下特点。

（1）商品的重量、体积包装、货形不一致。

（2）多品种、少交易的商品。

（3）流动机构复杂。

单位成组装载合理化的具体形式有以下两种。

（1）使用大型金属集装箱化。由于这种方式采取了从装货到卸货的连贯作业，所以一般都有较高的效率。

（2）使用托盘的托盘化作业。它的主要优点有：装卸率高、能够有效地防止货物损失、包装简单、费用低、增加装卸高度等。但这种方式也存在不足之处，主要是：对按数量单位装载的器具管理有困难、使用数量单位装卸成本较高、需要与之相配套的机械设备、装载效率较低、需要宽敞的作业场地等。

3. 连贯运输托盘化

托盘是一种把货物集合成一定的数量单位便于装卸操作的搬运器具。在国际物流运输过程中推行运输托盘化具有以下优点。

从货主立场看：

（1）包装简易和规范，节约包装费用；

（2）有利于提高作业效率；

（3）有利于减少货物损伤；

（4）便于对商品进行管理，有效利用仓库面积及空间。

从运输者立场看：

（1）有利于提高装卸作业效率；

（2）有利于提高运输效率；

（3）有利于减少工伤事故的发生，解放重体力劳动。

从整个社会经济系统看：

（1）有利于物流协调化、效率化；

（2）有利于降低物流费用，提高社会效益。

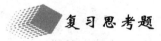 复习思考题

一、基本概念

国际物流　国际多式联运　陆桥运输　赔偿责任限制

二、选择题

1. 在国际物流运输中，有关多式联运经营人的赔偿责任，《海牙规则》对每一件或每一货损单位赔偿的最高限额为 100 英镑；《维斯比规则》则为 10000 金法郎，或毛重每千克 30 金法郎，两者以（　　）为标准。

    A. 较低者　　　　　　B. 较高者　　　　　　C. 平均数　　　　　　D. 任意

2. 国际贸易中最主要的运输方式是（　　）。

    A. 海上运输　　　　　B. 国际铁路运输　　　C. 国际航空运输　　　D. 国际多式联运

3. 下列对多式联运描述正确的有（　　）。

    A. 至少是两种或两种以上不同的运输方式的连贯运输

    B. 托运人与负责全程运输的多式联运经营人订立多式联运合同

    C. 多式联运经营人应签发一份全程多式联运单据

    D. 多式联运是指用一种运输工具在不同国家运输的方式

4. 为了促进国际物流运输合理化必须建立新的国际货物运输系统，其主要形式包括（　　）。

    A. 铁路—船舶—铁路　　　　　　　　B. 汽车—船舶—汽车

    C. 铁路—汽车—铁路　　　　　　　　D. 汽车—铁路—汽车

    E. 汽车—飞机—汽车

5. （　　）是国际多式联运的主要组织形式，也是远东和欧洲多式联运的主要组织形式之一。

    A. 陆空联运　　　　　B. 海空联运　　　　　C. 陆桥运输　　　　　D. 海陆联运

6. 将中国大庆出产的石油运往美国西海岸城市，选择（　　）方式比较合适。

    A. 海上运输　　　　　B. 国际铁路运输　　　C. 管道运输　　　　　D. 国际多式联运

三、判断题

1. 班轮运输在装运时间、数量、卸货地点等方面都很灵活，但其手续比较繁杂，所以采用这种运输方式有一定的限制。（　　）

2. 租船合同起到运输合同的作用，它不是货物收据，但可以作为物权凭证使用。（　　）

3. 国际多式联运单据可以转让。（　　）

4. 海空联运又被称为空桥运输。（　　）

5. 空桥运输在整个货运过程中使用的是同一个集装箱，不用换装。（　　）

6. 运输距离越远，采用海空联运的优越性就越大。（　　）

7. 《海牙规则》中对延迟交货未作任何规定。（　　）

8. 内河集装箱船的主要特点是上部建筑简单，有大开口或大甲板便于装卸集装箱。（　　）

四、思考题

1. 试述国际物流与国内物流的区别与联系。

2. 试比较各种国际物流运输方式的优缺点，并指出其适用范围。

3. 国际多式联运的组织形式有哪几种？

4. 国际多式联运经营人的责任形式有哪几种？我国发展和采用哪种形式较为有利？

5. 简述国际物流运输合理化的途径。

6. 假设武汉市一家汽车制造商从美国纽约进口一批零配件，你将怎样合理安排使货物运抵目的地?

 本章案例

多式联运的合同案例

2001 年 11 月 18 日，华映公司与特灵台湾公司签订了进口 3 套冷水机组的贸易合同，交换方式为 FOB 美国西南岸，目的地为吴江。2001 年 12 月 24 日，买方华映公司就运输的冷水机组向人保吴江公司投保一切险，保险责任期间为"仓至仓条款"。同年 12 月 27 日，原告东方海外公司从美国西雅图港以国际多式联运方式运输了装载于三个集装箱的冷水机组经上海到吴江。原告签发了空白指示提单，托运人为特灵台湾公司，收货人为华映公司。

货物到达上海港后，2002 年 1 月 11 日，原告与被告中外运江苏公司约定，原告支付被告陆路直通运费、短驳运费和开道车费用等共计 9 415 元，将提单下的货物交由被告陆路运输至目的地吴江。但事实上，被告并没有亲自运输，而由吴淞公司实际运输，被告向吴淞公司汇付了 8 900 元运费。

同年 1 月 21 日，货到目的地后，收货人发现两个集装箱破损，货物严重损坏。

收货人依据货物保险合同向人保吴江公司索赔，保险公司赔付后取得代位求偿权，向原告进行追偿。原告与保险公司达成了和解协议，已向保险公司作出 11 万美元的赔偿。之后，原告根据货物在上海港卸船时的理货单记载"集装箱和货物完好"，以及集装箱发放/设备交接单（出场联和进场联）对比显示的"集装箱出堆场完好，运达目的地破损"，认为被告在陆路运输中存在过错，要求被告支付其偿付给保险公司的 11 万美元及利息损失。

上海海事法院经审理认为，涉案货物从美国运至中国吴江，经过了海运和陆路运输，运输方式属于国际多式联运。原告是多式联运的全程承运人，也即多式联运经营人，其与被告之间订立的合同应属国际多式联运的陆路运输合同，合同有效成立，被告应按约全面适当地履行运输义务。涉案两个集装箱货物的损坏发生在上海至吴江的陆路运输区段，故被告应对货物在其责任期间内的损失承担赔偿责任。

买方也即收货人华映公司与人保吴江公司之间的保险合同依法成立有效，货损属于货物运输保单下的保险事故范畴，保险公司对涉案货损进行赔付符合情理和法律的规定。原告作为多式联运全程承运人对保险公司承担赔偿责任后有权就其所受的损失向作为陆路运输承运人的被告进行追偿。据此，判决被告向原告赔偿 11 万美元及其利息损失。

问题与思考：

1. 结合本案例说明签订多式联运合同的重要性。
2. 收集与多式联运相关的案例，并认真学习 FOB 等常用外贸术语。
3. 根据本章所学内容分析上海海事法院对此案的审理判定结果。

第 9 章

物流运输成本管理

❖ **学习目标**

掌握：运输成本的含义；不同运输方式的成本特征；运输成本的分类；货物运输计价规则；物流运费计算步骤；运输成本控制；目标成本的制定与分解；运输成本控制策略。

了解：运输成本的理论结构；成本控制的形式；成本控制原则；目标成本的执行；目标成本控制的考核与评价。

从经济层面讲，物流运输管理就是成本管理，运输成本管理是一项综合性管理，是对整个物流运输经济绩效的全面反映，在前述各章中已从不同角度，多次涉及有关成本费用的相关内容。本章将对物流运输成本的构成、控制、核算等作全面阐述。

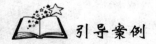 引导案例

索尼公司拼箱降成本

为了进一步降低物流运输成本，索尼集团公司常常根据实际需要，办理集装箱货物的多国拼箱。例如，索尼公司把半箱货物的集装箱从某产地发往新加坡，在那里把另外一种产品补充装入箱子，变成满箱货物的集装箱，然后继续运输，直至北美或者欧洲某目的港。这种物流运输方法的最大好处是：减少了等候时间，因为集装箱运输时间本身就是用金钱买来的，降低成本的同时也大幅度减少通关时间。现在索尼集团已经把新加坡和中国台湾高雄作为索尼产品多国拼箱的集装箱枢纽港。其他方法还有满箱货物的"工厂直接装箱"，或者在一个国家内的几家索尼子公司的产品进行拼箱。索尼集团目前把这些物流运输服务委托给中国香港东方海外集运公司和马士基海陆船务公司。

（选自：万联网）

思考题：试设想从哪些方面可以降低物流运输成本？

9.1　物流运输成本概述

掌握运输成本的结构和分类是对运输成本进行核算的基础，本节将对运输成本从理论和实际两个角度进行分析。

9.1.1　运输成本的含义

运输成本是指为实现货物的空间位移所消耗的物化劳动和活劳动的总合，也就是物资设备消耗和人力资本消耗的费用总和，包括直接运输费用与管理费用两部分。

运输成本可以分为：运输总成本和单位运输成本。运输总成本是一定时期内的运输各种消耗支出的总和；单位运输成本则是单位运输量各种消耗的支出（一般以吨公里为单位）。在理解运输成本的含义时，必须把握运输成本和运价两个基本概念之间的联系。

运输成本是实现货物位移过程中实际消耗的费用总和。成本包括：实际运输费用＋税金。

运价是运输服务企业制定的运输服务的收费价格（包括与直接运输相关的各种费用），运输企业制定的价格一般包括三个部分：运输成本＋企业利润＋税金。

理论上，运输价格要高于运输成本（不论是计算单位运价与单位运输成本，还是总体计算），成本与运价之间的差额，应当是企业的利润（包括税金）。

在实际运作中，运价一般是基于当地市场的实际价格水平，也就是市场价，而运输成本，由于管理水平的高低和外界因素的影响，不同企业间的实际运输成本是有差异的，有时这种差异还可能是很大的，这就使不同运输企业的实际获利水平是有差异的（甚至可能是亏损）。所以，运输企业的盈亏状况主要取决于运输成本，而运价则表现为市场上形成的均衡价格。可以说，企业的运输成本高低是企业管理和经营水平的直接反映。

9.1.2　运输成本的理论结构

从理论上看，成本是取得一定收入或进行经济活动时所发生的资源消耗，具体表现为资产的减少或负债的增加，或两者兼有。成本与费用是有密切联系的一个概念，在我国成本与费用区别不大，一般并用，即成本费用。它泛指取得资产的代价。成本是费用的对象化，是指运输企业为提供运输服务而发生的各种耗费。运输成本在理论上通常可以划分为：固定设施成本、移动设备成本和运营成本三个部分。

1. 固定设施成本

物流运输中的固定运输设施是指各种运输形式中不可移动的基础设施设备，如车站、码头、机场、轨道、公路、固定输送管道等，它是任何运输方式不可缺少的固定设施。固定设施是物流运输业存在和发展的基础，其水平高低、先进性和现代化程度决定着整体运输服务可实现的水平和市场竞争力。

固定运输设施的投资在整个运输成本中占很大比重，它被认为是一种沉没成本（Sunk Cost），因为这些设施一旦建成就不能再移动，且专用性极强，在一定程度上几乎不能再被用于其他任何用途。例如，一条废弃的铁路线，原来的铁路、路基和车站几乎无法改作他用。所以固定运输设施的规划、投资、建设要十分慎重，全面规划论证，不可一哄而上，如一些运输设施超负荷运转，而另一些固定运输设施却处于半闲置状态。对于这种现象，有人用经济学观点解释：已经形成固定运输设施的投资是没有机会成本的，原因是这些资源其已经没有再被用于其他用途的机会。

固定运输设施除了起初的投资建设，还有在使用寿命期间内所需要的养护及维修，因此固定设施成本还包括养护、维修及其他相关使用成本。与投资相比，这些固定设施的养护、维修及使用费用比较少。从短期看，其中有些费用支出与使用这些固定设施提供的运输服务和运输量关系不大，属于固定成本，另外一些则可能与运输量的多少有密切联系，因此被认为属于变动成本。而从长期看，所有固定运输设施成本分摊都与这些设施的使用效率，即货物的运输量有关。

2. 移动设备成本

物流运输中的移动设备是指运输过程中使用的各种移动运输工具，如火车、载重汽车、轮船、飞机等，管道运输是唯一仅使用固定设施的运输方式，其他各种运输方式都同时使用固定设施和移动设备。由于这些运输工具可以根据需要在不同运输市场之间，甚至不同用途之间转移，也就是说它们的用途不是单一的，是可以改变的，能够允许人们在使用时进行选择，因此在移动运输工具上的投资不属于沉没成本。

所有各种运输工具都有自己的使用寿命，运输工具的价值在其使用期内会逐渐转化为运输成本，因此使用寿命决定着运输工具的折旧过程。有些运输工具的使用寿命是以年限计算的，在这种情况下，运输工具的折旧转移成本似乎与其使用中所提供的运输量没有直接关系，是每年或每月的固定成本。还有些运输工具的使用寿命是以行驶里程计算的，在这种情况下，运输工具的折旧转移成本就与其使用中提供的运输量直接有关，属于变动成本。

3. 物流运输的运营成本

物流中的运营成本是指参与物流运输过程或为运输过程服务的各项支出的总和，包括直接运营成本和间接运营成本两部分。直接运营成本又由两部分构成，一是直接运营人员的工资、福利、奖金，及用于个人的劳动保护支出；二是在运输过程中，运输工具的各种消耗，如燃料等，运输工作量越大这些直接消耗与支出的运营成本数量也会越大。

在物流运输中各种运输工具的磨损，对各类维修保养，及各类辅助人员、管理人员等需要支出的货币总额，构成间接运营成本。间接运营成本中一部分与是与运输量有关的变动成本，其他部分与运输量变动没有直接关系。

在理论上，从机会成本的角度分析，各种物化劳动消耗的价值，应当是这些用于物流运输消耗的物质资料，转而用于其他用途时，所能获得的收益。而人员的劳动支出，则是这些服务于物流运输的人员，转而从事其他非运输工作时所能获得的收入。这种纯理论的分析有助于整体社会资源的均衡利用。

9.1.3 不同运输方式的成本特征

1. 铁路运输

铁路运输的固定成本高，变动成本相对较低。这是因为铁路线路、车站、机车车辆、通信等基础设施的投资大，提高了固定成本。铁路运输变动成本（工资、燃油、维护成本等）随运距和运量的大小而成比例变化，一般认为它占总成本的 1/2 或 1/3。这样，当一个系统有很高的固定成本时，适合于规模经济和距离经济。规模经济的特点是随着运量的增长，使每单位运量的运输成本呈下降趋势。这是因为有关的固定成本分摊在大批量的运量中去，单位运量运输成本中分摊的有关固定成本就少，从而使运输成本降低。规模经济使得货物的批量运输显得更加合理。距离经济的特点是每单位距离的运输成本随运输距离的增加而减少。距离经济的合理性类似于规模经济，尤其体现在运输装卸费用的分摊上。同时，距离越长，可使固定成本分摊后的值越小。这样，将固定成本均摊到更大的运量和更长的运输距离中去，运输成本就会下降。

2. 公路运输

由于公路运输的承运人不拥有用于营运的基础设施，公路运输的固定成本是所有运输方式中最低的，与铁路运输的成本特征形成鲜明对比。但公路运输的变动成本很高，它既包括用于车辆营运的燃料、轮胎、车辆折旧、维修费用等，还包括为了公路建设和公路维护而向车辆征收的燃油税、过路（桥）费、养路费等。变动成本随车辆行驶里程或完成的周转量成正比例变化。在公路货运站进行运输时，固定成本包括车站取货和送货费用、站台装卸费用、制单和收费等发到作业费。公路运输也存在规模经济，当运输批量较大时，固定成本费用分摊到较大的运量上，所以单位运输成本会随运量的增加而降低，但是不如铁路运输下降的那么明显。

3. 水路运输

水路运输除必须投资构造新船、建设港口之外，航道投资极少。目前，港口和航道由国家设立的管理机构进行管理，船舶所属的航运企业则是水路运输的承运人。大部分港口是服务港，即港务当局不仅提供港口的基础设施，还提供诸如货物装卸服务和货物的港内搬运和处理等服务；不仅从事港政和航政，还从事港内各项业务活动。这样，水运承运人的固定成本除船舶本身的折旧费等外，还和港口作业有关。水路的运输能力大，变动成本低。所以水运是最廉价的大宗货物运输方式之一，适合长距离、大批量运输。

4. 航空运输

航空运输与水运和公路运输相比，成本特征有很多相同之处。航空运输的机场和空中通道一般不属于拥有飞机的航空公司，航空公司根据需要以燃油、仓储、场地租赁和飞机起降等形式购买机场服务。同时，地面的搬运装卸、取货和送货也属于机场提供的航空货运服务的一部分，这些成本就成为使用机场需要支出的固定成本。此外，航空公司还拥有（或租赁）运输设备、飞机等，在经济寿命周期内对其进行折旧就构成每年的固定费用。航空公司的变动费用主要是燃料和原材料，受运距的影响较大。固定成本和变动成本合在一起通常使航空运输成为最贵的运输方式，短途运输尤其如此。但是，随着机场费用和其他固定费用支出分摊在更大的运量上，单位成本会有所降低。如果在长距离内营运，还会带来单位成本进一步的下降。

5. 管道运输

管道运输与铁路运输的成本特征一样，管道公司拥有这些基础设施或拥有它们的使用权。管道的投资和折旧及其他成本使管道运输的固定成本在总成本中是较高的。为提高竞争力，管道运输的运量必须非常大，以摊销很高的固定成本。变动成本主要包括运送原油、成品油或天然气等的动力和与泵站经营相关的成本。对动力的需求大小取决于线路的运量和管道的直径。在运输中，摩擦损失和气泵动力随管道周长变大而增加，运量则随截面积的增大而提高。由于大管道与小管道周长之比不像横截面面积之比那么大，所以，只要有足够大的运量，大管道的每吨公里成本会迅速下降。如果运送的产品多，管道运输的规模收益就会减少。

9.1.4　运输成本的分类

如前所述，运输成本是运输商为客户提供运输服务时各种消耗的货币表现，其主要是由运费、流通加工费、装卸费构成。为了达到以最快的速度、最少的运输费用实现货物流转，必须要合理选择运输方式，进行技术经济比较，这就要求掌握各种运输费用的基本分类与构成。

1. 运费的构成与分类

运费是由运输成本、税金和利润构成的。运输费用占物流费用比重最大，是影响物流费用的重要因素。

由于运输采用的运输工具、运输范围、运输距离、货物品种等因素的不同，货物运费的分类有下列几种形式。

（1）按适用范围划分运费。

① 普通运费。适用一般货物的正常运输，是货物运费的基本形式。例如，铁路运费适用于全国正式营业铁路，是全国各地统一的铁路运费。

② 特定运费。是运费的一种辅助形式，以补充普通运费。它是指对某种货物、某一流向、某一段线路规定的特殊运费。特定运费是根据运价政策考虑制定的，比普通运费水平提高或降低一定的比例，或改用较低的、较高的运费号；在某一时间内对某种货物以鼓励或限制。有时也可以单独制定特定运费。

③ 地方运费。适用于某地区、某一条线路的运费，如临管营业的新建铁路或未与铁路网接通的营业铁路规定临管运费率，交通系统的地方水运运费等。

④ 国际联运运费。凡是国际联运出、进口或过境货物，国内区段按有关规定办理，过境运价根据国际间的有关规定办理。

此外，还有某些部门或专门用途货物规定的优待运费，如军运等。

（2）按货物发送批量、使用的容器划分运费。

① 整车（批）运费。指按整车运送办理的货物所规定的运费，按整车运价号规定的运费率计算收费。整批运价是指规定满一定重量可作为一张运单，一批托运的按整批运价计算。

② 零担运费。指不满整车、整批吨位以下托运的零星货物，按零担运价号规定的运价率计算收费，货物按实际重量计算。

③ 集装箱运费。指以集装箱运送货物规定的运价。计算价格的基本单位是标箱/个。

（3）按计算方式不同划分运费。

① 分段里程运费。是指把里程分为若干区段，在不同区段使用不同的运价率。铁路和交通部直属水运的现行运费就是采用这种计算方式。

② 单一里程运费。是指每一吨公里的运费率不变，在运输全程用一个单一的运费率。运费的增加是与运输距离成正比的。

③ 航线里程运费。是指在同一航线上使用同一基本运费。航空运输的现行运费就是采用这种形式。

2. 流通加工费用构成

为了提高物流运输速度和货物的利用率，在货物进入流通领域后，在运输和配送时，必须按照客户的要求进行一定的加工活动，这便是流通加工，由此而支付的费用称为流通加工费用。主要包括以下内容。

（1）通流加工设备费用。流通加工设备因流通加工的形式不同而不同。比如，剪板加工需要剪板机，木材加工需要电锯等，购置这些设备所支出的费用，以流通加工费的形式逐步转移到被加工的产品中去。

（2）流通加工材料费用。在流通加工过程中，投入到加工过程中的一些材料（如包装加工要投入包装材料，天然气的液化加工所需要的容器等）消耗所需要的费用，即流通加工材料费用。

（3）流通加工劳务费用。在流通加工过程中从事加工活动的管理人员、工人及有关人员工资、奖金、补贴等都属于流通加工劳务费用。应当说明，流通加工劳务费用的大小与加工的机械化程度和加工形式存在着密切关系。一般来说，加工机械化程度越高，则劳务费用越低，反之则劳务费用越高。

（4）流通加工其他费用。除上述费用外，在流通加工中耗用的电力、燃料、动力等费用，也应计算到流通加工费用之中。

3. 装卸搬运费用构成

装卸搬运活动往往与运输配送紧密相连，同时也是衔接物流各环节活动正常进行的关键，它渗透物流活动的各个领域。货物在装卸搬运过程中所支出费用的总和，即为货物装卸搬运费用。装卸搬运作业所发生的主要费用可划分为以下两部分。

（1）设备投资额。主要包括：

① 机械设备的购置费。是指购买装卸搬运机械时的原始费用。

② 机械安装费。固定或半固定式的装卸机械在安装、调试时所发生的费用。

③ 基本折旧费。即按机械使用年限而计算的每年应提取折旧的费用。

④ 附属设备费。装卸机械和运输机械在作业时往往要有相应的附属设备相配合，以便使作业过程更加顺利或有利于提高设备的生产率，如装卸机械的各种吊、夹具等。购买和制造附属设备或工具的费用，即附属设备费。

（2）运营费用。运营费用是指在某一装卸、搬运机械作业现场，一年内运营作业过程中的总支出，运营费用主要包括以下几个部分。

① 设备维修费用。为了延长机械设备的使用年限，确保机械工作安全，不降低设备的作业效率，各项设备都需进行大、中、小修和必要的保养，这些在不同的修理过程中所发生的费用，即设备维修费用。

② 劳动工资费用。指在运营作业过程中用于支付的各项劳动费用。同样，劳动工资费用与装卸、搬运机械化程度存在着密切的关系。对于全部依靠人工装卸作业和搬运作业的部门，劳动费用构成了全部装卸搬运费用的总和。

③ 燃料和电力费用。指机械在作业过程中所必须消耗的燃料和动力及必要的照明等费用总和。这部分费用的大小主要与设备的功率和使用时间有直接关系。

（3）其他费用。除上述以外所发生的费用，如劳保费用、管理费用等可归入此项。

9.1.5 货物运输计价规则

为了根据按货种别、距离别、批量别及要求不同运输条件的货物计算运费，各种运输方式均制定出简单易行、合理的有关货物运价的各项规定，如《铁路货物运价规则》、《水路货物运价规则》、《汽车货物运输规则》、《中国民航国内货物运输规则》等，这是货物运价制度及有关政策的具体表现，是运输企业计算货物运费和杂费的依据。各个规则对运费的计算都作了具体规定，主要内容有货物运价分号表、货物运价率表、货物装卸费率及有关问题的说明。

1. 货物运价分号表

由于货物的种类繁多，运输条件和运输成本各有不同，不可能为每一种货物确定一个运价率。为了明确对各种货物应该收的运费，对有相同性质、特点的货物进行分类，然后把运输条件和运输成本大致相等的划分为一级，构成货物运价分号表。（注：铁路称运价号；水运称运价等级。运价号和运价等级没有什么本质的不同，都是为了说明运价率的差别。）货物的运价号表就是将拟采用同一运价率的各种货物品名划归为一个运价号，运价分号表划分的原则是：数量不能太多，也不宜太少。

2. 货物运价率表

货物运价率是确定运价水平的关键，关系到运输企业的收入、发货单位运输费用的支出，影响到国家的税收和企业的利润。货物运价率是由运价基数、各运价号或等级间的增减比例，按距离区段的划分数量及其递增递减的比例，整车、零担、集装箱运价的比例等确定的。

运价基数是指最低运价号的起码计算里程运价率，它是制定货种别、距离别各种不同运价率的基础。运价基础的确定，首先是确定货物起码计算里程，起码计算里程是根据各种运输方式间运量的分配情况，为促进各种运输方式的合理分工，有利于发展合理运输而确定的。在运价基数、运价率的基础上，按照运输距离递增递减率求出各区段的递差率，然后计算出各运价号、各里程区段的每吨货物运价率，编制成货物运价率表。

运价率表，铁路分整车和零担运价率表，水路分沿海、北方、闽浙、华南沿海四种运价率表，长江分干线、下游、上游三种运价率表，公路没有区段，也没有运价等级，只分整车和零担。

3. 货物运价里程表

货物运价里程表是计算货物运费的重要依据，是说明运送距离的一组文件，即货物从发出站至到达站之间的距离。铁路运价制度规定是按最短路径考虑的，所以，铁路货物里程表中各站之间的距离是按最短路径的原则制定的。

9.1.6 物流运费计算步骤

在对铁路、水路、公路货物运价规则有了初步的了解后，就可以根据发货人托运的货物品种、数量、发到站计算运费了。计算的步骤大致如下。

1. 根据托运货物的发到站，按运价里程表确定运价里程

铁路运价里程是根据《铁路货物运价里程表》按照发出站至到达站之间最短路径计算，在《铁路货物运价里程表》内规定有计费路径的方法，按规定的计费路径计算运价里程。运价里程不包括专用线、货物支线的运输里程。

水运运价里程按公布的《运价里程表》计算，未规定里程的地点按实际里程计算，实际里程当时难以确定时，按里程表中距离起运地或到达地相邻近的地点里程，来计算两个运输地之间的距离。

公路汽车货物运输计费里程根据《汽车运价规则》规定计费，里程包括运输里程和装卸里程。

2. 根据货物名称，查找货物运价分号表，确定适用的运价号

铁路货物运价分类表中划分为煤焦、石油及其制品、矿石等二三十类；水运货物运价采用十级运价值，每类中分若干项；公路分为普通货物和特种货物分类表。这是一种理论上的运价分类方式，是普遍适用的，但在当前的实际运输作业中，一些运输企业多采用以各类运价分号表为基础，然后与货主企业协商确定运输价格。

3. 根据货物的运价里程及运价号，在货物运价率表中查出适用的运价率

铁路货物运价率分为三部分：整车、零担、集装箱。其中，整车货物的运价率为 1～10 号；零担货物运价率为 11～15 号；集装箱货物运价率分 5 吨和 1 吨两种箱型，每种箱型又分两个运价号。

水运分北方沿海、华南沿海、南北沿海各港口直达航线水陆联运运价率表和长江主要航线货物运价率表。长江又有干线、下游、上游三种运价率表。内河由各省、市、自治区自行制定运价率表。

公路与铁路、水运不同，只分整车和零担，运价率水平由地方根据公路状况等具体情况制定。当今在公路运输中多是根据供需双方协商一致来确定货物运价，并以不同地区市场运价水平为参照。

铁路和水运运价率查找的方法是根据不同的发运方式，零担或整车，不同运价等级和运输里程，在货物运价率表中通过纵横交叉于一格上，此交叉格的数字就是适用的运价率。在查水运运价率表时，首先要在不同的水系运价率表中确定适用的运价率表。

4. 按有关规定确定货物计费重量/体积

铁路和公路整车运输，按使用的货车标记载重计算运费，如 30 吨的铁路货车按 30 吨计算运费，4 吨的汽车按 4 吨计算运费。水运货物计费吨分重量吨（W）和体积吨（M），重量吨按货物的毛重，以 1 000 千克为 1 重量吨；体积吨按货物"满尺丈量"的体积，以 1 平方米为 1 体积吨。货物运价分级表中，计费单位为"W/M"的货物，按货物的重量吨和体积吨两者择大数计费。换算重量的货物，按换算重量计费。

铁路、公路、航空零担运输一般按实际重量计算。

5. 确定计费重量后进行运费计算

铁路（整车）、水运、航空运输的运费计算公式为：

$$运费 = 计费重量（吨）\times 适用的运价率$$

铁、水联运运费计算公式为：

$$运费 = [（铁路计费重量 \times 适用的运价率）+$$
$$（水路计费重量 \times 适用的运价率）] \times （1-15\%）$$

6. 不合理运输的成本损失

不合理运输是对运力的浪费，会造成运输费用不必要的增加。成本损失的计算方法如下。

（1）对流运输是不合理运输中最突出、最普遍的一种。对流运输不合理的实质在于多占用了运输工具，出现了额外的车辆行走公里和货物行走的吨公里，增加不必要的运费。

对流运输的成本损失是多余吨公里产生的，可表示为：

$$对流运输损失的吨公里＝最小对流吨数×对流区段里程×2$$

（2）迂回运输形成的原因很多，但多数是因选择运输路径不当引起的。除因道路施工、事故等因素被迫绕道外，其他原因引起的迂回运输，就是运输能力的浪费和运输费用的超支。

迂回运输造成的损失可表示为：

$$迂回运输损失的费用＝迂回运输浪费的吨公里×该种货物吨公里的平均运费$$

（3）重复运输，把可以直线运输、直达运输的货物经不必要的中转，不仅会浪费装卸的人力和物力，增加作业的负担，而且增加货物损耗和不必要的出、入库手续，造成物流时间延长，费用消耗和占用增加等不利影响。其损失可表示为：

$$重复运输损失的费用＝重复运输浪费的吨公里×该种货物吨公里的平均运费＋$$
$$增加的人员工资和设备磨损费$$

（4）过远运输在运输总量中占有相当大的比重，主要表现在木材和建筑材料上。在木材的不合理运输总量中，过远运输甚至达到 70％ 以上。过远运输浪费的运输能力和运输费用，可由下面二式求得：

① 过远运输浪费的运输吨公里＝过远运输的货物吨数×

$$（过远运输的全部里程－该货物的合理运输里程）$$

② 过远运输损失的运输费用＝过远运输浪费的运输吨公里×该货物的平均运费

（5）无效运输，即不必要的运输。无效运输不仅浪费了大量的运输能力，而且还往往人为地夸大了生产单位的成果，使客户不能按质按量地得到合格的产品。消除无效运输不仅具有降低运输成本的作用，更重要的作用在于货主企业的经济效益。如大庆石油由于增设了原油脱水设备，使原油含水量由 7％ 下降到 2％，1963 年一年就消除了 18 万吨水的无效运输，由此可减少用罐车 4 500 辆，节约运费 500 万元。解决的方法主要是：生产技术和作业能力的提高。

9.2　运输成本控制

所谓运输成本控制是采用特定的理论、方法、制度等对运输各环节发生的费用进行有效的计划和管理。运输成本是两个地理位置间的运输过程所支付的各种费用总和，这其中也包括与行政管理和维持运输中的存货有关的费用，它以货币形式支付和结算。运输成本管理的目的是把物流总成本降到最低，这意味着最低的运输费用并不总是导致最低的运输总成本。

9.2.1　成本控制的一般性质

从一般意义上讲，企业成本系统应满足系统可控性的基本条件如下。①企业成本具有多种发展可能性。成本作为对生产经营活动中发生的个别劳动耗费的价值度量，同类产品由不同生产者组织生产，或者同一生产者生产的同种产品在不同的成本计算期间，其生产成本都不可能完全一致。②生产经营耗费具有可调节性。不同生产者或同一生产者在不同的成本计算期间，生产成本的差异及其变动取决于成本系统内生产要素的构成性质、数量、相互联系方式及其变化规律。在一定的条件和责权范围之内，通过成本管理措施的作用，成本系统内的各构成要素及由此而决定的生产经营耗费状态在一定程度上是可以被调节的，并能按系统的既定目标发展。成本系统不仅是可以控制的，而且这种可控性的强弱与控制的空间和时间有着密切的联系。

1. 成本可控空间

成本可控空间是指成本受控的空间范围。按照企业的生产组织结构，在成本管理系统内，成本可控空间可以逐级分解，形成一种多层次的责任成本控制体系。就某一层次的成本可控空间而言，在其责权范围内所发生的劳动耗费，有的能够受到控制，称之为该层次上的可控成本；有的则不能受到控制，称之为该层次上的不可控成本。

由于成本的可控性是相对于可控空间的层次而言的，因而，某一较低层次上的不可控成本可能是其较高层次上的可控成本；当然，较低层次上的可控成本，必然也是其较高层次上的可控成本。在同一可控空间层次上，可控成本不完全等同于直接成本或变动成本，不可控成本也不完全等同于间接成本或固定成本。例如，车间（或班组）生产单一产品耗用的某种原材料费用，就其计入生产成本的方式上看是直接成本，就其与产量的关系上看是变动成本，就其可控性上看，其耗用量是可控的，而价格则是不可控的。再如，折旧费用对于生产车间虽属不可控固定成本，但在投资责任中心的层次上却是可控制的。

从控制理论上看，可控空间的层次越高，则成本的可控范围越大，而成本的可控性（即系统主体对成本的控制能力）越弱；可控空间的层次越低，则成本的可控范围越小，其控制的目标和责任也越具体，因而成本的可控性也越强。可控空间的不断缩小标志着控制能力的不断增强，因而，建立企业内部责任制，划小核算单位和成本责任中心，能够为有效控制生产经营耗费建立良好的基础。

2. 成本控性的时效性

成本控制的时效性是指成本可控性随时间而变动的关系。实施成本控制的时间与成本的可控性关系极大，一般而言，在投入生产要素从事某项经营活动之前，将要发生的所有劳动耗费在理论上都是可以控制的。但是，由于存在着许多不确定性因素的作用，控制的时间越短，成本控制的难度也越大，如果控制得当有效，则控制效果显著，一旦失误，其后果越为严重。随着控制时间的递延，劳动耗费逐渐发生，成本控制的难度渐趋减小，但控制范围和效果也随之减弱，如在生产经营过程中，就只有部分劳动耗费可以控制了，一些生产要素的配置和价格都已无法控制。在生产经营过程结束之后，对已发生的耗费已无控制可言，需要的只是对经验和教训的总结和分析，为下期成本控制提供资料依据。

随着生产活动的日益社会化和现代化，企业规模不断扩大，工艺过程越加复杂，生产组织形式的多样化和生产过程的连续化、自动化、信息化必将导致生产经营耗费速度加快，使无论在某一局部生产经营环节或某一短暂时期内的劳动耗费失去控制，都有可能给企业造成无可挽回的经济损失，因而，现代成本管理十分重视预防式的成本前馈控制理论和方法。

9.2.2　成本控制的形式

信息是实施系统控制的基础，任何系统的有效控制都必须以获得充分、及时、可靠的信息为前提。成本信息是反映成本系统运行状态及其结果的经济信息，在成本系统内，成本信息是随着生产经营活动的进行和生产耗费的发生而产生的。成本核算实质上是对各种生产耗费数据进行采集、归类、加工、整理和转换等价值形式信息的处理系统，由此产生的成本信息是成本控制的基础。

成本信息有着十分丰富的内容，它既包括以一定生产成果为基础，用价值形式表现的劳动耗费数量，也包括为满足成本管理需要而建立的各种技术经济指标。成本信息客观地反映了成本系统内部变化的动态，并为引导和协调系统的运行发挥着重要的作用。从本质上看，成本控制就是依赖成本信息的传递与反馈，对系统运行的有效调节。根据成本信息在系统内传输、变换、处理的特点不同，成本控制主要有以下两种形式。

1. 成本反馈控制

如果将受控系统的输出量与系统目标进行比较，由此产生一个偏差信息反馈到系统主体，作出相应的措施与新的输入量迭加在一起重新输入系统，通过调节，不断减少实际值超越目标值的偏差，这个过程就是反馈控制。

运输过程中的成本控制属于反馈控制形式，它要求成本系统的输出量，即实际成本不断地低于其目标值，即标准成本（或现行定额成本）。系统的输入量是价值形式的各运输生产要素，状态变量是运输过程中的耗费情况。反馈控制的优点在于能够在系统的输出值与目标之间生产一种"动态平衡效应"，控制成本系统内的各种资源耗费状态，促使实际成本尽可能低于目标值。但是，这种控制形式毕竟只是成本形成过程中的控制行为，其控制范围有限，在某些情况下还可能因时过境迁而失去作用。

2. 成本前馈控制

如果在向受控系统输入各种要素之前，就根据有关信息和经验来预计和判断这些要素输入系统后，系统在运行中可能出现的各种状态及各种状态出现的可能程度，分析在这些状态的影响下系统输出值与目标值可能发生偏离的情况，通过对系统输入的设计或规划，以求系统运行结果达到目标值。这个过程就是前馈控制。

在现代成本管理中，成本前馈控制的理论和方法得到广泛应用。对于物流运输企业的成本控制，同样具有实际作用，例如，采用各种方法对运输成本进行事前预测；从整体运输与成本相适应的程度改进运输过程设计；调整企业运输组织形式；制定先进合理的定额标准或目标成本，在运输耗费发生之前，将其限制在规章制度或定额标准之内等，这些都属于物流运输成本前馈控制。

9.2.3　成本控制原则

在运输成本的管理实践中，为了有效地实施成本控制，强化运输成本管理职能，应遵循下述原则。

1. 责权结合原则

在成本可控空间的一定层次上，控制主体必须拥有在其责任范围内采取管理措施，对该范围内发生的资金耗费及相关运输经营活动实施控制的权力。与此相适应，运输成本控制主体也必须承担管理失误或管理不力，导致运输成本失控而产生损失的经济责任。贯彻责权结合的原则，应明确划分不同层次的成本可控空间范围，理顺各层次之间的责权关系，坚持责任成本在不同空间上的不可转移性和同一空间责任成本在时间上的不可递延性。同时也要充分发挥激励机制的作用，以调动运输企业管理人员和作业人员努力做好运输成本控制工作的积极性。

2．全面性原则

运输成本是一项综合性价值指标，它既受到运输经营活动中众多复杂、相互制约的技术、经济、供求、环境等因素的影响，同时也涉及运输企业内管理工作的诸多方面，因而，必须树立统筹兼顾的全面观点，才能使运输成本得到有效控制，达到整体物流运输经济效益最优。全面性原则要求如下。

（1）要处理好成本与运量、质量、利润等指标之间的关系，在竞争激烈的市场中，切不可因注重发展、扩大运输经营规模而忽视成本管理，也不可为降低运输成本而减少作业环节，降低作业质量，甚至是野蛮作业、野蛮装卸。

（2）要重视全过程的运输成本控制，从企业融资、投资、路线设计、技术改造、存货管理、设备更新、作业规划、配送方式，直到售后服务的整个物流运输经营环节中，凡是与资金耗费有关的运输活动都必须实施严格的成本控制。

（3）要动员全体员工增强成本意识，自觉参与成本控制，将成本控制观念和控制管理工作渗透全体员工的日常运输作业活动之中。

（4）要对影响运输成本变动的所有技术、经济因素实施综合分析与管理，全面控制。

3．效益性原则

运输成本控制不能狭义地理解为单纯对运输过程中耗费的节约，而是通过投入资源的耗费，转化为企业经济效益的提高，所以，应当以单位耗费所获效益最大为目标来实施运输成本控制。事实上，成本控制的效益在很大程度上并不是体现在运输经营活动过程之中，而是取决于运输经营活动过程之前，这包括在运输业务的承揽、运载工具的选择、服务质量的确定、辅助业务的扩充、运输环节的协调、运输策略的优化、运输特色服务的培植等方面做好成本的预测、决策和控制，从成本事前控制中挖掘降低成本的潜力。

4．及时性原则

运输企业的成本是在运输作业过程中形成的，由于运输业本身受经济等形势变化影响较大，所以，它总是处于动态变化之中。为了增强成本控制的时效性，必须运用一定的方法及时揭示实际耗费与标准（或定额）成本之间的差异，分析和追溯产生成本差异的具体原因，落实调节运输成本差异的管理措施，使运输成本失控产生的不利后果及其影响限制在尽可能小的范围之内，并在今后的运输经营活动中杜绝并得到补偿。

5．例外管理原则

例外管理是相对于规范管理而言的。在运输成本控制措施实施过程中，经常会可能发生一些事先不曾预计的影响因素和事件，这些因素如果不及时处理就会导致不利的后果。例外管理原则要求运输管理人员重视导致实际耗费脱离标准（或目标值）差异较大的"例外"事项，认真分析这些事项产生的原因和责任主体，对影响运输成本变化的不利因素进行归类和统计分析，及时采取调整措施，防止这些不利因素进一步扩展。

9.3　目标成本控制方法

目标成本控制方法是一种有效的成本管理方法，它直接承受和反映了在竞争态势下，市场对企业产品或服务价值的认同及其风险程度，并将这种竞争压力传导给运输企业内部各作业环节、各部门和全体员工，通过激励机制转化为一种不断追求控制运输成本的动力，促使企业更新观念，转换机制，完善管理。由于运输企业管理的多层次和作业过程的多环节，运输成本控制涉及企业运输经营活动的各个环节，因而，必须建立纵横交错、责任分明、相互衔接和制约的目标成本控制体系。横向目标成本控制是按运输成本要素构成，遵循与职责相结合的归口管理原则，将目标成本指标分解落实到各部门。纵向目标成本控制是按运输成本形成过程，遵循与企业运输组织层次、环节相结合的分级管理原则，将目标成本指标逐级分解落到各运输作业单位。

9.3.1　目标成本的制定与分解

1. 目标成本的制定原则

目标成本的制定不仅要满足运输企业效益增长的需要，更要符合市场发展变化的要求，其制定原则一般如下。

（1）市场准入原则。即企业在一定时期所制定的目标成本能够为市场所接受，适应市场竞争的要求，成为企业开拓市场的保障。建立既有激励又有约束的目标成本控制体系，首先要把市场机制导入企业内部，使之在成本价值形态上得到充分反映，让市场风险和竞争压力体现在运输作业的每个环节和全体员工的行为之中；其次要把目标成本的制定与市场预测紧密结合起来，根据市场价格和需求变化及时调整目标成本管理策略；再次要以全面完整的定额标准为基础，使目标成本既先进合理，又切实可行。

（2）效益优先原则。即企业运输耗费的发生及其变动的合理有效性，取决于是否有利于效益的增长。为此，应建立以下管理理念：①运输成本降低能否转化为利润，有待市场的检验。如果由于萧条导致运输量下降，则成本的降低没有实际意义；②增加支出不一定必然减少利润。研究开发新的运输服务项目，引进先进的运输配送工艺和设备，实施技术改造措施，提高运输配送质量，引进人才等都会提高费用的支出水平，甚至会使成本大幅度增加，但从长远来看，如果决策正确将给企业带来更大的效益；③局部运输费用的减少不一定对全局效益有所贡献。运输企业的经营活动是一个整体系统，如果只强调本部门、本单位、某个环节利益的优化，不一定能满足全局效益的优化，部门的行为一定要满足整体成本降低的需要，这实质上是供应链管理思想，即不简单追求某一节点利益，而是追求整体利益的最优。

（3）成本否决原则。即用于目标成本制定的运输技术经济指标，经过测算，如果没有达到本单位（部门）目标成本的要求，则该技术经济指标将被否决。有多少项指标不符合目标成本要求，就否决多少项，经过不断地否决和试算平衡，使所有技术经济指标都满足目标成本要求，为整个运输过程的目标成本控制创造条件。

2. 目标成本的制定步骤

制定目标成本的方法，一般应包括三个基本步骤：市场分析与开拓、技术能力、管理水平。下面作具体说明。

（1）认真进行市场分析。原材料供应市场、生产协作配套市场、产品销售市场、国内市场和国际市场都是运输市场的分析对象，因为这些市场上形成的所有供求关系，最终都要通过运输来解决（当然并非某一具体运输企业）。运输市场分析要依据企业自身的运输能力进行市场定位，结合运输产品结构和需求强度等，测算什么运输价格最具市场竞争力，可以占有多大运输市场份额，在某一价位上能给企业创造多少效益；同时，要分析其他同类运输企业对本企业形成的竞争压力和对成本的影响。这种分析实际上是对经营环境的分析，属于企业不可控的外部因素，运输企业只能顺应市场环境，而不能改变市场环境。

（2）分析技术进步。科技转化为生产力，可促进企业效益提高，具体表现为：新的储运设施和技术，以及改造原有设施能带来的技术经济水平提高，对整体运输成本降低的作用；分析运输企业的技术进步能为企业创造潜在效益的能力。这种分析属于对企业内部可控因素的分析，它是企业技术能力和竞争力的直接反映。

（3）分析管理能力和市场开拓能力。由于物流运输本身具有对生产和经营企业的依附性和服务性，以及运输行业的多环节连续性作业特点，就要求运输企业必须努力提高内部管理水平，不留成本管理的死角，把对运输全过程的管理都纳入成本分析之中。同时不断开拓市场，提高运输市场的占有率是实现降低成本的真正物质基础，即规模经济能带来单位成本的下降。管理和开拓是对企业决策者较高能力的要求，也是企业发展的关键。

具体应用方法，在控制论、运筹学、市场调查与预测等课程中有详细讲授，本书不再赘述。

3. 目标成本的制定程序

（1）收集和整理编制目标成本所需的资料。制定目标成本要广泛收集和整理必需的各种资料，包括计划期内企业重大运输经营决策、运输生产计划、运输结构调整计划、单位货运能源消耗定额、劳动定额、运输费用预算、运输作业材料供应计划、运输市场价格趋势、基期成本分析资料，以及本单位历史先进水平、同类企业的运输价格及成本资料等。

（2）分析和预计基期目标成本计划执行情况。通过对基期目标成本计划执行情况的分析，总结经验，找出差异，尽可能调整不可控因素和非正常因素的影响作用，掌握运输成本变动趋势规律，使目标成本先进合理。

（3）测算计划期运输价格、消耗定额和费用支出变动对运输成本的影响。如果在计划期运输价格、各项货运能源消耗定额及各项费用支出与基期相比，有可能发生较大幅度和数额的增减变化，则应按它与运输成本的技术经济关系，测算这种变化对目标成本的影响程度。

（4）进行目标成本和目标利润的试算平衡。目标成本一方面既要适应市场变化，又要满足企业目标利润的要求；另一方面目标成本水平也必须是企业现有技术经济和管理水平力所能及的。因而在需要与可能之间应通过试算平衡达到协调一致。试算平衡并非消极地调整，而是在试算平衡过程中不断挖掘改进企业管理，提高技术经济水平的潜力，促使成本管理的职能由被动反映向主动控制转化。目标成本和目标利润的试算平衡是保证目标成本先进合理性的中心环节。

（5）制订和下达目标成本计划。目标成本计划包括：按运输费用要素编制的运输费用预算；按运输类别、运输结构编制的成本项目及主要运输产品的单位目标成本计划；按发生地点和职责范围、按明细项目编制的单项费用计划；按按明细项目编制的各项期间费用计划；

按目标成本计划编制说明书，以及运输成本控制的主要措施方案。

4. 目标成本的分解与下达

目标成本的分解与下达既是动员全体员工挖掘各部门、各单位降低成本潜力的过程，也是将市场机制导入运输企业内部管理，传递与分解竞争风险的过程。在这一过程中应当做到以下几点。

（1）坚持"以人为本"的管理理念，充分发挥全体员工的积极性和创造力，使企业每一部门、单位和个人都明确所要达到的运输成本降低目标。建立激励机制，提高员工的参与意识。

（2）以各部门和单位的责权范围为依据，对目标成本进行横向和纵向分解，横向目标成本分解要包括所有的运输成本构成要素，纵向目标成本分解要符合运输组织和运输环节过程的特点，同时，横向分解的目标成本与企业总体目标成本之间，以及纵向分解的不同层次目标成本之间应保持协调一致的关系，防止出现顾此失彼或相互推诿的现象。

（3）目标成本的分解要将所涉及的各项指标细化落实，重点在于抓落实措施，为目标成本控制创造条件。

（4）为了充分挖掘各部门、单位降低成本的潜力，使目标成本先进合理，现实可行，目标成本的分解也要遵循目标成本制定的试算平衡过程。

9.3.2 目标成本的执行

目标成本控制按实施控制的对象及内容划分，有运输过程前的成本控制（事前控制）和运输过程中的控制（事中控制）。

1. 运输过程前的目标成本控制

企业实施运输技术组织改造措施，研究开发新运输市场，必须做好事先运输策划和安排，主要包括以下几个内容。

（1）实现适度规模运输经营。运输经营规模与企业成本有一定联系。扩大运输规模有利于专业化分工和运输效率提高，降低固定费用水平，但超过一定运输规模，运输企业对市场的反应能力就会减弱，运输企业管理难度加大，从而产生某些导致规模不经济的因素。

（2）控制负债规模。适度负债经营不仅有利于降低综合资金成本，同时在总资产报酬率大于负债成本情况下，可以发挥财务杠杆作用，提高自有资金盈利水平，但过度负债将加大企业财务风险，有可能使企业财务状况陷入困境。

（3）重视运输技术改造的可行性研究。采用先进的运输技术有利于企业运输能力的提高，但是采用先进技术还必须充分考虑经济上的合理性，为此，要通过市场调查，从技术先进性与经济合理性两个方面做好可行性研究与论证工作。

（4）做好运输市场开发、设计工作。根据市场需求的变化，从运输功能与成本两个方面做好运输市场开发设计和改造更新工作是决定运输成本降低的重要环节。使运输数量、辐射范围、服务水平等能相互协调和适应，以利于运输企业均衡协调地发展。

2. 运输过程中的成本控制

在运输过程中主要是按成本构成要素实施控制，具体内容如下。

（1）运输设施、材料费用控制。在运输过程中各种搬运装卸设施、加工包装材料等是运输作业成本的基本物质构成要素，为此，一是掌握运输过程中企业各种材料的耗用规律，做到合理使用，并注意相适应的经济采购批量；二是在保证材料质量前提下，选择供应商，选择供货渠道，降低材料价格；三是合理安排各种搬运装卸设施的购进和使用；四是尽量做好各种材料的二次使用和替代使用，但必须保证使用效果不下降。

（2）管理费用控制。管理费用构成内容复杂，大多具有固定费用性质，对其主要项目采用预算控制方法，一是按费用性质、内容和管理的职责范围分解，实行归口分级管理，财务部门监督使用；二是采用弹性预算、滚动预算等方法按月编制各部门费用预算，按预算控制日常费用的发生；三是严格执行费用审批制度，努力减少各项费用开支；四是提高管理人员水平，尽力减少、避免不合理运输的发生。

9.3.3　目标成本控制的考核与评价

1. 目标成本完成情况的考核管理

目标成本完成情况的考核是建立目标成本控制体系的重要环节。考核的目的在于充分发挥激励机制的作用，目标成本考核管理分为两大部分：一是对目标成本计划完成情况的考核管理；二是对超出目标成本计划的考核管理，特别是对不合理的超出部分一定要严格控制。由于市场环境变化造成的成本提高，在全面分析的基础上，适当调整目标成本计划的相关指标，以利于企业的长期稳定发展。

2. 目标成本控制绩效评价

正确和全面地评价各责任单位目标成本控制的绩效，一般应包括下述内容：一是可比成本降低率和降低额，这是目标成本控制绩效最直接的体现；二是主要技术经济指标水平的提高，这是成本控制的基础；三是以新技术、新服务方式、新工艺、新产品研究开发为核心的技术改造发展状况，这是通过技术进步使成本持续降低的强大动力；四是资金结构得到优化，包括盘活资产存量，清理收回积欠货款，加速资金周转，提高资产保值增值率。这是改善财务状况，增强企业发展实力的保证。通过对这四个方面的绩效评价，可以全面把握运输企业的业务、技术、创新、资金等方面对目标成本控制实现的贡献。

9.4　运输成本控制策略

物流运输成本控制的方法可分为定量分析和定性分析两大类。本节仅介绍运输成本控制的一些策略性方法。因为任何单纯从数据计算上，获得的降低结果都有一个极限，而只有成功地转变经营观念和市场运营策略才能持续获得低于社会平均成本带来的利益。

本节介绍的物流运输成本控制的策略包括：大量化、计划化、商物分离、差别化、标准化、共同化等运输策略。

1. 大量化运输

大量化运输就是以运输规模经济为基础，以增加运输量、组织物流运输合理化，通过延长备货时间来实现控制物流运输成本的一种手段。大量化运输策略与过去那种按体积折扣（以一年或半年为时间单位）收费的做法不同，是一种增大一次物流运输批量折扣收费的办法，是"大量发货减少收费"和"一贯制托盘化运输协作降低费用"等激励货主的方法。如某洗涤剂工厂与销售公司商定，如果向以托盘为单位装载的货车、大型卡车或双轮拖车订货，则按照货物的批次运输价格减1‰收费，称为"集装货物减成收费"；特约商店如果以卡车和货车等整车为单位向制造商工厂订货，则根据订货数量减成收取运费，称为"大量发货减成收费制"。这种做法因实行物流运输合理化而节约的金额，由双方合理分享，对于物流运输活动的成本控制是特别重要的。这种做法的理论基础是规模经济理论在物流运输中的应用。

2. "计划化"运输

这里的计划并非传统意义上的生产或销售计划，而是以产销合同为基础的供货方式。主要适用于季节性较强的商品，如啤酒，本来是夏天集中消费的商品，即使是夏天，因天气好坏，每天的需要量也是不同的。这样就会出现运输车辆过剩与不足或装载效率下降等影响物流运输效率的问题。于是，一些啤酒工厂为了调整这种波动性，就事先同买主商定进货时间和数量，制订配送计划，称为合同计划。这样，由于啤酒工厂计划供货、拣选进货、货物装车和货物运输配送等物流活动，都可按计划进行，节约了费用和简化了订货手续。同时，还做到了有计划地生产和享受运输优惠。买主按合同购货，减少了批发费用支出，这就是被称为"定期定量直接配送系统"的计划化物流运输。但这种计划化销售物流运输要看需求预测的准确程度如何，因计划不准确致使买主增大库存或失去销售良机的危险性并不小。可以说，这是以商品销量预测基本准确、可靠，商品在买主中占优势地位为前提，才能实现物流运输计划。

3. 商物分离

在物流运输中，商物分离的具体做法之一，是订货活动与配送活动相互分离。这样，就把自备卡车运输与委托运输乃至共同运输联系在一起了。而且，利用委托运输可以压缩固定费用开支。由于共同运输提高了运输效率，从而大幅度节省了运输费用。所以，与普通日用消费品行业中采用"窗口销售"（产品不经中间商，而由厂家按一定路线直接向消费者销售）那种发挥商物合一的积极作用的情况不同，一般认为订货活动与配送活动分离开来，能够降低费用支出。

此外，销售设施与物流运输设施在功能方面的商物分离。可分为两种情况，一种是在同一企业内部，另一种是与交易对象之间的。前者是营业场所分散的销售点所具有的库存功能分离，把负责一定范围内供货的物流据点合并起来，以加强公司内部物流运输管理的一元化为目的的一种措施。这样做既可以压缩流通库存，解决交叉运输等问题，还有利于工厂货物运输的大批量化。从另一方面看，因设施集中合并，扩大了配送距离，也产生了营业所销售人员因库存压力大影响销售积极性、紧急配送困难等不利因素。因此，必须对物流运输的绝对量和营业所的管理方法进行研究。

后者是通过与交易对象的合作，力求减少中途物流运输环节（中转点）。例如，原来的流通路线是：工厂——营业所仓库——代理店仓库——顾客。

现在，由于两者合作，把营业所仓库和代理店仓库合并起来，流通路线可缩短为：工厂——区域配送中心——顾客。

在国内家电市场中，家用电器制造厂和家电销售点的销售与配送运输组合就是典型的例子，家电商场只负责销售家用电器，而由独立的配送中心根据客户要求的时间、地点等将货物直接送到指定地点，并负责安装调试。在国外，作为易碎商品的玻璃，平板玻璃制造业中所属的"玻璃流通中心"也是典型的商物分离具有普遍意义的例子。这种商物分离的做法，把批发和零售从大量的物流运输活动中解放出来，可以把这部分力量集中到销售活动上，工厂的整个流通渠道，不仅实现了物流运输效率化，流通的系统化也进一步得到了加强。

4. 差别化运输

差别化运输就是根据市场、商品或客户的实际情况，采取不同的配送运输服务方式，以实现企业利益和客户利益的双赢。具体做法有以下两种方式。

（1）根据商品周转的快慢和销售对象规模的大小，把保管场所和配送运输方式区别开来，这就是利用差别化方法实现物流运输合理化的策略。即实行周转较快的商品群分散保管、周转较慢的商品群尽量集中保管的原则，以做到压缩流通阶段的库存，有效利用保管面积，库存管理简单化，等等。

（2）根据销售对象决定物流运输的方法。例如，供货量大的销售对象从工厂直接送货；供货量分散的销售对象通过流通中心供货，使运输和配送方式区别开。对于供货量大的销售对象，每天送货；对于供货量小的销售对象，集中一周配送一次，等等，灵活掌握配送的次数。

无论哪一种形式，在采取上述做法时，都应把注意力集中在解决节约物流运输费与提高服务水平之间的矛盾关系上。平时不断研究商品分类和顾客类别，随时改变做法是十分重要的。

5. 标准化运输

这里的标准化不是一般意义上产品生产、包装等的标准化，而是销售、运输数量的批量化。在企业的实际销售中，由于对销售批量规定了订货的最低数量，明显地提高了配送运输效率和库存管理效率。化妆品工厂采用了对小卖店不批发单一品种商品，只批发成套商品的"限制制度"，显著地削减了拣配和配货作业人员的工作量，大幅度提高了订货处理和库存管理等物流管理效率。这种标准化所带来的物流运输合理化，在今天的制造业工厂中到处可见。但商品的配套方法和配套商品的更新周期等问题，相对于制造业更为复杂，还有待配送运输企业根据市场的变化动向，作适时的调节和改变。

6. 共同化运输

物流运输成本控制，最有效的措施是共同化，这种说法并不过分。超出单一企业物流运输合理化界限的物流共同化，目前正作为最有发展前途的一种方向，在进行着种种尝试。这种共同化如果从各主体之间的关系来看，分为由本行业企业组合而形成的垂直方向的共同化和与其他行业公司之间联合而形成的水平方向的共同化两类。前者的目的在于，通过本集团企业内的物流运输一元化，实现物流活动效率化。家用电器行业中，工厂与销售公司的共同保管和共同配送等做法，就属于这类例子。

后者水平方向结合起来的共同化，大体分为以单一企业为主导的共同化和以行业为中心的共同化。首先，以单一企业为主导的共同化，可列举出一些大型食品工厂与同行业其他公司共同向小卖店配送货物的例子。这里，配送地点需要相当一致，同时，配送的商品不带有竞争性的同行业其他公司的存在，这是共同化的前提条件。另外，近年来，到处可见的家用电器等工厂在向外地送货时，在返回途中与其他公司合伙，为其运输货物（本公司的送货地点是对方公司的发货地点，对方公司的送货地点是本公司的发货地点），以解决长途运输车辆"回空"和运输费用上升问题，这种共同化的目标是解决两个以上产地和销售地点相距很远而又交错运输的企业，如何合作的问题。

在以行业为中心的共同化方面，可举出很多例子。如唱片行业的共同配送、共同保管，百货商店的共同送货上门和远距离百货商店之间的相互代行送货上门，以及医药行业中利用调温车的共同运输，等等。尤其在水泥行业中，还采取了工厂之间按销售地点情况相互代为供货，即"交换发货制"。另外，水泥的保管措施，水泥筒仓的共同利用，以及由筒仓管理组织通过事前协商调整等办法，推动了整个行业水泥设施的共同化。

9.5　运输成本定量分析

9.5.1　运输目标成本执行分析

在企业的经营管理中，为及时了解与分析运输成本的升降原因，以便对其进行重点控制，就必须对运输成本计划的执行情况进行检查分析。

运输成本计划执行情况的检查分析方法可有两种：一是直接将运输成本实际情况与其计划成本相比较，确定计划执行结果，并进行因素分析；二是先将运输成本实际情况与上期成本情况相比较，然后再与计划比较，并进行因素分析。两种方法的原理是一致的，为简便起见，本书介绍第一种方法。

成本降低额、单位成本和成本降低率计划完成情况可用以下算式分析计算：

$$单位成本降低额＝目标单位成本－实际单位成本$$

$$单位成本完成程度＝\frac{实际单位成本}{计划单位成本}\times100\%$$

$$单位成本降低率＝100\%－目标成本计划完成程度$$

【例 9-1】某汽车货运公司某期运输周转量、运输总成本和运输单位成本目标与实际情况如表 9-1 所示。

表 9-1　目标与实际情况

	目标	实际情况
运输周转量/千吨公里	4564	4912
运输总成本/元	575064	594156
单位成本/（元/千吨公里）	126	121

对表中的成本变动与目标完成情况分析，可如表 9-2 所示。

表 9-2　成本变动与目标完成情况分析表

	报告本期实际与目标比		
	降低额/元	完成率/%	降低率/%
运输周转量/千吨公里	348	107.6	7.6
运输总成本/元	19092	103	3
单位成本/（元/千吨公里）	5	96	4

9.5.2　运输效率指标变动对单位成本的影响

在实际工作中，运输企业的运输单位成本实际数与计划数不一致的原因，除了各项成本项目耗费水平变动与耗费变动的影响外，车辆运用效率指标的变动，会对单位成本中的固定成本份额（即单位固定成本数额）的变动产生影响，从而影响单位成本的升降变动；车辆运用效率指标的变动，不会影响车公里变动成本和吨公里变动成本的升降变动，但车辆运用效率指标中的载运系数的变动，将影响单位变动成本的变动，从而影响单位成本的升降变动。

车辆运用效率指标的变动对单位固定成本（即单位成本中的固定成本份额）的影响数值，以及车辆载运系数的变动对单位变动成本（即单位成本中的变动成本份额）的影响数值，可通过表 9-3 中的算式分别确定。

表 9-3　车辆载运系数、车辆运用效率的变动与单位变动成本、单位固定成本的变动计算式

影响因素		影响额计算式，"+"为降低；"−"为升高
车辆运用效率指标变动对单位固定成本的影响	总车日变动	$\dfrac{C}{A_0\alpha_0 l_0\beta_0 q_0\gamma_0\dfrac{1}{1-\omega_0}}-\dfrac{C}{A_1\alpha_0 l_0\beta_0 q_0\gamma_0\dfrac{1}{1-\omega_0}}$
	工作率变动	$\dfrac{C}{A_1\alpha_0 l_0\beta_0 q_0\gamma_0\dfrac{1}{1-\omega_0}}-\dfrac{C}{A_1\alpha_1 l_0\beta_0 q_0\gamma_0\dfrac{1}{1-\omega_0}}$
	平均车日行程变动	$\dfrac{C}{A_1\alpha_1 l_0\beta_0 q_0\gamma_0\dfrac{1}{1-\omega_0}}-\dfrac{C}{A_1\alpha_1 l_1\beta_0 q_0\gamma_0\dfrac{1}{1-\omega_0}}$
	里程利用率变动	$\dfrac{C}{A_1\alpha_1 l_1\beta_0 q_0\gamma_0\dfrac{1}{1-\omega_0}}-\dfrac{C}{A_1\alpha_1 l_1\beta_1 q_0\gamma_0\dfrac{1}{1-\omega_0}}$
	重车平均吨位变动	$\dfrac{C}{A_1\alpha_1 l_1\beta_1 q_0\gamma_0\dfrac{1}{1-\omega_0}}-\dfrac{C}{A_1\alpha_1 l_1\beta_1 q_1\gamma_0\dfrac{1}{1-\omega_0}}$
	吨位利用率变动	$\dfrac{C}{A_1\alpha_1 l_1\beta_1 q_1\gamma_0\dfrac{1}{1-\omega_0}}-\dfrac{C}{A_1\alpha_1 l_1\beta_1 q_1\gamma_1\dfrac{1}{1-\omega_0}}$
	拖动率变动	$\dfrac{C}{A_1\alpha_1 l_1\beta_1 q_1\gamma_1\dfrac{1}{1-\omega_0}}-\dfrac{C}{A_1\alpha_1 l_1\beta_1 q_1\gamma_1\dfrac{1}{1-\omega_1}}$
	影响额合计	$\dfrac{C}{A_0\alpha_0 l_0\beta_0 q_0\gamma_0\dfrac{1}{1-\omega_0}}-\dfrac{C}{A_1\alpha_1 l_1\beta_1 q_1\gamma_1\dfrac{1}{1-\omega_1}}$

影响因素		影响额计算式，"＋"为降低；"－"为升高
车辆载运系数变动对单位变动成本的影响	里程利用率变动	$\dfrac{F}{\beta_1 q_0 \gamma_0 \dfrac{1}{1-\omega_0}} - \dfrac{F}{\beta_0 q_0 \gamma_0 \dfrac{1}{1-\omega_0}}$
	重车平均吨位变动	$\dfrac{F}{\beta_1 q_1 \gamma_0 \dfrac{1}{1-\omega_0}} - \dfrac{F}{\beta_1 q_0 \gamma_0 \dfrac{1}{1-\omega_0}}$
	吨位利用率变动	$\dfrac{F}{\beta_1 q_1 \gamma_1 \dfrac{1}{1-\omega_0}} - \dfrac{F}{\beta_1 q_1 \gamma_0 \dfrac{1}{1-\omega_0}}$
	拖动率变动	$\dfrac{F}{\beta_1 q_1 \gamma_1 \dfrac{1}{1-\omega_1}} - \dfrac{F}{\beta_1 q_1 \gamma_1 \dfrac{1}{1-\omega_0}}$
	影响额合计	$\dfrac{F}{\beta_1 q_1 \gamma_1 \dfrac{1}{1-\omega_1}} - \dfrac{F}{\beta_0 q_0 \gamma_0 \dfrac{1}{1-\omega_0}}$

注：1. A_0，α_0，l_0，β_0，γ_0，q_0，ω_0 分别为总车日、工作率、平均车日行程、里程利用率、重车平均吨位、吨位利用率、拖运率的计划数。

2. A_1，α_1，l_1，β_1，γ_1，q_1，ω_1 分别为总车日、工作率、平均车日行程、里程利用率、重车平均吨位、吨位利用率、拖运率的实际数。

3. C 为固定成本。

4. F 为千车公里变动成本。

【例 9-2】某公路运输企业某月车辆运用效率指标目标与实际情况如表 9-4 所示。

表 9-4　车辆运用效率指标目标与实际情况

项　　目	目　　标	实　　际
总车日/车日	6000	6060
工作率/%	94.5	95.28
平均车日行程/车公里	176.72	177.69
里程利用率/%	68.86	70.96
重车平均吨位/吨位	10	9.5
吨位利用率/%	97.7	97.84
拖运率/%	42.18	43.53
总周转量/千吨公里	11658.721	11983.212

如果该企业每月固定成本为 300 000 元，试分析该月车辆运用效率指标变动（实际与目标相比较）对单位固定成本变动的影响。

解：

（1）单位固定成本变动影响额 $= \dfrac{C}{A_0\alpha_0 l_0\beta_0 q_0\gamma_0\dfrac{1}{1-\omega_0}} - \dfrac{C}{A_1\alpha_1 l_1\beta_1 q_1\gamma_1\dfrac{1}{1-\omega_1}}$

$$= \frac{300000}{11658.721} - \frac{300000}{11983.212} = 0.6967 \text{（元/千吨公里）}$$

（2）各效率指标变动对单位固定成本变动影响的因素分析。

总车日因素
变动影响额 $= \dfrac{C}{A_0\alpha_0 l_0\beta_0 q_0\gamma_0\dfrac{1}{1-\omega_0}} - \dfrac{C}{A_1\alpha_0 l_0\beta_0 q_0\gamma_0\dfrac{1}{1-\omega_0}}$

$$= \frac{C(A_1-A_0)}{A_1 A_0\alpha_0 l_0\beta_0 q_0\gamma_0\dfrac{1}{1-\omega_0}}$$

$$= \frac{300000 \times (6060-6000)}{6060 \times 6000 \times 0.945 \times 176.72 \times 0.6886 \times 10 \times 0.977 \times \dfrac{1}{1-0.4218}}$$

$$= 0.25477 \text{（元/千吨公里）}$$

工作率因素
变动影响额 $= \dfrac{C}{A_1\alpha_0 l_0\beta_0 q_0\gamma_0\dfrac{1}{1-\omega_0}} - \dfrac{C}{A_1\alpha_1 l_0\beta_0 q_0\gamma_0\dfrac{1}{1-\omega_0}} = \dfrac{C(\alpha_1-\alpha_0)}{A_1\alpha_1\alpha_0 l_0\beta_0 q_0\gamma_0\dfrac{1}{1-\omega_0}}$

$$= \frac{300000 \times (0.9528-0.945)}{6060 \times 0.9528 \times 0.945 \times 176.72 \times 0.6886 \times 10 \times 0.977 \times \dfrac{1}{1-0.4218}}$$

$$= 0.20857 \text{（元/千吨公里）}$$

平均车日行程因
素变动影响额 $= \dfrac{C}{A_1\alpha_1 l_0\beta_0 q_0\gamma_0\dfrac{1}{1-\omega_0}} - \dfrac{C}{A_1\alpha_1 l_1\beta_0 q_0\gamma_0\dfrac{1}{1-\omega_0}} = \dfrac{C(l_1-l_0)}{A_1\alpha_1 l_1 l_0\beta_0 q_0\gamma_0\dfrac{1}{1-\omega_0}}$

$$= \frac{300000 \times (177.69-176.72)}{6060 \times 0.9528 \times 177.69 \times 176.72 \times 0.6886 \times 10 \times 0.977 \times \dfrac{1}{1-0.4218}}$$

$$= 0.13794 \text{（元/千吨公里）}$$

里程利用率因
素变动影响额 $= \dfrac{C}{A_1\alpha_1 l_1\beta_0 q_0\gamma_0\dfrac{1}{1-\omega_0}} - \dfrac{C}{A_1\alpha_1 l_1\beta_1 q_0\gamma_0\dfrac{1}{1-\omega_0}} = \dfrac{C(\beta_1-\beta_0)}{A_1\alpha_1 l_1\beta_1\beta_0 q_0\gamma_0\dfrac{1}{1-\omega_0}}$

$$= \frac{300000 \times (0.7096-0.6886)}{6060 \times 0.9528 \times 177.69 \times 0.7096 \times 0.6886 \times 10 \times 0.977 \times \dfrac{1}{1-0.4218}}$$

$$= 0.74372 \text{（元/千吨公里）}$$

重车平均吨位因
素变动影响额 $= \dfrac{C}{A_1\alpha_1 l_1\beta_1 q_0\gamma_0\dfrac{1}{1-\omega_0}} - \dfrac{C}{A_1\alpha_1 l_1\beta_1 q_1\gamma_0\dfrac{1}{1-\omega_0}} = \dfrac{C(q_1-q_0)}{A_1\alpha_1 l_1\beta_1 q_1 q_0\gamma_0\dfrac{1}{1-\omega_0}}$

$$= \frac{300000 \times (9.5-10)}{6060 \times 0.9528 \times 177.69 \times 0.7096 \times 9.5 \times 10 \times 0.977 \times \dfrac{1}{1-0.4218}}$$

$$= -1.28352 \text{（元/千吨公里）}$$

$$\text{吨位利用率因素变动影响额} = \frac{C}{A_1\alpha_1 l_1\beta_1 q_1\gamma_0\dfrac{1}{1-\omega_0}} - \frac{C}{A_1\alpha_1 l_1\beta_1 q_1\gamma_1\dfrac{1}{1-\omega_0}} = \frac{C(\gamma_1-\gamma_0)}{A_1\alpha_1 l_1\beta_1 q_1\gamma_1\gamma_0\dfrac{1}{1-\omega_0}}$$

$$= \frac{300000\times(0.9784-0.977)}{6060\times0.9528\times177.69\times0.7096\times9.5\times0.9784\times0.977\times\dfrac{1}{1-0.4218}}$$

$$=0.03673\,(\text{元/千吨公里})$$

$$\text{拖动率因素变动影响额} = \frac{C}{A_1\alpha_1 l_1\beta_1 q_1\gamma_1\dfrac{1}{1-\omega_0}} - \frac{C}{A_1\alpha_1 l_1\beta_1 q_1\gamma_1\dfrac{1}{1-\omega_1}} = \frac{C\left(\dfrac{1}{1-\omega_1}-\dfrac{1}{1-\omega_0}\right)}{A_1\alpha_1 l_1\beta_1 q_1\gamma_1\dfrac{1}{1-\omega_1}\dfrac{1}{1-\omega_0}}$$

$$= \frac{300000\times\left(\dfrac{1}{1-0.4353}-\dfrac{1}{1-0.4218}\right)}{6060\times0.9528\times177.69\times0.7096\times9.5\times0.9784\times\dfrac{1}{1-0.4353}\times\dfrac{1}{1-0.4218}}$$

$$=0.59858\,(\text{元/千吨公里})$$

各效率指标因素变动对单位固定成本影响额合计 =

$0.25477+0.20857+0.13794+0.74372-1.28352+0.03673+0.59858\approx0.697\,(\text{元/千车公里})$

【例 9-3】 上例中，如果千车公里变动成本为 120 元，试分析由于载运系数因素变动对单位变动成本的影响额。

解：

$$\text{载运系数因素变动对单位变动成本影响额} = \frac{F}{\beta_1 q_1\gamma_1\dfrac{1}{1-\omega_1}} - \frac{F}{\beta_0 q_0\gamma_0\dfrac{1}{1-\omega_0}}$$

$$= \frac{120}{0.7096\times9.5\times0.9784\times\dfrac{1}{1-0.4353}} - \frac{120}{0.6886\times10\times0.977\times\dfrac{1}{1-0.4218}}$$

$$=10.27415-10.313334=-0.039\,(\text{元/千吨公里})$$

其中

$$\text{里程利用率因素变动影响额} = \frac{F}{\beta_1 q_0\gamma_0\dfrac{1}{1-\omega_0}} - \frac{F}{\beta_0 q_0\gamma_0\dfrac{1}{1-\omega_0}}$$

$$= \frac{120}{0.7096\times10\times0.977\times\dfrac{1}{1-0.4218}} - \frac{120}{0.6886\times10\times0.977\times\dfrac{1}{1-0.4218}}$$

$$=10.008-10.313=-0.305\,(\text{元/千吨公里})$$

$$\text{重车平均吨位因素变动影响额} = \frac{F}{\beta_1 q_1\gamma_0\dfrac{1}{1-\omega_0}} - \frac{F}{\beta_1 q_0\gamma_0\dfrac{1}{1-\omega_0}}$$

$$= \frac{120}{0.7096\times9.5\times0.977\times\dfrac{1}{1-0.4218}} - \frac{120}{0.7096\times10\times0.977\times\dfrac{1}{1-0.4218}}$$

$$=10.549-10.008=0.541\,(\text{元/千吨公里})$$

$$\text{吨位利用率因素变动影响额} = \cfrac{F}{\beta_1 q_1 \gamma_1 \cfrac{1}{1-\omega_0}} - \cfrac{F}{\beta_1 q_1 \gamma_0 \cfrac{1}{1-\omega_0}}$$

$$= \cfrac{120}{0.7096 \times 9.5 \times 0.9784 \times \cfrac{1}{1-0.4218}} - \cfrac{120}{0.7096 \times 9.5 \times 0.977 \times \cfrac{1}{1-0.4218}}$$

$$= 10.520 - 10.549 = -0.029 \text{（元/千吨公里）}$$

$$\text{拖动率因素变动影响额} = \cfrac{F}{\beta_1 q_1 \gamma_1 \cfrac{1}{1-\omega_1}} - \cfrac{F}{\beta_1 q_1 \gamma_1 \cfrac{1}{1-\omega_0}}$$

$$= \cfrac{120}{0.7096 \times 9.5 \times 0.9784 \times \cfrac{1}{1-0.4353}} - \cfrac{120}{0.7096 \times 9.5 \times 0.9784 \times \cfrac{1}{1-0.4218}}$$

$$= 10.274 - 10.520 = -0.246 \text{（元/千吨公里）}$$

以上各效率指标变动对单位固定成本与单位变动成本影响额之和为

$$0.697 - 0.039 = 0.658 \text{（元/千吨·公里）}$$

9.5.3　运输效率指标变动对运输成本降低的影响

（1）总车日因素变动影响额计算式：

$$\text{总车日因素变动影响额} = \text{甲类费用计划数} \times \left(\frac{\text{实际主车总车日}}{\text{计划主车总车日}} - 1 \right)$$

（2）工作车率因素变动影响额计算式：

$$\text{工作车率因素变动影响额} = \text{甲类费用计划数} \times \left(\frac{\text{实际主车总车日}}{\text{计划主车总车日}} - \frac{\text{实际主车总车日}}{\text{计划主车总车日}} \right)$$

（3）平均车日行程因素变动影响额计算式：

$$\text{平均车日行程因素变动影响额} = \text{甲类费用计划数} \times \left(\frac{\text{实际主车总车公里}}{\text{计划主车总车公里}} - \frac{\text{实际主车工作车日}}{\text{计划主车工作车日}} \right)$$

（4）里程利用率因素变动影响额计算式：

$$\text{里程利用率因素变动影响额} = \left(\frac{\text{甲类费用}}{\text{计划数}} + \frac{\text{乙类费用}}{\text{计划数}} \right) \times \left(\frac{\text{实际主车重车公里}}{\text{计划主车重车公里}} - \frac{\text{实际主车总车公里}}{\text{计划主车总车公里}} \right)$$

（5）重车平均吨位因素变动影响额计算式：

$$\text{重车平均吨位因素变动影响额} = \left(\frac{\text{甲类费用}}{\text{计划数}} + \frac{\text{乙类费用}}{\text{计划数}} \right) \times$$

$$\left(\frac{\text{实际主车重车吨位公里}}{\text{计划主车重车吨位公里}} - \frac{\text{实际主车重车公里}}{\text{计划主车重车公里}} \right)$$

（6）重车载重量利用率因素变动影响额计算式：

$$\text{重车载重量利用率因素变动影响额} = \left(\frac{\text{甲类费用}}{\text{计划数}} + \frac{\text{乙类费用}}{\text{计划数}} \right) \times$$

$$\left(\frac{\text{实际主车吨公里}}{\text{计划主车吨公里}} - \frac{\text{实际主车重车吨位公里}}{\text{计划主车重车吨位公里}} \right)$$

（7）拖动率因素变动影响额计算式：

$$\text{拖动率因素变动影响额} = \left(\frac{\text{甲类费用}}{\text{计划数}} + \frac{\text{乙类费用}}{\text{计划数}} \right) \times \left(\frac{\text{实际主挂车吨公里}}{\text{计划主挂车吨公里}} - \frac{\text{实际主车吨位公里}}{\text{计划主车吨位公里}} \right)$$

9.5.4 分类运输成本各成本项目变动分析

1. 甲类费用各成本项目水平变动分析

(1) 工资。本项目的水平变动因素，包括司机的人员数量变动影响因素和平均工资变动影响因素两个方面。

人员数量因素变动影响额＝（计划平均人数－实际平均人数）×计划人均工资

平均工资因素变动影响额＝（计划人均平均工资－实际人均工资）×实际平均人数

【例9-4】 据表9-5资料分析人员数量因素变动影响额和平均工资变动影响额。

表9-5　资料表

项目	计划	实际
司机人数/人	240	242
平均工资/元	900	950
工资金额/元	216000	229900

解：

工资总额差异额＝216000－229900＝－13900元

其中：人员数量变动因素影响额＝（240－242）×900＝－1800元

平均工资变动因素影响额＝（900－950）×242＝－12100元

人数变动还应进一步与人员定额进行对比分析；平均工资变动还应按工资类别、基本工资、辅助工资、津贴平均每人的计划数与实际进行对比，分析变动的具体原因。

(2) 职工福利费。本项目的计划与实际比较的降低额包括两个方面的影响因素：一是工资总额变动对提取的职工福利费的影响；二是提取率变动对提取的职工福利费的影响。

计算公式为：

工资总额因素变动影响额＝（计划工资总额－实际工资总额）×计划提取率

提取率因素变动影响额＝（计划提取率－实际提取率）×实际工资总额

【例9-5】 某运输企业某月营运司机工资与职工福利费提取额如表9-6所示，试进行因素分析。

表9-6　某月营运司机工资与职工福利费提取额

项　目	计划	实际	降低额
司机工资总额/元	216000	229900	—
应提职工福利费的工资总额/元	192000	198440	—
提取率	11%	11%	—
提取额	21120	21828	－708

解：

工资总额因素变动影响额＝（192000－198440）×11％＝－708

提取率因素变动影响额＝0（因提取率未变）

（3）营运间接费用。营运间接费用应根据各项费用项目的不同内容，分别采取不同的分析方法。

① 对于按照管理人员人数进行管理和制定定额的费用，应从人员数量变动和每人平均费用变动进行详细分析；

② 对于生产和管理用的房屋、建筑物及各项设备，应从预算的增减，以及维护、保养、使用所发生的费用变动进行详细分析；

③ 管理费用当中的随着生产任务多少、业务量大小而发生变动的费用项目，除了用绝对数进行分析比较以外，还应将预算金额按生产任务、业务量的增减比例进行调整，然后再与实际金额进行比较；

④ 营运间接费用中有较多项目采用预算控制，没有另外相应的定额，与生产任务多少、业务量大小也不发生关系。这些费用则只能用实际数与预算比较，分析其节超情况。

2. 乙类费用成本项目降低额分析

（1）燃料。车辆行车燃料消耗定额是按不同车型制定百车公里空驶定额，按百吨公里制定重驶附加定额。拖挂运输，挂车自重按总车公里折合成吨公里并入实载的吨公里之内给予附加。燃料费用的降低额的计算公式为：

$$\frac{燃料项目}{降低额}=\frac{燃料项目}{计划成本}\times\frac{实际主车总车公里}{计划主车总车公里}-\frac{燃料项目}{实际成本}$$

其中：燃料价格因素变动影响额 =（计划单价－实际单价）×实耗量

燃料费用降低额的影响因素，包括三个因素：行车燃料消耗定额变动差异；重驶附加率变动差异；车辆厂牌（即车型）行驶里程比重变动差异。

对燃料成本分析时，应考虑以下几方面因素：

① 价格变动的影响；

② 不同消耗定额的车辆行驶里程的比率变动的影响；

③ 消耗定额变动的影响；

④ 不同地区的行驶里程比重变动、拖运率变动等因素的影响；

⑤ 车辆利用效率的影响；

⑥ 驾驶人员技术水平变动的影响；

⑦ 新车（磨合期）比重的影响。

（2）轮胎。包括营运车辆耗用的外胎、内胎、垫带及外胎翻新费和轮胎的零星修补费。轮胎仅对外胎按不同规格制定行驶里程定额，同一规格的外胎，由于外胎的厂牌不同，质量相差悬殊，应分别制定定额。内胎、垫带和轮胎零星修补费，是通过编制运输成本为控制和考核的依据。

轮胎外胎由于计入运输成本的方法不同，分析方法也不相同。外胎计入运输成本的方法有两种：①领用新胎（包括更换新胎）时将轮胎的全部价值一次计入运输成本，一次领用较大，可以采取待摊的方法分期摊销；②采取按实际行驶里程和胎公里摊提计入运输成本的方法。外胎采用领用时一次计入运输成本的方法，其分析方法可比照内胎、垫带的方法进行。轮胎费用降低额计算公式为：

$$轮胎费用降低额=轮胎费用计划成本\times\frac{实际主车总车公里}{计划主车总车公里}-轮胎费用实际成本$$

轮胎费用按其费用性质分为两类：第一类是内胎、垫带和日常修理费；第二类为外胎费用。第一类费用的降低额包括计划与实际的数额差异和车辆行驶里程差异两个因素；第二类费用包括外胎使用里程定额差异和外胎的车辆厂牌行驶里程比重变动差异两个因素。

（3）修理费。修理费包括保养维修费和大修费两项费用。

① 保养修理费。保修成本项目包括润料、各级保养费用和小修费用。实行互换修理法的企业，保修部门领用周转总成的价值和卸下总成的修理费用也在保修费内列支。对不计价的旧件修复费用也在保修费用列支。保修项目包括的内容较多，而且这些费用在定额管理方法上又不一致。因此，必须根据不同的费用定额管理方法，采取不同的分析方法。

行车用机油即润料的消耗，其定额管理方法通常是按行车燃料消耗定额的百分比确定的。采用这种定额方法时，其定额的数量节约或超耗，可根据燃料的定额差异的数量计算方法折算。其余影响成本因素，一般都不再分析计算。

车辆的各级保养都应制定间隔里程定额。但对各级保养和小修的费用定额，制定方法不尽相同。有的制定有各级保养的一次费用定额和工时定额，有的对各级保养和小修合并制定百车公里费用定额，并对其中材料费用单独制定定额。车辆小修费用应当单独制定各厂牌车辆的百车公里小修费用定额。

因此，必须按照定额管理的不同方法，分别按以下方法进行分析。

• 保修费制定有一次费用定额的企业，保养费用的成本降低或提高额中包括有间隔里程定额差异，有一次费用定额差异因素，但车辆必须实行计划保养，达到规定的里程即应进行保养；超过规定里程，不按期进行保养，虽然在运输成本上反映是降低，但却会严重影响到车辆技术状况，是不利因素。另外，保养作业要求按其规定项目保全，又有质量要求，避免不适当地降低保养费用。再者，大部分企业对保修部门都是按辅助生产部门管理和核算的。对辅助生产部门保修成本的定额，应另外进行单独分析，不属于运输成本分析的范围。正是由于从某种意义上讲，对保养费用不要求不合理地降低，因而对车辆保养费用的分析，一般不作为运输成本分析的重点，而仅从保修工人的定员配备和工时利用情况，作概括的分析。保养和小修合并制定百车公里材料消耗定额的目的，是尽可能节省材料配件的更换和消耗。因此，应将这部分作为分析的重点。

• 按百公里制定小修费用定额的企业，小修费用与制定百车公里材料费用同样是分析的重点，要求尽可能地降低小修费用。小修费用成本降低额包括有费用定额差异和不同厂牌车辆行驶里程比重变动差异两个因素。其具体分析方法，可比照车辆折旧的分析方法。

② 大修费。车辆大修的管理方法，规定有各种厂牌车辆大修间隔里程定额和大修一次费用定额。

车辆大修费用计入运输成本的计算方法是：按各种厂牌车辆的实际行驶里程乘以该厂牌车辆的千车公里大修提存额，计算出本期应计提的大修费，并计入运输成本；大修间隔里程定额和一次大修费用定额与实际的差异，都要调整运输成本。车辆报废时，上次大修到报废期间所提取的大修理费，还要冲减运输成本。

大修费用降低额计算公式为：

$$大修费用降低额 = 大修费用计划成本 \times \frac{实际主车总车公里}{计划主车总车公里} - 大修费用实际成本$$

大修费降低额中应包括大修间隔里程定额差异、大修费用定额差异和不同厂牌车辆的行驶里程比重变动差异三个因素，可进一步作出详细分析。

（4）折旧。运输车辆折旧采取按实际行驶公里和车公里折旧额计算和提取的方法。在一个年度内千车公里折旧额一般不变动，各年度之间对比时，才可能发生千车公里折旧额变动的因素。折旧费用降低额计算公式为：

$$折旧费用降低额 = 折旧费计划成本 \times \frac{实际主车总车公里}{计划主车总车公里} - 折旧费实际成本$$

折旧费用降低额，包括各厂牌车辆千车公里折旧额变动差异和不同厂牌车辆行驶里程比重变动差异两个因素，可作进一步分析。

（5）行车事故损失。行车事故损失是指营运车辆在运行过程中，因行车肇事所发生的事故损失。包括行车过程中因碰撞、翻车碾压落水、失火、机械故障等原因，而造成人员伤亡、牲畜死伤、车辆损坏、货物毁损等行车事故所发生的修理费、抢救和善后费用，以及支付给外单位人员的医药费、丧葬费、抚恤费、生活费等事故损失，在扣除向保险公司投保收回的索赔收入，以及事故对方或过失人赔偿金额后，计入运输成本中"行驶事故损失"项目的净损失。行车事故损失本属于不列入计划内的项目。但是，行车事故在汽车运输中是难以完全杜绝的。因此，在编制计划时，一般均根据统计资料，按最低限度损失金额列入。成本分析当中，即以此为与实际发生额对比的依据。分析行车事故损失，应与生产分析联系起来，查明行车事故损失的计划数与实际数对比差额的原因。

（6）其他。车辆费用中的其他成本项目，包括上述各项车来能够费用中规定的成本项目以外，其他与行车直接有关的费用，还包括行车杂支、车辆牌照和检验费、车辆清洗费、车辆冬季预热费、司机途中住宿费、停车和看车费、中途故障救济费、司机劳保用品费，以及车辆领用季节性运行设备、运输特殊物品的装置、篷布绳索、随车低值易耗品的摊销。

上述这些费用与行车里程多少有直接的关系，如行车杂支等；有的与行车里程多少虽然有直接关系，可是又多属于不经常发生的递延性费用，如季节性运行设备、篷布绳索等；有的又与行车多少没有直接关系，如司机劳保用品、随车工具等。因此，对这些费用应根据费用的不同性质，分析采用相应的方法进行分析。

3. 丙类费用成本项目降低额的分析

丙类成本项目仅有养路费及运输管理费一个项目。企业应纳的养路费和运输管理费，是按照运输收入总额和规定的费率计算的。

由于丙类费用与周转量成正比变动，因此只有当丙类费用的单位费率发生变动时，才可计算分析其降低额。例如，当养路费或运输管理费率调整提高或降低时，必然影响丙类费用水平的增加或降低，而这个因素变动是企业不可控的。企业可重点分析有无多交、欠交或错交养路费的情况。

本章中带※的部分可选学，在本科阶段不要求学生掌握。

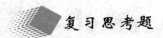 复习思考题

一、基本概念

成本可控空间　成本控制的时效性　运输成本控制　运输成本　差别化运输　运价基数　单位运输成本　运价　物流中的运营成本　整车运费　零担运费　分段里程运费　单一里程运费

二、选择题

1. 成本的可控性是相对于可控空间的（　　）而言的，因为，某一较低层次上的不可控成本可能是其较高层次上的可控成本；当然，较低层上的可控成本，必然也是其较高层次上的可控成本。

A. 水平　　　　　　　B. 种类　　　　　　　C. 类型　　　　　　　D. 层次

2. 物流成本控制主要有以下两种形式：（　　）。

A. 成本目标控制　　B. 成本反馈控制　　C. 成本前馈控制

D. 成本控制分析　　E. 成本核算控制

3. 现代成本管理十分重视预防式的（　　）理论和方法。

A. 成本目标控制　　B. 成本反馈控制　　C. 成本前馈控制　　D. 成本控制分析

4. 在物流运输中，（　　）属于按货物发送批量、使用的容器划分的运费。

A. 整车（批）运费　B. 单一里程运费　C. 普通运输　　　　D. 特定运输

5. 运输成本是运输商为客户提供运输服务时的各种消耗的货币表现，其主要由（　　）组成。

A. 运费　　　　　　　B. 流通加工费　　　　C. 装卸费

D. 设备费　　　　　　E. 固定资产

6. （　　）就是以运输规模经济为基础，以增加运输量，组织物流运输合理化的一种做法，通过延长备货时间来实现控制物流运输成本的一种手段。

A. 共同化运输　　　B. 标准化运输　　　C. 差别化运输　　　D. 大量化运输

7. 货物运输计价规则中对运费的计算作了具体规定，主要内容有（　　）及有关问题的说明。

A. 吨公里计价表　　B. 货物运价分号表　C. 货物运价率表

D. 货物装卸费率　　E. 水运计价法

8. 物流运输成本控制，最有效的措施是（　　）。

A. 共同化　　　　　　B. 大量化　　　　　　C. 差别化　　　　　　D. 计划化

三、判断题

1. 从控制理论上看，成本可控空间的层次越高，则成本的可控范围越大，而成本的可控性越强；可控空间的层次越低，则成本的可控范围越小，其控制的目标和责任也越具体，因而成本的可控性也越弱。（　　）

2. 集装箱运费是指以集装箱运送货物规定的运价。计算价格的基本单位是重量。（　　）

3. 单一里程运费。是指每一吨公里的运费率不变，在运输全程用一个单一的运费率。运费的增加是与运输距离成正比的。（　　）

4. 运价基数是指最高运价号的起码计算里程运价率，它是制定货种别、距离种别各种不

同运价率的基础。（　　）

5. 共同化运输分为：由本行业企业组合而形成的水平方向的共同化和与其他行业公司之间联合而形成的垂直方向的共同化两类。（　　）

6. 零担运费是指不满整车、整批吨位以下托运的零星货物，按零担运价号规定的运价率计算收费，货物按实际重量计算。（　　）

四、思考题

1. 你如何理解物流运输成本控制原则？

2. 试述物流运费的基本计算步骤。

3. 试述不合理运输造成成本损失的基本计算方法。

4. 试述目标成本制定的原则。

5. 试述目标成本的制定步骤与程序。

6. 你如何理解物流运输成本控制的策略？

7. 试述说明运输过程前的成本控制和运输过程中的成本控制。

8. 试述运输成本变动因素分析的一般过程与方法。

 本章案例

ABX 物流配送中心：整个流程中的低成本运作

ABX 不是习惯上的缩写，而是一个公司的名字。这个公司在 1993 年时是一家包裹速递公司，1995 年进入世界 24 家最大物流公司排名。

1. ABX 不来梅配送中心

处于德国的不来梅 ABX 配送中心，仓库作业面积 4000 平方米，仓库内分为分拣区域和暂存区域，各占 2000 平方米，是一个集 DC 型和 TC 型仓库于一体的配送中心。

中心进出货口 100 多个，每个进出货口都需要由专人负责管理，服务是 24 小时全天候的，采用条码管理和 IT 技术，用户在任何时候都可以查询到货物的位置，无论是在卡车上还是仓库货位上。

ABX 不来梅配送中心在过去不收存需要存较长时间的货物，随着业务的开展，它们发现仓储延伸业务还有较大的空间，就改变了原来的策略，划分出了暂存区域，收存存期较长的货物入库，但是一般货物的存期在一个星期以内。

据 ABX 的管理人员说，ABX 不会放弃物流环节中的任何一个细节。在这个配送中心，大概一个月处理 1 500 吨货物，最重要的收入来源是长途运输。这个配送中心是 1995 年开始使用的。

公司的运输车辆上都喷有 ABX 的标志，但是这些车都不属于 ABX 自己，仓库也不是自己的，是租用德国铁路公司的。这样，ABX 要在仓库里安装任何新设备都要先与房东商量，房东也可以作为股东投入资金，双方分清投资额度。

租用运输车、设备及仓库，对 ABX 来讲很划算，可避免公司规模过于庞大。

ABX 认为，投入很大的成本去建一个仓库，假如业务只需要使用一半，那就会造成很大

的浪费，所以ABX采用租用的形式来经营管理企业。现在，ABX的这种管理方式在欧洲很流行。

2. ABX纽伦堡配送中心

纽伦堡配送中心是ABX在德国的第二大分公司，仓库建设费用1 500万欧元，总面积6万平方米，办公室加库房面积13 000平方米，库内270米长、50米宽，共有130个货口，每天处理货物折合标准集装箱120个，业务十分繁忙。为保证货物的安全，这里设有自己的保卫部门，并在仓库四周建有铁栏。

下面是纽伦堡配送中心的具体情况。

（1）客户情况。纽伦堡配送中心有1 000多个客户，每天信息系统要处理2 000个客户信息，进出500吨货物，不急的货可留6小时，货物品类非常多，但配送中心不经营危险品等限制性货物。

（2）IT系统。ABX的业务软件是从德国邮政购买的，使用前进行过微小的改动，整个公司都有内部局域网，不来梅配送中心从网上就能够看到纽伦堡的货物状况。这套软件的功能很适合ABX的业务，软件能专门管理客户自提货物，在客户自提货物后，数据库里马上就销掉。还有电脑配货系统，可以管理到卡车里的货物，控制卡车空间，避免配载不足，急件可以先装车。货单能显示货物的位置，可以打印每单货物的身份证——条码，根据记录处理，处理完或没处理完的货物都提示清晰，不会出差错。这套软件还有差错追溯系统，收发错了的货物，可以追踪到出现差错的环节。

（3）监控系统。ABX在仓库内部还安装了监视器，监视仓库内最重要的部位。这种安全设备，使整个ABX公司每年节省700万欧元保险费。仓库所有的录像内容，在4个星期之后自动删除，如果需要查看的话，至少有3个人以上才可以证实资料正确。

（4）仓库内部的自动化设备。ABX的配送中心装备了这样的自动化设备：单轨槽式自动小车。小车的轨迹覆盖了所有的货区和货位，根据指令，小车可以自动到达指定位置，也可以人工处理，小车的样子与我们国内仓库使用的手动叉车很相似，在车的底部有一个很小的芯片，这是小车的控制中心（脑部），通过它，可以根据条码信息，把货物放在车子上，条码贴上后，用扫描器扫描，小车自动移动到货位（ABX的条码编码是使用德国邮政编码的缩写方式）。

这套设备的槽式轨道长约500米，共有150部自动小车，每个小车最大载重1.5吨。轨道槽间距3厘米，小车之间互不影响，操作简单。信息输入后，小车自动到达货位，当车子被拿出轨道后，芯片的数据自动删掉。电脑能够自动计算小车到达货位最短的路线。从开始运行到现在，4年多时间里，整个系统只有5小时故障，运行状况很好。

这套自动设备操作简单，投资少，而且不会破坏包装。据介绍，一套这样的设备（包括小车）只需3万欧元，ABX一次就购买了10套，价格就更优惠一些，每辆小车大概是400欧元。仓库里146名职工三班倒，外加这套简洁的设备，这种组合一方面有利于就业，另一方面完全能够配合物流信息化管理的需要。

纽伦堡物流中心四周的环境非常好，仿佛就在森林里。物流中心作业对周围居民没有影响，中心离高速公司1公里，交通方便；铁路也经过这里。这一带由于条件好，有6 000多人在这个物流中心从事物流工作。

（选自 www.examw.com，经作者重新整理）

问题与思考：

1. 这是一个经典的高效率、低成本运作案例，成本、效益、环保三位一体，你如何认识本案例？

2. 请总结出本案例中低成本运作的主要措施。

3. 请收集和了解国内某配送中心的运作及成本、效益水平，并与 ABX 作优劣比较。

附件　《汽车运价规则》摘录

我国对不同运输工具都规定了相应的运价表，本附录仅介绍《汽车运价规则》（交通运输部、国家发展和改革委员会、交运发【2009】275 号）中关于货物运输的计价部分。内容如下。

第三章　货物运价

第一节　计价标准

第十五条　运价单位：

（一）整批运输：元/吨千米。

（二）零担运输：元/千克千米。

（三）集装箱运输：元/箱千米。

（四）包车运输：元/吨位小时。

（五）国际道路货物运输涉及其他货币时，在无法折算为人民币的情况下，可使用其他自由兑换货币为运价单位。

第十六条　计费重量

（一）计量单位。

1. 整批货物运输以吨为单位。

2. 零担货物运输以千克为单位。

3. 集装箱运输以标准箱为单位。

（二）重量确定。

1. 一般货物：无论整批、零担货物计费重量均按毛量计算。整批货物吨以下计至 100 千克，尾数不足 100 千克的，四舍五入。零担货物起码计费重量为 1 千克，重量在 1 千克以上，尾数不足 1 千克的，四舍五入。

2. 轻泡货物：指每立方米重量不足 333 千克的货物。

装运整批轻泡货物的高度、长度、宽度，以不超过有关道路交通安全规定为限度，按车辆核定载质量计算重量。

零担运输轻泡货物以货物包装最长、最宽、最高部位尺寸计算体积，按每立方米折合 333 千克计算重量。

轻泡货物也可按照立方米作为**计量单位**收取运费。

3. 包车运输按车辆的核定质量或者车辆容积计算。

4. 货物重量一般以起运地过磅为准。

5. 散装货物，如砖、瓦、沙、石、矿石、木材等，按重量计算或者按体积折算。

第十七条 计费里程

（一）里程单位。

货物运输计费里程以千米为单位，尾数不足1千米的，四舍五入。

（二）里程确定。

1. 货物运输的营运公路里程按交通运输部核定颁发的《中国公路营运里程图集》确定。《中国公路营运里程图集》未核定的里程，由承、托运双方共同测定或者经协商按车辆实际营运里程计算。

2. 货物运输的计费里程按装货地至卸货地的营运里程计算。

3. 城市市区里程按照实际里程计算，或者按照当地人民政府交通运输主管部门确定的市区平均营运里程计算，具体由各省、自治区、直辖市人民政府交通运输主管部门确定。

4. 国际道路货物运输属于境内的计费里程以交通运输主管部门核定的里程为准，境外的里程按有关国家（地区）交通运输主管部门或者有权认定部门核定的里程确定。

第十八条 计时包车货运计费参照第七条的规定执行。

第二节 计价类别

第十九条 载货汽车按其用途不同，分为普通货车和专用货车两种。专用货车包括罐车、冷藏车及其他具有特殊构造的专门用途的车辆。

第二十条 货物按其性质分为普通货物和特种货物两种。特种货物分为大型特型笨重货物、危险货物、贵重货物、鲜活货物四类。

第二十一条 集装箱按箱型分为国内标准集装箱、国际标准集装箱和非标准集装箱三类，其中国内标准集装箱分为1吨箱、6吨箱、10吨箱三种，国际标准集装箱分为20英尺箱、40英尺箱两种。

第二十二条 道路货物运输根据营运形式分为道路货物整批运输、零担运输和集装箱运输。

第三节 计价规定

第二十三条 运价。

（一）整批货物运价：指整批普通货物在等级公路上运输的每吨千米运价。

（二）零担货物运价：指零担普通货物在等级公路上运输的每千克千米运价。

（三）集装箱运价：指各类标准集装箱重箱在等级公路上运输的每箱千米运价。

第二十四条 在计算货物运价时，应当考虑车辆类型、货物种类、集装箱箱型、营运形式等因素。

第二十五条 运费计算。

整批货物运费＝整批货物运价×计费重量×计费里程＋车辆通行费＋其他法定收费

零担货物运费＝零担货物运价×计费重量×计费里程＋车辆通行费＋其他法定收费

重（空）集装箱运费＝重（空）箱运价×计费箱数×计费里程＋车辆通行费＋其他法定收费

包车运费＝包车运价×包用车辆吨位×计费时间＋车辆通行费＋其他法定收费

第二十六条 运费以元为单位。运费尾数不足 1 元的，四舍五入。

第二十七条 国际道路货物运输价格按双边或者多边汽车运输协定，根据对等原则，由经授权的交通运输主管部门协商确定。

第 10 章

物流运输信息管理

❖ **学习目标**

掌握：物流信息系统的含义及构成；运输配送信息系统的运作；条码技术；全球卫星定位系统；地理信息系统；智能运输系统；射频识别（RFID）技术；运输信息管理系统。

了解：物流信息系统的作用；企业信息系统的模式选择；物流运输信息系统的开发方式。

随着信息技术、网络技术和电子商务技术的发展，物流运输信息化管理已成为运输业发展的必然趋势。改革开放 30 多年来，作为世界第二大经济体，我国已经基本具备了发展现代运输的物质基础和技术手段，尤其是近几年来，在信息化建设方面取得了很大的进步。但从信息化管理上看，与世界一些发达国家相比，还有很大的差距，信息化技术还没能有效地服务于现代物流运输，企业对信息化技术的使用与管理基本上还处于初始阶段，这也是当前制约我国物流运输发展的瓶颈之一。本章将从物流信息系统和信息技术手段两方面介绍物流运输信息化及相关内容。

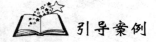 引导案例

汉口北商贸物流枢纽区

汉口北商贸物流枢纽区是全国十大市场的超级集群，承载了武汉市商贸振兴的重任，随着各大市场的陆续开业投运，汉口北的货运压力骤然增加，原有的分散的、小型的物流体系无法承担支撑如此大规模市场群商贸发展的需要，建立信息化的大型物流园区成为发展的必然。而今，集自动管理、园林办公、远程监控等众多现代信息技术于一身的中国首家现代绿色低碳环保物流示范园区——华中物流超市开园试运营，一举打通制约汉口北商贸物流枢纽

区的物流"经脉"。到 2011 年年底，已经实现了"货车走在哪里，通过卫星定位一查就知道，货物从哪来、要到哪去、货物种类等信息，通过扫描电子标签就都能知道"。这就是屹立于我国中部的大型商贸物流枢纽，它借助汉口北得天独厚的地理位置，充分发挥这里辐射全国的水、陆、空、铁四维立体交通网络，利用电动叉车、电动升降机、电动运输机和电子条码标签等电子技术，降低人工成本，提高货物流转效率，从而降低货物的运输成本。

（选自：万联网）

　　思考题：电子信息技术是未来物流发展的方向之一，你怎样认识？

10.1　物流运输信息系统概述

　　物流运输信息化建设的目的是为了提高企业竞争力，而信息化建设的风险很大，这就要求企业要从战略上考察信息系统的建设，把握企业信息化的发展规律和信息系统的开发规律，对信息系统进行总体规划，并进行相应的可行性分析，从而有计划、有重点、有步骤、低风险地开发各相关信息系统，并使这些系统形成对提高企业竞争力的内在支持。

10.1.1　物流信息系统简介

　　随着社会需求多样化和个性化的发展趋势，要求物流企业提供多频度、小批量、及时送达的高水准运输与配送服务，同时物流行业激烈的竞争也要求物流企业以适当的成本提供差别化的运输服务，为了应对不断发展变化的社会需求，提高运输配送的效率，实行有效的运输管理，现代物流运输企业就必须从战略高度建立运输信息系统，以此来更好地满足客户的需求，提高企业的竞争能力。

1. 物流信息系统的含义

　　物流信息系统的建立与管理是一项巨大而又复杂的系统工程，它的建立健全必须借助于众多的信息支持技术，如全球定位系统、条码系统，强大的通信系统及社会各种物流基础设施的信息系统，如配送中心信息系统、海关信息管理系统等。以及适合企业实际情况的各种软件技术的开发与运用，只有这样才能形成一个完整的物流运输信息系统，并在这个系统的基础上，对信息进行收集、整理、分类，以供决策使用。

　　物流信息系统可以被定义为：是指与物流各种业务活动（如运输、保管、包装、装卸、流通加工等）有关的信息组成的一个高效、有序、准确、及时的信息集合体，并直接服务于物流决策与管理。在实际物流运作的管理与决策中，如运输工具的选择、运输路线的确定、运输批量的确定、在途货物的选择、在途货物的追踪等，都需要详细和准确的物流信息支持。物流信息系统对运输管理、库存管理、订单管理、仓库作业管理等物流活动具有支持保证的功能。

2. 物流信息系统的构成

　　物流信息系统是为支持整个物流活动（亦即支持从接受订货、库存、发货到运输等实际业务和作业）的信息系统。它不仅限于单一的物流活动，而是把生产和销售结合在一起形成整个经济信息系统，体现了供应链管理下的业务流程，也就是实现了支持整个生产和销售的信息化系统，图 10-1 就是一个完整反映物流信息系统与整体物流运行的简易模型。

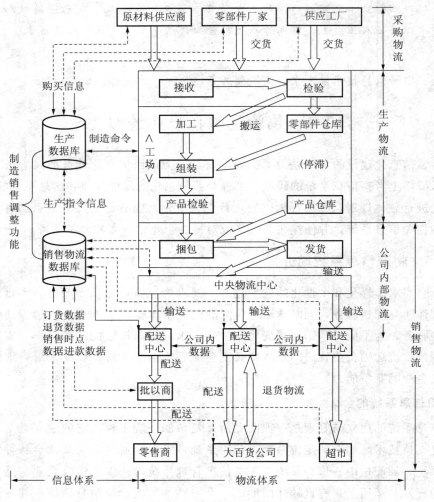

图 10-1 物流信息系统图

注：⟹ "物"的流通。

---➤ 信息流通。

3. 物流信息系统的作用

物流信息系统的作用，可从宏观和微观两个角度阐述，本书主要从物流实际运作的微观角度说明物流信息系统的作用，可具体归纳如下。

（1）信息系统能有效缩短从接受订货到发货的流程，减少时间占用。

（2）完整的信息系统有助于库存适量化（压缩库存并防止脱销）。

（3）准确的物流信息有助于提高搬运作业效率。

（4）物流信息系统有助于运输效率的提高。

（5）信息系统有助于提高接受和发出订货的精度，减少和防止发货、配送中的差错。

（6）完整的物流信息系统能调整局部市场的供求关系，实现局部均衡。

（7）完整的信息系统具有信息咨询功能，并能及时或自动回应客户的一般性问题。

10.1.2　运输配送信息系统的运作

运输配送信息系统是物流信息系统的一个主要组成部分，其主要内容有：运输计划、配车与运输路线计划、配送和货物跟踪、车辆运作管理、成果管理与控制及运输信息的查询等。物流运输与配送信息系统一般是由发送货物业主、物流运输业主和接收货物业主组成。其运作步骤如下。

（1）发送货物业主（如生产厂家）在接到订货后制订货物发运计划，并把发运货物的清单及发运时间安排等信息传递给物流运输业主和接收货物业主（如零售商），以便物流运输和接收业主预先制订货物运输和接收计划。

（2）发送货物业主依据客户订货的要求和货物发运计划下达发货指令、分拣配货、包装、打印出物流条码等货物标签（如 SCM 标签，Shipping Canon Marking）并贴在货物包装箱上，同时把发运货物品种、数量、包装等信息发送给物流运输业主和接收货物业主（如零售商），向物流运输业主发出运送请求信息，物流运输业主依据请求下达车辆调配指令。

（3）物流运输业主在向发送货物业主取运货物时，利用车载扫描读数仪，读取货物标签的物流条码，并与先前收到的货物运输数据进行核对，确认运送货物数量、规格等无误后，办理接收手续（这是流通过程中的接收，与接收货物业主无关）。

（4）物流运输业主在物流中心对货物进行整理、集装、填妥送货清单并向收货业主发出发货信息。在货物发运的同时进行货物跟踪管理，并在货物交给收货业主并验收（这一验收只检验与运输相关的质量，如外包装破损、雨淋等，在合理运输期限内一般不对货物内在质量负责）之后，通过 EDI 向发送货物业主发送完成运送业务信息和运费请求信息。

（5）收货业主在货物到达时，利用扫描读数仪读取货物标签的物流条码，并与先前收到的货物运输数据进行核对确认、检验后，开出收货发票，货物入库。同时向物流运输业主和发送货物业主发送收货确认信息。

10.1.3　企业信息系统的模式选择

企业在建设信息系统时首先应考虑信息系统所采取的模式，然后考虑开发方法，进而确定开发环境，选用合适的开发工具。随着计算机技术与网络技术突飞猛进的发展，信息系统模式正经历着巨大的变革，从整个信息系统平台的发展过程看，共产生了四种模式：主机终端模式、文件服务器模式、客户机-服务器模式和浏览器-服务器模式。主机终端模式由于硬件选择有限，硬件投资得不到保证，已逐步被淘汰。而文件服务器模式由于应用程序及计算机的主体转而面向个人，整个系统的总体开发和维护成本大大提高，而且这种模式也只适用于小规模的局域网，对于客户多、数据量大的情况会产生网络瓶颈。

1. 客户机-服务器模式

客户机-服务器模式（Client Server，C/S 模式）是 20 世纪 80 年代逐渐发展起来的一种模式，在这种结构中，网络中的计算机分为两个有机联系起来的部分，即客户机和服务器。

客户机由功能一般的微型计算机来担任，它可以使用服务器中的资源。对于用户的请求，如果客户机能够满足就直接给出结果；反之则需要交给服务器来处理，例如，调用存放在服务器上的公用数据等，服务器对这些数据进行一些客户看不见的处理后发还给客户。因此该模式可以合理均衡事务的处理，充分保证数据的完整性和一致性。客户机应用软件一般包括用户界面和本地数据库等。当用户调用服务器资源时，客户机将请求传送给服务器，并根据服务器回送的处理结果进行分析，然后显示给用户。随着 Internet 技术的发展，以及企业对信息系统的总体拥有成本的考虑，这种模式也逐渐暴露出许多问题，主要不足表现为以下几点。

（1）开发成本较高。C/S 结构对客户端软、硬件要求较高，尤其是软件的不断升级对硬件要求不断提高，增加了整个系统的成本支出。

（2）移植困难。不同开发工具开发的应用程序，一般来说互不兼容，不能搬到其他平台上运行，这也造成成本提高，更主要的是应用受到很大限制。

（3）不同客户机安装不同的子系统软件，用户界面风格不一，使用繁杂，不利于推广使用。

（4）由于每个客户机都安装了相应的应用程序，所以维护复杂，升级麻烦，若升级，则每个客户机的软件都要更新。

2. 浏览器-服务器模式

随着 Internet 席卷全球，以 Web 技术为基础的浏览器-服务器模式（Browser Server，B/S 模式）模式正日益显现其先进性，当今很多基于大型数据库的信息系统正在采用这种全新的技术模式。B/S 模式由浏览器、Web 服务器、数据库服务器三个层次组成。在这种模式下，客户端使用一个通用的浏览器，代替了形形色色的各种应用软件，用户的所有操作都是通过浏览器进行的。该结构的核心部分是 Web 服务器，它负责接受远程（或本地）的 HTTP 查询请求，然后根据查询的条件到数据库服务器获取相关数据，再将结果翻译成 HTML 和各种页面描述语言，传送回提出查询请求的浏览器。同样，浏览器也会将更改、删除、新增数据记录的请求申请至 Web 服务器，由后者与数据库联系完成这些工作。B/S 结构如图 10-2 所示。

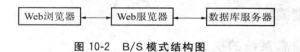

图 10-2　B/S 模式结构图

B/S 模式具有以下优点。

（1）使用简单。由于用户使用单一的浏览器软件，基本上无须培训即可使用。

（2）易于维护。由于应用程序都放在 Web 服务器上，软件的开发、升级与维护只在服务器端进行，减轻了开发与维护的工作量。

（3）保护企业投资。B/S 模式采用标准的 TCP/IP、HTTP 协议，可以与企业现有网络很好地结合。

（4）对客户端硬件要求低。客户机只需安装一种 Web 浏览器软件。

（5）信息资源共享程度高。由于 Intranet 的建立，Intranet 上的用户可方便地访问系统外的资源，Intranet 外用户也可访问 Intranet 内的资源。

（6）扩展性好。B/S 模式可直接连入 Internet，具有良好的扩展性。

3. 浏览器-服务器与客户机-服务器的混合模式

将上述两种模式的优势结合起来，形成浏览器-服务器与客户机-服务器的混合模式，如图 10-3 所示。

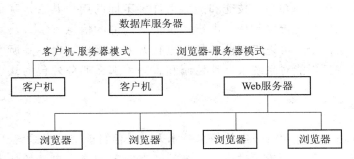

图 10-3　浏览器-服务器与客户机-服务器的混合模式结构图

对于面向大量用户的模块采用三层浏览器-服务器模式，在用户端计算机上安装运行浏览器软件，基础数据集中放在较高性能的数据库服务器上，中间建立一个 Web 服务器作为数据服务器与客户机浏览器交互的连接通道，而对于在系统模块安全性要求高、交互性强、处理数据量大、数据查询灵活的地点则使用客户机-服务器模式，这样能充分发挥各自的长处，开发出更为安全可靠、灵活方便、效率高的软件系统。

10.1.4　物流运输信息系统的开发方式

物流运输信息系统的开发方式主要有自主开发方式、委托开发方式、联合开发方式、购买现成软件方式。四种不同的开发方式各有优点和不足，需要根据企业的技术力量、资金情况、外部环境等各种因素进行综合考虑和选择。但是，不论采取哪一种开发方式都需要企业的领导和业务人员参加，并在物流运输信息系统的整个开发过程中培养和锻炼企业的信息技术人员。

1. 自主开发

自主开发又称作最终用户开发，适合于有较强信息技术队伍的企业。自主开发的优点是开发费用少，开发的系统能够适应本单位的需求且满意度较高，便于维护；缺点是由于不是专业开发队伍，容易受业务工作的限制，系统优化水平难以和专业开发机构相比，开发水平相对较低。目前，由于计算机技术的普及，软、硬件人才的增加，不断为信息系统的自主开发提供了良好的社会经济、技术和人才条件，因此，一些有条件的企业更倾向于自主开发。这不仅可节约开发费用，更重要的是有利于企业商业秘密的保护。

2. 委托开发

委托开发方式适合于物流运输信息系统的开发队伍力量较弱，但资金较为充足的情况。委托开发方式的优点是省时、省事，开发的系统技术水平较高。缺点是费用高、系统维护需要开发单位的长期支持。此种开发方式需要企业的业务骨干参与系统论证工作，开发过程中需要开发单位和企业双方及时沟通，进行协调和检查。

委托开发的进一步方式就是业务外包。所谓业务外包是指企业不依靠其内部资源建立信息系统，而是聘请专门从事开发服务的外部组织进行开发工作，由外部开发商来负责信息系统的建设，甚至是日常管理的模式。显然，委托开发多数是就一次性项目来签订委托合同，而业务外包则有可能是签订一个长期的服务合同，对企业有关信息技术的业务进行日常支持。业务外包之所以流行，是因为有些企业利用业务外包方式建立信息系统比企业自主维持内部计算机中心和信息系统更能有效地控制系统的运营成本，因为负责系统开发服务的外部开发商能从规模经济中（相同的知识、技能和能力由许多不同的用户共享）降低成本，从而获得收益，并能以富有竞争力的价格收费。由于一些企业内部的信息系统人员对知识的掌握无法与技术变化同步，所以企业可以借助业务外包进行开发。当然，也不是所有企业都能从资源外包中获得好处，一旦不能对系统很好地控制和管理，那么业务外包的缺点也有可能给组织带来严重的问题。

3. 联合开发

联合开发方式适合于企业有一定的信息技术人员，但可能对信息系统开发规律不太了解，或者是整体优化能力较弱，希望通过信息系统的开发完善和提高自己的技术队伍，便于后期系统维护工作的企业。联合开发的优点是相对于委托开发方式比较节约资金，可以培养、增强企业的技术力量，便于系统维护工作。缺点是双方在合作中易出现扯皮现象，需要双方及时达成共识，进行协调和检查。

4. 购买软件包与二次开发

目前，软件的开发正在向专业化方向发展。一批专门从事信息系统开发的组织已经开发出一批使用方便、功能强大的专项业务信息系统软件。为了避免重复劳动，提高系统开发的经济效益，也可以购买信息系统的成套软件或开发平台，如运输流程规划系统、财务管理系统、小型企业信息系统、供销存信息系统等。此方式的优点是节省时间和费用，技术水平和通用性较高；缺点是通用软件的专用性较差，根据用户的要求需要有一定的技术力量做软件改善和接口工作，以及第二次开发工作。

总之，不同的开发方式各有不同的长处和短处，需要根据企业的实际情况进行选择，也可综合使用各种开发方式。

10.2　物流运输信息技术

现代物流运输系统必须向客户提供物品处于运输状态的实时信息，包括提供货物的位置与状态。将这些信息提供给运输服务与销售人员和客户，以供他们随时调整运输的状态。现代运输、配送信息管理支持系统一般包括条码系统、全球定位系统、地理信息系统、智能运输系统及射频识别技术等，这些技术手段的运用对于改进运输服务和提高竞争优势具有明显的效果。它可以把握在途货物的情况，把运输工具（如车辆）变成流动的仓库，有助于实现低库存管理。

10.2.1　条码技术

为了能够迅速、准确识别运输的商品和货物，每个商品必须要有不同于其他商品的独立使用的标识，这就是条码。通常所说的物流标识就是对在运转中的商品进行的标识，为实现对运输商品的有效控制与管理，能够迅速、准确地采集运输商品的信息，物流标识主要采用了自动识别技术中的条码技术。其特点是数据采集快速、准确，成本低廉，易于实现，并有全球通用的标准，使所标识的信息能够适应物流运输的特点。物流标识技术的应用已经成为物流运输中商品管理的基本手段。

1. 条码的含义

条码是用一组数字来表示商品的信息。条码系统包括条码的编码技术、条码符号码技术、快速识别技术和计算机管理技术的系统组合。它是实现计算机管理和电子数据交换不可缺少的开端技术。条码可分为以下几种。

（1）按使用方式可分为直接印刷在商品包装上的条码和印刷在商品标签上的条码。

（2）按使用目的可分为商品条码和物流条码。

条码系统是物流自动化识别的重要系统之一，对运输与配送信息管理有强大的支持作用，是现代物流系统中基础信息系统的重要组成部分。它可以满足大量、快速采集信息的要求，能适应物流大量化和高速化要求，从而大幅度提高物流效率。在流通和物流活动中，为了能迅速、准确地识别商品、自动读取有关商品的信息，条码技术被广泛应用。条码系统的主要应用领域有以下几个方面。

（1）运输、储存管理。通过对条码的识别，掌握运输和入、出库商品的规格、数量、位置等信息资料，以支持运输、库存管理和运输、库内作业。

（2）实施分类管理。根据条码信息，可以通过相关软件自动生成 ABC 的商品分类，从而支持对重点商品和一般商品的分类管理。

（3）配送。在配送工作时，根据条码所提供信息，进行拣货、选货或分货，实现高效配货作业。

（4）电子数据交换。作为电子数据交换系统的基础数据，没有条码数据，一切有关商品的电子信息资料都无从开始。

（5）实现供应链全过程管理。通过条码识别，掌握货物在途情况，通过条码所传递的信息，进行统计、结算、市场分析等经营管理活动。

2. 条码的构成

条码是由一组按特定规则排列的条、空及其对应字符组成的表示一定信息的符号。目前，较常用的码制有 EAN 条码、UPC 条码、二五条码、交叉二五条码、库德巴条码、三九条码、128 条码等。条码由一组黑白相间、粗细不同的条状符号组成，其中隐含着数字信息、字母信息、标志信息、符号信息，主要用以表示对象物（商店销售的商品、进入物流领域的货物）的名称、产地、价格、类别等。

条码系统是全世界通用的商品代码表示方法。条码的结构是由若干个黑色的"条"和白色的"空"所组合成的一个单元。在这个条码单元中，黑色条对光线的反射率低而白色空对光线的反射率高，再加上条与空格宽度不同，就能使扫描光线产生不同的反射接收效果，在光电转换设备上转换成不同的电脉冲，这些电脉冲就是信息，电脉冲通过网络就可以将其含有的信息进行传输。

3. 条码系统的作用

（1）条码是物流信息系统的基础。条码所包含的是信息数据，是系统中物流对象的一部简要说明书，通过条码单元将大量信息集约起来，就能使信息的采集和录入工作电子化。依靠这个系统，构筑了物流信息系统的开端。

（2）条码是在整个物流过程中的信息源。条码在整个营销系统中，不管它处在什么位置都可以通过专用的条码读取设备，掌握它的运动节奏。在现代物流系统中，这是构筑 EDI 系统、供应链系统的一个重要组成部分，通过它可以随时掌握物流对象的位置状况和相关管理状况。

（3）条码沟通国际物流。条码系统的条码实际上是一种国际通用语言，通过对条码的识别，可以进行国际沟通。通过条码系统进行这种国际间的沟通省却了在不同国家之间语言文字的转换问题，有力地支持了物流国际化和标准化。

4. 商品条码和物流条码

商品条码是用于标识国际通用的商品代码的一种模块组合型条码。分为标准版商品条码（13 位）和缩短版商品条码（8 位）。商品条码是以直接向消费者销售的商品为对象、以单个商品为单位使用的条码。我国的商品条码采用国际标准的条码为通用商品条码，它由 13 位数字组成，最前面的两个数字表示国家或地区的代码，中国的代码是 69，接着的 5 个数字表示生产厂家的代码，其后的 5 个数字表示商品品种的代码，最后的 1 个数字用来防止机器发生误读错误。

物流条码是以物流过程中的商品为对象、以集合包装商品为单位使用的条码。标准物流条码由 14 位数字组成，除了第 1 位数字表示物流的识别代码之外，其余 13 位数字代表的含义与商品条码相同。此外物流条码有另外一些类型，例如，交插二五码及贸易单元 128 条码等。商品条码和物流条码的区别如表 10-1 所示。

表 10-1　商品条码和物流条码的区别

	应用对象	数字构成	包装形状	应用领域
商品条码	向消费者销售的商品	13 位数字	单个商品包装	POS 系统、补充订货管理
物流条码	物流过程中的商品	14 位数字（标准物流条码）	集合包装（如纸箱、集装箱等）	出入库管理、运输、保管、分拣管理

条码是有关生产厂家、批发商、零售商、运输业者等经济主体进行订货和接受订货、销售、运输、保管、出入库检验等活动的信息源。由于在活动发生时点能即时自动读取信息，因此便于及时捕捉到消费者的需要，提高商品销售效果，也有利于促进物流系统提高效率。另外，条码与其他商品信息识别的方法如光学文字识别（Optical Character Recognition，OCR）、光学记号读取（Optical Marrk Reader，OMR）比较具有印刷成本低和读取精度高的优点。

5. 复合码

为了加强对物流商品的单品管理，提高物流管理中商品信息自动采集的效率，国际物品编码协会（EAN）和美国统一代码委员会（UCC）于 1999 年初联合推出了一种全新的适于各个行业应用的物流条码标准——复合码（CS）。复合码是将一维条码与二维条码有机地叠加在一起，以实现在读取商品的单品识别信息的同时，还能够获取更多的描述商品物流特征的信息。复合码作为一种新的条码体制，很好地保持了国际物品编码体系（EAN/UCC 系统）的完整性及兼容性。

复合码是由一维条码和二维条码叠加在一起构成的新型条码体制，主要用于物流及仓储管理，其作用在于：一是单品标识；二是作为二维条码的定位符，用于成像仪识别时的定位。复合码中的二维条码部分由 PDF417 条码构成，用于表示附加的应用标识符（Application Identifier）的数据，诸如产品的批号、保质期等商品的描述性信息。

在设计复合码时，要使一维条码数据内容与二维条码 PDF417 的数据内容相关联，以免扫描条码时造成张冠李戴的错误。在一维条码的数据与二维条码的数据之间建立一种绝对的联系是多年来编码工作者一直考虑的问题。因为用户有时需要既扫描一维条码，即录入商品或包装箱的单品标识信息，又扫描二维条码，即录入商品或包装箱的描述性信息。

由于复合码是由一维条码和二维条码叠加组成，其识读器必须能同时解读传统的一维条码和二维条码。事实上，国际条码协会在选用线性层叠式的二维条码 PDF417 作为复合码的重要组成部分时，就已考虑了识读器的兼容性。从识读原理上，无论一维条码还是二维条码都为线性排列。因此，线性扫描器是识读复合码的最佳选择。

长期以来，随着计算机技术在商业及物流领域的成功运用，人们已经认识到现有的商品条码（EAN/UCC 条码，只有 12~13 位数字信息），受其信息容量的限制，已无法满足商业及物流管理的需要。复合码的出现解决了人们标识微小物品及表述附加商品信息的问题。

目前，复合码的应用主要集中在标识散装商品（随机称重商品）、蔬菜水果、医疗保健品及非零售的小件物品及商品运输与物流管理中。在零售业中，复合码的应用首先解决了微小物品的条码标识问题。利用原有的 EAN/UCC 条码标识微小物品时，只能用 8 位的 EAN/UCC 缩短码，所表述的信息仅为商品唯一编号（8 位数据）。这种缩短码由于信息容量小，占用面积大，号码资源紧张等原因，给商业用户带来了诸多不便。采用复合码以后，有效地增大了单位面积条码的信息容量。其次，复合码的出现，为商店散装商品及蔬菜水果等的条码标识提出了理想的解决方案。借助于复合码，不但可以表示商品的单品编码，还可以将商品的包装日期、最佳食用日期等附加商品信息标识在商品上，便于零售店采集，以对保质期商品实施有效的计算机管理和监控。

在物流系统中，物流管理所需要的信息可分为运输信息和货物信息。运输信息包括交易信息，诸如采购订单编号、装箱单及运输途径等。复合码中包含这些信息的好处在于供应链的各个环节都可以随时采集所需信息而无须在线式数据库。将货物本身信息编在二维条码中是为了给电子数据交换（EDI）提供可靠的备份，从而减少对网络的依赖性。这些信息包括包装箱及所装物品、数量及保质期等，掌握这些信息对混装托盘的运输及管理尤其重要。采用复合码以后，这种以 EAN/UCC128 码及 PDF417 二维条码构成的复合码可将 2 300 个字符编入条码中，从而解决了物流管理中条码信息容量不足的问题，极大地提高了物流及供应链管理系统的效率和质量。

6. 扫描仪

扫描仪从视觉上收集条码数据，并把它们转换成可用的信息。有两种类型的扫描仪：手提扫描仪和定位扫描仪。每种类型都能使用接触和非接触技术。手提扫描仪既可以是激光枪（非接触式的），也可以是激光棒（接触式的）。定位扫描仪既可以是自动扫描仪（非接触式的），也可以是卡式阅读器（接触式的）。接触技术需要用阅读装置实际接触条码，这样可以减少扫描错误，但降低了灵活性。激光枪技术是当前最流行的，速度超过激光棒。

扫描仪技术在物流过程中有两大应用。第一种应用是零售商店的销售点（Point of Sale，

POS）。除了在现金收入机上给顾客打印收据外，零售销售点应用是在商店层次提供精确的存货控制。销售点可以精确地跟踪每一个库存单位（Stock Keeping Unit，SKU）出售数，有助于补充订货，因为实际的单位销售数能够迅速地传输到供应商处。实际销售跟踪可以减少不确定性，并可去除缓冲存货。除了提供精确的再供给和营销调查数据外，销售点还能向所有的渠道内成员提供更及时的信息，以帮助企业及时进行业务调整。

物流扫描仪的第二种应用是针对物料搬运和跟踪。通过扫描枪的使用，物料搬运人员能够跟踪产品的搬运、储存地点、装车（船）和入库。虽然这种信息能够用手工跟踪，但却要耗费大量的时间，并容易出错。在物流应用中广泛使用扫描仪，将会提高作业率，减少差错。根据统计显示，扫描技术使商店补充订货自动化，提高了企业营销能力，可减少8％左右的总存货量，减少企业资金占用。

7. 物流标识技术的应用

（1）分拣运输。铁路运输、航空运输、邮政通信等许多行业都存在货物分拣搬运作业，大批量的货物需要在很短的时间内准确无误地装到指定的车厢或航班上。一个生产厂家如果生产上多个品种的产品，并需要将其分门别类，销售、发送到不同的目的地，那么就必须扩大场地，增加人员，还常常会出现人工分拣错误。解决这些问题的办法就是使用物流标识技术，使包裹或产品自动分拣到不同的运输机上。所要做的只是将预先打印好的条码标签贴在需要发送的货物上，并在每个分拣点装一台条码扫描器。

配送中心促进了现代物流运输的发展，提高了货物的吞吐能力，自动分拣技术是提高作业效率的重要支持手段。例如，典型的配送中心作业是从收货开始。货物送达后，叉车司机在卸车的时候用手持式扫描器识别所卸的货物，条码信息通过无线数据通信技术传给计算机，计算机向叉车司机发出作业指令，显示在叉车的移动式终端上，指示作业人员把货物送到某个库位存放，或者直接把货物送到拣货区或出库站台。在收货站台和仓库之间一般都有运输机系统，叉车把货物放到输送机上后，输送机上的固定式扫描器识别货物上的条码，计算机确定该货物的存放位置。输送机沿线的转载装置根据计算机的指令把货物转载到指定的巷道内。随即，巷道堆垛机把货物送到指定的库位。出库时，巷道堆垛机取出指定的托盘，由运输机系统送到出库台，叉车到出库台取货。首先用手持扫描器识别货物上的条码，计算机随即向叉车司机提出作业指令，或者把货物直接送到出库站台，或者为拣货区补充货源。

拣货区有多种布置形式，如普通重力式货架，水平循环式货架，垂直循环式货架等。拣货员在手持式终端上输入订单号，计算机通过货架上的指示灯指出需要拣货的位置，拣货员用手持式扫描器识别货品上的条码，计算机确认无误后，在货架上显示出拣选的数量。拣出的货品放入货盘内，连同订单一起运到包装区。包装工人进行检验和包装后，将实时打印的包裹发运信息的条码贴在包装箱上。包装箱在通过分拣机时，根据扫描器识别的条码信息被自动分拨到相应的发运线上。

（2）仓储保管。有时通用商品代码不能满足仓储的需要，除了商品的生产厂家和产品种类外，还需要产品的数量、保质期、重量、体积等很多信息，采用物流条码可以通过应用标识符分辨不同的信息，经过计算机对信息进行处理后，更有利于对商品的采购、保管和销售。比如对于食品，保质期一般都很短。如果食品过期，就会损害顾客利益，同时给销售者带来经济上的损失。物流标识技术可以标识出该产品的生产日期和保质期，计算机管理系统可以随时提醒销售者，哪些食品接近了保质期，这时，对这些食品可以打折出售或采取其他方式及时处理，以免带来不必要的损失。物流标识技术给仓储现代化带来了很多方便，它不仅使保管人员提高效率、减少劳动，也为客户带来了间接的经济效益。

（3）机场通道。按规模经济的要求，当机场的规模达到一个终端要在 2 小时内处理 10 个以上的航班货物时，就应当实现自动化，否则可能会因为来不及处理商品或行李导致误机。当 1 小时必须处理 40 个航班时，实现自动化就是必不可少的了。在自动化系统中，物流标识技术的优势充分体现出来，人们将条码标签按需要打印出来，系在每件行李上。条码标签是一个纸牌，系在行李的手把上。根据国际航空运输协会（IATA）标准的要求，条码应包含航班号和目的地等信息。当运输系统把商品或行李从登记处运到分拣系统时，一组通道式扫描器（通常由 8 个扫描器组成）包围了运输机的各个侧面：上下、前后、左右。扫描器对准每一个可能放标签的位置，甚至是行李的底部。为了提高首读率，通常会印制两个相同的条码，互相垂直粘贴。当扫描器读到条码时，会将数据传输到分拣控制器中，然后根据对照表，行李被自动分拣到目的航班的传送带上。在大的机场，每小时可能要处理 80～100 个航班，这使得首读率特别重要。任何未被扫描器读出的行李都将被分拣到人工编码点，由人工输入数据，速度是每分钟 10～20 件。对于印刷清晰、装载有序的自动分拣系统，首读率应该大于 90%。

（4）货物通道。在美国有三个最大的邮包投递公司，即联邦快递、联合包裹服务和 UPS，每天要处理大约 1 700 万件包裹，其中 700 万件是要在 1～3 天内送达的快件。这些包裹的处理量之大难以置信，而且数量还在不断增长，运输机系统变得更复杂，工作速度比以往更快。

包裹运输公司不能像制造厂家那样决定条码位置，它可以指定一种码制，但不能规定条码的位置，因为包裹在传送带上的方向是随机的，且以 3 米/秒的速度运动。为了保证快件及时送达，不可能采用降低处理速度的办法。所面临的问题不是如何保持包裹的方向，使条码对着扫描器，而是如何准确地阅读这些随机摆放的包裹上的条码，解决的办法就是扫描通道。

几乎和机场的通道一样，货物通道也是由一组扫描器组成。全方位扫描器能够从所有的方向上识读条码，上下、前后和左右。这些扫描器可以识读任意方向、任意面上的条码，无论包裹有多大，无论运输机的速度有多快，无论包裹间的距离有多小，所有的扫描器一起运作，决定对条码的识读，然后把一个个信息传送到主计算机或控制系统中。

货物扫描通道为进一步采集包裹数据提供了很好的机会。新一代的货物通道能够以很高的速度同时采集包裹上的条码标识符、实际的包裹尺寸和包裹的重量信息，且这个过程不需要人工干预。因为包裹投递服务是按尺寸和重量收费的，这些信息对计算营业额十分重要。现在可以准确高效地获取这些信息，以满足用户的需要。

（5）运动中称量。物流标识技术与其他自动化技术相结合，可以大大提高物流现代化水平。在运动中称量并与条码自动识别相结合，把电子秤放在输送机上可以读到包裹的重量而不需中断运输作业或进行人工处理。

运动中称量使系统能保持很高的通过能力，同时实时提供重量信息，计算净重，检验重量误差，验证重量范围。在高效的物料搬运系统中，运动中称量可以与其他自动化过程，如条码扫描、标签打印及粘贴、包裹分拣、码托盘、库存管理、发运和其他功能集成在一起。就数据采集和信息管理而言，运动中称量系统所提供的数据可用于生产总结、效率报告、质量控制、发运单的生成，以及为 UPS、联邦快递、美国邮政等发运公司制定专用单。

作为自动化物料搬运和数据采集的组成部分，运动中称量系统已广泛应用于制造业、食品加工业及包裹配送和零售配送业中。

10.2.2 全球定位系统

1. 全球定位系统的含义

全球定位系统（Global Positioning System，GPS），是利用多颗通信卫星对地面目标的状况进行精确测定的系统。可以实现运行车辆、船舶及其他运输工具的全程跟踪、监视，并通过相关的数据和输入的其他系统相关数据进行交通管理和运行指挥。

中华人民共和国国家标准《物流术语》（GB/T 18354—2006）将 GPS 定义为："由一组卫星所组成的、24 小时提供高精度的全球范围的定位和导航信息的系统。"

全球定位系统是通过卫星对地面上运行的车辆、船舶等进行测定并精确定位，在车辆、船舶或其他运输工具设备上配置信标装置，就可以接收卫星发射信号，以置于卫星的监测之下，通过接收装置，就可以确认精确的定位位置。

2. GPS 的基本构成

GPS 系统是利用无线电传输特性来定位，它与传统的地面无线导航系统不同，GPS 系统由卫星来发射定时信号、卫星位置等信息，具有发射信号能覆盖全球和高精度定位的优点。系统中所有卫星构成 GPS 系统的空间部分。卫星由地面站（地面监控部分）监测和控制，它监测卫星健康状况和空中定位精度，定时向卫星发送控制指令、轨道参数和时间改正数据。用户装有 GPS 接收机，用来接收卫星发来的信号。GPS 接收机中装有专用芯片，用来根据卫星信号计算出定位数据。用户并不需要给卫星发射任何信号，卫星也不理会用户的存在，所以系统中用户数量没有限制，具有 GPS 接收机的用户就构成系统的用户部分。GPS 系统具体包括三个部分。

（1）空间卫星系统。空间卫星系统由均匀分布在 6 个轨道平面上的 24 颗（其中 21 颗为工作卫星，3 颗为备用卫星）（见图 10-4 和图 10-5）高轨道卫星构成，轨道平均高度20 200 公里，每颗卫星都配备有精度极高的原子钟（30 万年的误差仅为 1 秒）、微型计算机、电文存储和信号发射设备，均由太阳能电池提供电源。各轨道平面相对于赤道平面的倾角度为 55°，轨道平面间距 60°，在每一轨道平面内，各卫星的间隔为 90°。GPS 空间卫星的这种分布方式，可以保证在地球上的任何地点都能连续同步地观测到至少 4 颗卫星，从而提供全球范围从地面到20 200 公里高空之间任一载体高精度的三维位置、三维速度和系统时间信息。如果某一工作卫星出现故障，备用卫星可随时根据地面控制站的命令飞往指定地点进入工作状态。

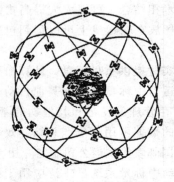

图 10-4　GPS 卫星系统

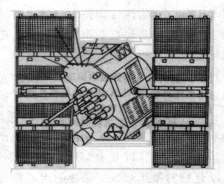

图 10-5　GPS 卫星

（2）地面监控系统。地面监控系统由均匀分布在美国本土和三大洋的美军基地上的 5 个监测站、1 个主控站和 3 个数据注入站构成。地面控制系统的任务是保证整个系统的正常运转，包括管理和调整整个系统的工作状态，采集各类观测数据，计算卫星星历、卫星钟的钟差和漂移，更新各项改正数和定位信息，组成电文注入卫星存储器，以一组原子钟为基础，建立和维护一个高精度的 GPS 时间系统。

主控站是整个 GPS 系统的核心，它拥有大型电子计算机，作为数据采集、计算、传输、诊断、编辑等功能的主体设备。它能够实现下列功能。

① 采集数据。主控站采集各个监测站所测得的各类数据、气象要素、卫星时钟和工作状态数据，监测站自身的状态数据，以及美海军水面兵器中心发来的参考星历。

② 编辑导航电文。根据采集到的全部数据计算出每颗卫星的星历、时钟改正数、状态数据以及大气改正数，并按一定格式编辑为导航电文，传送到注入站。

③ 诊断功能。对整个地面支持系统的协调工作进行诊断；对卫星的健康状况进行诊断，并加以编码，向用户发布指示。

④ 调整卫星。根据所测的卫星轨道参数，及时将卫星调整到预定轨道，使其发挥正常作用。而且还可以进行卫星调度，用备份卫星取代失效的工作卫星。主控站将编辑的卫星电文传送到位于三大洋的三个注入站，而注入站定时地将有关信息注入各个卫星，然后由 GPS 卫星发送给广大用户，这就是所用的广播星历。

监测站负责对诸卫星进行连续跟踪和监视，测量每颗卫星的位置和距离差，采集气象数据，并将观测数据传送给主控站进行处理，5 个监测站均为无人值守的数据采集中心。监测站受主控站的控制，定时将观测数据送往主控站。

（3）用户接收系统。这一部分包括用户组织系统和根据要求安装的相应设备，其主要设备是 GPS 接收机。GPS 接收机是一种特制的无线电接收机，用来接收导航卫星发射的信号，并以此计算出定位数据。根据不同性质的用户和要求的功能，要配置不同的 GPS 接收机，其结构、尺寸、形状和价格也大相径庭。例如，航海和航空用的接收机，要具有与存有导航图等资料的存储卡相接的能力；测地用的接收机要求具有很高的精度，并能快速采集数据；军事上用的，要附加密码模块，并要求能高精度定位。根据不同的需要，用户设备可分机载、舰载、车载、弹载、背负式及袖珍式等不同类型。除弹载之外，一般都需装有显示器进行人机对话。

GPS 接收机种类虽然很多，但它的结构基本一致，分为天线单元和接收单元两部分。

天线单元由接收天线和前置放大器组成。常用的天线形式有定向天线、偶极子天线、微带天线、线螺旋天线、圆螺旋天线等。前置放大器直接影响接收信号的信噪比，要求噪声系数小、增益高和动态范围大，一般都采用 FET 放大器。

接收单元包括信号通道、存储、计算与显示控制及电源等部件。信号通道的主要功能是接收来自天线的信号，经过变频、放大、滤波等一系列处理，实现对 GPS 信号的跟踪、锁定、解调，检出导航有关信息。根据需要，可设计成 1～12 个通道，以接收多个卫星信号。其他几个部件的作用主要是根据收到的卫星星历、伪距观测数据，计算出三维坐标和速度；进行人机对话，输入各种指令，控制屏幕显示等。

如果说太空卫星系统和地面控制系统均由美国一手操办的话，那么用户系统便由各国的用户自行设计和实施了。只要你持有的 GPS 接收设备有能力对 GPS 卫星发来的信息码进行解码，从中获悉卫星坐标及时间，并与自身时钟进行对比及处理有关数据，即可实现 GPS 的各种用途。

3. GPS 的主要特点

从应用角度看 GPS 的特点可归纳如下。

（1）高精度定位。GPS 的定位精度很高，其精度由许多因素决定。用 C/A 码作差分定位时一般的精度为 5 米，采用动态差分定位的精度小于 10 厘米，静态差分定位精度达到 1‰。GPS 的测速精度为 0.1 米/秒。

（2）全球范围覆盖。GPS 可以在任何时间、任何地点、连续地覆盖全球范围，这大大提高了 GPS 的使用价值。

（3）具有被动式、全天候的导航定位能力。GPS 被动式、全天候的导航定位方式隐蔽性好，不会暴露用户位置，用户数也不受限制，接收机可以在各种气候条件下工作，系统的机动性强。

（4）功能多，应用广。随着人们对 GPS 认识的加深，GPS 不仅在测量、导航、测速、测时等方面得到更广泛的应用，而且应用领域还将不断扩大。例如，汽车自定位、跟踪调度、陆地救援、内河及远洋船队最佳航程和安全航线的实时调度等。

4. GPS 在运输配送管理中的应用

（1）车辆导航。GPS 应用于公路车辆导航将成为未来 GPS 应用的主要领域之一。在实际应用中，车辆导航系统具有以下功能。

① 查询功能。车辆导航系统能提供配送中心、停车场、主要旅游景点、宾馆等数据库，以供用户查询，并可在电子地图上显示其位置。查询资料可以语音和图像的形式显示。

② 车辆位置跟踪功能。车辆导航系统可以跟踪移动目标，并使目标始终保持在屏幕上。电子地图可以显示车辆的实际位置。电子地图可任意缩小、放大、还原及换图等。

③ 行车路线设计功能。车辆行车路线设计可以分为人工设计和自动设计两种。人工设计路线，就是根据驾驶员要到达的目的地，自行设计行驶路线的起点、终点和途经点等，自动建立路线库。所谓自动设计路线，即驾驶员确定路线的起点、终点和途经点，由软件自动按最短行驶路线设计行车路线，自动建立路线库。我国已于 1998 年制定了利用 GPS 作为公路路线测量的规范。

按设计的行车路线导航，在电子地图上显示所设计的路线，同时显示汽车运行方向与运行路径。汽车运行路线可以记录保存，以便事后回放。在运行路线导航中，同时显示车辆所在位置的纬度和经度，以及到达下一站剩余距离。

（2）用于内河及远洋船队最佳航程和安全航线的测定，航向的实时调度、监测及水上救援。在我国，GPS 最先使用于远洋运输的船舶导航。我国的三峡工程也已利用 GPS 来改善航运条件，提高航运能力。

（3）用于空中交通管理、精密进场着陆、航路导航和监视。国际民航组织提出，在 21 世纪将用未来导航系统取代现行航行系统，它是一个以卫星技术为基础的航空通信系统，它利用全球导航卫星系统（GNSS）实现飞机航路、终端和进场导航。

（4）用于铁路运输管理。我国铁路开发基于 GPS 的计算机管理系统，可以通过 GPS 和计算机网络实时收集全路列车、机车、车辆、集装箱及所运货物的动态信息，可实现列车、货物追踪管理。只要知道货车的车种、车型、车号，就可以立即从铁路网上流动着的几十万辆货车中找到该货车，还能得知这辆货车现在何处运行或停在何处，大大提高其路网及其运营的透明度，为货主提供更高质量的服务。

（5）用于安全、运营、调度管理。利用 GPS 系统还可实现运营过程中的整体系统化管理。GPS 系统可以使运营管理部门、安全保卫部门及时掌握运载工具的运行状况，便于对运载工具进行适时指挥或调度，同时为驾驶人员提供交通、公安和服务等信息。运营管理系统一般是由 GPS、GIS、多媒体、遥测遥控集成为一体而形成的一种新型运营管理系统。

10.2.3　地理信息系统

1. 地理信息系统的含义

地理信息系统（Geographical Information System，GIS）是指用于获取、处理、分析、访问、表示和在不同用户、不同系统和不同地点之间传输数字化空间信息的系统。它作为计算机信息系统的一类，属于计算机软件的范畴。GIS 的基本特征是以计算机为运行平台，空间数据参与运算，为各类应用目的服务。因此，GIS 可以用来作为一个以空间信息为主线，将其他各种与空间位置有关的信息结合在一起，为社会和经济领域的实际应用服务的集成框架。由于世界上大多数信息都与其产生、代表、包含的地点（地理位置）有关，地理信息系统的用途十分广泛，不仅涉及国民经济的许多领域，如交通运输、能源、农林、水利、测绘、地矿、环境、航空、田地资源综合利用等，而且与国际安全密切相关。

中华人民共和国国家标准《物流术语》（GB/T 18354—2006）将地理信息系统定义为："由计算机软硬件环境、地理空间数据、系统维护和使用人员四部分组成的空间信息系统，可对整个或部分地球表层（包括大气层）空间中有关地理分布数据进行采集、储存、管理、运算、分析显示和描述。"

2. 地理信息系统的作用

从理论上讲，利用地理信息系统具有以下几方面的作用。

① 确定位置，即在某个地方有什么。位置可以是地名、邮政编码或地理坐标等。

② 输入条件查询，即符合某些条件的实体在哪里。

③ 预测趋势，即预测在某个地方发生的某个事件及其随时间的变化过程。

④ 模式分析，即通过某个地方的空间实体的分布模式分析，揭示地理实体之间的空间关系。

⑤ 模拟，即某个地方如果具备某种条件后，会发生什么事件。

3. 地理信息系统的应用

地理信息系统，根据应用领域不同，又有各种不同的应用系统，例如，土地信息系统、城市信息系统、交通信息系统、环境信息系统、仓库规划信息系统等，它们的共同点是用计算机处理与空间相关的信息。

地理信息系统的主要应用领域有以下几个方面。

（1）电子地图。借助于计算机和数据库应用，电子地图可以比一般地图有几百、几千倍的信息容量，通过电子地图可以提供一种新的按地理位置进行搜索的方法，以此获取相关的社会、经济、文化、环境等各方面的信息。

（2）辅助规划。地理信息系统可以辅助物流活动中的仓库、站场、配送中心等基础设施的规划。它可以用地理坐标、图标方式，直观地反映这些基础设施的基本情况和布局情况，以进一步分析布局是否合理，从而对社会经济发展规划起到支持作用。

（3）运输交通管理。与全球卫星定位系统（GPS）相结合，可以及时反映车辆、船舶等交通工具的运行情况、交通路段情况、交通设施利用及运行情况等，从而有效地支持交通运输管理。

（4）军事应用。地理信息系统对于军事后勤仓库的分布、库存物资的分布、仓库物资的调用、储备的分布规划等领域的决策，都有提供信息、进行分析和辅助决策的作用。

以地理信息系统在铁路运输中的应用为例，铁路运输中的地理信息系统便于销售、市场、服务和管理人员查看客运站、货运站、货运代办点之间的相对地理位置、运输专用线和铁路干线之间的相对位置，并用不同颜色和填充模式来区分各种表达信息，使用户看到销售区域、影响范围、最大客户、主要竞争对手、人口状况及分布、工农业统计等，由此可找出增加运输收入的潜在地区，从而扩大延伸服务。通过这种可视方式，更好地制定市场营销和服务策略，有效地进行资源分配和运输配送。同时地理信息系统也是货物跟踪技术的关键支撑技术。

10.2.4 智能运输系统

1. 智能运输系统的含义

智能运输系统（Intelligent Transportation System，ITS）是各发达国家竞相研究的交通领域前沿科学之一。它是指利用先进的信息通信技术，形成"人——车——路"三位一体的信息管理系统，从而大大提高道路交通的安全性、运输效率、行车的舒适性及有利于环境保护的道路交通系统。

中华人民共和国国家标准《物流术语》（GB/T 18354—2006）将智能运输系统定义为："综合利用信息技术、数据通信传输技术、电子控制技术及计算机处理技术对传统的运输系统进行改造而形成的新型运输系统。"

ITS"智能"的特点体现在信息技术的四个方面，如智能感测技术、智能通信网、智能信息处理、智能控制等。每个方面的智能则集中表现为整个系统的智能化，此处的"智能"不只是指具有学习、推理的能力，还指在特定的环境和适当的条件下，快速有效地获取信息，准确地传输信息，高效地处理信息并成功地利用信息以达到目的的能力。在系统组成意义下，"智能"的特点体现在每一组成部分中，即车内系统、路边系统、信息管理中心、需求管理系统、交通管理控制系统都是智能化的系统，而且它们之间可以自动进行信息交换。

2. 智能运输系统的作用

交通系统的智能化作用主要表现为以下几个方面。

（1）车辆在道路上可以安全自由地行驶，在陌生地方不致迷失方向。

（2）道路的交通运输流可以调整至最佳状态，从而缩短行车时间，减少阻塞，提高其通行能力，有助于整个社会运输效率的提高。

（3）交通管理控制中心可以对道路和车辆的状态进行实时监控，及时处理事故，保障道路畅通。

（4）智能运输系统可以为用户提供高质量、高水平的服务，从而促进能源消耗的减少，有利于节能减排，促进环保和可持续发展。

3. 智能运输系统的应用

用经济学的观点解释：道路交通问题属于公共物品和私人物品联合消费问题，要从根本上解决交通拥挤和阻塞，单靠扩大基建投资、多建桥、多修路这样原始的发展模式是很不现实的，甚至是不可能解决的。必须从大系统的观点出发，以先进的信息技术与设备为基础，结合强有力的交通管理法规，利用经济调节的杠杆，使路桥资源、出行车辆与道路使用人三者有机地综合成一个整体，使时间和空间两种资源均得到充分利用和分配，科学地解决飞速发展的交通运输问题。ITS 作为一种要领是由此萌发的，作为一种智能技术 ITS 在以下领域得到有效的应用并形成完整交通管理系统。

（1）交通管理系统（Advance Transportation Management System，ATMS）。即交通控制指挥中心，该系统包括了城市道路信号实时控制、高速公路交通监控、交通事故自理、交通疏导等公路交通管理的各种功能，以及用来研究和评价交通控制系统运行功能与效果的三维交通模拟系统。管理系统能实时、准确、全面地掌握公路网的交通运行情况，进行及时高效的事故处理。

（2）驾驶员信息系统（Advanced Driver Information System，ADIS）。ITS 系统向用户提供道路通行情况及天气情况等有关交通信息，提供电子地图及 GPS 服务，帮助出行者选择最佳路线、合理安排行程，提供行车限速显示信息，提示方位及道路诱导信息，使汽车绕开交通特别拥挤的区域或发生交通事故的区域。

向出行者提供气候、道路等行车环境信息；在能见度低或急转弯处向驾驶员发出警告；提供汽车半自动或全自动驾驶功能，这是电子导航系统所具备的功能。

（3）公共交通系统（Advanced Public Transportation System，APTS）。公共交通系统是面向公共交通使用者的交通信息系统，通过安装在公共服务区的信息查询装置、车辆自动定位设备或电子信息牌提供实时信息，包括公共交通拥挤程度、公交车辆到站时空信息、换乘信息及停车状况等。

（4）营运车辆调度管理系统（Commercial Vehicle Operation Management，CVOM）。建立客货运输调度和管理中心，通过计算机和通信设备对所属车辆进行调度，对线路上的车辆实行监控，还设有旅客自动问询系统及计算机售票系统。还包括运输场站利用电子数据交换（EDI）及车辆自动定位技术掌握客流、物流的配载、流向及换乘等实时信息，使客货运输流向合理，减少空载，充分提高运输效率。

（5）车辆控制管理系统（Advanced Vehicle Control System，AVCS）。该系统中建立一整套传感器、信号灯及信息显示系统，根据交通干线结构，操作程序，安全法规等，从而形成对事件的反应知识库，为系统操作员对发生某特定事件时，作出反应的控制策略与建议，提供十分便捷明晰的人机界面，用最简单的操作完成对事件的正确有效的反应。

（6）电子收费系统（Electronic Toll Collection，ETC）。电子收费系统在 ITS 中具有特殊的地位，特别是高速公路及桥梁（包括贯穿城市的大型桥梁）收费系统更显示出其重要性。常规的人工收费加计算机管理模式使停车收费时间较长，账目管理有漏洞，所以对全自动、不停车的收费系统的需求自然就提到了议事日程上。建立这样的系统能大大提高车辆通行能力。

10.2.5 射频识别技术介绍

1. 射频识别技术的含义

射频识别（Radio Frequency Identification，RFID）技术，是 20 世纪 90 年代兴起的一项自动识别技术，在我国流通领域和物流业中尚属实验性应用，在技术领域，国内正处于研发阶段。国际上沃尔玛首倡 RFID 技术在流通领域和物流过程中应用，掀起 RFID 技术的普及浪潮。本节以我国科技部等十五部委于 2006 年 6 月联合发布的《中国射频识别（RFID）技术政策白皮书》为基础，对射频识别（RFID）技术及国外发展状况作简要介绍。

射频识别技术，是一种利用射频通信实现的非接触式自动识别技术（通称 RFID 技术）。RFID 标签具有体积小、容量大、寿命长、可重复使用等特点，可支持快速读写、非可视识别、移动识别、多目标识别、定位及长期跟踪管理。RFID 技术与互联网、通信等技术相结合，可实现全球范围内物品跟踪与信息共享。RFID 技术应用于物流、制造、公共信息服务等行业，可大幅提高管理与运作效率，降低成本。

中华人民共和国国家标准《物流术语》（GB/T 18354—2006）将射频识别 RFID 定义为："通过射频信号识别目标对象并获取相关数字信息的一种非接触式的自动识别技术。"

随着相关技术的不断完善和成熟，RFID 产业将成为一个新兴的高技术产业群，成为国民经济新的增长点。因此，研究 RFID 技术，发展 RFID 产业对提升社会信息化水平、促进经济可持续发展、提高人民生活质量、增强公共安全与国防安全等方面产生深远影响，具有战略性的重大意义。

20 世纪 90 年代以来，RFID 技术得到了快速的发展。经济发达国家和地区已经将其应用于很多领域，并积极推动相关技术与应用标准的国际化。近年来，我国已初步开展了 RFID 相关技术的研发及产业化工作，并在部分领域开始应用，但相对基础薄弱，缺乏核心技术，应用分散，不具备规模优势。

发展 RFID 技术与应用是一项复杂的系统工程，涉及众多行业和政府部门，影响社会、经济、生活的诸多方面，需要在广泛开展国际交流与合作的基础上实现自主创新，需要政府、企业、研发机构间的统筹规划、大力协同，最大限度地实现资源合理配置和优势互补。为此科技部会同国家发展改革委员会、商务部、信息产业部、交通部、海关总署、铁道部、公安部、教育部、建设部、农业部、国家质量监督检验检疫总局、国家标准化管理委员会、国家邮政局、国家食品药品监督管理局及中国标准化协会、中国物流与采购联合会等共同组织各部门的专家编写了《中国射频识别（RFID）技术政策白皮书》。白皮书本着科学性、前瞻性和指导性原则，为中国 RFID 技术与产业未来几年的发展提供系统性指南。

2. RFID 技术的发展现状

RFID 技术最早的应用可追溯到第二次世界大战中飞机的敌我目标识别，但是由于技术和成本原因，一直没有得到广泛应用。近年来，随着大规模集成电路、网络通信、信息安全等技术的发展，RFID 技术进入商业化应用阶段。由于具有高速移动物体识别、多目标识别和非接触识别等特点，RFID 技术显示出巨大的发展潜力与应用空间，被认为是 21 世纪最有发展前途的信息技术之一。

RFID 技术涉及信息、制造、材料等诸多高技术领域，涵盖无线通信、芯片设计与制造、天线设计与制造、标签封装、系统集成、信息安全等技术。一些国家和国际跨国公司都在加速推动 RFID 技术的研发和应用进程。在过去 10 年间，共产生数千项关于 RFID 技术的专利，主要集中在美国、欧洲、日本等国家和地区。

按照能量供给方式的不同，RFID 标签分为有源、无源和半有源三种；按照工作频率的不同，RFID 标签分为低频（LF）、高频（HF）、超高频（UHF）和微波频段（MW）的标签。

目前国际上 RFID 应用以 LF 和 HF 标签产品为主；UHF 标签开始规模生产，由于其具有可远距离识别和低成本的优势，有望在未来成为主流；MW 标签在部分国家已经得到应用。我国已掌握 HF 芯片的设计技术，并且成功地实现了产业化，同时 UHF 芯片也已经完成开发。

目前 RFID 标签天线制造以蚀刻/冲压天线为主，其材料一般为铝或者铜，随着新型导电油墨的开发，印刷天线的优势越来越突出。RFID 标签封装以低温倒装键合工艺为主，也出现了流体自装配、振动装配等新的标签封装工艺。

RFID 读写器产品类型较多，部分先进产品可以实现多协议兼容。我国已经推出了系列 RFID 读写器产品，小功率读写模块已达到国外同类水平，大功率读写模块和读写器片上系统的研发已有重大进展。

在应用系统集成和数据管理平台等方面，某些国际组织提出基于 RFID 的应用体系架构，各大软件厂商也在其产品中提供了支持 RFID 的服务及解决方案，相关的测试和应用推广工作正在进行中。我国在 RFID 应用架构、公共服务体系、中间件、系统集成及信息融合和测试工作等方面取得了初步成果，建立国家 RFID 测试中心已经被列入科技发展规划。

3. RFID 技术标准现状

RFID 标准体系主要由空中接口规范、物理特性、读写器协议、编码体系、测试规范、应用规范、数据管理、信息安全等标准组成。目前国际上制定 RFID 标准的主要组织是国际标准化组织（ISO/IEC 国际电工委员会），ISO/IEC JTC1（国际标准组织/国际电工委员会/第一联合技术委员会）负责制定与 RFID 技术相关的国际标准，ISO 其他有关技术委员会也制定部分与 RFID 应用有关的标准，还有一些相关的组织也开展了 RFID 标准化工作。值得注意的是，相关标准之间缺乏达成一致的基础，国际标准化组织正在积极推动 RFID 应用层面上的互联互通。

我国在 RFID 技术与应用的标准化研究工作上已有一定基础，目前已经从多个方面开展了相关标准的研究制定工作。制定了《集成电路卡模块技术规范》、《建设事业 IC 卡应用技术》等应用标准，并且得到了广泛应用。在频率规划方面，已经做了大量的试验；在技术标准方面，依据 ISO/IEC15693 系列标准已经基本完成国家标准的起草工作，参照 ISO/IEC18000 系列标准制定国家标准的工作已列入国家标准制订计划。此外，我国 RFID 标准体系框架的研究工作也已基本完成。

4. RFID 技术的应用

根据 RFID 未来的发展，其应用主要表现在以下四个方面。

（1）EAS 系统（Electronic Article Surveillance）。EAS 是一种设置在需要控制货物出入的通道口的 RFID 技术。在应用 EAS 技术时，首先在货物上黏附 EAS 标签，当货物被合法移出通道口时，在货物管理中心通过一定的装置使 EAS 标签失活，货物就可以取走。货物经过装有 EAS 系统的通道口时，EAS 装置能自动检测标签的活动性，发现活动性标签时，EAS 系统会自动发出警告。EAS 系统的应用可以有效防止货物的非法流动。

（2）便携式数据采集系统。这是使用带有 RFID 阅读器的手持式数据采集终端，采集 RFID 标签上的数据。这种系统具有比较大的灵活性，适用于不适宜安装固定式 RFID 系统的应用环境。手持式阅读器（数据输入终端）可以在读取数据的同时，通过无线通信方式适时地向主计算机系统传输数据，也可以暂时将数据存储在阅读器中，向主计算机系统批量传输相关数据。

（3）固定网络系统。在固定网络中，固定布置的 RFID 阅读器分散布置在特定的区域内，并且阅读器直接与数据管理信息系统相连，信号发射机是移动的，一般安装在移动的物体上或人员身上。当物体和人员经过阅读器时，阅读器会自动扫描标签上的信息，并把数据信息输入数据管理信息系统进行分析、处理。

（4）定位系统。这是用于制造业物流中货品及原材料的定位，以及对车辆、轮船等进行运行定位支持的 RFID 系统。阅读器放置在移动的车辆、轮船上或者自动化流水线中移动的物料、半成品、成品上，信号发射机嵌入到操作环境的地表下面。信号发射机上存储有位置识别信息，阅读器一般通过无线或有线的方式连接到主信息管理系统。

上述是从 RFID 技术的发展上介绍其未来的应用，就当今而言，RFID 技术已经有了多年的商业应用，其应用领域也越来越多。比如，带有可读和可写并能防范非授权访问的存储器的智能芯片已经可以在很多集装箱、货盘、产品包装、智能识别 ID 卡、书本或 DVD 中看到。

RFID 技术在物流运输领域的应用也有了很大的发展，在这个领域中用 RFID 收发器进行包括各种各样的可移动货物或产品的记录和跟踪。快速的识别对于企业的物流程序、大型仓库或货物的运输都很重要。例如，汽车座椅必须在正确时间按色彩排序（Color Ordered）进入到装配线；智能标签将自动地检测正确的药物容器，使之从存储地搬运到生产地；供应超市的新鲜货物要求很复杂的运输发送网络，这个网络在运行中不允许出现差错。

在我国已经将 RFID 技术应用于铁路车号识别、身份证和票证管理、动物标识、特种设备与危险品管理、公共交通及生产过程管理等多个领域。

10.3　运输信息管理系统

现代运输的发展离不开电子信息技术的支持，而今 30 多年来的改革开放，使我国已经具备了发展现代运输的物质基础和技术手段。建立与物流运输发展相适应的运输信息系统；对运输信息进行科学的网络化管理，逐步形成和完善使客户满意的能够支持物流运输合理化的现代运输信息管理系统，是经济发展的必然。当前，物流运输信息管理系统的建设主要包括如下几种。

10.3.1　物流运输信息系统

现代运输技术不断发展、革新，使大量、高速运输成为可能，传统上，提出的迅速、准确、安全、经济的运输原则，在现代技术条件下得以实现。随之，对提高运输质量、降低运输成本的要求，也逐渐严格起来。准确掌握运输活动中发生的大量信息，满足客户多方面要求，实现客户满意等，成为现代运输的要求。

因此，将各种运输方式、设施与货物运输、保管等通过信息进行有效地衔接，是实现高质量运输服务的基础。此外，从运输的性质来说，运输与社会其他产业有着广泛的联系，为进行高效率的运输活动，也必须具备随时与客户进行信息交换的能力。建设物流运输信息系统，开发高质量的物流运输管理系统与运输技术革新、设施合理配备等，对实现物流运输管理信息化来说，是不可缺少的必要条件。

当今，与物流运输相关的信息系统，按不同业务类型划分，主要应包括以下几个部分。

（1）运行（航行）管理。以安全、高效地组织各种运输工具的运行（航行）为目的。

（2）设施、资料管理。管理为运输服务所提供的车辆、集装箱、终端等设施、资材。

（3）营业、销售管理。集装箱的预约和货物的跟踪管理等信息服务。

上述具体的信息系统应用的例子，归纳起来，如表 10-2 所示。

表 10-2　运输业信息系统应用

区　　分	信息系统应用	
航运管理	航运控制	控制国内主要铁路干线，铁路调车场的自动化，公路交通管理，自动化仓库、船舶动态管理，航空管理制装卸自动化等
	运输力调整	要车要货、编制配送计划
设施、资材管理	设施管理	库内管理、港湾管理、集装箱货场管理 机场货物终端管理等
	资材、器材管理	车辆管理、集装箱动态管理 资材、器材库存管理等
营业、销售管理	预约系统	铁路区间快车信息系统铁路集装箱信息系统等
	销售管理	卡车运输情报、货物追踪管理 存货场库存配送 提供物流信息

如果从系统功能的角度看，可分为以下三类。

建立全国性、区域性或行业性的物流运输信息系统是物流运输发展的基本方向。这类系统至少包括以下几个部分。

（1）管理系统。管理、控制陆、海、空交通运输的信息系统，是为完成运输活动所必需的经营管理（运行设施管理）信息系统和提供运输服务所必需的信息系统。

（2）计划系统。是制订相关类型经营计划和支持所确定的目标的情报信息系统。

（3）数据库。是对计划系统提供必要基础数据支持的情报信息系统，这些数据主要是由管理系统提供的。

10.3.2　货物跟踪系统

货物跟踪系统是指物流运输企业利用物流条码和 EDI 技术及时获取有关货物运输状态的

信息（如货物品种、数量、货物在途情况、交货期间、发货地和到达地、货物的货主、送货责任车辆和人员等），提高物流运输服务的技术方法。具体说就是物流运输企业的工作人员在向货主取货时、在物流中心重新集装运输时、在向客户配送交货时，利用扫描仪自动读取货物包装或者货物发票上的物流条码等货物信息，再经过公共通信线路、专用通信线路或卫星通信线路等，把货物的信息传送到总部的计算机网络中心进行汇总、分类、整理，这样所有被发运的货物信息都集中在中心计算机的数据库中。货物跟踪系统可以提高物流运输企业的作业服务水平，其具体作用表现在以下四个方面。

（1）当客户需要对货物的状态进行查询时，只要输入货物的发票号码，马上就可以知道有关货物状态（如在途、库存等）的信息。查询作业简便迅速，信息及时准确。

（2）通过查询货物信息可以确认货物是否能在规定的时间内送到客户手中，能即时发现没有在规定的时间内把货物交付给客户的情况，便于马上查明原因并及时改正，从而提高运送货物的准确性和及时性，提高客户服务水平。

（3）作为获得企业竞争优势的手段，提高物流运输效率，提供差别化、优质化物流服务。

（4）通过货物跟踪系统所得到的有关货物运送状态的信息，可以丰富供应链整个流程的信息分享，有关货物运送状态信息分享有利于客户预先做好接货及后续工作的准备。

建立货物跟踪系统需要较大的投资，如购买设备、标准化工作、系统运行费用等。因此只有有实力的大型物流运输企业才能够应用货物跟踪系统。但是随着信息产品和通信费用的低价格化及互联网的逐步普及，许多中小型物流运输企业也开始应用货物跟踪系统。在信息技术广泛普及的美国，物流运输企业大多建立本企业的网页，客户能通过互联网与物流运输企业联系运货业务和查询运送货物的信息。在我国，许多物流运输企业也已开始建立本企业的网页，并通过互联网从事物流运输业务。

10.3.3　运输信息交流网络

物流运输企业中的绝大多数是中小企业，而这些企业大多是以当地运输业务为主，属于地方企业。当运送范围超过了它通常的营业区域，在运送货物到达目的地之后回程时，往往找不到需要发往本地区的货物而空车返回。"回空现象"对运输企业来说，会增加成本，减少利润，对社会来说，则会造成运力和人力资源的浪费。而当运输业务集中出现时，又往往会超出（中小）企业的运输能力，这时它需要其他企业的支援，否则会由于难以及时送达，而降低客户服务水平，造成机会损失，因此需要把零散的中小型物流运输企业组织起来，建立一个能向社会或企业提供和交流求车、求货的信息交流系统。

下面以日本为例，来看如何建立中小型物流运输企业的信息交流网络。

以全日本卡车协会和日本货物运送协会，共同组成协同组合，以协同组合为中心建立了一个以确保回程货物为目的的求车和求货信息交换和撮合系统。该系统称之为全国网络 KIT。在日本全国各地，由各地货物运输企业建立了具有同样功能的系统，这些地区性的系统称之为区域 KIT。

全国网络 KIT 由于利用日本电话电报公司（NTT）提供的 NTTPC 交流电子显示板和通信网络，中小企业和个人的计算机都能方便地与之连接，实现了方便与低成本。中小企业或者个人向个人计算机输入求车或求货信息，通过互联网传送到全国网络 KIT，同时能通过互联网检索个人登记的求车和求货信息，寻找撮合机会，并且可以用电子邮件或电话传真进行通信。到 20 世纪末，已有 150 个协同组合、1 500 个物流运输企业加入全国网络 KIT，每月求车、求货的信息登记数目都在 2 500 件以上。日本的这一做法很值得我国物流运输行业有关部门和中小型物流运输企业借鉴。

10.3.4 通关信息管理系统

通关信息管理系统就是在货物进出一国关境时，进行的一站式服务，它包括商检、报关、关税等全部或大多数通关手续，这些手续可在计算机网络信息系统下，实现连续、快速、准确的通关作业，提高通关速度和客户服务水平。

国际贸易的发展促进了国际物流和国际运输的快速发展。在国际物流与国际运输过程中，通关活动是一个重要环节。仅就与物流运输相关的部分而言，提高通关速度是加快运输的重要一环，它对提高国际物流和运输效率有重要影响。可以说，商品的通关过程就是多种信息收集和处理的过程，由于通关过程涉及货物品种分类、商品价格、关税税率等许多信息资料，同时通关活动与货主、物流服务企业、银行保险企业、商品商检部门、报关部门、保税仓库等多个部门有密切的联系，因此建立一个综合、高效、准确的通关信息管理系统（Customs Intelligent Database System，CIDS）是现代国际贸易和国际物流发展的必然。

综合通关信息管理系统是通过在线连接，把运输企业（如海运企业、空运企业）、物流服务企业、货物装卸企业、保税仓库、通关代理企业、银行、保险、关税收缴部门等连接在一起构成的网络。

通过综合通关信息管理系统，货主可在系统网络终端完成关税申报手续，同时也能询问和检查关税申报进度和货物保管情况，并交纳关税和支付运输装卸、保管费用等。税务部门利用综合通关信息管理系统受理报关，自动计算申报商品价格、适用税率、外汇汇率，确定纳税税款，通知纳税时间，同时进行报关审查。建立综合通关信息管理系统可以缩短通关时间，提高通关效率。

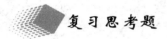 复习思考题

一、基本概念
物流信息系统 条码 复合码 全球卫星定位系统（GPS） 地理信息系统（GIS） 智能运输系统（ITS） 射频识别（RFID）

二、选择题
1. 随着 Internet 席卷全球，以 Web 技术为基础的信息系统模式是（ ）。
A. 主机终端模式　　　　　　　B. 文件服务器模式
C. 浏览器-服务器模式　　　　　D. 客户机-服务器模式
2. 当企业有一定的信息技术人员，但对信息系统开发规律不太了解时，可以选择的信息系统开发方式是（ ）。
A. 独立开发方式　　　　　　　B. 委托开发方式
C. 联合开发方式　　　　　　　D. 购买现成软件方式
3. 我国的商品条码由 13 位数字组成，其中，国家或地区代码由（ ）位数字组成，生产厂家代码由（ ）位数字组成，商品品种代码由（ ）位数字组成，检验代码由 1 位数字

组成。

A.2 5 5　　　　B.2 6 4　　　　C.3 5 4　　　　D.3 4 5

4．复合码中的二维条码部分由（　　）构成。

A.EAN 条码　　　B.PDF417 条码　　C.UPC 条码　　　D.128 条码

5．全球卫星定位系统的简称是（　　）。

A.GIS　　　　　B.GNSS　　　　C.ITS　　　　　D.GPS

6．不属于地理信息系统主要应用领域的是（　　　）。

A. 电子地图　　　B. 辅助规划　　　C. 车辆导航　　　D. 运输交通管理

7．根据 RFID 未来的发展，其应用主要表现在以下方面（　　　）。

A. 定位系统　　　B. 车辆导航　　　C. 便携式数据采集系统

D.EAS 系统　　　E. 固定网络系统

8．主控站是整个 GPS 系统的核心，它能够实现下列功能：（　　　）。

A. 发布信息　　　B. 采集数据　　　C. 编辑导航电文

D. 诊断功能　　　E. 调整卫星

三、判断题

1．在应用中 GPS 具有主动式、全天候的导航定位能力。（　　　）

2．RFID 技术，是一种利用射频通信实现的接触式自动识别技术。（　　　）

3．我国的商品条码采用国际标准的条码，其最前面的两个数字为 86，是我国的代码。（　　）

4．地理信息系统是计算机信息系统的一类，属于计算机软件的范畴。（　　　）

5．智能运输系统（ITS）是利用先进的信息通信技术，形成"人——车——路"三位一体的信息管理系统。（　　　）

6．复合码的应用主要集中在标识散装商品（随机称重商品）、蔬菜水果、医疗保健品及非零售的小件物品及商品运输与物流管理中。（　　　）

四、思考题

1．物流运输信息系统具有哪些功能？可以解决哪些实际问题？

2．企业在建设信息系统时可以选择哪几种模式？各有什么优缺点？

3．举例说明复合码技术的应用将使物流运输领域获得怎样的效益。

4．结合实际说明 GPS 在运输配送管理中的应用。

5．结合我国中小型物流运输企业的实际情况，谈谈如何建立这些企业的信息交流网络。

6．结合我国实际，谈谈建设物流运输信息系统存在哪些困难？如何解决？

7．说明运输配送信息系统的运作步骤。

8．当前物流标识技术的主要应用领域有哪些？

 本章案例

宝洁公司：RFID 技术的引领者

采用 RFID 技术是应用条码系统以来在产品身份识别方面取得的重大进展。20 世纪 90 年

代后期，美国麻省理工学院开始对将 RFID 技术应用于零售供应链进行研究。幸运的是，研究工作得到了许多大公司及美国统一代码委员会 UCC（负责建立条码机制）的资助。宝洁公司是研究工作的发起者之一，它是当今较大的跨国公司之一，年销售额接近 500 亿美元，大约有 10 万名雇员，在全球 160 个国家建立了约 300 个分支机构。

Jeannie Tharrington 女士是宝洁公司负责 RFID 技术研发的多功能团队的成员，她解释了宝洁公司是怎样开始参与 RFID 技术研发的。"我们发现当前的供应链已不能完全满足消费者的需求，于是我们对供应链有了完全不同的看法。将供应链建成所有合作者都能同时接收到信息的真正的网络，会给我们带来许多潜在的好处"。

1. 贴标和识读

2003 年 9 月，在芝加哥，Auto ID Center 制定出一套全球性标准。各技术公司依据此标准制造出商业领域所接受的标签和读取器。

很显然，无论是大公司还是小公司，在探寻 RFID 技术贴标和识读的最佳方式时，都会面对同样复杂的任务。为了研究在供应链的各个关键环节如何在货盘和箱子上贴标和识读，宝洁公司与大型零售商密切合作。首先，在工厂装卸货物的月台门口对标签进行识读，然后在货物进入及离开零售配送中心时对货物标签进行识读。当货物进入商店、搬离储藏室摆上货架时，以及在空箱运送回储藏室时，都要对标签进行识读。人们认识到在零售领域存在这样的情况：产品多次被列入脱销产品目录，但是大量的箱子可能仍被放在储藏室中而难以确定。更糟糕的是，需要花费大量时间来寻找被记录为"储存中"的箱子，而事实上箱子并没在那里。

在箱子、纸巾包装上识读标签比较容易，而在洗发水瓶子和衬有铝箔的洗涤剂包装盒上识读标签比较困难。此外，标签识读的有效性可能与其在箱子上的贴标位置有关，甚至还要考虑到传送带及传输辊的材料特性。

宝洁公司成立了一支 RFID 技术研发团队，其成员来自公司的各个业务部门。他们对现有的 RFID 技术的各组成部分进行了测试，没有与任何标签和读取器的供应商签订长期合同。

2. 成本和收益

Tharrington 女士在谈到成本和收益时这样说："宝洁公司在这一项非常有发展前途的技术上投入了大量的时间和金钱。每个人都希望标签和读取器的成本会随着产量的增加而不断降低。在 RFID 技术应用在货盘和箱子上的扫描成本降至 5 美分，应用在个别产品上的扫描成本降至 1 美分以前，最好仅将此技术应用于高价值产品和有特殊安全要求的产品"。

对参与 RFID 技术研发的生产商们来说，它们关心的是在何处可以降低成本，又在何处能够获取最大利益。宝洁公司用于 B2B 供应链革新的包装与产品身份识别项目的经理 Bud Babcock 先生，认为现在有这样一种状况：如果只有供应链中的一个成员获取了全部利益，而却要由其他成员来承担成本，RFID 技术就不能顺利而有效地应用。

如果货架上的产品脱销，就会导致全年的销售额下降 7%～8%。如果能够证明 RFID 技术确实能保持货架上在任何时候都存有商品，就能使各大零售商增加数十亿美元的收入，而大型制造商也会增加数亿美元的收入。

3. 应用中存在的问题

在以前的关于 EPC 技术和 RFID 技术的文章中，提出了关于消费者隐私的问题。正如人们所料想的那样，宝洁公司将此看做一个非常重要的问题。"我们必须保证消费者的隐私受到保护，我们的全球隐私执行委员会（Global Privacy Executive）在帮助创立一套行业准则方面发挥了作用。这些准则已经被 EPCglobal 采用，所有成员都必须遵守行业准则。准则的两个关键因素是知情权和选择权。我们认为，如果这一技术被使用了，消费者应当被告知并且他们应当拥有要求取下标签的选择权。EPCglobal 正在寻求向消费者提供这一信息的最好方式。" Tharrington 女士说。

4. 光明的前景

EPIC 或 EPC 将会是零售供应链组织方式上的最大创新。如果所有这一切都能实现，顾客在货架上找到自己想要的商品的可能性就会大大增加，就不会因为看到空空的货架而感到沮丧。此外，任何一个要花费很长时间在收款人员不足的付款台前等待付款的顾客，一定会期待在将来的某一天，他们能够推着购物车走出商店，不需要打开和重新包装每一样商品，就能得到一张打印好内装物和价格的购物票据。

问题与思考：

1. 上述案例，可以使你对 RFID 技术的研发与应用有一个初步的了解。这其中也可看到一个值得思考的现象：在国外民用新技术的推广和应用多是企业推动的，而在我国则是由政府推动，这一差异说明了什么？

2. 你对 RFID 技术有多少了解？

第 11 章

运输纠纷及其解决

❖ **学习目标**

掌握：海上货物运输保险条款；保险金额；国内水路、陆路货物运输保险条款；国内航空货物运输保险；多式联运合同；运输纠纷的类型；不同运输承运人的责任期间；承运人的免责事项；托运人的责任；索赔时效和诉讼时效。

了解：国内货物运输保险的种类；一般货物运输合同；争议解决的方法。

在物流运输中，货物从起运地到目的地的整个运输、装卸及存储过程，由于自然灾害、意外事故和其他外来风险的客观存在，可能会遭受损失，为了在货物遭受风险损失后能得到一定的经济补偿，货主就需要办理货运保险。同时，在国际运输领域已经就有关各种运输方式制定了相关法律，这些国际公约和法律是调整国际物流运输活动的规范，运输过程中会发生的纠纷都可以诉诸这些法律规范进行解决。

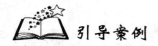 引导案例

保险条款不明确导致纠纷案

G公司以国际贸易术语CIF价格条件引进一套英国产"检测仪器"，因合同金额不大，合同采用简式标准格式，保险条款一项只简单规定"保险由卖方负责"。仪器到货后，G公司发现仪器一部件变形，影响其正常使用。G公司向外商反映，并要求索赔，外商答复仪器出厂时经严格检验，有质量合格证书，非他们的责任。后经商检局检验认定：问题是由于运输途中部件受到震动、挤压造成的。G公司于是向保险代理索赔，保险公司认为此情况属"碰损、破碎险"承保范围，但G公司提供的保单上只保了"协会货物条款（C）"，没保"碰损、破碎险"，所以无法索赔偿付。G公司无奈只好重新购买此部件。既浪费了资金，又耽误了使用

时间。

  思考题：1. 分析造成上述问题的原因。

       2. 如何避免上述问题的发生？

11.1　海上货物运输保险

  海上货物运输保险是对海运途中因自然灾害、意外事故或外来原因造成的货物损失，由保险人负责赔偿的保险。它属于财产保险范畴。海上货物运输保险以处于运输中的货物作为承保标的。

  这里的货物具有三个层面的含义：各种可供买卖的商品，除船舶、船上物料燃料、船员私人财产及旅客行李之外的一切有形动产；托运人提供的用来装货物的集装箱、货盘，以及货物的外包装。

11.1.1　海上货物运输保险条款

  中国人民保险公司根据我国实际情况，并参照国际市场上的习惯做法，在 20 世纪 50 年代就制定了自己的海洋运输货物保险条款，现在使用的是 1981 年 1 月 1 日修订的条款。

  我国海洋运输货物保险条款基本上分为责任范围、除外责任、责任起讫、被保险人的义务及索赔期限等几个部分。我国也采用平安险、水渍险、一切险的险别划分，并在此基础上根据需要附加其他险别。

  1. 责任范围

  （1）平安险的责任范围。

  ① 被保险货物在运输途中由于恶劣气候、雷电、海啸、地震、洪水等自然灾害造成整批货物的全部损失或推定全损。

  ② 由于运输工具遭受搁浅、触礁、沉没、互撞、流水或其他物体碰撞及失火、爆炸事故造成货物的全部或部分损失。

  ③ 在运输工具已经发生搁浅、触礁、沉没、焚毁意外事故的情况下，货物在此前后又在海上遭受恶劣气候、雷电、海啸等自然灾害所造成的部分损失。

  ④ 在装卸或转运时由于一件或数件整件货物落海造成的全部或部分损失。

  ⑤ 被保险人对遭受承保责任内危险的货物采取抢救、防止或减少货损的措施而支付的合理费用，但以不超过该批被救货物的保险金额为限。

  ⑥ 运输工具遭遇海难后，在避难港由于卸货所引起的损失及在中途港、避难港由于卸货、存仓及运送货物所产生的特别费用。

  ⑦ 运输契约签订有"船舶互撞责任"条款，根据该条款规定应由货方偿还船方的损失。

  从责任范围可以看出，平安险仅对由于自然灾害所造成的单独海损不赔，而对于因意外事故所造成的单独海损还是要负责的。如果在运输途中运输工具曾发生过搁浅、触礁、沉没、焚毁等意外事故，则不论在事故发生之前或之后，对于自然灾害所造成的单独海损也是负责的。

  （2）水渍险责任范围。除包括上列平安险的各项责任外，本保险还负责被保险货物由于恶劣气候、雷电、海啸、地震、洪水等自然灾害所造成的部分损失。

（3）一切险责任范围。除包括上列平安险和水渍险的各项责任外，本保险还负责被保险货物在运输途中由于外来原因所致的全部或部分损失。实际上，一切险是平安险、水渍险和11种一般附加险（偷窃、提货不着险，淡水雨淋险，短量险，混杂、玷污险，渗漏险，碰损、破碎，串味险，受潮、受热险，钩损险，包装破裂险，锈损险）的总和。但是，一切险并非对运输途中的一切风险都负责，它仅负责那些可能发生的，但不是必然发生的，同时必须是外来原因所引起的损失。

（4）附加险的承保责任。附加险主要承保由于外来原因所致的损失，被保险人只能在投保基本险后根据需要选择一种或几种附加保。外来原因在性质上有一般外来原因与特殊外来原因之分，所以附加险相应地分为一般附加险、特别附加险和特殊附加险三类。

① 一般附加险。目前，我国承保的一般附加险属于货运一切险承保责任范围的11种外来风险。

• 偷窃、提货不着险。在保险有效期内，保险货物被偷走或窃走，以及货物运抵目的地以后，整件未交的损失，由保险公司予以赔偿。

• 淡水雨淋险。货物在运输途中，由于淡水、雨水及雪融所造成的损失，保险公司都负责赔偿。

• 短量险。负责保险货物数量短少和重量的损失。

• 混杂、玷污险。保险货物在运输途中混进了杂质造成的损失。此外，保险货物因为和其他物质接触而被玷污，均由保险人负责赔偿。

• 渗漏险。流质、半流质的液体物质和油类物质，在运输过程中因为容器损坏而引起的渗漏损失，由保险人负责赔偿责任。

• 碰损、破碎险。碰损主要是对金属、木质等货物来说。破碎主要是对易碎物质来说。

• 串味险。保险货物因为受到其他物品的气味影响所造成的串味损失由保险人承担。

• 受潮、受热险。保险货物因受潮、受热而引起的损失均属于保险责任。

• 钩损险。保险货物在装卸过程中因使用手钩、吊钩等工具所造成的损失由保险人负责。

• 包装破裂险。因包装破裂造成货物的短少、玷污等损失。

• 锈损险。负责保险货物在运输过程中因生锈造成的损失。

② 特别附加险责任。

• 进口关税险。负责由于货物受损仍需按完好价值完缴进口关税所造成的损失。

• 舱面险。有些货物由于体积大、有毒性或者有污染性，根据航运习惯必须装载于舱面，为解决这类货物的损失补偿，就可投保附加舱面险。

• 拒收险。承保货物在进口时，由于各种原因，被进口国的有关当局拒绝进口而没收所产生的损失。

• 黄曲霉素险。黄曲霉素是花生中含有的带毒性的菌素。如果花生中含有这一菌素的比例超过进口国家的限制标准，就会被拒绝进口。该险就是承保因此引起的损失，这实际上也是一种专门原因的拒收险。

• 交货不到险。凡被保险货物从装上船起满6个月仍不能运到原定目的地交货，则不论任何原因，保险公司均按全部损失赔付。

• 出口货物到中国香港（包括九龙在内）或中国澳门存仓火险责任扩展条款。主要承保出口到中国香港或中国澳门的货物，自卸离运输工具后，如直接存放在保险单所载明的过户银行所指定的仓库时，可延长保险单对存仓火险的责任。

③ 特殊附加险。

• 战争险。承保战争或类似战争行为等引起保险货物的直接损失。

• 罢工险。承保因罢工者或被迫停工工人，参加罢工潮、暴动和民众斗争的人员，采取行动造成保险货物的损失。对上述各种行为所引起的共同海损牺牲、分摊和救助费用也负责赔偿。

2. 责任免除

本保险对下列损失，不负赔偿责任。

（1）被保险人的故意行为或过失所造成的损失。

（2）属于发货人责任所引起的损失。

（3）在保险责任开始前，被保险货物已存在的品质不良或数量短差所造成的损失。

（4）被保险货物的自然损耗、本质缺陷、特性及市价跌落、运输延迟所引起的损失或费用。

（5）保险公司海洋运输货物战争险条款和货物运输罢工险条款规定的责任范围和除外责任。

3. 责任起讫

责任起讫即"仓至仓条款"。海上货物运输保险的责任起讫实行"仓至仓"条款，它规定了保险人承担责任的空间范围，即规定了保险人承担责任的起讫地点，从保险单载明的起运港（地）发货人的仓库或储存处所运输时开始，直到保险单载明的目的地收货人仓库或储存处所为止。货物进入仓库以后保险责任即行终止。

"仓至仓"条款的具体内容为：保险人对被保险货物所担负的责任自被保险货物运离本保险单所载地点的发货人的仓库或储存处所时开始生效，于正常运输过程中继续有效，但在下面四种情况下，责任即行终止，并以先发生者为准。

（1）货物运至本保险单所载明的目的地收货人最后仓库或储存处所。

（2）货物运至本保险单所载明目的地或中途的任何其他仓库或储存处所，这些仓库或储存处所被保险人用作正常运输过程以外的储存、分配或分派货物的场所。

（3）保险货物自海轮在最终卸货港卸载完毕后算起满 60 天为止。

（4）被保险货物自海轮最终卸载完毕后，在保险失效以前，将货物运往保险单规定以外的其他目的地，则从货物开始运往其他目的地时责任终止。

4. 正常运输与非正常运输

正常运输是指保险货物自保险单载明起运地发货人仓库或其他储存处所首次运输时开始，无论是先装内河船舶或火车，继之以火车，然后再装海轮，只要是属于航程需要都属于正常运输范围。一般来讲，凡是正常的运输工具、正常的延迟和正常的转船均属于正常运输。

非正常运输是指被保险货物在运输中，由于被保险人无法控制的情况，发生运输契约终止，致使保险货物无法运往原定卸载港而在途中被迫卸货、重装或装载，以及由此而发生运输延迟、绕道等。按照国际运输惯例，承运人对于这些原因而使货物遭受损失不负任何责任，而被保险人遭受这种损失是无辜的，因此，保险公司对这种损失可予以负责。但被保险人一经获知这一情况后，应立即通知保险公司，保险公司根据具体情况酌情加收保费后，原保险仍继续有效。

11.1.2　保险金额

1. 价格条件与保险

海上货物运输保险的保险金额按保险价值确定。保险价值通过保险人与被保险人约定确定，一般是保险货物在保险责任开始时按起运地的货物发票价值或者非贸易商品在起运地的实际价值及运输费用和保险费的总和。我国常用于确定保险金额的几种价格条件可分为两类：不带保险费的 FOB 和 CFR；带保险费的 CIF。

以 FOB 价格条件成交的合同，保险应由买方办理。在实务处理中，买方通常是在接到卖方装船通知前事先与保险人签订"预约保险"合同办理投保手续。

以 CFR 价格条件成交的合同，卖方有义务于订妥舱位后，立即将船名、货量、包装、预定开船日期等电告买方办理保险。

以 CIF 价格成交的合同，卖方必须向信誉卓著的保险人投保平安险或水渍险，保险金额应包括 CIF 价另加 10% 的加成。保险范围不包括特定行业或买方所需要的特种险，对盗窃、渗漏、破碎等特定行业的特种险，由买卖双方考虑并约定是否需要加保。卖方不负责投保战争险，如买方要求投保这一险别时，卖方可以代办投保，该保险费由买方负担。

2. 各种价格条件下保险金额的确定

（1）FOB 价格条件下，保险金额的计算公式为：

$$FOB\ 保险金额 = \frac{C（成本）+ F（运费）}{R（保险费率）}$$

（2）CFR 价格加成条件下，保险金额的计算公式为：

$$CFR\ 保险金额 = \frac{C（成本）+ F（运费）}{1-（1+加成率）\times 保险费率}$$

（3）CIF 价格加成条件下，保险金额的计算公式为：

$$CIF\ 保险金额 = \frac{C（成本）+ F（运费）}{1-（1+加成率）\times 保险费率} \times（1+加成率）$$

11.2　国内货物运输保险

国内货物运输保险是以国内运输过程中的货物作为保险标的，当运输中的货物因自然灾害或意外事故而遭受损失时给予经济补偿的一种财产保险。国内货物运输保险是货物运输保险的一种，具有货物运输保险的一般特点。

11.2.1　国内货物运输保险的种类

1. 按运输工具的不同分类

（1）水上货物运输保险。承保利用水上运输工具（如轮船、驳船、机帆船、木船、水泥船）等运输货物的一种保险。

（2）陆上货物运输保险。承保除水上运输工具和飞机以外的其他所有运输工具或手段运输货物的保险，包括机动的、人力的、畜力的运输工具，如火车、汽车等。

（3）航空货物运输保险。承保以飞机作为运输工具运载货物的运输保险。

除上述三种货运险外，还有特种货物运输保险，如排筏保险、港内外驳运险、市内陆上运输保险等。

2. 按运输方式分类

（1）直运货物运输保险。直运是直达运输的简称。直达运输指货物从起运至目的地只使用一种运输工具的运输，即使中途货物需要转运，转运所用的运输工具也属同一种类。

（2）联运货物运输保险。联运是使用同一张运输单据，用两种或两种以上不同的主要运输工具运送货物的运输，一般有水陆联运、江海联运、陆空联运等。采用联运方式运输的货物投保货运险，其费率要高于直达运输下货物的费率。

（3）集装箱运输保险。由于集装箱运输能做到装运单位化，即把零散货物集中装在大型标准化货箱内，因此，它可以简化甚至避免沿途货物的装卸和转运，从而能够提高货物运输效率，加速船舶周转，减少货物残损短少。由于上述种种优点，利用集装箱运输的货物，如投保货运险，其费率要较利用其他运输方式低。

11.2.2 国内水路、陆路货物运输保险条款

国内水路、陆路货物运输保险是以国内水路、陆路运输过程中的各类货物（不包括铁路运输的包裹及快件商品）为保险对象，保障货物在运输过程中发生灾害事故造成损失时，由保险公司提供经济补偿的一种保险业务。

1. 保险责任范围

根据我国情况，国内水路、陆路货物运输保险责任分为基本险和综合险两种。

（1）水路及陆路货运险基本险的责任是指被保险货物在运输过程中因下列原因而遭受的损失，保险人负赔偿责任。

① 因火灾、爆炸、雷电、冰雹、暴风、暴雨、洪水、地震、海啸、地陷、崖崩、滑坡、泥石流所造成的损失。

② 由于运输工具发生碰撞、搁浅、触礁、沉没、出轨或隧道、码头坍塌所造成的损失。

③ 在装货、卸货或转载时，因遭受不属于包装质量不善或装卸人员违反操作规程所造成的损失。

④ 按国家规定或一般惯例应分摊的共同海损的费用。

⑤ 在发生上述火灾事故时，因纷乱而造成的货物散失及因施救或保护货物所支付的直接而合理的费用。

（2）在投保综合货运险情况下，保险人除了要承担基本险责任外，还要负责赔偿下列损失。

① 因受震动、碰撞、挤压而造成破碎、弯曲、凹瘪、折断、开裂或包装破裂致使货物散失的损失。

② 液体货物因受震动、碰撞或挤压致使所用容器（包括封口）损坏而渗漏的损失，或用液体保藏的货物因液体渗漏而造成保藏货物腐烂变质的损失。

③ 遭受盗窃或承运人责任造成的整件提不着货的损失。

④ 符合安全运输规定而遭受雨淋所致的损失。

（3）由于下列原因造成被保险货物的损失，保险人均不负赔偿责任。

① 战争或军事行为。

② 核事件或核爆炸。

③ 被保险货物本身的缺陷或自然损耗及由于包装不善所致的损失。

④ 被保险人的故意行为或过失。

⑤ 其他不属于保险责任范围的损失。

2. 保险期限

国内水路、陆路货物运输保险的保险责任起讫期限为：自签发保险凭证和保险货物运离起运地发货人的最后一个仓库或储存处所时起，至该保险凭证上该货物的目的地收货人在当地的第一个仓库或储存处所时终止。但保险货物运抵目的地后，如果收货人未及时提货，则保险责任的终止期最多延长至以收货人接到《到货通知单》后的 15 日为限（以邮戳日期为准）。保险责任开始的标志是：保险人或其代理人"签发"保险凭证，以及被保险货物"运离"起运地发货人的最后一个仓库或储存处所，两个条件必须同时具备。否则保险责任不能生效。

关于保险责任的终止，在实务中会出现以下几种情况。

（1）被保险货物运抵目的地后，收货人未及时提货，这时保险责任最多可延长至从收货人接到《到货通知单》后起算的 15 天时间。

（2）被保险货物运抵目的地后，被保险人或其收货人提取部分货物，对此，保险人对其余未提货物也只承担 15 天的责任。

（3）被保险货物运抵目的地后的 15 天内，被保险人或其收货人不是将货物提取放入自己的仓库或储存处所，而是就地直接发运其他单位或再转运其他单位时终止。

3. 保险金额及保险费

国内货物运输保险的保险金额采取定值的方法加以确定并载明于保单，以此作为保险人对保险标的遭受损失时给予补偿的最高限额。根据保险条款的规定，国内水路、陆路货物运输保险的保险金额按货价加运杂费、保险费计算确定。

货物运输保险的费率同样主要取决于赔付率，但由于货物运输保险与其他财产保险有区别，因此，其费率的制定要考虑以下几个因素。

（1）运输方式。运输方式分为"直运"、"联运"和"集装箱运输"三种。由于运输方式的不同，货物在运输中所面临的风险也不一样，保险费率就应该有差别。"直运"所使用的运输工具只有一种，货物从一地运到另一地，即使中间需要转运，运输工具仍保持不变；联运则要涉及中途变更运输工具，因而，增加了卸载、重载等中间环节，对联运的费率是按联运所使用运输工具中费率最高的一种运输工具再加收 0.5% 确定的；采用集装箱运输方式可减少货物的残损短少，风险相对较小。因此，保险费率通常按表定费率再减 50% 确定。

（2）运输工具。由于运输工具不同，导致货物可能出险的机会不同。例如，火车出事的概率要小于汽车，即使是同一种运输工具，由于载重量不同，费率也有差异，如船舶，吨位小的费率要高于吨位大的。

（3）运输途程。运输途程的长短关系到运输所需时间的多少，相对而言，货物运输途中的时间越长，受损的机会越大，其费率比途程较短的要高。由于运输途程的不同，不仅会有时间上的差别，而且会有地域上的差别，这也会对货物运输保险的费率产生影响。

（4）货物的性质。货物的性质不同往往也决定了货物受损的程度和机会不同。保险人承保易燃、易爆、易腐、易碎物品的风险很大，其发生损失的可能性明显要大于一般货物，因此，费率就较高。我国国内水路、陆路货物运输保险费率规章根据货物的特性，将货物分为五类，类别越高风险程度越大，费率相应也就越高。

（5）保险险别。综合险的承保责任范围较之基本险为广，因此，综合险的费率要高于基本险。

4. 赔偿处理

在对国内水路、陆路货运险进行赔偿处理时，应注意以下几个方面。

（1）在计算赔款时，应针对足额和不足额保险情况分别理赔。

对于足额保险，即被保险人是按起运地货价确定保险金额的，保险人根据实际损失计算赔偿；如果被保险人是按货价加运杂费确定保险金额的，保险人则根据实际损失按起运地货价加运杂费计算赔偿。但两种的最高赔偿金额均以保险金额为限。

对于不足额保险，保险人在赔偿货物损失金额和支付施救费用时，要按保险金额与货物实际价值的比例计算赔偿。

（2）保险人对货损和施救费用的赔偿应分别计算，但均以不超过保险金额为限。

（3）代位求偿。当货物遭受的保险责任范围内的损失是由承运人或其他第三方的责任造成的，会涉及代位求偿问题。被保险人可以向责任方提出索赔，也可以向保险人要求赔偿。但是，如果向保险人索赔，则应该在获得赔款后签发权益转让书，即可以将有责任的一方要求赔偿的权利全部转让给保险人，同时还有义务协助保险人做好追偿工作。

（4）残值归被保险人，并从赔偿中扣除。

（5）被保险人的有效索赔时效为180天。

11.2.3 国内航空货物运输保险

国内航空货物运输保险是以国内航空运输过程中的各类货物为保险对象，保险货物在运输过程中发生灾害事故从而造成损失时，由保险公司提供经济补偿的一种保险业务。

凡是可以向民航部门托运货物的单位和个人，都可以将其空运货物（鲜活物品和动物除外）向保险公司投保国内航空货物运输保险。金银、首饰、珠宝、稀有贵重金属，以及每千克价值在1 800元以上的贵重物品，经特别约定后，也可以投保国内航空货运险。

1. 保险责任范围

（1）保险责任。被保险货物在保险期限内无论是在运输或存放过程中，由于下列原因造成的损失，保险人负赔偿责任。

• 由于飞机遭受碰撞、倾覆、坠落、失踪（在3个月以上），在危难中发生卸载及遭受恶劣气候或其他危险事故发生抛弃行为所造成的损失。

• 被保险货物本身因遭受水灾、爆炸、雷电、冰雹、暴风、暴雨、洪水、海啸、地震、地陷、崖崩所造成的损失。

• 被保险货物受震动、碰撞或压力而造成的破碎、弯曲、凹瘪、折断、开裂等损伤及由此引起包装破裂而造成的损失。

· 属液体、半流体或者需要用液体保藏的被保险货物，在运输中震动、碰撞或压力致使容器（包括封口）损坏发生渗漏而造成的损失，或用液体保藏的货物因液体渗漏而致保藏货物腐烂的损失。

· 被保险货物因遭受偷窃或者提不着货的损失。

· 装货。卸货时和地面运输过程中，因遭受不可抗力的意外事故及雨淋造成的被保险货物的损失。

此外，对于在发生责任范围内的灾害事故时，为防止损失扩大采取施救或保护货物的措施而交付的合理费用，保险人也负赔偿责任，但最高以不超过保险金额为限。

（2）责任免除。保险货物于保险期限内由于下列原因造成损失的，无论是在运输途中或存放过程中的损失，保险公司不负赔偿责任。

· 战争或军事行动。

· 由于保险货物本身的缺陷或自然损耗，以及由于包装不善或者属于托运人不遵守货物运输规则所造成的损失。

· 托运人或被保险人的故意行为或过失。

· 其他不属于保险责任范围内的损失。

2. 保险期限

根据保险条款的规定："保险责任自被保险货物经承运人收讫并签发航空货运单注明保险时起，至空运抵目的地的收货人当地的仓库或储存处所时终止。被保险货物空运至目的地后，如果收货人未及时提货，则保险责任的终止期最多以承运人向收货人发出到货通知以后的 15 天为限。"

飞机在飞行途中，因机件损坏或发生其他故障而被迫降落，以及由于货物严重积压，被保险货物需改用其他运输工具运往原目的地时，保险人对被保险货物所负的责任不予改变，但被保险人应向保险人办理批改手续。如果被保险货物在飞机被迫降的地点出售或分配，保险责任的终止期以承运人向收货人发出通知以后的 15 天为限。

3. 保险费率

民航部门所承运的货物与水、陆运输机构承运的货物相比具有批量小、单位价值高的特点，再加上空运货物要比水路、陆路运输货物安全得多，所以航空货物运输保险的费率直接套用国内外水路、陆路货物运输保险的订费方法显然是不妥当的。

航空货物运输保险从被保险货物的特性出发，将各种货物分为一般物质、易损物质和特别易损物质三类，同时相应规定了三个不同档次的费率。为了便于实际操作，每个档次的费率除了用文字说明其划分标准和适用范围外，还辅以具体的物品名目，以便有关人员在必要时可以此类比。

4. 保险金额及赔偿处理

国内航空货物运输保险的保险金额的确定与国内水路、陆路运输货物保险相同，国内航空货物运输保险的赔偿处理规定也与国内水路、陆路货物运输保险大体相同。

11.3　运输合同及纠纷

企业的物流运输需求不可能也没有必要完全由自己来满足，外包、合作、购买运输服务是每一个企业必不可少的活动，由此物流运输提供者与企业在有关投资、承诺、退出、合作的自由、保险等方面会产生一些矛盾，而避免这些矛盾的最好办法是订立协议与合同，以法律的形式来明确双方的权利与义务。

《中华人民共和国合同法》于1999年10月1日起正式实施。作为一部调整市场交易的基本法律，它的颁布实施结束了我国合同法长期分立的局面。

托运人把货物交给承运人后，承运人会根据双方之间的合同和行业的惯例履行运输义务，把货物安全、及时地送交收货人。无论是海运、公路运输、铁路运输还是航空运输承运人，都深刻地意识到货运质量对于业务发展的重要性，虽然加强货运质量管理在一定程度上可以防止运输纠纷的发生，但由于各种风险的存在，以及货物在长途运输途中和多环节作业的情况下，货运事故、运输纠纷的发生实属难以完全避免。

11.3.1　一般货物运输合同

货物运输合同（货运合同）是指承运人将货物运送至约定的地点，托运人向承运人支付运费的合同。货物运输合同是承运人开展运送业务的法律形式。运输的承运人指的是直接承运人，也就是为货主直接承运货物的企业或部门，它可以是某种运输方式的管理者，如铁路局各个货运站，也可以是第三方，如货代企业、托运企业及已经广泛运作的第三方物流组织。

1. 货运合同的分类

货物运输合同可根据不同的标准进行不同的分类。

（1）以运输工具分类，可将运输合同分为铁路运输合同、公路运输合同、水路运输合同、航空运输合同及管道运输合同等。

（2）以运送方式分类，可将运输合同分为单一运输合同和联合运输合同。其中，单一运输是指以一种运送工具进行的运送，联合运输简称为联运，是指两种以上的运送工具进行的同一货物的运输活动。联合运输又可分为国内联运合同和国际联运合同。

《合同法》采用的是从运输合同、货物运输合同及多式联运合同三个角度对运输合同进行规范。

2. 货运合同的特点

货运合同有以下几个特点。

（1）当事人是指货主和承运人双方，货主包括起运人和收货人两方，或是承运人和托运人双方，托运人即是起运的托运人，也是收货人。

（2）运输合同是义务有偿合同，作为当事人的双方互相承担义务，所承担的义务根据合同规定。

（3）对于国家提供基础平台的运输领域（例如铁路运输、航空货运等），运输合同有固定规定的标准格式合同，如运输的速度、运输路线、运输标准等，这是单方面的要约邀请。

（4）对于构成国家物流平台一部分的运输部门，作为向社会公众提供服务的货物运输，一般都明示合同文本，在具体办理运输事宜时，不再单独签约，而以货运单据作为双方承担义务的约定文件。

（5）如果承运人是一般运输企业，例如，第三方物流企业，运输合同的确立，则需要进行协议、谈判，双方共同约定协议条款。

3. 托运人的权利与义务

在买方市场的经济环境下，托运人是买方，是货物运输合同首先要确认的权利保障对象。实际上，在合同体系中，托运人的权利是主要矛盾的主要方面，包括以下内容。

（1）按照现实可能，要求承运人将货物运至约定地点并交给收货人的权利。

（2）在有限制的前提下，有提出终止运输、返还货物、变更地点、变更收货人的权利。

托运人的义务包括以下内容。

（1）有向承运人真实通告有关货物运输的必要情况的义务。尤其在物流过程中会出现问题的货物，托运人必须如实申报和准确告知。

（2）有按照协议向承运人交付运费和运输杂费及其他应由托运人交付的费用。

（3）有杜绝违规、违法托运的义务。对于需要运输审批的货物，应由托运人完成审批手续或者委托承运人代办审批手续。

（4）有对货物进行包装的义务，并应当按照国家规定在包装上进行标识。

（5）有向承运人交付运输货物的义务。

4. 承运人的权利与义务

托运人的权利和承运人的权利和义务是共生的关系，权利和义务需要均衡、需要公平。承运人的基本义务是完成货物的运输。从规定作业的角度，承运人还有下述义务。

（1）按条款接受货物的义务，在接收货物后出具有关凭证的义务。

（2）有按约定期间或者合理期间将货物完成运输的义务。

（3）按照合同约定的路线进行运输或者按通常的运输路线进行运输的义务。

（4）文明承运的义务。在承运过程中应当杜绝野蛮装卸、放任管理等问题。

（5）按照协议满足托运当事人变更的义务。

（6）有通知的义务。按协议的约定，承运人所承运货物在途情况、到货情况有义务通知托运当事人或收货当事人。

（7）有将货物交付收货人的义务。

承运人的权利包括以下内容。

（1）有收取运费的权利。

（2）有按实际付出收取运输杂费的权利。

（3）在托运当事人或收货当事人不支付协议的费用情况下，享有承运货物的留置权。

（4）在特殊情况下，可以提存货物并从中取得应得之费用。

（5）有拒绝承运违规、违法货物的权利。

5. 收货人的权利和义务

无论收货人是托运人本身，还是第三方当事人，收货人的权利和义务是整个三方当事人不可缺的一个方面。收货人的权利主要集中在：及时获得到货通知，按提单凭证或其他收货协议收货（提货或接受承运人的送货），以取得货物。收货人的义务主要集中在：收货人应当及时收领（取货或接受送货）货物，支付应由收货人承付的费用（运费、运输杂费、逾期保管费等）。收货人有在约定期限内，进行检验并对运输质量进行认定的义务。

11.3.2　多式联运合同

所谓多式联运合同是指多式联运经营人以两种以上的不同运输方式将货物从接收地运至目的地的合同。

1. 多式联运合同的特征

多式联运合同除具有一般运输合同的特征外，还具有以下特征。

（1）多式联运合同的承运人一方为两人以上。联运合同的承运人若仅为一人，就不发生联运。联运合同的承运人虽为两人以上，但联运合同只是一个合同，而不是数个运输合同的组合。

（2）多式联运合同的各承运人以相互衔接的不同的运输手段承运。承运人虽为两人以上，但各承运人是用同一种运输工具完成运送任务的，也不发生多式联运。多式联运的承运人一方须以不同运输工具承运。

（3）托运人一次交费并使用同一运送凭证。在多式联运中，货物由一承运人转交另一承运人运送或者由一种运送工具，换成另一运送工具时，不需另行交费和办理托运手费续。因此，联运可以减少运送的中间环节，有利于加快运送速度，提高运送效率。

2. 多式联运经营人的权利

多式联运经营人的权利包括以下内容。

（1）有权向托运人、收货人收取符合规定的各项费用。

（2）如能证明其本人、受雇人、代理人或为履行联运合同而服务的任何人，为避免事故的发生及其结果，已经采取一切可能的合理措施时，则有权拒绝负赔偿责任。

（3）如果多式联运经营人由于发货人或其雇佣人或代理人的过失或疏忽而遭受损失，多式联运经营人有权向发货人提出索赔。

3. 多式联运经营人的义务

多式联运经营人的义务包括以下内容。

（1）必须将多式联运单据项下的货物运至目的地，完成多式联运合同规定的义务。

（2）在运输的责任期间，对货物的灭失、损坏、延迟交货等造成的损失负赔偿责任。

（3）如果多式联运经营人故意欺诈，在多式联运单据上列入有关货物的不实资料，或者漏列有关应载明的事项，或货物的损失是由多式联运经营人故意造成，则有义务负责赔偿因此而遭受的任何损失或费用。

（4）发货人在按规定支付各项费用后，必须向收货人交付货物。

11.3.3　运输纠纷的类型

运输纠纷既可能由承运人因货损等各种原因造成对货主方的损失，也可能因货主方的原因造成对承运人的损害所引起，分类如下。

1. 货物灭失纠纷

造成货物灭失的原因很多，可能由于承运人的运输工具如船舶沉没、触礁、飞机失事、车辆发生交通事故、火灾，因政府法令禁运和没收、战争行为、盗窃等，因承运人的过失，如绑扎不牢导致货物跌落等，当然也可能因承运人的故意，如恶意毁坏运输工具以骗取保险、明知运输工具安全性能不符合要求而继续使用导致货物灭失。

2. 货损、货差纠纷

货损包括货物破损、水湿、汗湿、污染、锈蚀、腐烂变质、焦损、混票和虫蛀鼠咬等，货差即货物数量的短缺。货损、货差既可能是由于货主方自身的过失造成，如货物本身标志不清、包装不良、货物自身的性质和货物在交付承运人之前的质量、数量与运输凭证不符，也可能是由承运人的过失，如积载不当、装卸操作不当、未按要求控制货物运输过程中的温度、载货舱室不符合载货要求、混票等原因造成。

3. 货物的延迟交付

即因承运货物的交通工具发生事故，或因承运人在接受托运时未考虑到本班次的载货能力而必须延误到下一班期才能发运，或在货物中转时因承运人的过失使货物在中转地滞留，或因承运人为自身的利益绕航而导致货物晚到卸货地。

4. 单证纠纷

承运人应托运人的要求倒签、预借提单，从而影响到收货人的利益，收货人在得知后向承运人提出索赔，继而承运人又与托运人之间发生纠纷；或因承运人（或代理人）在单证签发时的失误引起承托双方的纠纷；此外也有因货物托运过程中的某一方伪造单证引起的单证纠纷。

5. 运费、租金等纠纷

因承租人或货方的过失或故意，未能及时或全额交付运费或租金，因双方在履行合同过程中对其他费用，如滞期费、装卸费等发生纠纷等。

6. 船舶、集装箱、汽车、火车及航空器等损害纠纷

船舶、集装箱、汽车、火车及航空器等均属运载工具，在运输全过程中，因托运人的过失，造成对承运人的运输工具损害的纠纷。

11.4　承运人的责任期间与免责事项

责任期间是货物运输合同的一个特殊概念。在一般合同中没有责任期间的规定，合同存续的期间就是合同双方应根据合同约定负责的期间。而货物运输合同中引入这个特殊概念主要是为了适应海上货物运输法、航空运输公约等的强制性，它不是合同双方应该负责的期间，而是双方必须负货物运输法规中规定的强制性责任的期间。

11.4.1　承运人的责任期间

1. 海运运输承运人的责任期间

我国《海商法》规定了承运人的责任期间。集装箱装运的货物的责任期间是从装货港接收货物时起至卸货港交付货物时止，货物在承运人掌管之间的全部期间。非集装箱装运的货物的责任期间是从货物装上船时起，至卸下船时止，货物处于承运人掌管之下的全部期间。

首先，对于集装箱货物运输中承运人的责任期间，是自在装货港接收货物时起至卸货港交付货物时止，货物处于承运人掌管的全部期间。一是在时间上，明确从装货港接收货物时起，经过整个运输，到卸货港交付货物时止的一段时间过程；二是要求货物必须处于承运人掌管状态之下。即无论货物是否已经装船，只要处于承运人的掌管之下，承运人就是"接受货物"了。集装箱货物运输的责任期间大于传统散件、杂货运输的责任期间。

其次，对非集装箱货物运输中承运人的责任期间，是指从货物装上船时起至卸下船时止，货物处于承运人掌管之下的全部期间。如果使用船上吊杆装卸货物，则以吊钩挂起货物为标志，确认"装船"和"卸船"，即"钩至钩"；如果使用岸吊，则以货物越过船舷为标志，确认"装船"和"卸船"，即"舷至舷"；如果使用管道装卸，则以货物通过船中接管口处为标志确认"装船"和"卸船"，即"管至管"。

2. 公路运输承运人的责任期间

根据我国《汽车货物运输规则》，承运人的责任期间，是指承运人自接受货物起至将货物交付收货人（包括按照国家有关规定移交给有关部门）止，货物处于承运人掌管之下的全部时间。但承运人与托运人还可就货物在装车前和卸车后对所承担责任达成协议。

对于集装箱货物，我国《集装箱汽车运输规则》规定，承运人的集装箱整箱货物运输责任期间，从收到整箱货物时起，到运达目的地，整箱货物交付收货人时止；集装箱拼箱货物运输责任期间，从收到拼箱货物时起，至运达目的地，拼箱货物交付收货人时止。

3. 铁路运输承运人的责任期间

按国际货协运单承运货物的铁路，应负责完成货物的全程运送，直到在到站交付货物时为止。在向非参加国际货协的国家铁路办理货物转运发送时，则直到按另一种国际协定的运单办完运送手续时为止。因此，发送铁路和每一继续运送的铁路，自接收附有运单的货物时起，即认为参加了这项运送契约，并由此承担义务。

参加运送国际联运货物的铁路，从承运货物时起至到站交付货物时为止，对货物运到逾期及因货物全部或部分灭失、重量不足、毁损、腐坏或其他原因降低质量所发生的损失负责。如果由于铁路过失而使发货人或海关在运单上已作记载的添附文件遗失，以及由于铁路过失未能执行运送契约变更申请书，则铁路应对其后果负责。

4. 航空运输承运人的责任期间

根据我国于 1958 年和 1975 年参加的《华沙公约》和《海牙议定书》的规定，航空运输承运人的责任期间，是指货物交由承运人保管的全部期间，"不论在航空站内、在航空器上或在航空站外停降的任何地点"。但对于在机场外，陆运、海运或者河运过程中发生的货物灭失或损坏，只有当这种运输是为了履行航空运输合同，或者是为了装货、交货或转运时，承运人才予以负责。

5. 多式联运经营人的责任期间

多式联运经营人对多式联运货物的责任期间，是从接收货物时起至交付货物时止。国际货物多式联运公约对多式联运经营人的责任期间也是一样的。（参见 14 章）

11.4.2　承运人的免责事项

1. 海运承运人的免责事项（可参考 14 章）

虽然航行和货物运输都是承运人负责的事情，但考虑到海上运输具有一定的危险性，我国规定了以下一系列承运人对于货物在其责任期间发生的灭失或者损坏可以免责的事项，这些事项是法定的，可以减少或放弃，但不能增加合同内容。

（1）船长、船员、引航员或者承运人的其他受雇人在驾驶船舶或者管理船舶中的过失。

以上过失包括了"驾驶过失"和"管船过失"这两大航行过失。其中，驾驶过失，指在采取船舶移动措施时判断发生错误导致损失，如船长、船员疏于瞭望，致使船舶触礁、搁浅、与其他船相撞等。管船过失，指船舶航行中欠缺对于船舶应注意事项，如船长、船员忘记给锅炉加水，应该通风的时候没有打开通风设备等。

实务中承运人的管船和管货义务难以区分，根据法律规定，承运人在管船中的过失是可以免责的，但在管货期间发生的过失则不能免责。

（2）火灾，但由于承运人本人的过失所造成的除外。

根据我国法律规定，承运人主张火灾免责时不负举证责任，所以这一免责是对承运人特殊保险的一条规定。但如果索赔方能够证明火灾是由于承运人本人的过失或私谋的存在而引起的，则不能免责。"承运人本人"一般指参与公司管理的主要人员，当然也有观点认为仅公司的董事会成员或有所有权的经理人才是承运人本人。

（3）类似于"不可抗力"的免责，包括以下内容。

① 天灾，海上或者其他可航水域的危险或者意外事故。天灾指来自于空中的灾难，如暴雨、雷电等，而海难指来自于海面的灾难，如海水、海浪、触礁、撞到冰山等。

② 战争或者武装冲突。战争不仅包括正式宣战的战争，也包括没有正式宣战的战争，不仅包括两国间的战争，也包括内战。

③ 政府或者主管部门的行为、检疫限制或者司法扣押。政府或主管部门的行为是指因为政府命令、禁止或限制货物的输出或卸载、禁运、封锁港口、检疫、拒捕、管制、征用、没收等行为而导致货物的损害后果，司法扣押限于政府通过高压手段进行干预的情况，不包括通过正常的司法程序而对船舶进行的扣押，因此承运人和托运人之间由于发生纠纷进行诉讼而导致船物被扣押不属于免责事项。

④ 罢工、停工或者劳动受到限制。包括因劳资纠纷而发起的罢工或同情罢工或其他不能正常进行工作的情形。

⑤ 在海上救助或者企图救助人命或者财产。

（4）基于货方原因的免责，具体包括以下内容。

① 托运人、货物所有人或者它们的代理人的行为。

② 货物的自然特性或者固有缺陷。

③ 货物包装不良或者标志欠缺、不清。

（5）其他原因。

① 经谨慎处理仍未发现的船舶潜在缺陷。

② 非由于承运人或者承运人的受雇人、代理人的过失造成的其他原因。

2. 公路运输承运人的免责事项（可参考 14 章）

货物在承运责任期间和站、场存放期间内，发生毁损或灭失，承运人、站场经营人应负赔偿责任。但有下列情况之一者，承运人、站场经营人举证后可不负赔偿责任：

（1）不可抗拒力；

（2）货物本身的自然性质变化或者合理损耗；

（3）包装内在缺陷，造成货物受损；

（4）包装体外表面完好而内装货物毁损或灭失；

（5）托运人违反国家有关法令，致使货物被有关部门查扣、弃置或作其他处理；

（6）押运人员责任造成的货物毁损或灭失；

（7）托运人或收货人过错造成的货物毁损或灭失。

3. 铁路运输承运人的免责事项

如果因下列原因造成铁路运输承运人所承运的货物发生全部或部分灭失、重量不足、毁损、腐坏或者降低质量，则铁路不负责任：

（1）由于铁路不能预防和不能消除的情况而造成的后果；

（2）由于货物在发站承运时质量不符合要求或由于货物的特殊自然性质，以致引起自燃、损坏、生锈、内部腐坏和类似的后果；

（3）由于发货人或收货人的过失或由于其要求而造成的后果；

（4）由于发货人或收货人装车或卸车的原因而造成的后果；

（5）由于发送铁路规章允许使用敞车类货车运送货物而造成的后果；

（6）由于发货人或收货人或他们委派的货物押运人未采取保证货物完整的必要措施而造成的后果；

（7）由于容器或包装的缺陷，在承运货物时无法从其外表发现而造成的后果；

（8）由于发货人用不正确、不确切或不完全的名称托运不准运送的物品而造成的后果；

（9）由于发货人在托运应按特定条件承运的货物时，使用不正确、不确切或不完全的名称，或未遵守《国际货协》的规定而造成的后果；

（10）由于《国际货协》规定的标准范围内的货物自然减量，以及由于运送中水分减少，或货物的其他自然性质，以致货物减量超过规定标准。

在下列情况下，对未履行货物运到期限，铁路运输承运人也不负责任：

（1）发生雪（沙）害、水灾、崩塌和其他自然灾害，按有关铁路中央机关的指示，期限在 15 天以内；

（2）发生其他致使行车中断或限制的情况，可按有关国家政府的指示执行。

4. 航空运输承运人的免责事项

由于航空运输在发展初期时，技术水平有限，因此规范航空运输的《华沙公约》采用了不完全的过失责任制。即在一般问题上采用推定过失原则，一旦出现货物损失，首先假定承运人有过失，但如果承运人能够举证说明自己无过失，则不必负责。但当承运人的过失是发生在驾驶中、飞机操作中或者在领航时，则承运人虽有过失，也可要求免责。

但《海牙议定书》却取消了驾驶、飞机操作和领航免责的规定。

我国的民用航空法也删除了承运人的驾驶过失免责，它规定，因发生在航空运输期间的事件，造成货物毁灭、遗失或者损坏的，承运人应当承担责任；但是承运人证明货物的毁灭、遗失或者损坏完全是由于下列原因之一造成的，不承担责任。即航空运输承运人的免责事项为：

（1）货物本身的自然属性、质量或者缺陷；

（2）承运人或者其受雇人、代理人以外的人包装的货物，造成货物包装不良的；

（3）战争或者武装冲突；

（4）政府有关部门实施的与货物入境、出境或者过境有关的行为。

由此可见，我国的航空运输承运人承担的是严格责任制。

11.5　托运人的责任

11.5.1　海运托运人的责任

根据我国的规定，托运人的责任主要有以下几条。（可参考 14 章）

1. 托运人的基本义务

妥善包装货物并正确申报货物资料，包装货物是托运人的基本义务。良好的包装应该是正常的或习惯的包装，在通常的照管和运输条件下，能够保护货物避免几乎绝大多数轻微的损害。如果货物包装不良或者标志欠缺、不清，由此引起的货物本身的灭失或损坏，承运人可免除对托运人的赔偿责任。但如果货物的这些不良状况引起其他货主的损失，承运人在赔偿后可向托运人追偿。

托运人在交付货物时，还应将货物的品名、标志、包装或者件数、重量或者体积等相关资料报给承运人。托运人必须保证其申报的资料正确无误。托运人对申报不实造成的承运人的损失要负赔偿责任。

2. 办理货物运输手续

托运人应当及时向港口、海关、检疫、检验和其他主管机关办理货物运输所需要的各项手续，并将已办理各项手续的单证送交承运人；因办理各项手续的有关单证送交不及时、不完备或者不正确，使承运人的利益受到损害的，托运人应当负赔偿责任。

3. 托运危险品的责任

托运人托运危险货物，应当依照有关危险货物运输的规定，妥善包装，作出危险品标志和标签，并将正式名称和性质及应当采取的预防危害措施书面通知承运人。

没有通知会导致两项严重后果。首先，承运人不对任何灭失或损坏负责，这种免责不仅可以对托运人主张，对无辜的第三方收货人也同样可以主张。其次，托运人对承运人因此遭受的损失，应负责赔偿。

即使托运人尽到了通知义务，而且承运人明确同意装运危险品，但承运人在承运的危险货物对于船舶、人员或者其他货物构成实际危险时，仍然可以将货物卸下、销毁或者使之不能为害。承运人这样行动不对该危险货物的损失负赔偿责任。

4. 支付运费

支付运费是海上货物运输合同下托运人最基本的义务。班轮运输和航次租船合同中都有运费条款，但定期租船合同中货主支付的不是运费而是租金。运费的支付时间一般有两种：预付和到付。如果合同没有明确约定运费支付时间，则英国普通法认为运费应在承运人在目的地将货物交付给收货方时支付。

如果货物到达港口时处于受损状态，或发生了短卸，仍然应该支付全额运费，收货人无权扣减。

运费支付也有例外情况。首先是解除合同，即船舶在装货港开航前，如果是托运人要求解除合同的，除非合同另有约定，托运人应当向承运人支付约定运费的一半；如果是因不可抗力或者其他不能归责于承运人和托运人的原因至使合同不能履行的，双方均可解除合同，托运人无须支付运费，已经支付的，承运人应当退还。其次是发生绕航后，绕航使原合同终止，托运支付运费的义务也就解除了。但如果货物仍然被运到了目的港，托运人仍应付合同规定的费用。其三是合同履行不能。如果货物在运输途中已经全部灭失，则不能继续履行合同，运费也就不用支付。

5. 托运人对共同海损的分摊

共同海损是海上货物运输中的一项特别制度，它是指在同一海上航程中，船舶、货物和其他财产遭遇共同危险，为了共同安全，有意地合理地采取措施所直接造成的特殊牺牲、支付的特殊费用，应该由受益的各方进行分摊。如果货物由于共同海损行为得到了保全，货主应该参与共同海损牺牲和费用的分摊。当然，如果货物由于共同海损行为而牺牲，货主也可以要求将损失列入共同海损牺牲而得到补偿。

未申报或者谎报的货物也应该参加共同海损分摊，但其遭受的牺牲则不得列入共同海损。不正当地以低于实际价值作为申报价值的，按照实际价值分摊共同海损，但却以申报价值计算牺牲金额。

6. 托运人对承运人的赔偿责任

由于托运人或者托运人的受雇人、代理人的过失造成对承运人、实际承运人的损失、或船舶的损失，由托运人承担赔偿责任。如果在装货和卸货过程中，由托运人雇佣的装卸工人对船舶和货物所造成的损害，有缺陷的货物对船舶和其他货物造成的损害，危险货物对船舶、货物、船员及其他第三方造成的损害等。托运人由于装卸迟延导致承运人承受高额滞期费也是损失的一种形式。

11.5.2 公路运输托运人的责任

公路运输托运人应负的责任基本与铁路、海上运输相同，主要包括：按时提供规定数量的货载；提供准确的货物详细说明；货物唛头标志清楚；包装完整，适于运输；按规定支付运费。一般均规定有：如因托运人的责任所造成的车辆滞留、空载，托运人需负延滞费和空载费等损失。

11.5.3 铁路运输托运人的责任

托运人在向铁路承运人托运货物时，应相应地承担以下责任。

1. 标志清晰真实

对在货物运单和物品清单内所填记事项的真实性由托运人完全负责，如托运零担货物时，应在每件货物上标明清晰明显的标记。

2. 按标准包装

对托运的货物，托运人应根据货物的性质、重量、运输要求，以及装载等条件，使用便于运输、装卸，并能保证货物质量的包装。对有国家包装标准或专业包装标准的，应按其规定进行包装。对没有统一规定包装标准的，托运人应会同车站研究制定货物运输包装暂行标准。

3. 托运人应服从铁路规定

凡在铁路车站装车的货物，托运人应在铁路指定的日期将货物运至车站，车站在接收货物时，应对货名、件数、运输包装、标记等进行检查。对整车运输的货物如果托运人未能在铁路指定的日期内将货物全部运至车站，则自指定运至车站的次日起，再次指定装车之日，或将货物全部运出车站之日止。

4. 及时支付运费

从一般意义上讲，托运人应在办理托运手续时或按相关规定及时支付运费。但非正常或特殊情况下，如突发事件、自然灾害等，应根据国家的有关规定或与铁路部门协议执行。

11.5.4 航空运输托运人的责任

货物托运人在航空运输中应承担的责任。

1. 支付运费

托运人应在办理托运手续时或按相关规定及时支付运费。

2. 填写航空货运单不仅要准确、真实，还要符合安检要求

填写航空货运单，提交必要的单证，以确保航空运输的安全。同时应对航空货运单中有关货物的各项说明、声明的正确性负责，如果因填写不当使承运人或其他任何有关方遭受损失的，托运人应予赔偿。如果托运人政府限制托运的货物，以及需要办理公安和检疫等各项手续的货物，均应附有效证明文件。

3. 运输中不得有违禁物品

托运的货物中不准夹带禁止运输和限制运输的物品、危险品、贵重物品、现钞和证券等。

4. 运输物品要按标准包装

货物托运人对货物的包装应保证在运输途中货物不致散失、渗漏、损坏或污染飞机设备和其他物件。凡国家主管机关规定有标准包装的货物，则应按国家标准包装。

11.6 索赔与争议的解决

11.6.1 争议解决的方法

在货物运输中产生纠纷以致引起诉讼是常有的事。如前文所述，一方面，货主可能会因为货物在运输途中发生的各种损失而向承运人索赔；另一方面，承运人也可能会因为未支付的运费或其他应付款项而向货主索赔。这些索赔并不一定都是承运人的过失引起的。以短量索赔为例，它可能是承运人在运输途中对货物照管不周的过错引起的，也可能是在装卸港口、车站等，由于其他人的过错而引起的，如托运人交付了错误的重量而理货人员没有发现，或者是理货人员自己计算错误。装货过程中装卸工人或其他人员偷货也是货物短量的另一常见原因。装卸不当引起的货物泄漏等又是一原因。正确解决这些纠纷不仅要找到真正的过失方，还要清楚承运人或托运人谁应对过失负责。这是一个复杂的任务，其中不仅牵扯到货物运输法，还往往会涉及代理法、合同法等其他许多法律规范。

目前，我国解决运输纠纷一般有四种途径：当事人自行协商解决、调解、仲裁和诉讼。其中诉讼和仲裁是司法或准司法解决。运输纠纷出现后，大多数的情况下，纠纷双方会考虑到多年的或良好的合作关系和商业因素，互相退一步，争取友好协商解决，同时为以后的进一步合作打下基础。但也有的纠纷因双方之间产生的分歧比较大，无法友好协商解决，双方可以寻求信赖的行业协会或组织进行调解，在此基础上达成和解协议，解决纠纷。但还会有一部分纠纷经过双方较长时间的协商，甚至在行业协会或其他组织介入调解后还是无法解决，双方只能寻求司法或准司法的途径。

1. 仲裁

仲裁是一种重要的纠纷解决手段，主要分为两种：机构仲裁和临时仲裁。如果纠纷双方在纠纷发生后一致同意就该纠纷寻求仲裁，或在双方订立运输合同时已选择仲裁作为纠纷解决机制时，可以就该纠纷申请仲裁。仲裁申请人向约定的仲裁机构提出仲裁申请，并按仲裁规则指定一名或多名仲裁员，仲裁员通常是与该行业有关的商业人士或专业人士，仲裁员根据仲裁规则对该纠纷作出的裁决对双方都具有约束力，而且只要是仲裁过程符合仲裁规则，则该裁决是终局的。用仲裁解决纠纷，由于仲裁员具有该行业的专业知识、经验和相应的法律知识，因此所作出的裁决通常符合商业精神，而且仲裁速度较快，费用也较法院诉讼节约。

仲裁的主要问题包括仲裁协议的有效性、仲裁程序的合法性、仲裁的司法监督等。目前，我国调整仲裁的法律主要有 1995 年颁布的《仲裁法》。

1959 年，我国就成立了贸促会海事仲裁委员会，隶属于贸易促进委员会，作为一个民间机构处理海事仲裁案件。该机构 1988 年更名为中国海事仲裁委员会，是我国目前唯一的海事仲裁常设机构。

由于仲裁的裁决是终局的，因此根据仲裁裁决执行是解决纠纷的最后一步，在我国进行仲裁作出的仲裁裁决的执行相对容易。比较复杂的是我国仲裁裁决在国外的执行和外国仲裁裁决在我国的执行。目前关于仲裁裁决的国外执行有一个公约是 1958 年颁布的《承认与执行外国仲裁裁决的公约》（《纽约公约》）。我国 1986 年 12 月 2 日参加了该公约。这样，在我国和公约其他参加国之间的仲裁裁决的相互执行应依据公约的规定进行。在与没有加入公约的国家之间，裁决的执行在我国是按对等原则进行。

2. 诉讼

如果双方未对纠纷的解决方法进行约定，或事后无法达成一致的解决方法，则通过法院进行诉讼是解决纠纷最后的途径。各种运输纠纷可以按照我国的诉讼程序，由一方或双方向有管辖权的法院起诉，然后由法院根据适用法律和事实进行审理，最后作出判决。当然，如果某一方乃至双方对一审判决不服的，还可以根据诉讼法进行上诉，申诉等。通常法院诉讼解决纠纷，耗时也费钱。

为了更好地处理运输类纠纷，我国设立了专门受理海事纠纷的法院——海事法院，还颁布了专门适用于海事案件审理的程序法——《中华人民共和国海事诉讼特别程序法》。铁路运输的纠纷在我国也有专门的铁路运输法院受理和管辖。

11.6.2　索赔时效和诉讼时效

在运输，特别是国际运输中，经常会出现当事人双方或几方的各种纠纷，其中有相当一部分难以协调，如果必须诉之于司法或准司法机构，则索赔时效和诉讼时效是一组重要的概念。规定时效的目的是为了促进当事人各方，及时行使和保护自己的权利，早日消除不确定的法律关系，而由法律规定的一段特定的时间。如果一方当事人超过时效才行使自己的索赔和诉讼请求权，则通常会丧失胜诉权。

1. 海运时效期规定

我国《海商法》规定，就海上货物运输向承运人要求赔偿的请求权，时效期间为 1 年，自承运人交付或者应当交付货物之日起计算；在时效期间内或者时效期间届满后，被认为负有责任的人向第三人提起追偿请求的，时效期间为 90 日。自追偿请求人解决原赔偿请求之日起计算。

有关航次租船合同的请求权，时效期间为两年，自知道或者应当知道权利被侵害之日起计算。

2. 公路运输时效期规定

因公路运输的纠纷要求赔偿的有效期限，从货物开票之日起，不得超过 6 个月。从提出赔偿要求之日起，责任方应在 2 个月内作出处理。

3. 对收、发货人的规定

发货人或收货人根据铁路运输合同向铁路提出赔偿请求，以及铁路对发货人或收货人关于支付运输费用、罚款和赔偿损失的要求，可在 9 个月期间内提出；货物运到逾期的赔偿请求，应在 2 个月期间内提出。上述期限按以下方法计算。

关于货物部分灭失、毁损、重量不足、腐坏或由于其他原因降低质量及运到逾期的赔偿请求，自货物交付之日起算。

关于货物全部灭失的赔偿请求，自货物运到期限期满后 30 天起算。

关于补充支付运费、杂费、罚款的赔偿请求，或关于退还上述款额的赔偿请求，或由于运价适用不当及费用计算错误所发生的订正清算的赔偿请求，自付款之日起算。如未付款时，从货物交付之日起算。

关于支付变卖货物的余款赔偿请求，自变卖货物之日起算。

4. 航空运输的索赔时效

根据《华沙公约》对航空运输的索赔时效期的规定，分成货物损害和货物延迟两种情况区别对待。前者的索赔时效是 7 天，后者的索赔时效是 14 天。但《海牙议定书》对此作了全面的修改，将货物损害索赔时效延长至 14 天，将货物延迟的索赔时效延长至 21 天。至于诉讼时效，自航空器到达目的地之日起，或应该到达之日起，或运输停止之日起两年内。

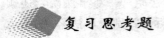复习思考题

一、基本概念

正常运输　非正常运输　多式联运合同　单证纠纷　责任期间　共同海损　货物运输合同

二、选择题

1. 对由于自然灾害所造成的单独海损不承担赔偿责任的险别是（　　）。

A. 平安险　　　　B. 水渍险　　　　C. 一切险　　　　D. 交强险

2. 以 CIF 价格成交的合同，保险应由（　　）办理。

A. 买方　　　　B. 卖方　　　　C. 任意一方　　　　D. 二者共同

3. 利用集装箱运输的货物，如果投保货运险，其费率要较利用其他运输方式（　　）。

A. 高　　　　B. 低　　　　C. 差不多　　　　D. 不确定

4. 国内水路、陆路运输货物运抵目的地后，如果收货人未及时提货，则保险责任的终止期最多延长至以收货人接到《到货通知单》后的（　　）日为限。

A. 10　　　　B. 15　　　　C. 20　　　　D. 25

5. 一般情况下，运输同一种货物，载重量为 5 000 吨的船舶其货物的保险费率比载重量为8 000 吨的船舶（　　）。

A. 高　　　　B. 低　　　　C. 不变　　　　D. 不确定

6. 根据法律规定，承运人在管船中发生的过失（　　）免责，在管货期间发生的过失（　　）免责。

A. 可以　可以　　B. 可以　不可以　　C. 不可以　可以　　D. 不可以　不可以

7. 我国海商法规定，就海上货物运输向承运人要求赔偿的请求权，时效期间为（　　）。

A. 3 个月　　　　B. 6 个月　　　　C. 一年　　　　D. 两年

8. 下列货物不可以投保国内航空货物运输保险的有（　　）。

A. 服装　　　　B. 金银　　　　C. 活鱼

D. 稀有贵重金属　　　　E. 珠宝

三、判断题

1. 一切险负责那些可能发生，但不是必然发生的，同时必须是内部原因所引起的损失。（　　）

2. 当托运危险货物时，如果托运人没有书面通知承运人，则发生货物灭失或损坏时，承运人可以对托运人主张免责，但对无辜的第三方收货人不可以主张。（　　）

3. 国内航空运输的货物在保险期限内，在地面运输过程中，因遭受不可抗力而造成的损失，保险人可以不负赔偿责任。（　　）

4. 我国的航空运输承运人承担的是严格责任制。（　　）

5. 由于我国加入了《承认与执行外国仲裁裁决的公约》。在我国和公约其他参加国之间的仲裁裁决的相互执行应依据公约的规定进行。在与没有加入公约的国家之间，裁决的执行在我国是按对等原则进行。（　　）

四、思考题

1. 海上货物运输保险包括哪几种险别？其各自的主要责任范围是怎样的？
2. 货物运输保险费率的制定要考虑什么影响因素？
3. 对国内水路、陆路货运险进行赔偿处理时，应注意什么？
4. 说明国内航空货物运输保险的基本内容。
5. 说明多式联运合同的特点及经营人的权利、义务。
6. 运输纠纷可以分为哪几类？
7. 我国解决运输纠纷一般有哪几种途径？
8. 说明海运承运人的免责事项。
9. 说明不同运输方式下的索赔时效和诉讼时效。
10. 说明海运托运人的基本义务。

 **本章案例**

如何规避合同风险：一起运输合同纠纷的启示

　　在物流运输过程中，运输合同的签订和履行是一个重要环节，它往往是维护合同签订双方当事人权益的重要依据。那么，物流企业在签订运输合同时应注意哪些问题？在合同签订双方出现异议或纠纷时如何依法维护自身权益？本报记者就此对不久前发生的一起运输合同纠纷进行了分析和调查，进而探讨依法规避运输合同风险的有效途径。

1. 案情回放

　　案件发生在今年 5 月，刘某委托骏马物流公司将一批货物由石家庄运往山东省威海港。在 5 月 12 日这一天，骏马物流公司与刘某签订了书面运输合同，由物流公司所有的两辆货车承运，司机罗某在承运人处签字，约定运费 7 500 元，货到后付款。6 月 3 日，罗某将货物运抵威海市华夏工业园，因刘某要求将货物运到威海港，而合同约定的目的地为威海，双方在运费问题上发生争执。罗某遂将货物从威海运回无棣县，至今未将货物交付原告。刘某遂将司机罗某起诉到法院。

　　无棣县人民法院认为：原告主张该运输合同的目的地是威海港，但该协议注明的地址是威海，原告的主张缺乏依据，因而，被告将货物运至威海市区即完成了承运人应负的义务。原告作为托运人，在组织卸货的同时应当向被告支付运费，其以未到目的地威海港为由拒绝卸车和支付运费，从而形成了本次纠纷。

　　被告罗某并未采取积极合法手段将货物交有关部门提存，尤其是在双方发生争执、原告方已报警的情况下，被告却以行使留置权为由将涉案货物运回其住处无棣县。从而导致该运输合同未得到切实、全面地履行，且主审法官在庭审时依法行使了释明权，向被告阐明了长期留置原告货物行为的违法性和后果严重性，但被告在原告同意交纳一定数额保证金的情形下，却依旧不将货物交付原告。该运输合同违约行为的延续，又构成了对原告财产权利的侵害。因此，被告应当对因合同未能实际履行而给原告遭受的损失承担赔偿责任，故判决罗某赔偿原告刘某经济损失 6 万元，被告无棣县骏马物流有限公司对上述罗某不能支付部分负连带赔偿责任。

2. 谁是谁非

针对上述错综复杂案情下原被告谁是谁非的问题，记者采访了北京市蓝鹏律师事务所主任律师张起淮。在张起淮看来，无棣县人民法院的判决是合法、合情、合理的。本案因为对目的地的理解不同，而引起纠纷。这就涉及合同条款的解释，也即对"交付地（目的地）"的解释。结合本案的履行情况，原告、被告都存在过错。双方不能就目的地达成一致意见发生纠纷，被告作为承运人负有减损的义务，一方面要避免自己损失的扩大，另一方面妥善保管货物避免原告损失的扩大。在此情况下，为维护自己的权益，被告享有留置权，可以留置货物，并妥善保管货物。然而在原告报案、并提供保证的情况下，被告依然留置货物，则构成对原告物权的损害。所以被告应该承担更大的责任。

根据我国合同法第三百零四条规定："托运人办理货物运输，应当向承运人准确表明收货人的名称或者姓名或者凭指示的收货人，货物的名称、性质、重量、数量，收货地点等有关货物运输的必要情况。因托运人申报不实或者遗漏重要情况，造成承运人损失的，托运人应当承担损害赔偿责任。"本案原告没有准确表明收货地点，虽然一字之差，造成收货地点上的纠纷，责任归责于原告。

而按照合同法第三百一十五条规定："托运人或者收货人不支付运费、保管费以及其他运输费用的，承运人对相应的运输货物享有留置权，但当事人另有约定的除外。"既然在合同中双方当事人没有约定不得行使留置权，原告作为托运人，在组织卸货的同时应当向被告支付运费，其以未到目的地威海港为由拒绝卸车和支付运费，被告有权行使留置权。

同时，按照合同法第三百一十六条规定："收货人不明或者收货人无正当理由拒绝受领货物的，依照本法第一百零一条的规定，承运人可以提存货物。""可是被告罗某并没有采取积极合法手段将货物交有关部门提存，在原告同意交纳一定数额保证金的情形下，依旧留置货物不将其交付原告，构成了对原告财产权利的侵害，自然应承担相应的赔偿责任"。

3. 风险多样

通过分析不难发现，上述案例是由于运输合同信息不准确导致当事人利益失衡而引起的纠纷，可见内容准确、严谨对于合同的履行有多么重要。据了解，类似的情形还有很多，如合同中的"定金"与"订金"就比较容易混淆。定金具有担保的作用，交付定金一方不履行的，不能请求返还定金；接受定金一方不履行的，应当双倍返还定金。而订金只具有预付款的性质，不具担保作用。交通运输合同履行中因"定金"与"订金"区分不清而引起的纠纷就不在少数。

不过，在合同风险中，除上述风险外，还存在着诸多风险。对此，张起淮介绍说，当合同双方对合同的理解发生争议的时候，一般要对合同条款进行解释，根据《合同法》的规定，一类是一般条款的解释，一类是格式条款的解释。而对不同条款的解释中，往往就存在着不同的法律风险。另外，合同法还规定了诸多无效的情形，如以欺诈、胁迫手段订立合同损害国家利益；恶意串通损害国家、集体、第三人利益；以合法形式掩饰非法目的；损害社会公共利益；违反法律行政法规的强制规定；规定违法的免责条款合同等。合同法中还有一些可撤销的合同，如欺诈、胁迫、显失公平、重大误解、乘人之危等。这些都是合同中存在的风险。此外，运输期间标的物的保管、运费的支付、运输方式的选择、需不需要采取特殊的措施、标的物交付的检验等，也隐藏着一定的风险。

张起淮认为："联系物流企业之间、物流企业与客户之间关系的法律桥梁和纽带就是合同。所有的经济利益的实现都需求通过合同这个法律方式实现与保障。合同作为法律行为，是把物流服务活动各方当事人的经济关系转化为法律关系的手段或者工具。物流企业之间、物流企业与客户之间，都是以物流服务为基本目标的，服务仍是合同双方乃至多方关系的核心。因此，加强防范物流业的运输合同风险至关重要。"

4. 如何规避风险

据了解，交通运输合同风险之所以防范和规避起来比较难，一方面是由于不同运输方式决定的合同关系中具有丰富多彩的形态，使得立法和理论解释等方面存在许多分歧；另一方面是因为运输合同通常以格式合同的形式出现，当事人的意志不能充分表达，而且由于信息不对称容易导致当事人利益失衡的现象。

此外，运输合同的具体表现形式也多种多样，如客票、货票、提单、承运单等纷繁复杂，使得合同纠纷变成了家常便饭。

那么，该如何依法规避运输合同中的风险？欲防范法律风险应着重在合同的签订、履行这两个方面做好工作。

首先要把好合同签订关。合同条款应合法、完备。将自身风险降到最低，是设置合同条款的重要准则；托运人应如实申报有关货物运输的情况。如实申报有关货物运输情况是承运人履行安全地将货物运至目的地并交给收货人之义务的前提。如果承运人对货物运输情况一无所知，也难以完成运输义务。明确货物包装要求。货物的包装是否符合运输要求，影响到货物装卸及运输安全；明确货物风险承担的界限。托运人与承运人签订货物运输合同并将托运货物提交给承运人时起，至承运人将货物交付给收货人时止，托运货物处于承运人的实际控制之下，此期间所发生的货物毁损、灭失，承运人应当承担损害赔偿责任。因此，应当明确货物风险承担的界限，何时为货交承运人负责，何时为货交收货人负责。

另外就是在合同履行过程中要做好细致入微的工作。作为托运人，在办理托运的时候，一定要仔细审查合同的主要条款及权利义务的约定，明确合同标的、数量、质量、价款、履行地点、期限、方式、费用等；作为收货人，在接受货物的时候，一定要当场检验检查，发现问题及时提出异议，并作书面记录。事后发现，及时发出异议书，并可采取拍照、公正等证据保全措施，以为将来索赔搜集证据。张起淮强调："合同签订后，双方应切实履行自己的合同义务，遵循适当履行、诚实守信原则。对履行发生纠纷时，应及时进行双方协商，做好对合同内容的补缺和推定。正确行使履行过程中的抗辩权、代位权、撤销权、提存以及违约时的减损义务，维护自己的权益同时不损害对方利益。"

（选自 www.examw.com 经作者重新整理）

问题与思考：

1. 通过本案例学习，你认为应如何规避运输合同风险？
2. 结合本案例，认真学习和熟悉运输合同签订的全过程。
3. 如果你作为当事人（原告或被告），如何防范和处理该纠纷？

第 12 章

绿色物流运输管理

❖ **学习目标**

掌握：绿色物流运输、"牧童经济"、"宇宙飞船经济"的概念；可持续发展理论；低碳经济理论；绿色物流运输的内涵；实施绿色物流运输的主要问题；商品对物流运输的要求；发展绿色物流运输的措施。

了解：绿色物流运输的由来；绿色物流运输的意义；物流运输对环境的影响；物流运输造成的负效应。

"绿色"作为当今人类经济社会的共同主题，也是物流运输的主题之一。本章以绿色为基点，分析绿色物流运输发展中的相关问题。

 引导案例

贝克的"环保运输方式"

船舶运输是贝克啤酒出口营业的最主要运输方式。贝克啤酒厂邻近不来梅港，是其采纳海运的最大优势。凭借全自动化设备，专用集装箱可在 8 分钟内灌满啤酒，15 分钟内完成一切发运手续。每年，贝克啤酒经由海运方式发往美国一地的啤酒就达 9 000 TEU。

之所以选择海运方式，贝克啤酒诠释为"环保运输方式"。欧洲甚至世界规模陆运运输的堵塞和污染日益严重，贝克啤酒选择环保的水运方式不仅节约了运输成本，还为自己贴上了"环保"的金色印记，用绿色提高了企业的无形资产价值。

（选自：avD 无忧智考网）

思考题："绿色"不是一种负担，而是营利的手段之一，如何理解绿色物流运输？

12.1　绿色物流运输概述

"绿色"并不是被清晰界定的概念，而是泛指人类从生存、自然和环境的角度，重新反思和审视人类传统的、主流的经济发展思想，提出了绿色生产、绿色营销、绿色消费、绿色物流和绿色运输等一系列反映尊重自然、天人合一等为基础的经济发展理念。

12.1.1　绿色物流运输的由来

讨论绿色物流运输问题，应首先了解人类发展观念的转变。这些转变主要表现如下。

1. 增长经济向稳态经济的转型

物流运输是经济发展的伴生物，传统经济理论都信奉"增长经济"的理念，即比拼经济的快速发展，具体表现为各国 GDP 的增长，它给人类带来一系列喜悦和剧增的财富。而今"增长经济"的单向思维，被经济发展的实践证明存在着严重的缺陷，弥补或消除这一缺陷的可行路径是建立经济与自然之间的双向思维，把经济发展置身于自然生态系统之中，重新架构未来的经济发展，使之成为一种能维系环境永续不衰的"稳态经济"。

稳态经济是一种从根本上区别于传统的增长经济，尊重生态学原理，并以生态学原理和方法指导经济发展的生态经济新模式。而从一种无视生态学原理的"增长经济"向尊重生态学原理的"稳态经济"过渡或转变，需要改变甚至革除固有的观念，形成与生态经济发展相适应的价值观，重新认识经济与自然生态系统、与环境之间的关系，自觉地把经济发展看做是自然生态系统的有机组成部分，使经济发展不仅要尊重自身的经济发展规律，更要尊重维系经济增长能否持续的自然发展规律。

树立经济发展必然归属生态而且不能脱离生态的理念，把经济看成是地球自然生态系统的一个有机的组成部分，在经济发展中渗透更多的生态意识，认清经济与自然生态系统之间的内在联系，使经济发展能够日益朝着尊重生态学原理、表达生态学真谛的方向发展。

2. 由"牧童经济"转向"宇宙飞船经济"

在整个 20 世纪，工业化浪潮以前所未有的速度和效率为社会创造了巨大财富，为人类社会提供了丰富多样的物质产品，也给企业带来了巨额利润。但与此同时，人类赖以生存的自然环境也在遭受严重破坏，资源被大量浪费，环境被严重污染，生态平衡正在受到失衡的威胁，人类开始面临着前所未有的生存危机。面对这一"有增长，无发展"的困境，人类不得不重新审视自己的发展历程，在这种认识的基础上就形成了"牧童经济"和"宇宙飞船经济"理论。

所谓"牧童经济"是一种形象化的表述，指的是随意浪费资源的一种粗放式的经济增长模式，它如同牧童在草原上游牧一样，哪里有草可吃，就在哪里放牧。"宇宙飞船经济"是相对于"牧童经济"而言，它把人类赖以生存的地球形象地比喻为茫茫宇宙中的一个小小的太空飞船，未来的经济也因此称为"宇宙飞船经济"。它要求在如此有限的空间里，为了人类自身的生存与发展，维持良好的生存状态，必须最大限度地节约使用资源，并且使其排放的废物最小，尽可能建立起既不使资源枯竭，又不造成污染，能够循环使用各种物质资源的新的经济形态，建立起一种资源消耗最小，环境损害最小的生态型的循环经济体系。

也许"宇宙飞船经济"的真正实现还要走很长的路，但它是绿色经济的一个路标，要彻底实现经济发展模式的转型，必须转变传统的线性经济发展模式，即"资源—产品—废弃物"的单向流动。逐步形成循环经济发展模式，即"资源—产品—再生资源"的反馈式流程，以最大限度地利用进入系统的物质和能量，最终形成绿色经济发展模式。

3. 可持续发展理论

所谓可持续发展，是指既满足当代人的需要，又不损害后代人满足其需要的能力的发展，是一个涉及自然、经济和社会三大系统的复合性发展观念。

1992 年 6 月，在巴西里约热内卢举行了由各国国家元首和科学家参加的联合国环境与发展大会。为了实现人类永续发展，保护人类的共同家园——地球，大会空前一致地达成了一项协议，表示要彻底改变各自现行的生产方式、消费方式和传统的发展观念，努力建立起人与自然相和谐的新的生产方式和消费方式，建立起与之相适应的可持续发展的新战略和新观念。会议通过了《里约宣言》和《21 世纪议程》两个纲领性文件及关于森林问题的原则声明，签署了气候变化和生物多样性两个公约。以此为标志，可持续发展从此成为国际社会的共识和人类共同追求的目标，这次会议被认为是人类发展史上的一个重要里程碑。

4. 低碳经济理论

2009 年年末的哥本哈根会议使"低碳经济"一词迅速转化为大众化词汇，作为具有广泛社会性的前沿经济理念，低碳经济其实没有约定俗成的定义。低碳经济也涉及广泛的产业领域和管理领域。从一般意义上低碳经济可以被定义为：以低能耗、低污染、低排放为基础的经济模式，是人类社会继农业文明、工业文明之后的又一次重大进步。低碳经济的实质是能源高效利用、清洁能源开发、追求绿色 GDP 的问题，核心是能源技术和减排技术创新、产业结构和制度创新及人类生存发展观念的根本性转变。

"低碳经济"提出的大背景，是全球气候变暖对人类生存和发展的严峻挑战。随着全球人口和经济规模的不断增长，能源使用带来的环境问题及其诱因不断地为人们所认识，不止是烟雾、光化学烟雾和酸雨等的危害，大气中二氧化碳（CO_2）浓度升高带来的全球气候变化也已被确认为不争的事实。

可以说，上述理论对在生产和物流运输过程中树立绿色观念，发展绿色物流运输具有不可忽视的重要作用。

12.1.2 绿色物流运输的内涵

"绿色经济"发展是一个庞大的系统工程，是整个人类经济社会行为的重新梳理，物流运输必在其中。在物流运输中，要抑制物流运输对环境造成的危害，形成一种能促进经济发展和人类健康发展的新的物流运输系统。

1. 绿色物流运输的概念

绿色物流运输是指在物流系统中，利用先进的技术方法和管理理念，实现物流运输作业和运营管理全程的绿色化，既满足客户对运输服务的需求，又减少运输过程中对资源的消耗和对环境的污染。

绿色物流运输倡导在运输作业过程中，采用环保技术，提高资源利用率，最大限度地降低运输活动对环境的负面影响。绿色物流运输要求在整个供应链系统运行中，实现环保和可持续发展下的盈利，采取与环境和谐相处的全新理念，建立和管理物流运输系统。

2. 绿色物流运输的内涵

理解绿色物流运输的概念至少应包含以下三个方面。

（1）绿色物流运输是共生型运输。传统运输往往是以高效率带来的利润最大化为出发点，不考虑对环境的影响，甚至以生态破坏为代价，实现对物流运输利益的追求。而绿色物流运输则注重从环境保护与可持续发展的角度，求得环境与经济发展共赢、双赢。通过物流运输管理与技术的提高来减少和消除物流运输对环境的负面影响，并以此获得盈利。

（2）绿色物流运输是资源节约型、环境友好型物流。绿色物流运输不仅注重运输过程对环境的影响，而且强调资源利用的节约。在实际工作中，资源浪费现象是普遍存在的，它不仅存在于生产领域、消费领域，也存在于物流运输领域。例如，过量储存产品会造成产品陈旧、老化、变质；运输过程的商品破损；流通加工过程余料的浪费等。资源的浪费与不合理使用主要表现在管理和技术两个方面，如运输中的迂回运输、倒流运输等都属于管理问题；而尾气排放标准过低、燃油质量偏低等则与设备、技术相关。同时，各种资源、设备、能源的浪费，本身就是对环境的破坏。

（3）绿色物流运输是循环型物流。传统物流只重视从资源开采到生产、消费的正向物流运输，而忽视废旧物品、可再生资源的回收利用所形成的逆向物流。循环型物流包括原材料副产品再循环、包装废弃物再循环、废旧物品再循环、资源垃圾的收集和再资源化等，以及运输设施、物料的再利用，特别是包装材料的循环利用。

3. 绿色物流运输的基本目标

从上述绿色物流运输的内涵中，可以归纳出实施绿色物流运输应达到的两个基本目标：一是实现共生型物流运输，即在提高运输效率的同时，不以牺牲环境和生态为代价，积极有效地采用环保技术和措施，实现运输与环境的和谐共生；二是实现资源节约型物流运输，通过高效率、集约化的管理，合理配置各种资源，使物流运输所需的各种物质资源得到最有效、最充分的利用，使单位资源的产出率达到最大化，减少和降低物流运输中造成的资源浪费，特别要注意避免上述章节中讲到的不合理运输。以上两个目标之间是相互联系、相互制约的，这两个目标的实现，最终能使物流运输发展目标、社会发展目标与社会发展、环境改善协调同步，走上物流运输与社会都能可持续发展的双赢之路，实现既追求经济高效又追求节约资源、保护环境的可持续发展目标。

12.1.3 绿色物流运输的意义

绿色物流运输是环保、低碳、节约型的运输，并且应该建立科学有效的预警与应急处理机制，特别是建立对环境突发事件和危险品运输的预警与应急处理机制，在物流运输中将运输过程中的大气污染和噪声污染降到最低。资源节约型物流运输还应包括对占用土地的集约使用、对运输车辆的集约使用，以及运输工具对燃料消耗的节约。

现代绿色物流运输发展的基础在于"绿色物流理念"的逐步形成，这一理念至少应包括：经济发展与环境保护的协调、经济发展与资源利用的协调、完整的节约型社会建设、可持续发展的经济战略、从每一个环节开始的环保与节减。发达国家对绿色物流运输十分重视，在国家绿色物流政策引导下制定了多种控制污染的优惠政策，限制交通量，控制交通流，对遗弃物和回收利用等方面都有强制性法规。

绿色物流运输不仅对环境保护和社会经济的可持续发展具有重要意义，也会给企业发展带来巨大的经济效益，当前，越来越多的企业已经逐步认识到绿色物流运输发展的重要意义。

1. 绿色物流运输促进社会经济可持续发展

绿色物流运输建立在维护人类生存环境和可持续发展的基础之上，强调在物流运输活动的全过程采取与环境和谐相处的理念和措施，减少物流运输作业对环境的危害，避免资源浪费，从每一个物流运输作业环节上，促进社会经济的可持续发展。

2. 绿色物流运输有助于降低企业经营成本

一件产品从生产到销售的过程，要经历原材料采购、加工制造、包装、储存、运输、装卸、销售、回流等过程，除加工制造外，其他环节大多与物流和运输相关，如果绿色物流运输能贯穿整个产品的生产、销售全过程，使资源利用、节能降耗、低碳减排、废旧产品回收等落实到作业的各个环节上，就可以最大限度地降低企业经营成本，实现环境利益和企业盈利的双赢。当然，在我国真正实现"低投入大物流"的运作模式还需要一定的时间过程。

3. 绿色物流运输有利于提高企业的社会责任感和竞争力

企业在追求利润的同时，还应该树立良好的企业形象、企业信誉，履行社会责任。绿色物流运输体系的构建有利于提高企业的美誉度。绿色物流的核心在于实现企业物流活动与社会、生态效益的协调，实现企业的可持续发展。

运输是物流过程中最主要的活动，同时也是物流作业耗用资源、污染和影响环境的重要因素。运输过程中产生的尾气、噪声，可能出现的能源浪费和可能造成的二次污染等都是绿色物流运输必须解决的问题。近年来物流运输市场的竞争，公众对企业社会责任的关注等，都促使企业必须走绿色物流的道路，"绿色"已经成为提升企业竞争力的重要基础。

12.2 物流运输与自然环境

12.2.1 物流运输对环境的影响

改革开放以来，我国物流运输业自身的长足发展，物流运输在国民经济发展中的先导作用是人所共知的。但是物流运输是较为典型的资源占用型、能源消耗型，以及对生态环境影响较大的行业，所以，在发展"绿色经济"的今天，资源环境的约束同样也是物流运输业发展中必须解决和不可回避的问题。下面仅从排放和占用两方面作简单说明。

1. 物流运输中的排放对环境的影响

物流运输中不良气体的排放污染，也包括废水、固体废物等的排放污染，成为发展绿色物流运输的最大"瓶颈"。仅以目前国内的汽车运输为例，由于我国物流运输业的能源利用率不高，我国汽车平均每百公里燃油 9.5 升，燃油经济性比欧洲低 25%，比日本低 20%，比美国低 10%。载货汽车每百吨每公里油耗 9.6 升，比国外先进水平高 1 倍以上。所以，物流运输中尾气排放高于发达国家，对环境的污染也非常大，我国大城市中 60% 的一氧化碳、50% 的氮氧化物、30% 的碳氢化合物污染均来源于机动车的尾气排放（此类案例多有报道，此不再赘述）。

近年来，因危险化学品等危险货物运输事故而导致的环境污染事件也大幅上升，对生态环境和公众的生命财产安全构成了直接威胁。物流运输业在高速发展的同时，也付出了高昂的资源和环境成本，并对公众健康和生态环境产生了巨大的负面影响。

2. 物流运输中的占用对环境的影响

物流运输的资源占用主要表现为运输基础建设所需的土地、原材料及运输的能源消耗。运输基础设施的建设占用了大量的土地资源，如铁路、公路、客货运站场、港航码头、机场及运输服务区等运输基础设施的建设，都需要占用土地。据估算，目前建设 1 公里铁路约需占地 4.4～6.0 公顷（1 公顷＝1 万平方米），双向六车道高速公路每公里占地 8.2 公顷。而现代运输系统的运转更是建立在能源消耗的基础上，所有的运输工具都是依靠能源驱动的。近年来，我国运输业对石油的需求急剧增长（我国的原油主要依靠进口，成为世界第二大原油进口国）。我国车用燃油消耗已占中国石油消耗总量的 1/3，（当然这其中上升最快的是私人轿车的普遍使用）从长期来看，车用燃油消耗还有巨大的上升空间。即使在欧盟等经济较发达国家，运输也是能耗增长速度最快的行业。

运输业在大量占用资源的同时，对生态的影响也是无处不在。比如，交通基础设施的建设会对动物栖息地的生态平衡产生破坏，在生态环境极为敏感的地区，一些设施的建设常常会给生态带来毁灭性的影响。英国环境经济学家大卫·皮尔斯（1995 年）研究了公路运输中，所造成的全球气候变暖、空气污染、噪声污染、堵塞成本、公路损坏、交通事故等外部成本，并计算得出，在英国每 10 亿英镑运输成本造成的生态环境外部负面效应总值达 45.9 亿～52.9 亿英镑，折算车辆的每公里外部成本为 1.322～1.524 英镑。在我国虽然还没有这类较为精确的研究成果问世，但可以肯定物流运输的单位外部成本会高于英国，而我国的运输总量又远远高于英国，其造成的环境污染和环境问题也会大大高于英国。

12.2.2　物流运输造成的负面效应

改革开放 30 多年来，我国经济持续高速增长，已使我国经济总量成为世界上仅次于美国的第二大经济体，但我国经济发展中"三高一低"（高消耗、高污染、高排放、低利用）的增长方式没有得到根本性的改变，使得经济社会发展与资源环境的矛盾日益突出，其负面效应已经十分明显。在物流运输中主要表现如下。

1. 物流运输对大气环境的负面效应

运输是许多有害气体的主要来源之一，随着我国汽车保有量的不断增加，城市空气已形成煤烟型和机动车尾气复合型污染。以汽车为例，汽车排放污染物的量和比例取决于一系列因素，包括发动机设计、发动机大小、燃油性质、车辆使用的状况，即驾驶、车龄和保养状况等。排放的有害物质包括以下几类。

（1）一氧化碳（CO）排放。CO 排放是不完全燃烧的结果，90％的 CO 排放来自运输部门，其中 80％来自小汽车的使用。

（2）粒子排放物。粒子排放物包括大气中的或排放中的细微固体颗粒或液体颗粒，例如灰尘、烟雾。来源包括发动机燃烧排放物，特别是货车使用的柴油机燃烧排放物，以及轮胎和刹车产生的颗粒物质。

（3）挥发性有机化合物（VOC）。挥发性有机化合物包括各种碳氢化合物和其他物质

（如甲烷、乙烯氧化物、苯酚、氯氟碳、苯等），通常是由于石化燃油不完全燃烧产生的。运输排放的碳氢化合物（HC）占世界排放总量的 30%。汽油发动机还造成 80% 的苯排放。

（4）燃油添加剂排放物，特别是铅（P_b）。为提高发动机性能，燃油中加有各种化学添加剂。有些添加剂对环境有不良影响，尤其是铅（用于防爆震的添加剂元素）对大气环境会造成很大影响。

（5）氮氧化物（NO_x）排放。运输部门排放的 NO_x，约占所有 NO_x 排放的一半，其余的是能源和工业部门排放出来的。

（6）二氧化硫（SO_2）排放物。运输活动直接排放的 SO_2 占总排放的 5%。柴油每升的 SO_2 含量比汽油高，烧煤的发电厂也是 SO_2 的主要排放源。因此，使用电力机车的铁路运输也是一个间接的 SO_2 来源。

（7）对流层臭氧。在对流层有自然形成的低浓度的臭氧。受到 NO_x 和 HC 污染的空气增加了臭氧的形成。

上述汽车尾气中排放的可吸入颗粒物、硫化物、碳氢化合物、氮氧化物等污染物成为大气污染的主要"元凶"。大气中 90% 的铅来自汽车所用的含铅汽油。铅在汽车尾气中呈可吸入的微粒状态，随风扩散，进入人体后，主要分布于肝、肾、脾、胆、脑中，易引起铅中毒，其症状如头晕、头痛、失眠、多梦、记忆力减退、乏力、食欲缺乏、上腹胀满、恶心、腹泻等，重症中毒者有明显的肝脏损害。汽车尾气的氮氧化物和碳氢化合物经太阳紫外线照射会产生毒性很大的光化学烟雾，强烈刺激人的眼睛和呼吸器官，甚至危及生命。

世界卫生组织的报告中曾指出，奥地利、法国和瑞士三国汽车废气污染危害高于交通事故，长期暴露在空气中的汽车废气烟雾引起了 2.1 万人过早死亡。由于汽车尾气是低空排放，儿童吸入量为成人的 2 倍，长期吸入可导致贫血、眼病、肾炎等"城市儿童交通病"。

此外，二氧化碳（CO_2）等温室气体有将近 50% 是由汽油和柴油为动力的发动机所燃烧的矿物燃料释放的，所产生的温室效应会导致全球环境和气候发生重大变化。而汽车尾气排放的硫化物也是酸雨形成的重要原因之一，酸雨能够破坏森林生态系统，改变土壤性质与结构，腐蚀建筑物和损害人体的呼吸系统和皮肤。

2. 物流运输对水环境的负面效应

物流运输中对河流水环境的负面效应主要表现如下。

（1）水路运输中的船舶污染是造成水环境恶化的主因，如我国水环境尤其是长江、大运河等主航道污染的直接原因之一。船舶对水环境的污染主要包括运输过程中生活污水、固体废弃物、舱底压载水中的油污等的排放。有关资料显示，我国长江流域船舶年产生油污约 6 万吨，年产生船舶垃圾 18 万吨，年排生活污水相当于一个中等城市，这些污染物大多是未经任何处理直接排放到长江中。

（2）物流运输基础设施的建设和使用要占用大量的土地。道路会改变地表水和地下水的水流和水质，有时会导致洪水、水土流失、淤泥的增加或地下水的枯竭等水环境变化。这些变化也会随之产生对自然植被和野生动物及人类活动的影响。

同时，道路、车站等物流运输基础设施的排水系统设计和维护，不仅要保护道路及其周围的边坡，也应当考虑环保的要求，要保证排水系统能与周围环境相适应。

（3）物流运输中产生的粒子排放物及其他排放物也会污染水源，也会通过排水系统，导致土壤的酸化及其他形式的土壤污染。

3．物流运输对海洋环境的负面效应

物流运输也可能从以下两个方面对海洋环境产生负面效应。

（1）大量建设的远洋港口及其有关设施要征用沿海地带的土地，并经常需要进行疏浚工程，而疏浚工程及废弃物堆场会对海洋生物产生影响。而填海、炸岛建设的海港会破坏沿海地带原有生态环境，干扰自然生态系统，破坏久已形成的生物链。

（2）物流运输过程中或人为造成的石油品和化学品的溢出及过多的废物排放是海洋污染的主因。全球平均每年有大约 100 万吨石油污染物产生于海上运输活动（海上燃油泄漏事故和油船清洗），主要对海中动植物和海滩产生破坏性影响。近几年，海洋石油运输中原油泄漏事故不断发生，对海洋生态环境造成严重危害。泄漏的石油入海后一是形成油膜，抑制海洋生物（浮游植物）的光合作用，从而破坏海洋生物的食物链；二是石油分解，消耗海水溶解氧，造成海水缺氧，致使生物死亡；三是有毒化作用，石油所含有毒多环芳香烃和有毒重金属，可通过生物富集和食物链传递而危害人体健康；四是影响海气交换，石油污染破坏海洋固有的二氧化碳吸收机制，形成碳酸氢盐和碳酸盐，缓冲海洋的 pH 值，从而破坏二氧化碳的循环和平衡。

如 1999 年 12 月 12 日，满载 2 000 吨油的"埃里卡号"油船在布列斯特港以南 70 公里处海域沉没，造成大量石油泄漏，严重污染了附近海域及沿岸一带，法国西海岸，至少大约有 20 万只以上的海鸟已成为"埃里卡号"油船泄漏污染海洋的牺牲品。显然，这场事故已经成为欧洲历史上最严重的海洋石油污染事件。2011 年发生在渤海的"康菲"公司海底漏油事件，造成渤海海洋环境的严重污染，给渤海渔民带来巨大损失。虽然"康菲"公司同意出资 10 亿人民币补偿，但其造成的环境危害是无法用货币衡量的。

4．物流运输对土壤环境的负面效应

物流运输对土壤侵蚀同样会产生土壤环境负面效应，主要包括两个方面。

（1）道路本身就会对土壤有很大的影响，除非采取适当的减轻影响的措施。土壤侵蚀是最常见的交通运输道路工程项目对环境的影响，这是由于土壤和水流相互作用的结果，这二者都会受到道路建设的影响。有时侵蚀会影响到离开道路建设地点以外的边坡、溪流、河流和水坝。在建设过程中由于开挖或构筑路堤，可能会影响到边坡的稳定性。道路开挖后的废弃材料可能会毁坏自然生长的植被，并加重侵蚀和破坏边坡的稳定性。

（2）汽车排放的废气和固体微粒易在土壤中富集，对土壤造成污染。在交通繁忙的路段（通常超过 20 000 辆车／日），由于每天大量车辆运行会产生土壤的污染问题，汽车排放出来的金属，如铬、铅和锌会留在土壤中残存上百年。

南京环境科学研究所的一项研究表明，江苏有 1/10 的耕地已经遭到汽车废气的污染。该所对沪宁高速公路和 205 国道等多条道路两旁的土壤及种植的作物进行了采样分析，结果显示受污染较重的土壤中有害物质竟有近百种。除最常见的铅污染，还包括多环芳香烃等有机污染物，部分地段小麦中含铅量甚至超过国家标准 6.98 倍。这些物质有一定的生物积累性和致癌、致畸、致突变的"三致"作用。与空气扩散不同，土壤中的毒物具有积累效应，时间越长，毒性越大，很难靠稀释和自身净化来消除。因此土壤污染一旦形成，仅依靠切断污染源的方法很难恢复原有生态，有时要靠换土、淋洗土壤等方法才能解决问题。

5．物流运输对声环境的负面效应

城市噪声源中，交通运输噪声源占据了最大比例。国家环保总局在 2004 年对全国 47 个重点城市的6 903公里道路进行了声环境监测，其中2 124.7公里路段等效声级超过70分贝，占监测路段总长度的30.8%。城市的交通高峰地带的噪声大都在80分贝以上，繁忙路段甚至达90分贝。而声级超过50分贝就会影响人们正常的工作、学习、休息和睡眠；70分贝以上的噪声会使人精神不集中；90分贝以上的噪声将严重干扰人们的工作、学习、生产活动，对人的身体健康带来严重危害。

德国的一项研究发现，65%的人口受到道路交通噪声的影响，这个数字是受工业噪声影响人数的3倍。为了降低道路噪声，世界各国都在制定相应的政策，通过改进车辆技术、铺设低噪声道路路面、通过降低噪声反射或吸收噪声、通过建筑物的隔音设施或通过交通限制及适当的道路规划，以减轻噪声污染。

由上可知，面对资源相对短缺、生态环境脆弱的基本国情，发展我国的绿色物流运输业必须在科学发展观的指导下，以自然资源为基础，与环境承载能力相协调，走出一条与经济发展、社会进步和保护环境相和谐的可持续发展的道路。

12.3　实施绿色物流运输的主要问题

发展绿色物流运输是经济发展的必然，可以说不逐步实施绿色物流运输的企业是不可能立足于当今激烈竞争的市场环境中的。实施绿色物流运输实际上包括两方面内容：一是要保证被运输商品的安全、绿色；二是要保证运输业自身的绿色、环保。

12.3.1　商品对物流运输的要求

保证运输商品的安全、可靠本身就符合"绿色"的要求，因为运输中任何商品的损毁都是资源的浪费，破损商品的跑冒滴漏都可能造成环境污染，都是"非绿"的。所以应首先了解商品对物流运输条件的要求。下面以我国的地理、气候等与物流运输有关的条件为基础介绍物流运输中的一般要求。

1. 温度

温度对商品和运输工具的不利影响主要表现为高温和冻害。在我国一般气象台（站）观测的温度通常指离地面2米高，无阳光直接照射且空气流通之处的空气温度。

物流中的车站棚下、码头仓库、空气流通的场地的温度与当地的适时温度大致相等。但在物流运输过程中，车厢内的空气温度一般要比车厢外的空气温度高3℃~5℃。一些金属物质在烈日曝晒下温度可升高到60℃~70℃。

商品堆放于车站、码头、露天地面或敞篷车、轮船甲板上时，受温度影响较大。高温时，沥青油毡等会出现融化现象。有的商品外包材料会加速物理变化和老化过程，易于破损，使商品外溢或暴露，既造成损失又影响环境。有些低熔点物质在高温时易受热软化，如润滑脂、石蜡、沥青等。低温时，会使一些材料如橡胶和塑料等硬化变脆，在外力作用下易破裂损坏。另外，日温差过大（如西北干热带地区）对商品性能影响较大，昼夜温差较大会使商品表面产生水汽凝结现象，从而易使商品受潮腐蚀变质。所以，在不同温度下运输商品，就要采取防晒、防高温或防冻等不同措施。

同时，在高寒地区对运输工具的运行带来困难，如路面结冰对汽车运行的影响最为显著。

2. 湿度

在我国，由于南北、东西的跨度较大，湿度对商品的不良影响要大于温度。湿度是指空气中所含水分的多少。湿度分为绝对湿度和相对湿度。1 立方米空气内所含有的水汽克数叫做绝对湿度。在实际工作中，由于直接测定水汽密度有一定的困难，通常把空气里所含水汽的压强称为空气的绝对湿度。在水与汽共存的范围内，当空气中水汽与水之间达到动态平衡时，空气中的水汽达到饱和。饱和水汽的压强成为饱和水汽压。相对湿度是指某温度压力时空气的绝对湿度与同一温度压力下饱和水汽压的百分比。引进相对湿度的概念是由于人们对湿度的感受不是与周围空气中水汽的绝对湿度相关，而是与空气中水汽距饱和状态的程度直接相关。

高湿、高温会使霉菌孢子发芽生长，容易破坏物流运输中的商品。高湿也会促使金属腐蚀加速。一般金属的临界腐蚀湿度是：铁 70％～75％；锌 65％；铝 60％～65％。湿度超过金属的临界腐蚀湿度时，其腐蚀进度会成倍增长。高湿条件下，一些有机材料吸湿后表面发胀变形、起泡。有些商品变潮后会变质失效，如水泥、电石、石棉粉、炸药、焊接材料等。木材受潮后会发霉、腐朽，强度降低。玻璃及其制品受潮后产生难以擦拭的霉斑，影响透明度。低湿时会使怕干的物质产生形变、开裂、变脆和风化，如木材、纸、皮革等，塑料及其制品、棕绳、麻绳等产生干燥收缩、变形及龟裂。含有结晶水的化工原料，在低湿度条件下，易失去结晶水并风化。在物流运输过程中，应注意湿度对商品的影响，防止由于高湿或干燥造成商品或包装物损坏及有毒物质外溢，对环境造成污染。

3. 雨水、冰雪等

在我国长江以南地区年降水量可达 1 200～2 000 毫米，黄河流域和东北地区为 600 毫米左右，而西北干旱地区则只有几十毫米。雨水以各种形式影响运输物件，有时暴雨伴随强风，使雨水降落的倾斜角度最大可达 60°，个别情况下，大风会使降雨几乎呈水平方向，还会将落到地面的水吹离地面。这些情况，对户外堆放的商品产生较大的影响。商品受水淋或被水浸后可能劣化变质，如存于板材表面凹处或角钢、槽钢等弯角内的雨水，会加剧腐蚀，对于下垫不当或排水不畅的货场存放的商品，置于底层的商品会因雨水浸泡而受损。在热带地区常会发生雨水降落地面后很快蒸发的现象，特别是午后阵雨，由于温度高、风大、蒸发量大，且云量变多，阵雨几分钟后就有阳光，常形成水汽蒸腾的现象。这对商品非常不利，如木材会因急速和不均匀受潮、干燥易开裂和翘曲。北方冬天的雪对商品也会产生不良影响。冰雪积于运输商品上，融化后即成为雪水，会浸入商品包装内，影响商品质量。而且很多地方由于大气污染较重，降水实际上属于酸雨，这对商品和运输工具的影响更大。

4. 光辐射

在物流运输中的光辐射，是指太阳光照射到地球表面形成的辐射。太阳辐射以高山及干热带地区较强烈，如西藏那曲地区（海拔高 4 300 米）的太阳辐射强度最大。太阳辐射能使物体表面温度较周围大气温度升高 15℃～20℃。太阳辐射的光强度和时间在一定范围内，对有些商品是有利的，如太阳光中的紫外线（其强度在太阳光中约占 1％）具有杀菌作用，太阳光的热量可使有些商品干燥，防止受潮发霉。但对于有的商品却是不利的。如橡胶、塑料及其制品，在太阳光照射下可加速老化，**受太阳辐射时间过长**，还会发生龟裂等。木材（特别是成材）曝晒或长期受太阳辐射会使其发生严重的变形和开裂。纸张、着色纤维等在日照下会褪色并发脆。太阳辐射会促使有些化工产品迅速分解。

5. 霉菌、昆虫、鼠

鼠害、虫害、霉菌是商品储存和运输中最主要的破坏性因素，国内最普遍的防治方法是施用化学药剂，这本身又是对环境的污染，而其他环保型的方法成本又偏高，这对物流运输企业是一种两难的选择。

霉菌孢子发芽生长最适宜的气候条件是：温度为22℃～30℃，相对湿度为80％～90％，一般霉菌在周围环境条件温度为18℃～37℃、相对湿度60％以上时，最易对商品产生危害。霉菌中含有大量的水分，会直接污染商品。霉菌代谢过程中分泌出酸性物质（如二氧化碳、醋酸、丁酸及柠檬酸等），会增强对金属的腐蚀。昆虫中白蚁对木材等的威胁最大，在长江以南白蚁分布密度大，种群和数量较多，最适宜白蚁活动的温度是20℃～30℃。长江以南每年3月～11月白蚁都有活动，5月～10月是白蚁活动和繁殖的旺盛期。各种皮蠹类虫害对服装及各种天然纺织品的危害最大，且分布极广。蟑螂可以咬食有机材料、木材等。蟑螂分布很广，在我国几乎所有地区都有，最适宜活动的温度在25℃～35℃之间。鼠类和部分鸟类也会对商品和包装物造成损坏。鼠类会经常啃咬粮食、木材、纸张、皮革、棉麻织品等天然有机商品，运输中的商品包装物也是鼠类啃咬的对象。

6. 大气中的化学气体、灰尘和沙尘

有害气体、粉尘等的污染，既有人类活动的副产品，有些也来自大自然。在工业区的空气中，存在着由工厂排出的废气，生活中燃烧含硫的煤时也会排出废气。这些化学气体在不同程度上都会腐蚀金属，对金属有较强的腐蚀作用。废气中的酸性气体和碱性气体会对金属产生强烈的腐蚀作用，如氨气体极易溶于水，使潮湿处的水膜pH值增大，对有色金属的腐蚀大大加快，对铜的腐蚀尤为明显。

灰尘包括工业粉尘，是指直径为1～100μm的颗粒。通常以空气中含有的浓度毫克/平方米或沉积量毫克/平方米表示。沙土是指直径为100～1 000μm的石盐质颗粒，除用浓度和沉积量表示外，还可以用沙暴日数，即用空气中的风沙现象影响在距离1 000米以内的水平能见度的天数来表示。通常在清洁的户外，灰尘沉积量月平均值是10～100毫克/平方分米。多沙尘地区的户外环境，其沉积量月平均达300～550毫克/平方分米。我国西北干燥地区沙尘较为严重，如新疆和田、甘肃尼勒，年沙暴日数为30天左右，甘肃张掖年沙暴日数多达83.4天。

大气中的这些灰尘和沙尘都是微小的固体颗粒，带有电荷，与带有异性电荷的物质接触时，会产生静电吸附，沉积于物品上，影响物品表面的光洁度，且有可能磨损物品表面。精密仪器仪表落上灰尘，影响零件表面光洁度，污染防护油及润滑油并造成使用时表面磨损，降低灵敏度，缩短使用寿命。绝缘材料制成的仪表落上灰尘，会增加吸湿性，降低绝缘性能。化工原料落入灰尘，会影响其纯度和性质。还有一些酸性或碱性灰尘易吸水气并潮解，加速金属材料等的腐蚀。

另外沙尘、有害气体等对物流运输工具的影响有些是直接的，如沙尘特别是沙尘暴对飞机飞行、对汽车运行的影响，有些往往是灾难性的。

7. 振动

振动是物质机械运动的一种形式。任何具有旋转运动或往复运动的动力装置的运输工具，都会由于该动力装置有规律的转动或往返运动而产生周期性的简谐振动和非简谐振动。这些部位的振动会通过结构联结传递到装载货物部位的车厢或货舱内，从而对商品产生影响。另一种振动是无规律的，称为随机振动。各种运输工具的运行，如汽车、卡车、拖拉机等在公路上行驶，火车在铁轨上行驶，轮船在海浪中航行等所产生的振动都是随机振动。这种振动会传到商品而产生影响，会使商品产生振动或摩擦而遭损伤。严重的情况是发生共振，即当外部激振的频率达到包装件固有频率（自然频率）时会产生共振，共振传振动量急剧增加而造成更大的损失。较为严重的振动会影响到商品质量，甚至损毁商品本体和破坏商品包装等，这种现象在公路运输中较为明显。

8. 冲击

冲击是一种瞬时的猛烈的物质机械运动。从运输中的受力方向来看，冲击一般可分为垂直冲击和水平冲击两种。垂直冲击主要是由搬运、装卸时起吊中跌落等引起的。水平冲击主要是运输车辆在高低不平的路面上行驶时，铁路货车驼峰溜放时造成的。其他如汽车行驶碰到障碍物、火车转轨、飞机着陆、轮船靠码头等都可能引起冲击。铁路货车运输时所受的冲击与货车运行状态有关，在正常运行时，每 100 公里的运行距离内货车可能由于加速、减速、刹车等受到 3～12 次的冲击。汽车运输时商品受到的冲击，与商品在车厢内放置的位置和固定情况有很大的关系。在车厢中部放置，受冲击较小；在车厢尾部放置，受冲击较大。在特别差的道路上运行，汽车可能产生的最大冲击加速度为 3～5 克，若商品没有固定牢固，可能会产生 5～20 克的冲击加速度。航空运输中，飞机着陆时冲击加速度可达 1～2 克。商品在流通过程中受到的最大冲击，可能会发生在装卸时。在人工装卸时，跌落的冲击使物质受到冲击加速度可能超过 60 克，甚至高达 100 克。在机械装卸时，由于商品之间碰撞，起吊和放下时也会产生冲击，可能产生 10 克的冲击加速度。用集装箱运输时，机械装卸的冲击加速度一般小于 1 克，最大可达 2 克，过大的冲击会使物质的脆弱部位的材料或结构遭到裂损破坏。

总之，在物流运输过程中，如果上述因素的负面作用影响到运输工具、商品本体或商品包装，就可能造成运输中的损失，所以，减少和消除上述因素的负面效应是实施绿色物流运输的基础。

12.3.2　绿色物流运输发展中的问题

就我国当前物流的整体现状来讲，除了上述影响因素外，主要表现在下述技术、管理和观念等问题上。

1. 现代物流运输技术运用落后

实施绿色物流运输首先应是对运输商品的绿色保护，这其中首推农副产品，农副产品的绿色物流运输离不开绿色物流技术的支撑，而我国的绿色物流技术的应用上和发达国家相比有较大差距，主要表现在以下几个方面。

（1）在农副产品运输中，资料显示，国内多采用敞篷卡车加苫布的运输方式，只有三成是密封式厢式汽车，而备有制冷机械、保温箱式的冷藏车辆还不到的一成，物流运输中缺乏对农副产品的有效保护，损失率高；有些地方为了节约运输成本，甚至用报废车辆、拼装车辆，大量的汽车尾气排放、汽车的噪声及无法保证的安全性等都会对环境造成污染甚至是严重的事故等。

（2）保鲜技术和冷链物流技术应用不足。目前，我国的农副产品物流运输仍以常温物流或自然形态物流形式为主，较少使用保鲜、冷冻、冷藏设备和技术，使农产品在物流运输过程中水分大量消耗或者腐烂变质，品质下降也使农副产品售价受到严重影响。以 2002 年为例，我国有总值不低于 750 亿美元的食品在物流运输过程中腐烂变质。在当今的市场环境中，利益的驱动力是巨大的，一些农副产品经销商为了避免农副产品在运输和储藏中腐烂变质，延长其保质、保鲜的有效期，在物流环节超剂量使用防腐剂，有些甚至使用有毒防腐剂。

① 在农副产品的物流过程中机械化水平低。如装卸搬运时大多靠人工作业，不仅速度慢、损耗大，而且商品反复与作业人员接触，这种作业流程本身就是"非绿行为"。

② 包装物的可重用性、可降解性与绿色物流的要求存在巨大差距。

③ 缺乏农副产品物流运输的有效规划。很多农副产品物流运输都是在简单的利润驱动下进行的，而且被冠以"以市场为导向"，这往往会造成不合理运输，重复配送，车辆超载和空驶并存，导致交通阻滞与事故频出，最终造成物流运输效率低下和对环境污染的加剧。

2. "柠檬市场"现象严重

仍是以农副产品的物流运输为例：由于农副产品受自身生长规律及自然环境条件的影响，同一种农产品有可能由于其产地、加工环节等工序的不一致，其营养、风味、质地、口感等质量特征就会表现出极大的差异性，使得在既定的环境中只有卖方详知农副产品的质量情况，而买方要在市场上获得产品质量信息，一般只能作如下的选择：①根据农副产品的品牌来判断产品的质量；②根据卖方的信誉来判断其所售产品的质量；③进行现场农副产品质量检测。

但是目前我国农副产品流通的主渠道是农贸市场和农副产品批发市场，市场上的农副产品大多只有产地，没有品牌，而可以信赖的知名品牌则更少；卖方的高流动性及小本经营的规模使其很难建立起可靠的质量信誉度，也连带降低了真正的绿色农副产品在消费者心中的信誉度；现场农副产品质量检测技术落后；政府在绿色产品认证制度及监管体制上存在缺陷及一些地区管理的混乱，导致绿色农副产品质量信息在生产者与消费者之间呈现不对称性。

因此，在信息不对称条件下的农副产品市场成为"柠檬市场"（"The Market for Lemons"也称次品市场，或阿克洛夫模型。柠檬市场效应是指在信息不对称的情况下，往往好的商品遭受淘汰，而劣等品会逐渐占领市场，从而取代好的商品，导致市场中都是劣等品），消费者误以为市场价格反映的是农副产品的平均质量，导致市场上"逆向选择"的发生，优质绿色农副产品被劣质的农副产品驱逐出市场，使得真正高质量的绿色农副产品难以在市场上立足。另外，由于生产绿色农副产品需要投入较高的生产成本，还要支付比生产普通农副产品更多的绿色技术应用费及绿色营销费用等，绿色农副产品在物流运输过程中也要支付高于一般产品的费用，再加上市场交易公平机制的缺乏，使得生产劣质不安全农副产品能获得巨额利润，而生产绿色农副产品则获利较少甚至亏损，导致绿色农副产品的生产经营者为了实现利润最大，转向生产普通农副产品，甚至是生产那些不安全的农副产品，致使农副产品整体质量水平难以提高，没有绿色产品也就无法形成真正的绿色物流运输。

3. 政府的制度保障欠缺

20 世纪 90 年代以来，尽管我国一直致力于环境污染方面政策法规的制定和颁布，但针对物流运输行业的却不多。相关法律制度的缺失，导致绿色物流运输发展无章可循、无法可依。另外，由于物流运输包含若干流程，每个流程都有相应的职能部门进行管理，各职能部门间部分权力划分不清楚，多方管理造成物流行业发展混乱。同时，各级地方政府在制定物流运输规划时只考虑本辖区的利益，导致物流运输行业无序发展，造成资源的巨大浪费，也为以后物流运输中的环境保护增加了过多的负担。

4. 物流运输体系不健全

我国现有的物流运输组织大多是以大宗货物和工业产品为服务对象，从理论上讲，绿色物流运输，应包括两个方面的内容：①物流运输系统管理、运行、技术手段本身的"绿色"即高效、低排、环保；②物流运输系统运送的货物是"绿色"的，即符合环保、低碳的要求，而不是为运输"非绿"产品服务，这一点对农副产品物流运输尤为重要，当前很多"非绿"甚至有害的农副产品也是借助物流运输系统扩散的，这从根本上违背了绿色物流运输的初衷，而在绿色物流运输体系建设中这一点往往是被忽略的一个重要方面。面对我国农副产品产销的特定国情：在我国农副产品多以家庭为单位分散生产、分散经营。资料表明，中国有60%～70%，甚至更高比例的农户要自己解决农副产品的运销问题，因此农副产品物流运输的组织化程度低，运行效率低，未能形成顺畅发达的农副产品物流系统。特别是边远山区的农副产品虽然品质好，符合绿色要求，但由于交易环节过多，供销渠道不畅，使得农副产品绿色物流运输的成本偏高，在难以确切划分农副产品真实品质的市场环境中，高物流运输成本使边远地区的"绿色"农副产品，失去了应有的竞争优势。而这正是绿色物流运输体系不完善的结果，一个有效的绿色物流运输体系应当是：绿色物流运输与绿色产品的有效结合，而不仅仅是运输工具的节能、减排。

此外，绿色物流观念尚未形成社会共识，人们还不能真正理解绿色物流运输的真正社会意义，这也是绿色物流运输实施中的主要障碍。

5. 物流运输的信息化程度低

物流运输的信息化程度低，这其中既有技术原因，但更多的应是管理、政府服务和社会诚信度不足造成的问题。

（1）在信息技术已经高度发达的今天，用于物流运输方面的信息技术明显偏少，信息设备的配备不均衡，没有形成健全、有效的全国性或行业性的物流运输信息网络。或信息传递不畅，这对于生产波动性较大的农业生产影响尤为明显，有货无人运和运输工具无货可运的现象并存，是典型的信息传递不畅。

（2）在信息管理中，不必要的信息垄断，造成前述的信息不对称问题。

（3）一些地方政府不能真正履行其为社会服务的职能，这在信息服务中也多有表现，如2011年秋冬河南的"萝卜"问题是典型的政府信息服务不足，萝卜丰收的信息为什么不能在收获前提前发出，而是在萝卜快要烂在地里，无人购买时，才由农民自发地免费发放，而京、津等大城市销售的萝卜要一元多一市斤，这种反差，就是信息服务不足的结果，是本不该发生的事情。

（4）当前由于社会诚信度偏低，造成信息传递和收集的成本大幅增加，这种成本主要来自对物流运输信息的过滤、辨别和比较。很普通的物流运输广告宣传与真实的服务之间是否一致，到底有多大差距，是很难分辨的。

（5）物流运输企业的信息意识淡薄，缺乏既懂信息技术，又懂物流运输的专门人才等原因，也造成对现有物流信息系统的使用不当、不足，这也阻碍了物流运输信息化的发展进程。

上述影响绿色物流运输发展的问题有些是普遍性的社会问题，有些是单一的绿色物流问题，但这些问题都会对亏损物流运输的发展造成直接或间接的不利影响，解决这些问题应从社会整体管理角度出发，实施综合治理、调整和建设，而局限于绿色物流运输本身是很难根本解决的。

12.4 发展绿色物流运输的措施

发展和建设绿色物流运输体系是一个庞大的系统工程，应从社会、政府、企业、技术和观念等多个方面入手，才能逐步形成和完善。具体措施如下。

1. 传播"绿色"理念，强化绿色物流运输意识

形成全社会的"绿色"观念是发展绿色物流运输的思想基础，没有社会的"绿色"意识，不可能形成真正的绿色物流运输体系。所以，首先，应树立绿色物流运输理念，要尽快转变物流运输就是实现社会商品、物资流转的传统观念，要逐步建立绿色价格体系，将顺绿色产品和非绿产品的物流运输差价，实现"以非补绿"，即绿色产品应建立真正的绿色通道（不是现在运送农副产品通称的绿色通道），实行低价、快速运输，而非绿产品实行高价、限制运输，这样可从流通领域促进绿色产品的生产（当然这需要法制和技术的保证）。

其次，要着眼于社会发展的长远利益，树立整体协作、节约环保的团队精神，将节约资源、减排低排、减少废弃物、减少污染、低碳节能、绿色运输等作为物流企业的长远发展目标，把绿色物流运输作为全方位绿色革命的重要组成部分。对企业的员工，要培育绿色生产、绿色消费、绿色产品和珍爱人类生存环境的意识，使"环保、生态、绿色"的物流管理理念深入人心。在物流成为企业第三利润源泉的同时创造更多的社会效益，生态效益。

其三，社会大众自觉培养绿色意识，树立绿色物流运输理念。对于消费者来说，可以通过绿色消费行为迫使企业进行绿色生产、绿色运输和绿色管理，通过绿色消费舆论要求政府规制绿色管理及绿色物流运输管理。把每一个体的绿色观念联合成社会的绿色行为，从观念和行为上促进绿色环境的实现。

2. 建立绿色物流运输的政府规制

政府是实施绿色物流运输的权威力量，政府规制是实施绿色物流运输的制度保障。所谓规制是指依据一定的规则对构成特定社会的个人和构成特定经济环境的经济主体的活动进行限制的行为。政府规制可以被解释为：在以市场机制为基础的经济体制下，以矫正、改善市场机制内在的负效用为目的，政府干预和干涉经济主体（特别是对企业）活动的行为。

从物流发达国家的实践来看，政府对绿色物流运输的规制主要体现在以下三个方面。

（1）发生源规制。主要指对产生环境问题的来源进行管理，从当前物流运输发展的趋势看，产生环境问题的根源是物流运输量的急剧扩大及配送服务的发展，引起在途货物和车辆的大幅增加。发生源规制的主要目标就是限制污染超标车辆上路，促进低排放车辆和运输工具的使用。发生源规制主要包括以下五项：根据大气污染防治法对废气排放进行规制；根据对车辆排放废气的限制对车种进行规制；促进使用符合规制条件的车辆；低排放、低污染车的推广普及；对车辆及运输噪声进行规制。

（2）交通流规制。这一规制的主要目的是通过建立都市中心部环状道路、道路停车规则及实现交通管制的规范化等来减少交通堵塞，提高物流运输、配送及交通效率。交通流规制主要包括四项内容：环状道路交通运输系统的建设；道路与铁路的立体交叉发展；交通管制系统的现代化；道路停车规制。

（3）交通量规制。主要是发挥政府对交通运输的指导作用，推动企业从自备车辆的自办物流运输向社会化物流运输体系转化，发展第三方物流，发展共同配送，建立现代化的物流信息网络等，以最终实现物流运输的效率化。交通量规制主要包括四项内容：对货运车辆使用合理化的指导；促进企业选择合适的运输方式；以推进共同运输来提高中小企业的货物流通效率；统筹物流中心的规划和建设。

由于物流运输是一项涉及很多行业和部门的商品流通活动，只有贯彻协同合作原则才能处理好各职能管理部门之间的关系，处理好社会各方面的利益关系。政府的规制只是一种控制性管理，还需要各部门、各企业、各环节之间相互支持、协调运作。

同时，政府的管理还要运用好经济杠杆，应对污染排放行为征税，起到限制造成负面环境效应的物流运输活动；对城市交通繁忙地带加收道路使用税，可以调节交通流，缓解交通拥挤，减少空气污染。用经济手段促进"绿色"和绿色物流运输的发展也是世界很多国家普遍采用的方式之一。

3．物流运输企业的行为自律

开展绿色物流运输，是物流企业及相关企业提升竞争力、持续发展的唯一选择。只有所有物流企业接受绿色物流运输的理念，并逐步成为其自觉行动，才能真正进入了绿色物流运输时代。作为物流企业的经营者，应意识到企业不仅是经济组织，也是社会组织，企业不仅要追求利润最大化，也要承担社会责任。企业家应具有强烈的公德意识和社会责任感，即使从企业经济效益出发，走向绿色物流运输也有利于企业长期效益最大化。因为，良好的公众形象是企业最有价值的无形资产，而当前树立和改善企业公众形象的最佳途径之一就是"绿色化"，即绿色产品、绿色行为、绿色理念。同时，"绿色化"可以提高企业的竞争力和社会适应性。如当前一些企业的行为虽然不违法，但有悖于绿色物流运输的宗旨，企业不加改善也能生存。但一旦政府采取严厉的规制措施，企业很可能被淘汰。所以，企业自觉实施绿色行为是未来发展的必然。

再者，作为政府与企业联系的行业协会、企业联合会、商会及社会团体等民间组织，它们是政府与企业的桥梁，民间组织在开展绿色物流中有其独特的优势。民间组织倡导绿色物流运输，对促进共同物流体系的建立、物流标准化、促进物流社会化、推广低碳低排的物流运输技术的应用有特殊的积极作用。

4．推行绿色物流运输的技术措施

优化物流运输设备技术是实现绿色物流运输，节能减排，降低污染等的最直接的技术方法，主要可包括以下几个方面。

（1）从运输设备制造的技术源头上改进车辆的传动系统技术。提供更强大的发动机、更低的传输损失、减少滚动阻力和空气阻力，从而提高燃油经济性，实现低排放。

（2）使用混合型动力汽车，加长整车拖挂并最大化货运空间，提高货运能力，采用排污量小的货车车型，提高其运输的经济性和环保性。

（3）利用先进技术改造汽车发动机，利用替代性、可再生性能源，如乙醇燃料、蓄电池、太阳能电池的开发利用，实现能源清洁化。

（4）调整汽车的驱动系统技术，提高能源利用率。作为汽车重要的驱动设备——轮胎对提高能源利用率有着不可忽视的作用，校正轮胎压力，这是由于汽车的滚动阻力消耗的燃料约占整车使用成本的 30%。适当的胎压和轮胎尺寸能够优化滚动阻力，从而降低能源的消耗（当然这种技术必须与当地的气候环境和路况相适应）。

5. 选择合理的运输方式

伴随着我国国际化进程的加快，国家对节约资源和保护环境的重视程度将不断提高。我国已实施了一些法律并制定一些优惠政策，如对公路运输提价，鼓励铁路运输等，鼓励企业绿色生产、绿色经营。而从美国运输企业实现绿色化的经验来看，大量采取多式联运是企业实施物流运输绿色化的有效途径。

（1）我国传统上使用的"四就"直拨运输形式，至今仍是不可替代的，尽量发展直达运输、减少中间环节、提高运输速度、节省装卸费用、降低由于中转造成的货损，这对于节能减排、降低能耗的作用十分明显。

（2）充分利用运载设备的装载量和装载容积，提高车辆的实载率，减少车辆空驶和使用量，以减少能源消耗和对环境的污染。

（3）多式联运从绿色物流运输的角度看，可以减少包装支出，降低运输过程中的货损、货差。克服了单一运输方式固有的缺陷，通过最优化运输线路的选择，不同运输工具的合理搭配，使各种运输工具扬长避短，实现了运输一体化，从而在整体上保证了运输过程的最优化和效率化，以此降低能源浪费和环境污染。

（4）开展共同配送。中华人民共和国国家标准《物流术语》（GB/T 18354—2006）将共同配送（Joint Distribution）定义为："由多个企业联合组织实施的配送活动。"共同配送可以最大限度地提高人员、物资、资金、时间等资源的利用效率，取得最大化的经济效益。同时，可以去除多余的交错运输，并取得缓解交通，保护环境等社会效益。对企业界而言，向绿色物流运输推进就必须实行共同配送，提高资源利用率。统一集货、统一送货可以明显地减少不合理货流，有效地消除交错运输，缓解交通拥挤状况，可以提高货物运输效率，减少空载率，使企业库存水平大大降低，从而可以最大限度地提高资源利用率，以节约能源，降低消耗，减少环境污染。

6. 加快培养复合型物流人才

绿色物流运输作为新生事物，对营运筹划人员和各专业人员要求面更广，要求层次也更高。因此为实现绿色物流运输的目标，培养和造就一大批熟悉绿色理论与实务的物流运输人才是当务之急。高等院校开设现代物流专业课程，包括与绿色物流相关的环境科学等，开展多层次教育，为现代绿色物流运输培养高级管理人才和专业人才。开展更多的短期物流培训和研讨，以提升我国物流人才的整体素质。优化物流教育师资力量，提高物流教育质量。

同时要借鉴和学习国外优秀物流企业的先进经验，由于国内可借鉴的成功绿色物流运输经验还较少，可以通过各种渠道学习国外的先进经验，逐步走出一条适合国内绿色物流运输的发展道路。

7. 加快绿色物流运输基础设施规划与建设

绿色物流运输的发展离不开基础设施的支撑。从规划的角度看，应包括以下几个方面。

（1）要求政府和企业共同重视现有物流运输基础设施的利用和改造，通过对其规模、布局功能进行科学的整合，提高现有设施的使用效率，发挥现有设施的综合效能。

（2）要求政府加强对新建物流运输基础设施的宏观协调和功能整合。应从整体战略的高度协调物流相关规划，理顺各种规划的关系，如对不同运输方式的场站建设规划、工业及商贸流通行业的仓储设施规划能够做到有机衔接和配合，防止重复建设，避免土地资源的浪费。

（3）要通过政府和企业直接投资或市场化模式，继续扩大交通基础设施投资规模，如加大公路、铁路、水运、航空、管道和城市配送等设施的建设力度。

（4）要注重加强各种运输方式的衔接，加快完善综合交通运输网络，为大力发展多式联运提供设施保障，避免不必要的运输行为带来的外部负面效应。

上述发展绿色物流运输的措施和建议，只是理论上的探讨，在实施中要结合不同地区的实际环境条件，要因地制宜的规划具有地域特色的绿色物流运输体系，才能真正实现绿色和减排。

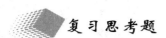 复习思考题

一、基本概念

稳态经济 "牧童经济" "宇宙飞船经济" 可持续发展 低碳经济 绿色物流运输 柠檬市场效应 共同配送

二、选择题

1. 要实现经济发展模式的转型，必须转变传统的线性经济发展模式，逐步形成新的发展模式。即（ ）。

A. 资源—产品—废弃物 　　　　　　　B. 资源—产品—消费

C. 资源—产品—再生资源 　　　　　　D. 生产—分配—交换—消费

2. 实施绿色物流运输应达到的基本目标是：（ ）。

A. 实现高效率物流运输 　　　　　　　B. 实现资源共享型物流运输

C. 实现资源节约型物流运输 　　　　　D. 实现共生型物流运输

3. 下列属于政府对绿色物流运输规制的是（ ）。

A. 发生源规制 　　　B. 运输效率规制 　　　C. 交通流规制 　　　D. 交通量规制

4. 推行绿色物流运输的技术措施包括（ ）。

A. 改进车辆的传动系统技术 　　　　　B. 利用先进技术改造汽车发动机

C. 提高货物运载率 　　　　　　　　　D. 利用替代性、可再生性能源

E. 减少不合理运输

5. 在物流运输中，从运载工具的受力方向看，冲击一般分为（ ）。

A. 横向冲击 　　　B. 纵向冲击 　　　C. 水平冲击 　　　　D. 垂直冲击

6. 下列对绿色物流运输内涵理解不正确的是（ ）。

A. 绿色物流运输是共生型运输

B. 绿色物流运输是资源节约型、环境友好型物流

C. 绿色物流运输是循环型物流

D. 绿色物流运输是高盈利型物流

三、判断题

1. 可持续发展，是指既满足当代人的需要，又不损害后代人满足其需要的能力的发展，是一个涉及自然与经济的复合性发展观念。（　　　）

2. 绿色物流的核心在于实现企业物流活动与社会、生态效益的协调，实现企业的可持续发展。（　　　）

3. 物流运输工具的运行中的垂直冲击主要是由搬运、装卸时起吊中跌落等引起的。水平冲击主要是运输车辆在高低不平的路面上行驶时，铁路货车驼峰溜放时造成的。（　　　）

4. "宇宙飞船经济"是指人类在发展经济中随意浪费资源的粗放式经济增长模式。（　　　）

5. 实施绿色物流运输就是要保证运输业自身的绿色、环保。（　　　）

四、思考题

1. 什么是绿色物流运输？如何理解绿色物流运输的内涵？

2. 了解物流运输对大气环境造成的负面效应。

3. 了解物流运输对水、海洋、土壤等环境造成的负面效应。

4. 商品对物流运输的一般要求是什么？

5. 我国当前绿色物流运输发展中的主要问题有哪些？

6. 你认为我国发展绿色物流运输应实施哪些措施？

 本章案例

1. 内河航运突出低碳、节能、环保

"十二五"期间，我国将启动低碳运输、集装箱铁水联运、内河船型标准化、港口物流、现代航运服务业、资源节约型港口建设、现代绿色物流链、水运信息化、航运企业战略联营等9项水运结构调整示范项目工作。这是在2011年11月8日召开的全国水运工作座谈会上获悉的，其中，发展内河航运成为主旋律。

"十一五"期间，我国主枢纽港的地位进一步巩固，全国新增万吨级以上泊位627个，增长61%，其中，沿海港口新增万吨级以上泊位496个，内河港口新增万吨级以上泊位131个。

然而，在世界经济复苏速度放缓、我国产业转移和经济结构转型加快的形势下，现代航运业面临挑战。国家统计局数据显示，改革开放30年，全国内河航运总里程还没有超过1978年的13.6万千米，是唯一一负增长的交通运输方式。

交通运输部部长李盛霖坦言，内河水运资源综合利用不够，碍航、断航现象突出，已然成为综合交通运输体系的短板，交通运输的结构调整箭在弦上。据悉，2010年，内河货运量和周转量在综合运输体系中的比重仅分别占5.8%和3.9%。

在"十二五"期间，水运结构调整示范项目工作中，多项涉及发展内河航运内容。

交通运输部副部长徐祖远介绍，"十二五"期间，我国将吸引大宗货物企业沿江布局，建设北江沿线船闸调度运行管理系统，升级改造英德港等港口基础设施及其集疏运系统，缓解银英公路、英佛公路等道路拥堵问题，降低货物运输中的能源消耗和废气排放；2012年1月1日起，新建西江航运干线过闸船舶应符合《西江航运干线过闸船舶标准船型主尺度系列》

要求；2013 年 1 月 1 日起，禁止 600 吨以下的商船通过三峡船闸，修改完善川江及三峡库区标准船型主尺度系列和标准船型技术方案政策，未来，川江及三峡库区船型标准化率将达 75％以上，货运船舶的平均吨位达到 2 000 载重吨以上；到 2015 年，长江兰家沱至大埠街河段初步建立智能航道系统，形成长江智能航道体系，实现航标状态自动感知与揭示，提高航标维护正常率；到 2015 年，建成长江和京杭运河航运公共信息服务系统，区域港航数据信息共享，逐步实现水路危险品运输信息全域监控。

当前，内河水运发展上升为国家战略，形成了以长江、珠江、京杭运河、淮河、黑龙江和松辽水系为主体的运输格局。"十二五"期间，将实施中游荆江河段航道治理工程和南京以下 12.5 米深水航道建设工程；推进西江航运干线扩能改造并打通西南地区连接珠三角的水运通道。

（转自：中工网经作者整理）

2. 德国邮政的绿色运输

目前，德国邮政的机队更新计划已经开始实施，其在欧美航线上，使用了新型的波音 757 型、767 型飞机。全球最大的邮政和物流公司德国邮政全球网络（简称德国邮政）将把自己 90％的飞机更新为更加节油的新型飞机，这一涉及数百架飞机的"大胆"行动，是该公司为实施业内首推的"绿色运输项目"而采取的核心举措之一。尽管更新机队会花费大量资金，但如果从一个较长的时间段来考虑，使用新型飞机不仅能减少噪声和温室气体排放，对环境更好，还能帮助公司降低燃油成本，在商业上产生回报。在油价高涨的时代，更换飞机是迟早要做的事情。

除了降低成本，德国邮政大量引进新型飞机的目的还在于，在航空业推行"绿色运输"，减少对环境影响的同时促进行业的可持续发展。该公司还宣布，在 2020 年将集团的碳能效提高 30％，其中，到 2012 年包括转包服务在内，将公司递送的每件包裹、运输的每吨货物和公司不动产每平方米减少碳排放 10％。德国邮政是全球邮政和物流行业首家对减少二氧化碳排放设定量化目标的企业，公司在航空运输、陆路运输、不动产、产品及服务四个主要的业务部门采取了有针对性的措施。

（转自：申纲领的《物流运输管理》）

问题与思考：

1. 上述两个关于绿色物流的案例都突出"低碳、节能、环保"，谈谈你对发展绿色物流运输的认识。

2. 为什么我国内河航运成为唯一负增长的交通运输方式？由此说明发展绿色物流运输的必要性。

3. 了解你周围物流运输中的"绿色"和"非绿"现象，并分析其产生的原因。

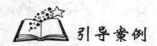

第 13 章

物流运输组织管理

❖ **学习目标**

掌握： 物流运输组织概念；物流运输组织模式的设计；物流运输组织的协调与优化；国际运输代理人；国际货运代理人。

了解： 物流组织模式的发展；有关国际航运组织；有关国际航空组织。

随着经济的发展，社会对物流运输的需求在数量和质量上都有了很大的提高，但我国的物流运输组织和管理技术等仍显滞后，阻碍了物流运输服务社会化的进程。因此，在物流系统化的基础上，需要建立物流运输专业化协作、联合经营及集团化经营的组织结构，使其服务的内涵和范畴得到充足的发展。

引导案例

国际独立油轮船东协会

(International Association of Independent Tanker Owners，INTERTANKO，ITOA)

INTERTANKO 成立于 1934 年，总部设在挪威奥斯陆，由来自各海运国家的独立油轮船东组成。当时正处于石油危机时期，它成功地将油轮闲置、集中起来管理，以便有关船东在竞争中紧密合作。20 世纪 30 年代末，随着油运市场的改善，这一组织的活动慢慢地减少，直到 1954 年正式解散。20 世纪 50 年代中期，该组织在伦敦重新成立，可是由于没有足够的能力来维护其成员的利益，处于一种半休眠状态。1970 年，一些独立油轮船东集聚在奥斯陆，由 10 个海运国家的代表再次组成了 INTERTANKO，于 1971 年 1 月开始工作。目前 INTERTANKO 由 270 多个油轮船东作为它的会员，拥有世界油轮 80％ 的总吨位。石油公司和政府所拥有的油轮船队不准加入协会成为会员。

INTERTANKO 是非营利性机构，它成立的宗旨是为会员之间交换意见提供场所，促进自由竞争，维护独立油轮船东利益，加强技术和商业之间的交流。INTERTANKO 特别强调由它所提供的服务对它的成员具有实际价值。

思考题：请搜集各类运输组织基础材料，了解其具体职责。

13.1　物流运输组织概述

运输不仅是物流的重要职能之一，同时运输贯穿于产品的整个流通过程之中，从原材料采购到产品分销这一过程中，各个节点之间物质实体的联系也是运输，运输不仅横贯了企业的各个职能部门，而且越过了企业的边界将上游和下游的企业联结起来，因此，合理的物流运输组织对于现代物流的发展和竞争能力的提升发挥着非常重要的作用。

随着企业的发展，物流运输活动的组织形式也不断革新，各阶段的组织有其自身的特点。企业在建立物流运输组织结构时要解决的关键问题，包括组织结构的选择、定位和定向等，这几个基本问题的正确抉择对于企业建立或完善合理的物流运输组织至关重要。由于企业所处环境不同、企业自身特点迥异，并不存在一种适合任何企业的物流运输组织设计方法，不同的企业适用于不同的组织形式，物流运输组织有效性的评估是改进和革新的基础。但是，对于大多数企业而言，建立物流组织存在一些一般的准则和模式。

13.1.1　物流运输组织

运输组织结构是为实现物流运输目标而分配人力资源的一种组织形式，其结构可以表现为各种职能和活动间关系的正式框架，也可以只是一种没有正式表达出来的，但可以被组织成员理解的相互间关系，或者是两者的结合。物流运输组织结构取决于企业经营战略，建立一种合理的组织结构和活动关系，可能是企业最基本和首要的任务。

物流运输贯穿企业的各职能活动并延伸出去跨越企业边界，将相关企业联系起来，所以，物流运输组织对企业整体经营至关重要。如何给企业负责物流运输的人员以适当的定位，并激励他们之间的合作关系是物流运输组织中重要的问题之一，合理的运输组织形式可以解决物流系统规划和实施中常碰到的成本效益权衡问题，有利于提高供应链的运营效率。

1. 有效组织对物流运输管理的必要性

尽管所有的企业都有一定的运输活动，但物流运输管理对企业的重要性各有不同。企业中物流运输的属性决定了物流运输组织结构的重要程度。对于许多企业，物流运输成本可能在销售收入和总成本中占很大比例，因此，必须建立有效的物流运输组织。

（1）协调和分工。传统的组织方式是把企业活动分为财务职能、生产职能和市场职能三个部分，如图 13-1 所示。所有的活动对于一个企业而言都是互相影响、相互关联的，把它们分归不同的部门虽然可以使管理幅度合理，促进工作效率，但也容易造成部门之间的冲突。从物流运输的角度看，这三种职能的基本目标与物流运输的目标有所差异，这种组织安排可能导致这几个职能部门间物流运输活动的冲突。比如，运输职能可能是在生产职能下的，库存职能在三个职能部门中都有，订货过程与市场职能或财务职能都相关。但市场职能的基本职责是使销售收入最大化，生产职能的职责是追求最低生产成本，而财务职能则是以最小成本取得最大化投资收益。

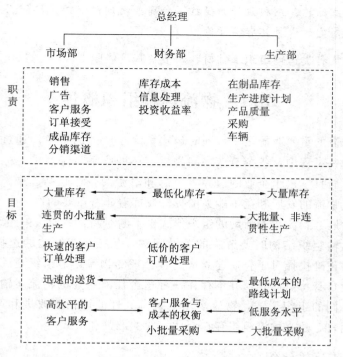

图 13-1 典型职能部门的物流运输组织

这些目标间的冲突可能使得物流运输系统不能实现最优化运作，影响企业的总体效率。例如，市场部门需要快速运输来支持销售，而由运输部门制订路线计划时，却希望成本最低。销售人员可能承诺给客户本企业不可能做到的物流服务水平，另外，生产管理人员可能会要求以累积的方式进行订货，以降低生产准备成本，且有更多的时间来制定最经济的原材料需求量。尽管这些部门间相互妥协可能取得一些进展，但最佳的物流运输成本与服务间的均衡难以实现。为了便于分立的物流运输活动的各决策之间相互协作，需要建立更为合理的组织结构。

（2）权责明确。传统企业中，物流管理的一些重要的环节，如运输管理是作为主要职能部门，如市场部、生产部和财务部下面的分部门来单独运作的，这意味着物流运输活动各管理人员分别负责部门活动，如运输经理负责运输方式选择、承运人选择及协商价格等，在组织中，这些经理通常的上司是负责某一地区的经理。因此，运输管理通常是作为工厂层次的运营管理的一部分或作为一个销售区域内市场管理的一部分独自进行的，因此，要提高运输效率，需要用高水平客户服务来支撑。在这种安排下，各物流运输活动分别作为成本中心进行管理，主要目标就是控制支出，很难从系统的角度预计和成功地进行职能间的权衡。即使每一环节活动都达到最低的成本，整个企业的运营效率却难以达到最优化。

为使产品按计划生产、运输并且在必要的时候便于重新计划，物流运输活动的组织结构也应该合理确定必要的权力和责任。当企业的目标集中在高水平的客户服务和客户满意度时，物流运输管理的职责分配就越加必要。实现一定的客户服务水平及所需的服务成本之间的均衡对一个企业的运作十分重要，必须有人总体负责整个产品生产和流通的过程，管理者需要对整个供应链——从原材料到最终的消费有全面认识的能力,这是一项很复杂的任务。在实际的操作中,为了控制与管理的方便,订货处理、运输等职能往往都有专人负责,而协调他们之间的关系,也需要有专门的管理人员来负责,只有当从整体上来平衡这些业务活动时,企业才能达到较高的效率。

2. 不同类型管理对物流运输组织的要求

不同行业的企业,管理的侧重点不同,对物流运输组织的结构要求也是不同的。对于特定类型的管理,物流运输管理方式不同,它主要取决于运输费用的控制,以及对物流运输服务需求的重要程度。

(1) 以原材料管理为中心,对物流运输的要求。原材料行业企业的产品是基本原料,它们是其他行业原材料的提供者。这一类企业有采矿业和农业等。在物流运输中,最需要的是保证生产过程所需的原料及时准确地运送到位。它们的产品种类一般较少,通常都是大批量运输。因此,运输方式的选择、路线计划及设备利用率等是考虑的重点,所以,这类行业中的企业一般都有明确的物资运输管理部门。

(2) 以库存管理为中心,对物流运输的要求。库存、保管和商品养护是为社会和企业生产与销售提供物质保证的服务性作业。如果按最简单的分类方法,可把库存分为储备型库存和流转型库存。储备型库存对物流运输的要求相对较低。以流转型库存为例,它的特点如下:一类是品种多,每次出入库数量相对较少,如商业销售库存;另一类是品种较少,一次出入库数量大,如工业仓库,但两者的共同特点是:出入库频繁。这类仓库对物流运输的要求一般较高,对运输车辆、运输时间的保证程度有极高的要求,对运输商品的品种、数量、规格、花色等的准确程度有极高的要求。

(3) 以产品分销为中心,对物流运输的要求。商品流通行业的特点是以销售为目的的采购和运输活动,这一行业的主要组成者是分销商和零售商等。这些企业没有生产活动,经营集中于销售和物流活动。企业典型的做法是:从许多分布广泛的供应商处采购商品,并且通常相对集中在较小的领域内零售商品,主要的物流活动有采购运输、库存控制、仓储、订货处理及销售运输等。对这类企业而言,物流运输活动的组织是很重要的。通常采购运输大多由供应商完成,因此,企业的重点是销售运输的组织,这类企业大多发展为现代的物流配送中心。

(4) 综合性管理对物流运输的要求。多数制造业企业则从许多供应商处购买各种各样的原材料,以生产出价值相对较高的产品。这类企业原材料的获取和成品的分销中都有大量的物流运输活动,这类企业中,一部分拥有自营的运输系统;而在现代企业中,大多采用运输业务外包的形式,以保证自身核心竞争力的优势,将服务性的运输业务分离出去。

13.1.2　物流运输组织模式的发展

物流运输组织的发展模式与一般物流组织的发展模式基本相同,这里借助一般物流组织的发展模式来说明物流运输组织模式的发展。

物流运输组织模式是随企业的发展而不断变化的,企业在追求一体化物流管理的过程中,经历了一系列可以明确区分的阶段。最初,大多数的物流活动是职能驱动的,结果是采用了按职能部门划分的组织结构,物流活动则分别从属于这些职能部门。组织革新经历职能划分到面向过程的进化,垂直结构逐步转变为集中关键管理程序的水平结构,以一体化过程管理为核心的方式带来了新的组织结构。一体化管理以过程管理为重心，与按照功能分类形成的组织结构不同，它着重于寻求开发作业点与作业过程之间的联系。

1. 物流组织发展的历史变革

早期物流管理的方式以职能划分为中心进行管理，传统的组织方式在管理思维中形成了定势以后，把物流活动集中起来，建立统一的物流组织这一思想曾面临着相当大的抵制。但潜在的巨大利益和创新精神推动着企业进行组织创新，从而带来了物流组织方式的不断进化。功能集合的进化过程可以分为三个阶段，重点都是把与物流有关的职能进行组织划分，只是划分重组的程度不同。

（1）物流活动初步归类。早期的企业结构中，物流管理呈现完全分散化的状态，物流活动分散在各个职能管理中，分别从属于传统的职能部门如市场部、生产部和财务部等。最初将物流活动归类出现在 20 世纪 50 年代末，这时人们意识到与物料分配和物料供应有关的活动需要密切合作。开始许多企业靠一些非正式的组织形式来平衡各个领域的活动，这些非正式的组织形式有建议及员工的内部合作等。通常的做法只是将两个或更多的物流功能在运作上进行归组，而对总体上的组织层次不做重大改变。这样，最初的集合就只能发生在职能部门和组织的直线管理层。在这个最初的发展阶段，很少涉及采购和分销一体化的组织单位。

尽管物资配送和原料管理单位已完全分离出去，但它们仍分别用来集合其相关的功能。当一体化物流的潜力在一个企业中得到确认时，一个或两个统一的运作集中点就出现了。在市场营销领域，集中点通常围绕在客户服务的周围。在制造领域，集中点通常发生在原料或零件采购阶段。然而，除了少数例外，大多数的传统部门并未改变，组织层次也未作大的改变。对于大多数组织结构，第一阶段组织的改变只包括了对市场营销和制造领域的功能进行分组。

（2）物流职能独立阶段。随着物流管理带来的好处渐渐被企业所认识，物流的组织变革渐进发展，当整个企业赢得统一的物流运作经验和成本节约的利益时，就开始向第二个组织阶段进化了。这一阶段的企业组织结构中，有专门人员负责与物流有关的活动，但通常原材料供应和产品分销分别有专人负责，这使得物流活动之间的协调可以直接控制。

第二阶段的重要性在于物流管理开始具备更高的组织权力和责任，逐渐拥有了独立的地位，开始被作为一种核心能力对待。这样做的动机是将物流定位到一个更高的组织水平上去，增加物流管理的战略影响。为了建立第二阶段的组织，在总的企业组织结构中，必须重新分配功能，并从高层次上给予新的组织定位。这一阶段组织的一个重点在于物资配送和物料管理的一体化开始被许多企业认可。第二阶段的物流组织比较适合加工工业，这一阶段，物资配送或是物流管理可以集中管理，但由于企业把重点放在特定功能的绩效上，客观上缺少跨功能的物流信息系统，所以没有形成完全的一体化物流管理系统的概念。

（3）职能一体化阶段。20 世纪 80 年代初，物流的重要意义和作用越来越受到重视。最初的信念是，如果传统组织内的物流职能能够归类，形成统一的管理和控制，一体化的绩效应该会更便利。如果所有的物流工作被整合进一个组织中去，通常这些功能将会管理得更好，利益实现的因素会分析得更清楚，并更便于确认最小总成本方案，所以，这个阶段的组织结构试图在一个高层经理的领导下，统一所有的物流功能和运作。第三阶段组织结构的趋势是物流活动的一体化，包括了原材料的供应及产品分销，将实际上可操作的许多物流计划和运作功能归类于一个统一管理权责下，目的是对所有原料和制成品的运输和储存进行战略管理，以使物流管理对企业产生最大的利益。

促进这一变革的是 JIT、快速反应及时间竞争等经营理念的出现，因为它们要求整个企业所有活动的合作。而且，原材料的供应和产品的分销可以共享企业资源，例如，车队或仓库等，为了使资源利用率最大化，也要求各部门之间的密切协作。物流信息系统的快速发展也促进了第三阶段组织的形成。信息技术可用来计划和运作一体化的物流系统。第三阶段的物流组织有以下四个方面的特点。

•物流的每一个领域（采购、制造支持和物资配送）被组建成一个独立的直线运作单元。直线领导的权力和责任可使每一项支持服务在总的一体化物流系统内完成。由于运作责任得到很好的界定，作为一个运作单位，它对制造的支持和对采购及物资配送的支持是同等对待的。每个单元在运作上是自主的，因此，每个单元都有灵活性来适应其各自的运作领域所要求的关键服务。

•在物流支持下的各项活动的目标都是为运作服务，物流支持给这些共同的服务确定了方向，使总的物流运作一体化，重要的是强调物流支持的效果而并不着重强调其作为一个职能部门。这个新的组织管理每日的物流工作，它被建设成为矩阵负责制，从而可在物资配送、制造支持和采购运作之间进行直接的沟通。

•物流计划包括协调运作管理信息系统的全部潜力。订单处理是物流系统进行运作的起点，并且产生以后活动所需的完整数据。物流计划是建立在市场预测、订货程序、库存状况和所要求的战略能力基础上的，物流计划促进了一体化物流管理的完成。按确认的要求，计划单位通过协调生产时间计划、能力计划及物料需求计划而使生产系统有效运作。

•总的物流规划和计划控制处在第三阶段组织的最高层次上。这两项努力的结果促进了一体化，物流规划关注的是长期的战略定位，并对物流系统质量改进和重组负责。

第三阶段物流组织形式为指导从原料采购到客户发送，从财务到人力资源的有效应用提供了一个条理分明的管理模式。尽管功能一体化的理念是合理的且符合常识的，但它实践中并非总是得到高度的认同和有效的实现，重新配置管理权限和责任的设想一般会受到原有的组织习惯的抵制。

2. 从注重功能到注重过程的转变

当过程一体化的管理思想逐渐得到关注时，企业开始意识到面向功能的组织方式不是物流管理的最佳方式。目前一个明显的趋势是物流组织不受功能集合或者分隔影响，而是将其运作能力用来更好地支持以过程为导向的管理。

物流管理的一个重要任务是将库存定位于有利于产生销售利润的空间和时间上。这种支持活动必须持续进行，并通常需要在大的范围内完成，这意味着物流应该是所有过程中的一个部分。物流组织的理想结构应该可以把完成本职工作作为支持过程的一个部分，同时取得功能一体化效果。

（1）过程一体化。过程一体化要求物流与市场营销和制造等领域相结合，将运输、库存、新产品开发、柔性制造和客户服务整合起来，这才是真正的努力方向。这意味着必须将传统的单一功能部门融入过程中，这种融入要求将传统的组织结构分解，然后用新的方式来重新组合。新的组织形式以顾客导向和分享信息为特征，使用信息技术来协调或指挥整体任务的完成。

过程管理需要对传统的组织方式进行反思，组织设计应以过程一体化为目的来进行。这种结构的重新定向与传统的指挥控制结构不同，从职能重心到过程重心的转变可以减少对中层管理者的需求，因此，支持职能管理的官僚组织结构开始向着扁平化、面向过程的方向发展。物流管理面向过程的转变，意味着它将把所有努力集中于新产品开发、按客户订货生产并适时发送产品。将物流作为过程来管理应体现以下三方面的要求。

① 所有的努力必须集中于对客户的增值方面。

② 能满足将物流作为过程中的一个组成部分来要求，并且具有独立做好其职能工作的全部技能。

③ 在一个过程框架中完成的工作应该有利于整个系统。随着系统整合，作为一种过程的工作设计意味着总的组织结构能够实现以最小投入取得最大产出的目标。

（2）跨职能过程小组。跨职能过程小组的实施可能会对传统的命令和控制型的组织结构进行分化。这种分化有三个驱动力。

① 客户。全球化市场使得客户有大量产品可以选择而且能够得到更多的信息，他们要求具有更多附加价值的服务和更多样化的选择权。客户行为正发生着显著的变化，对品牌的忠诚度逐渐下降，企业必须寻求新的方式以满足客户的要求，并不断尝试重新设计市场策略组合，而物流则是提供一个取得竞争优势的途径。

② 产品生命周期。产品生命周期缩短产生的结果是研究和开发的时间减少。这要求新产品的营销和服务加快，并对市场营销、制造和物流运营提出更高要求。命令和控制型的组织结构限制了应对这种快速竞争结构的柔性。以订货周期为核心的过程管理可以减少浪费和重复操作，从而减少营销的时间，增加系统柔性。

③ 组织结构。权力分化也发生在组织结构中，多等级的组织结构出现扁平化的趋势，许多原本内部完成的职能开始外包。而且，经理的职责也延伸到传统的职能界限以外。

3. 虚拟组织

在管理学中虚拟组织被定义为：区别于传统组织的一种以信息技术为支撑的人机一体化组织，其特征是以现代通信技术、信息存储技术、机器智能产品为依托，实现传统组织结构、职能及目标，在形式上，没有固定的地理空间，也没有时间限制，组织成员通过高度自律和高度的价值趋向共同实现团队目标。

物流运输亦然，随着信息技术的发展，正式的层级命令和控制型组织结构可以被非正式的电子网络，即通常所说的虚拟组织所取代，计算机网络技术为组织在未来的发展提供了广阔的空间。关键的工作团队可以通过电子网络连接、整合，完成至关重要的活动。这些工作团队成员的相互关系是透明的，传统的正式组织结构图可以与实际工作流无关。事实上，物流的未来组织应该在组织中实行功能分解，将注意力集中于工作流而不是结构，这可以使物流组织更为紧凑和有效。当前已经存在的信息技术已使得虚拟化结构的协调行动成为现实。

为了完全利用信息技术带来的好处，组织结构将发生巨大的变化。完全分解原先的组织是实现虚拟组织的前提，但是从另一方面来说，经过这么多年组织的发展，命令型和控制型的组织结构在人们心里已经根深蒂固，接受改变是困难的。所以，从这个角度来说，虚拟组织遇到的最大障碍是如何转变管理观念。

13.1.3　物流运输组织模式的设计

1. 运输组织的选择

在企业既定的组织结构下，物流运输组织还可以作如下的选择，这些选择可以分为：正式的物流组织、半正式的物流组织和非正式的物流组织。

（1）职能型正式的物流运输组织。在职能型组织结构中，有对于物流活动有决策权并承担责任的正式组织，有具体负责的部门和人员。当物流活动对企业而言很重要时，企业一般建立正式的物流运输组织结构。这种组织结构中一般包括：由一个职位较高的物流经理统管物流活动，赋予物流经理足够的权力以和其他职能部门合作。职能型的组织结构图如图 13-2 所示。

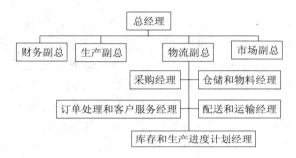

图 13-2　职能型的物流组织结构

这种正式组织方式的优势如下。

① 物流在组织结构中被提升到和其他主要的职能部门相当的地位，这使得物流活动与市场、生产、财务部门获得同样的重视程度。在解决内部冲突时，物流经理可以与其他部门经理平等对话，有利于实现企业总体的经济目标。

② 物流经理下面可设分部门，分部门独立运作。分部门既可以集中精力提高管理水平，又可以加强相互协调合作。

（2）矩阵型半正式的物流运输组织。物流计划与运作往往贯穿于企业组织结构的各种职能之中，很多情况下，物流管理人员负责包括物流与其他几个职能部门相交叉的合作项目，这种结构方式称为矩阵型组织，其运输贯穿于组织作业全过程。如图 13-3 所示。

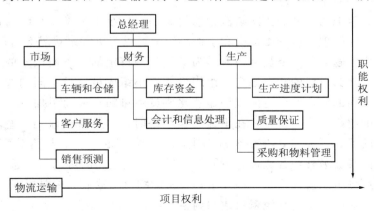

图 13-3　矩阵型物流组织结构

在矩阵型物流组织中，物流经理负责整个物流运输系统，但对其中的活动并没有直接的管辖权。企业传统的组织结构仍然没有改变，但物流经理分享职能部门的决策权。各项活动的费用不仅要通过各职能部门的审查，还要通过物流经理的审查。各部门协调合作以完成特定的物流运输项目。

尽管矩阵型物流组织不失为一种有效的组织方式，但是权力和责任的界定都很含糊，这很可能导致决策迟缓的发生。

（3）非正式物流运输组织。物流运输组织的主要目标是使不同的物流活动能与运输活动之间保持协调一致。这种协作可能靠一些非正式的组织方式达成，即不改变现有的组织结构，而是靠合作和建议等方式来达成负责这些活动的员工之间的协作，良好地协调各种物流活动与运输的关系。

首先，建立激励机制。有的企业把运输活动分归不同部门管理，为了协调它们之间的关系，常需要一些激励机制。传统的管理模式中，预算是许多企业主要的控制机制，这通常不利于激励协作关系。比如，为了降低库存成本而导致运输费用的上升在运输管理人员看来是不合理的，因为运输管理人员的表现主要是靠运输成本与预算的比较来衡量的，库存成本并不在运输管理人员的预算职权范围内，这可能导致管理人员为了完成自己的预算要求而并不愿意提供全力的协作。因此，为了促进合作，常需要一些其他的激励机制。

① 建立各种物流活动之间的转换成本。例如，假设为了大批量运输而减少运输成本和降低运输频率，这会使得库存超出合理水平，从库存管理目标看，由此导致库存成本的提高应该可以要求运输部门分摊。运输管理人员可以合理估计运输方式选择对物流成本的影响，然后基于此作一个成本权衡，从而合理地选择决策。

② 共享物流成本的节约，在所有成本模式有冲突的物流活动之间进行再分配。这种方法可以很好地激励它们之间的合作，因为只有合作才能带来成本模式相冲突的活动之间的权衡，从而得到最低的成本。

③ 高层管理者对物流决策和运作的关注也是激励协作的有效方式，对于职能部门间的协调和支持至关重要。

其次，组建协调委员会和工作小组。协调委员会也是一种非正式的物流组织。委员会的成员由各主要的物流环节的人员组成，委员会提供了沟通的渠道，有利于各环节的合作，是解决协调问题的一种简单直接的方法。

与协调委员会类似的一种非正式物流运输组织是工作小组。工作小组的任务是对交叉职能的工作进行安排和管理。协调委员会和工作小组都可以解决特定状况下出现的问题，比如，新的运输设施利用问题等。但委员会一般是为实施某些特定的任务而组建的，工作小组则是一个以完成基本工作为目标的相对固定的组织形式。小组成员来自不同的背景，有不同的经验和知识，他们之间的协作所产生的成果显然比成员各自的技能简单加总要有效得多，所以不失为一种高效的组织方式。但是，在组建工作小组时，却常常会碰到一些障碍。比如，难以树立一个共识的目标，而且，在小组工作中，个人之间的职责和权力分配难以清晰界定，这造成了管理的困难。另外，各成员有不同的背景，它们之间的协调和沟通往往也是个难题。

上述的物流运输组织模式只是一种探索，在实际物流运输业务中要根据不同企业的性质、原有组织模式和企业所处市场环境来组建和调整，适宜提高物流活动和运输业务的组织模式。任何一种有效的组织模式都是在实践中不断探索和调整中发展的，而不是一成不变的框架，这也是当今组织构建的基本思维。

2. 影响组织选择的因素

物流组织的选择不可能脱离实际的约束条件，进行理想化的设计。确定物流组织模式主要受下列因素约束。

（1）分散化结构——集中化结构。集权和分权是管理学中一个关于组织方式的长期争论的话题，物流活动应该集中管理还是分散到不同的部门分别运作就是这一问题的具体化。分散化结构和集中化结构最根本的区别，在于分配到每一运作单位的权力和责任的大小。集中化的组织把所有的物流作业从企业总的层面来统一考虑，总部统一制订物流计划和实施，并控制每个单位所使用的承运人和供应商；分散化物流组织则把物流职责分解到各具体业务部门中去，在一个完全分散化结构中，每一个业务部门都有自己的物流组织，自己制订物流计划并独立运作。

集中化管理能够直接控制物流活动，并且统一计划整个企业的所有物流活动，能带来一定的规模效应。运输活动就是一例，许多企业都有自有车队，企业统一安排有利于找到合适的回程运输，这种均衡是分散化管理无力做到的。共享仓库、采购、订单处理数据等也可以提高物流效率。

分散化管理则比较灵活，对客户需求反应较快。当不同产品的营销、物流和制造特性显著不同，很难寻求规模经济时，分散化管理是一种有优势的选择。

两种方式都有明显的优点和缺点，在选择物流组织方式时应把两者结合起来考虑，创造一种能结合两者优点的组织模式。

如果仅就物流运输而言，集中化物流运输管理一般能实现较高的物流效益。

（2）直线结构——职能结构。传统的组织结构中，虽然在制订计划的过程中可能有员工参与，但是操作过程则是严格按照直线结构的命令和控制方式来进行的。现在直线指挥和职能参与这两者之间往往没有绝对的界限，例如，许多企业对物料的移动和存储没有直接指挥的组织方式，而是在物流运输组织中建立一种协调机制，由专职人员负责，这种情况下物流运输管理人员对于其他职能部门（市场或生产等）主要起咨询作用。这是一种直线单位和职能部门结合应用的情况，适合于：

① 为减少直线或职能组织内人员之间，由于管理中的不协调而产生的不必要冲突；

② 物流活动相对于销售、生产及其他活动不太重要；

③ 计划相对于行政管理而言较为重要；

④ 产品分销中，物流是作为一种共享的服务。

在直线单位和职能部门结合应用中，物流人员起的是一种建议作用，所以在这种组织定位中，可以给予物流人员以更多间接的权力。

（3）企业规模。从成本核算角度而言，小企业的物流活动反而更重要一些，因为它不像大企业在采购和物料运输时容易产生批量经济，成本更难于降低。小企业一般采用集中化的组织方式，物流运输活动也不像大企业那样有明确的界定和清晰的结构。

13.1.4　物流运输组织的协调与优化

1. 职能部门间关系的处理

在以职能部门为主的组织结构下，部门之间主动协调是很难做到的，整个企业的效率往往往难以达到最优。物流运输的许多活动与多个部门相关，需要各部门之间分担职责。物流运输与市场部门之间的交叉有客户服务、订货处理、包装和零售点选择等；物流运输与生产部门之间的交叉有工厂地点与送货、采购运输与生产进度计划等，这些都需要有效的合作与管理。

物流运输与市场部门之间的交叉可以以包装为例。除了包装设计可能对销售有影响外，包装的保护功能、储存和处理等都与市场销售无关，但对物流运输都有很大的影响。包装作为一个单独的实体，其保护功能和促销功能是不可分割的，企业的协调要使得包装设计在市场销售利润和物流运输成本之间找到一个最好的结合点。

物流与生产部门的交叉可以以生产进度计划为例，运输（以零库存为基础）是这两者之间的联结点。生产部门必须依靠合理的进度计划在运输成本和制造成本之间达到一个均衡点；物流运输部门则通过进度计划来平衡运输批量和运输成本。离开了协调合作，运输、制造成本之间不可能达到最佳的平衡。

2. 外部协调

企业的采购运输和分销运输决策必定会影响到上游或下游的企业，如何在企业之间建立一定的机制以利于它们的合作就是供应链管理的问题。

大的联合组织是那些享有共同利益、各自的决策对他方有影响的若干个企业的集合。例如，承运人的定价会影响到使用者的购买决策，这种购买决策反过来又会影响定价决策。通常企业决策时都追求自身的目标，但其最理想的决策可能使其他企业不能最优化。所以，企业间的协调有利于企业的共同利益，从合理分配这些共同利益的角度看，管理重点应放在企业间的控制及企业责任的分担上。对这种"大组织"进行管理的困难之处的在于，能够在不改变当前组织结构的前提下带来效率的改进。解决企业间的冲突和企业内部的冲突不一样，企业内部的冲突可以借助于正式的结构关系来解决，而企业间冲突则只能通过协商与合作来解决。企业间的合作有多种方式。

（1）基于时间的合作战略。信息技术的迅速发展为实现基于时间的合作战略提供了工具。这些战略的重心是消除浪费和重复操作，减少制造和配送运输系统中的库存。汽车工业、零售业和软件业等行业常采用基于时间的战略来创造竞争优势。

准时生产（JIT）和快速反应（QR）是两种利用信息技术来达到资产利用率最大化的企业间（或企业集团内）的组织合作方式。JIT方式要求库存精确地满足所需，生产由客户订单引发，运输的及时、准确，把生产延迟到订单到达时才进行制造，消除了产品过时的风险。通过消除废品和不增值的工作过程，JIT下的订单周期时间被减至最少。这就提高了客户服务水平并创造了一种难以被复制的竞争优势，结果是对所有参与其中的企业都是有利的。

快速反应在零售业中广泛应用，它是另一种基于时间的系统。与JIT相似，快速反应是以更贴近客户购买模式的方式来安排商品零售的配送运输，通过利用实时的信息交换，零售业主可以与供应商协调合作，改善整个供应链的性能，提高运输的时效性。

（2）企业边界的扩展。供应链管理中的企业边界的扩展并不是一个新概念，但新兴的信息技术使得它有实际应用的价值。比如业务外包中最常被关注的一点是如何能实现恰当的控制，通过信息网络，企业能同时共享诸如制造进度计划、原材料可获得性、运输的及时性及客户订单等重要的运营信息。这些信息使得过程一体化成为可能。通过企业间的承诺来共同努力，企业间才能形成连续无间断的物流系统。合作使相对独立的企业连接成一体，独立的企业被融入到一个连续运行的供应链系统中，合作越来越重要，合作伙伴关系作为一种提高整个供应链性能的实际方式得到了认可，并不断获得发展。

（3）合作伙伴关系。信息技术的发展把物流组织推进到内部过程一体化之外。在当今的环境中，企业开始尝试实现跨越整个供应链的物流过程一体化。实现整个供应链的物流过程一体化的一种方式是企业实行纵向兼并，但这种方式需要巨大的资金投入，风险较大。一种替代的方式是纵向的合作伙伴关系，信息技术则是实现合作伙伴关系的有利手段。合作伙伴关系的目标是降低与物流有关环节的成本并提高整个运营系统的效率。各成员可以集中精力开发其专门领域的潜力从而取得竞争优势，又可以通过合作来降低整体的成本。

成功地实施伙伴关系的关键是选择适当的合作伙伴，而长期的合作则需要很多条件：合作伙伴之间需要有相融合的企业文化、共同的战略视野、互补的技术和能力优势、互利的战略目标、相互支持的运营管理方法、双向的表现评估、正式的及非正式的反馈系统等。

3. 物流组织的优化

物流组织在不断地变化和发展，对一个企业而言，存在着许多种可能的组织模式。企业在初步确定了物流组织模式以后，仍需要为适应环境变化和企业自身的变化而不断修正完善自己的模式。在建立一个新的物流组织单位或者是在对当前组织进行改进的时候，一般有以下步骤。

（1）研究企业的战略和目标。企业总的战略和目标为物流活动提供了长期的发展方向，它们为企业的各职能部门奠定了基础并指明了方向。物流管理活动必须支持企业总的战略和目标，物流管理人员必须了解他们自身的活动在企业战略实施中所起的作用，物流组织结构必须与企业的基本目标相匹配。

（2）以与企业组织结构相容的方式组织物流活动。整个企业的特定组织结构影响着物流活动的组织方式。以产品特性为例，很多生产消费品的企业，物流一般是由市场部门负责的；而一些生产工业投资品的企业，物流一般是由生产部门负责的。所以，物流组织方式的选择要符合企业的业务性质和特点。

（3）确定物流管理职能范围。明确地界定物流组织的职能范围是很困难的，尤其是对原本有着传统职能划分的组织结构进行重构。很多企业在实践中将大部分物流职能划归到同一个部门下面，该部门有完全的职能责任可以使得企业能够实施一体化物流管理及总成本权衡。

（4）了解物流管理人员的风格。高级物流管理人员的风格与组织的正式结构同等重要。许多企业高层管理人员的变化带来了人力资源、员工士气和生产效率的重大变化。有些情况下，组织结构的重构并不一定是必要的。高级物流管理者的管理风格和人格可以极大地影响组织内各层次员工的态度、工作道德观和生产率。

管理风格是一种无形因素，可以使得有相同组织结构的两个企业的效率、生产率和利润率完全不同。管理风格是成功完成企业物流目标的重要因素，也是许多组织结构效率差异的重要原因。

（5）构筑柔性组织。变化是无时不在的，物流组织应该针对变化进行调整。反应慢、适应性差的组织显然会随时间的推移而丧失自身的效率。市场或企业未来的变化是很难预测的，物流组织结构应该接受这些变化并以对企业有益的方式作出反应。

（6）识别可行的支持系统。物流活动的性质使得支持系统至关重要。物流组织自身并不能独立存在，必须有各种支持机制和支持专家来协助进行。管理信息系统就是有效物流网络的一个重要部分。其他的支持机制或系统还包括人力资源管理、投资管理、财务管理和会计核算等。

成功的组织需要组织结构、计划过程、人及管理风格的最佳组合。由于物流活动地理位置上分散的性质，以及通常跨越一个行业运作的事实，可以说没有绝对的对或错的组织结构存在。如何使一种物流组织方式能同时很好地满足内部过程整合和外部企业延伸的要求，依靠理论原则不可能提供一种理想的物流组织结构，在组织方式的开发决策中管理者应根据不同的情况进行创新。

13.2　物流运输组织

前面对物流组织的介绍是一般意义上的理论阐述，本节将对主要的物流运输组织（以国际物流运输组织为主）及相关职能作具体介绍。

13.2.1　国际航运组织

在当今的国际物流中，海运还是最主要的运输方式，如前所述，海运的诸多优势，至今仍难以为其他运输形式所取代。在实际作业中，由于远洋运输的国际性及船舶运输的多环节性，航运企业要从事国际航运业务除了要具备从事国际航行的船舶、国际性商港、国际贸易海运货源和国际航运经营人及行业群体外，还必须遵守各种国际公约和法规，并接受有关规则的约束，在具体业务活动中，还要与众多的相关企业及政府有关部门进行联系、协调以保证船舶运输过程的顺利进行。各种类型的航运组织就是为适应国际运输的需要而建立的。

1. 非官方的国际航运组织

本书介绍的几个非官方的国际航运组织，既是著名的非官方航运组织，又是为适应早期资本主义经济发展、海外扩张、国际贸易等的需要而成立的，主要有：代表船东利益的国际航运公会（ICS），波罗的海和国际海事协会（BIM-CO）；代表航运方面利益处理有关海事的国际海事委员会（CMI）。

国际航运公会成立于 1921 年，总部设在伦敦。它由一些国家的私人船东协会和航运公司组成。任何政府机构均不得被接受为会员。其目的是为了交换航运情报和制定共同的航运政策，增进其成员的利益。

波罗的海和国际海事协会成立于 1905 年，总部设在哥本哈根。协会成员有航运公司、经纪人公司及保赔协会等团体和俱乐部组织。

该协会的宗旨是：保护会员的利益，为会员提供情报咨询服务；防止运价投机和不合理的收费与索赔，拟订和修改标准租船合同和其他货运单证；出版航运业务情报资料等。

国际海事委员会 1897 年成立于布鲁塞尔。它的主要宗旨是促进海商法、海运关税和各种海运惯例的统一。它的主要工作是草拟各种海上公约，有关责任制、海上避碰、救捞等。国际上第一个海上货物运输公约——《海牙规则》，就是由该委员会 1921 年起草，并在 1924 年在布鲁塞尔会议上通过的。同时于 1968 年又对其进行修改，制定了《海牙—维斯比规则》。

2. 联合国政府间海事组织（IMO）

《政府间海事协商组织公约》1948 年在日内瓦签字后，到 1958 年 3 月正式生效。到 1959

年 1 月在伦敦召开第一次海协大会，此后，海协才正式成为联合国在海事方面的一个技术咨询和海运立法机构。

根据公约规定，海协的宗旨是促进各国之间的航运技术合作，加强各国航运协调，交换航运情报，负责起草和审议有关海运的国际公约、协定和其他文件，并向各国政府和有关航运组织推荐。我国于 1973 年 3 月 1 日正式加入海协，于 1975 年当选为理事国。

3. 班轮公会

所谓班轮公会是航运公司联合起来在固定航线上从事定期货运服务的集团，它通过建立某些标准、设定统一费率、选定航线、安排航次、分配货载份额、共享营运收入等方法控制其成员公司；同时，通过提供优惠运价、保证长期合作等方法控制托运人。

班轮公会接近于一种行业协会，但由于有明显的限制竞争的倾向而受到货主一方及主要代表货主利益的发展中国家的指责，各国一般有专门立法进行管理。班轮公会运价协商一致的政策有其合理性，因为航运中货量的波动等因素，导致市场多变。如果运价再不稳定，很容易导致班轮公司的解体。同时，托运人某种程度上也愿意享受稳定的服务，并且在与固定的公会合作后换取优惠的价格或更广泛的服务。由此，在美国，班轮公会被认为足够公平而符合反垄断法的要求，可以享受反垄断法豁免权。班轮公会长期存在并曾长期左右着定期船舶运输。据统计，在 20 世纪 50 年代的鼎盛时期，将近有 350 多个公会存在。著名的跨大西洋航线班轮公会（TACA）在其全盛时期总共控制了该航线 75%～80%的装载量，掌握了市场的控制权，因而享有超级联盟（superc on ference）的美称。然而过度的优势使其受到来自各方面的攻击。最后，欧洲联盟的欧洲委员会于 1996 年裁定 TACA 因设定共同内陆运送费率表（collective inland rates tariff）而违反了欧盟的反垄断法，并于 1998 年被处以欧盟成立以来最高额的罚款。而美国 1998 年航运改革法生效后，传统性的美国航线运费同盟纷纷解散与改组，取而代之的是一些新的联盟机构。现在，班轮公会的运营已经受到严重挑战。

我国业已参加的国际公约《班轮公会行为守则》，通过对班轮公会的行动约束调整而对航运关系进行调节，其主要内容是规定了货载分配的原则，即有名的 4∶4∶2 原则。根据该原则，除非另有协议，在公会所承运的由彼此相互贸易产生的货运量中，双方有平等参与运输的权利，在有第三国参与时，则可给予 20%的份额，即航线两端的航运公司各得 40%，第三国航运公司可得 20%。除此以外，还规定了其他促进竞争、限制垄断的规定，如规定公会应就其活动向托运人或托运人代表提供年度报告，公会同托运人之间要进行协商；公会运价全面提高应有 15 个月的间隔等。

公约使用了大量篇幅规定如何处理争议问题（第 23～46 条）。公约规定了一个国际强制调节的制度，但在不违反公约原则和国家法律的前提下，有关方面可以协商通过其他合法途径来解决争端。调解人的建议一旦被接受就是终局性的，但争议一方可以拒绝接受，并声明其理由，另一方则将争议提交有关国家司法机关处理。公约规定的主要目的是使有关问题不是单方面由公会航运公司解决，而是在国际法的指导下尽量通过协商程序来解决。

4. 航运交易市场

航运交易市场也叫航运市场，主要从事租船交易活动。就是需要船舶的承租人和提供船舶运输的船舶所有人进行船舶租赁交易的场所。通常，货主或船舶所有人并不需要亲自到租船市场上去承租或出租，而是通过租船经纪人直接或以邮件或电传形式为货主或船舶所有人进行洽谈协商和办理租船事宜，并且签订租船合同。

当前国际上主要的租船市场有：伦敦、纽约、东京、香港、奥斯陆、汉堡、鹿特丹等地的租船市场。

我国于 1996 年 11 月 28 日成立了上海航运交易所，它为我国的船舶所有人和货主提供了海运交易的场所，同时提供了包括租船交易、船舶买卖、出口报关等各项服务。上海航交所是由中国国务院批准成立的一家非营利性事业法人机构，由交通部和上海市人民政府共同出资组建。航交所实行理事会领导下的总裁负责制。

开业至今，航交所为会员单位出口报关提供"一关三检"一条龙服务，目前在航交所完成的日报关量已跃居上海口岸的第一位。

上海航交所还在稳定班轮运价方面作出努力，按照交通部的规定，应向航交所报备运价的所有中外船公司已全部履行了报备手续。航交所根据市场的实际情况和广大船舶公司的合理要求，选择意见比较集中的欧洲，日本航线进行运价协调，稳定了运价。

13.2.2 国际航空组织

当今世界上有许多国际性航空组织，具有较大影响的主要有两大国际民用航空运输管理机构，一个是"国际民用航空组织 ICAO"，另一个是"国际民用航空运输协会 IATA"。

1. 国际民用航空组织

国际民用航空组织（International Civil Aviation Organization，ICAO）成立于 1947 年 4 月 4 日，总部永久性设在加拿大的蒙特利尔市（Montreal，Canada）。国际民用航空组织的前身是临时国际民用航空组织。

1947 年 4 月 4 日《国际民用航空公约》（又名《芝加哥公约》）开始生效。这是国际民用航空运输业界的一部重要法典，取代了之前的《巴黎公约》和《哈瓦那公约》，它对国家领土主权、无害通过的权利、保障国际飞行安全等在技术和行政管理方面作出了具体规定。根据这个公约的规定，成立"国际民用航空组织"。公约具体规定了"国际民用航空组织"的机构设置、作用及其职责。

（1）国际民用航空组织的宗旨与作用。国际民用航空组织的宗旨是，保障《国际民用航空公约》的实施，开发国际航行原则和技术，促进国际航空运输的规划和发展，以及下述九个方面内容：

① 保证国际民用航空安全地、有序地发展；

② 鼓励发展用于世界和平目的的航空器设计技术和驾驶技能；

③ 鼓励发展用于国际民用航空的航路、机场和航行设施；

④ 发展安全、正常、有效和经济的民用航空运输，满足世界人民的要求；

⑤ 防止不合理的竞争，避免经济浪费；

⑥ 充分尊重各缔约国的权利，保证享有公平经营国际航空运输业务的机会；

⑦ 避免各缔约国之间的歧视；

⑧ 促进国际航空飞行安全；

⑨ 促进国际民用航空运输业的全面发展。

根据以上要求，概括起来，国际民用航空组织的作用是：制定和监督执行有关航空运输飞行安全和维护国际航空运输市场秩序的标准，促进发展与和平利用航空技术，以保证飞行安全，在尊重主权的基础上公平发展。

（2）国际民用航空组织的管理机构。国际民用航空组织的最高权力机构是"大会"（Assembly），由常设机构"理事会"（Council）负责召开，每 3 年至少召开一次。"理事会"由大会选举出的各个缔约国组成。在"大会"休会期间，"理事会"代表缔约成员国处理日常事务。

国际民用航空组织的下属机构除了理事会之外，还有空中航行委员会、航空运输委员会、空中航行服务联合支持委员会和财经委员会等。

国际民用航空组织是主权国家政府之间的国际性组织。1974 年 2 月 25 日，中国政府决定承认《国际民用航空公约》和有关修正协议书，并参加国际民用航空组织的活动。同年 9 月，中国在国际民用航空组织的"大会"上当选为理事国。

2. 国际民用航空运输协会

国际民用航空运输协会（International Aviation Transport Association，IATA）是世界上航空公司之间最大的组织，总部设在加拿大的蒙特利尔市。它有 4 个地区办事处，分别设在安曼、圣地亚哥、新加坡和华盛顿。

（1）国际民用航空运输协会 IATA 的宗旨与任务。国际民用航空运输协会 IATA 的宗旨是：促进国际航空运输安全、正规和经济的发展；促进航空运输业界的合作。

国际民用航空运输协会 IATA 的主要任务是，制定国际航空客货运输价格、运载规则和运输手续，协助航空运输企业间的财务结算，执行国际民用航空组织 ICAO 制定的国际标准和程序。

（2）国际民用航空运输协会 IATA 的管理机构。国际民用航空运输协会 IATA 的最高权力机构是"大会"，每年召开一次。国际民用航空运输协会 IATA 的常设机构是"执行委员会"，并设置运输、货运、技术和财务 4 个常务委员会。国际民用航空运输协会 IATA 由经营国际定期或不定期航班的航空公司参加。

国际民用航空运输协会 IATA 会员有两种：

① 正式会员。经营国际定期客运航班的航空公司。

② 准会员。不经营国际定期客运航班的航空公司。

据统计，截至 1996 年 11 月，IATA 共有正式会员航空公司 220 家，其中有我国的中国国际航空公司、南方航空公司、北方航空公司、东方航空公司、西北航空公司、西南航空公司等六大骨干航空公司；有准会员航空公司 34 家，其中有我国的上海航空公司和厦门航空公司。

需要说明的是，协会会员所属国必须是有资格参加国际民用航空运输组织的国家。

（3）国际民用航空运输协会 IATA 的活动。国际民用航空运输协会 IATA 的活动一般分为以下两大类。

① 行业协会活动（Trade Association Activities）通常是以程序性会议形式进行，所有会员航空公司必须参加。会议主要讨论国际性客运和货运的价格与代理、客货运输专用票据格式、行李规定运价、订座程序等问题。

② 运价协调活动（Tariff Coordination Activities）通常是通过运价协调会议（Tariff Coordination Conference）方式进行，会员航空公司可以选择参加。会议主要讨论客票价格、货运费率与运价、代理人佣金率等问题。

以上两类活动一般是通过国际民用航空运输协会的运输会议进行。

3. 中国民用航空管理机构

中国民用航空业是一个正在发展的行业，目前正在不断完善航空运输业的管理体系。

中国民用航空总局是国务院的直属机构，是中国政府管理和协调中国民用航空运输业务的职能部门，对中国民用航空事业实施行业管理。它不直接经营航空业务，主要行使政府职能，可具体归纳为以下十二个方面。

① 制定发展中国民用航空事业的方针、政策和战略规划；制定民用航空规章、指导协调行业体制改革。

② 制订行业发展中、长期规划和年度计划，审核企业购买和租赁飞机的申请。

③ 管理民用航空运输市场秩序，监督管理直属企事业单位的国有资产。

④ 制定民用机场建设标准，管理机场使用许可证，管理基本建设投资项目。

⑤ 管理行业安全保卫工作。

⑥ 负责民用航路的建设与管理。

⑦ 负责民用航空飞行技术管理和民用航空器适航管理。

⑧ 管理民用航空企业的经营许可证、安全、服务质量和航班运营正常情况。

⑨ 领导民用航空地方管理局，并管理地方管理局（省、市、区）的干部和劳资。

⑩ 管理行业教育和科技工作。

⑪ 管理涉外民用航空事务。

⑫ 承办国务院交办的其他事项。

13.2.3 国际运输代理人

1. 船舶代理人

从事国际贸易货物运输的船舶在世界各个港口之间进行营运的过程中，当它停靠于船舶所有人或船舶经营人所在地以外的其他港口时，船舶所有人或船舶经营人将无法亲自照管与船舶有关的营运业务。解决这一问题的方法可以有两种：①在有关港口设立船舶所有人或船舶经营人的分支机构；②由船舶所有人或船舶经营人委托在有关港口的专门从事代办船舶营运业务和服务的机构或个人代办船舶在港口的有关业务，即委托船舶代理人代办这些业务。

在目前的航运实践中，船舶所有人或船舶经营人由于其财力或精力所限，而无法为自己所拥有或经营的船舶在可能停靠的港口普遍设立分支机构；又由于各国航运政策的不同，使得委托船舶代理人代办有关业务的方法成为普遍被采用的比较经济和有效的方法。

设立在世界海运港口的船舶代理机构或代理人，他们对本港的情况、所在国的法律、规章、习惯等都非常熟悉，并在从事船舶代理业务的实践中积累有丰富的经验。因此，他们经常能比船长更有效地安排和处理船舶在港口的各项业务，更经济地为船舶提供各项服务，从而加快船舶周转、降低运输成本，提高船舶的经营效益。目前，船舶所有人或船舶经营人大多都对自己拥有或经营的船舶在抵达的港口采用委托代理人代办船舶在港口各项业务的办法来照管自己的船舶。世界上的各个海运港口也都普遍开设有船舶代理机构或代理行，而且在一个港口又通常开设有多家船舶代理机构从事船舶代理业务工作。

船舶代理属于服务性行业。船舶代理机构或代理行可以接受与船舶营运有关的任何人的委托，业务范围非常广泛，既可以接受所有人或经营人的委托，代办班轮船舶的营运业务和不定期船的营运业务，也可以接受租船人的委托，代办其所委托的有关业务。由于船舶的营运方式不同，而且在不同营运方式下的营运业务中所涉及的当事人又各不相同，各个当事人所委托代办的业务也有所不同。因此，根据委托人和代理业务范围不同，船舶代理人可分为班轮运输代理人和不定期船舶运输代理人两大类。

（1）班轮运输代理人。该类代理人在实际业务中又分为两类：班轮运输船舶总代理人和订舱代理人。这两类代理人的业务范围和业务职能有所不同，具体如下。

• 班轮运输船舶总代理人。在班轮运输中，班轮公司在从事班轮运输的船舶停靠港口委托总代理人。该总代理人的权利与义务通常由班轮代理合同的条款予以确定。代理人通常应为班轮制作船期广告，为班轮公司开展揽货工作，办理计舱、收取运费工作，为班轮船舶制作运输单据、代签提单，管理船务和集装箱工作，代理班轮公司就有关费率及班轮公司营运业务等事宜与政府主管部门和班轮公会进行合作。总之，凡班轮公司自行办理的业务都可通过授权，由总代理人代办。

• 订舱代理人。班轮公司为使自己所经营的班轮运输船舶能在载重和舱容上得到充分利用，力争做到满舱满载，除了在班轮船舶挂靠的港口设立分支机构或委托总代理人外，还会委托订舱代理人，以便广泛地争取货源。订舱代理人通常与货主和货运代理人有着广泛和良好的业务联系，因而能为班轮公司创造良好的经营效益，同时能为班轮公司建立起一套有效的货运程序。

（2）不定期船舶运输代理人。除上述两类外，其余的船舶运输代理人基本归此范围，本书介绍的六类不定期船舶运输代理人各自的业务职能如下。

• 船东代理人。船东代理人受船东的委托，为船东代办与在港船舶有关的诸如办理清关、安排拖轮、引航员及装卸货物等业务。此时，租约中通常规定船东有权在装卸货港口指派代理人。

• 船舶经营人代理人。作为期租租家的船舶经营人，根据航次租约的规定，有权在装卸货港口指派代理人，该代理人受船舶经营人的委托，为船舶经营人代办与在港船舶有关的业务。

• 租家提名代理人。根据航次租约的规定，租家有权提名代理人，而船东（或船舶经营人）必须委托由租家所指定的代理人作为自己所属船舶在港口的代理人，并支付代理费及港口的各种费用。此时，代理人除了要保护委托方（船东或船舶经营人）的利益外，还要对租家负责。

• 保护代理人。这类代理人一般不是直接的业务活动代理人，而是利益代理人，其业务职能是：在港口的代理人是由租家提名的情况下，船东或船舶经营人为了保护自己的利益，会在委托了由租家提名的代理人作为在港船舶的代理人以外，再另外委托一个代理人来监督租家提名代理人的代理行为，该代理人即为保护代理人，或称为监护代理人。同样，当根据租约的规定，代理人由船东或船舶经营人指派时，租家就可能在装卸港口指派自己的代理人，以保护租家的利益。

• 船务管理代理人。船务管理代理人为船舶代办，如补充燃物料、修船、船员服务等业务，而这些代理业务是与船舶装卸货无关的，当船舶经营人为船舶指派了港口代理人后，船东为了办理那些与装卸货无关而仅仅与船务有关的业务时，若船舶经营人的代理人没有得到船舶经营人的委托，就不会为船东代办有关船务管理业务，此时，船东就会委托一个船务管理代理人来代办自己的有关业务。

• 不定期船舶总代理人。总代理人是特别代理人的对称，其代理权范围包括代理事项的全部。不定期船总代理人的业务很广，如代表不定期船舶的船东来安排货源、支付费用、选择、指派再代理人并向再代理人发出有关指示等。当然，租家有时也会指派总代理人，或在租约中规定由租家指派代理人或提名代理人时，租家就有权在一定地理区域选定总代理人，当租家指派甲代理人，而船舶不停靠甲地时，则可由甲代理人为其委托人选择、指派再代理人，并由再代理人代办与在港船舶有关的业务。委托人授予代理人代理权是建立在对代理人的知识、技术、才能和信誉等信任的基础之上的，而船东或租家选用总代理人的最大优点在于，委托方和代理人之间有信任感、业务上具有连续性，一旦委托则船舶在所有港口的代理业务都由总代理人办理或由其选择、指派的再代理人完成。

2. 国际船舶代理人业务

国际船舶代理业务是一项范围相当广泛的综合性业务，可归纳为以下几个方面。

（1）货物装卸业务。有关货物装卸业务包括：联系安排装卸；办理申请理货及货物监装、监卸、衡量、检验；办理申请验舱、熏舱、洗舱、扫舱；洽办货物理赔工作等业务活动。

（2）客货运组织业务。有关客货运组织包括：代为揽货、洽订舱位；办理海上联运货物的中转业务；签发提单；代售客票、办理旅客上下船舶手续等业务。

（3）集装箱管理业务。有关集装箱管理业务包括：办理集装箱的进出口申报手续，联系安排集装箱的装卸、堆存、清洗、熏蒸、检疫、修理、检验协理集装箱的交接、签发集装箱交接单证等。

（4）船舶、船员服务业务。有关船舶、船员服务包括：办理船舶进出口的申请及报关手续；申请引航及安排泊位；洽购船用燃料、物料、属具、工具、垫料、淡水、食品；洽办船舶修理、检验、拷铲、油漆；办理船员登岸及遣返手续、转递船员邮件、安排船员医治疾病等活动。

（5）其他业务。其他业务方面包括：洽办海事处理、联系海上救助；代办租船及船舶买卖；代收运费及其他有关款项协理支付船舶速遣费及计收滞期费等。

船舶代理无论是代理上述业务范围内的一种或多种工作，都要与船舶公司形成代理关系。一般是在船舶到达国外港口之前，船舶公司通过选定在将要到达的港口代办船舶在港期间的一切业务的代理人，与其建立相应的代理关系。

船舶代理关系可分为长期代理关系和航次代理关系。船公司可按照船舶到达某一港口的频繁程度决定与代理人建立长期代理关系或航次关系。

• 长期代理。船公司根据船舶营运的需要，在经常有船前往靠泊的港口为自己选择适当的代理人，通过一次委托长期有效的委托方法，负责照管到港的属于船舶公司所有的全部船舶的代理关系的形成，称为长期代理，建立长期代理关系的前提条件是船舶公司的船舶经常来港。所以一般情况下，班轮运输常采用此代理形式。

• 航次代理。航次代理是指对不经常来港的船舶，在船舶每次来港前由船舶公司向代理人逐船逐航次办理委托，并由代理人逐船逐航次接受这种委托所建立的代理关系。船舶在港作业或所办事务结束离港，代理关系即告终止。一船舶公司提出建立代理关系时，必须在船舶抵港前若干天（一般 10 天），以书面形式向代理人提出委托。

3．航运经纪人

在航运业中活跃着三种类型的经纪人：船东经纪人、租船代理人和船舶买卖经纪人。

（1）船东经纪人。顾名思义，他是船东委托的经纪人，代表船东寻找货源或需长期租用船舶的租船人。洽谈业务时当然会维护船东利益，力求最高运费或租金率，为船东争取防止风险的合同条款。

（2）租船代理人。这是租船人委托的经纪人，代表承租人寻找合适的船舶、在洽谈租船业务时是船东经纪人的对手。他们力求维护租船人利益，争取最低的运费率或租金率，争取有利于租方的合同条款。

在租船经营中，船东和租船人一般不直接面对面洽谈租船业务，通常做法是船东委托自己的经纪人，租船人委托自己的经纪人，通过经纪人洽谈租船业务，代为签约。因此在整个租船交易过程中经纪人发挥了主要作用，具体的作用体现在以下几个方面。

首先，租船市场上的主要调节者。经纪人是租船市场上的实际参加者，整个市场通过经纪人运转，平衡和协调船货供求关系。由于经纪人之间全球性的联系网络，本市场内无法成交的业务可随时转向其他租船市场洽谈成交。因此，世界上各租船市场之间在经纪人的参与下使全世界的货物运量和运力相协调，使船运市场形成良性运转。

其次，为船东和租船人迅速有效地成交租船业务。经纪人的作用加速了租船过程的速度和效率。当委托人需要时，他们立即提供洽租机会及对方所需的专业知识，同时经纪人联系着世界上众多船东和租船人，随时可以为船东或租船人迅速找到合适机会。

其三，减轻船东或租船人大量租船事务性工作。如果一个公司经营数十艘船舶，都要亲自洽谈寻找租船机会，那么大量租船事务性工作必须配备许多人员去做，公司机构庞大，管理费用势必增加。如果由经纪人代为承担，就可以减少许多租船事务性工作，租船管理人员减少，从而降低管理费用。

其四，减少船东和租船人在租约中的责任风险。成功的经纪人都具有丰富的专业知识和实务经验，熟知各种标准合同格式的条款内容及解释，还有租船合同法律和惯例，并及时掌握着船、港、货方面的信息动态。因此，在洽谈时，可利用他们的丰富知识和经验来减少船东和租船人在租约中的责任风险。

当然，委托经纪人是要支付佣金的（经纪人的佣金普遍固定为运费的 1.25%），但和上述费用相比，经纪人索取的一小笔佣金是微不足道的。

（3）船舶买卖经纪人。船舶买卖经纪人接受委托办理船舶买卖等。买卖经纪人对船舶知识的掌握比租船经纪人更多。他们必须熟知船级、装载线和检验，还有船舶和机器的特殊级别等。如作为卖方的经纪人，他将着眼于卖出最高价格，作为买方的经纪人，则将力争为委托人取得最低的价格。另外，他们必须研究运费率和租金率行情及趋势来预测二手船价格走向。同时必须掌握造船国家新造船舶的价格，用于比较二手船价格。

13.2.4　国际货运代理人

1．国际货运代理概述

国际货运代理是指在合法的授权范围内接受货主的委托并代表货主办理有关海运货物的报关、交接、仓储、调拨、检验、包装、装箱、转运、订舱等业务的法人或个人。

从传统上讲，货运代理通常是充当代理的角色。它们替发货人或货主安排货物的运输，付运费、保险费、包装费、海关税等，然后收取费用（通常是整个费用的一个百分点左右），所有的成本开支由（或将由）客户承担。但近几年来，货运代理有时已经充当了合同的当事人，并且以货运代理人的名义来安排属于发货人或委托人的货物运输。尤其当货运代理执行多式联运合同时，作为货运代理的"标准交易条件"，就不再适应了，它的契约义务受它所签发的多式联运提单条款的制约，此时货运代理已成为无船承运人，也将像承运人一样作为多式联运经营人，承担运输货物的全部责任。

2. 货运代理业务

从国际货运代理人的基本性质看，国际货运代理人主要是接受委托方的委托，就有关货物运输、转运、仓储、保险，以及对货物零星加工等业务服务的一个机构，并管理国际货物的运输、中转、装卸、仓储等事宜。

从另一方面来认识，国际货运代理人系社会产业结构中的第三产业，是科学技术、国际贸易结构、国际运输方式发展产生的结果。因为在社会信息高度发展的趋势下，由于信息不受任何行业、区域、国界的限制，只要掌握信息，便能为委托方提供所需的优质服务，即使不拥有硬件（运输工具等），也可通过软件（经营管理）来控制硬件。如外贸运输单位成立无船承运人公司开展国际多式联运业务，在自己掌握货源的基础上揽取以补充的货源。船舶公司也成立货运公司，为其开展揽货服务。传统的装卸公司、运输部门、仓储业者等也纷纷摆脱其局限性，转向或参与运输服务，并有效地使用自己所拥有的设施和条件，从中获取"附加价值"或"附加收益"。

因此，国际货物运输代理企业（国际货运代理人）在实践中可以提供的服务有七大类。

（1）为发货人服务。货运代理人替发货人承担在不同阶段中货物运输的任何一项手续：

- 以最快、最省的运输方式，安排合适的货物包装，选择货物的运输路线；
- 向客户建议仓储与分拨；
- 选择可靠效率高的承运人，并负责缔结运输合同；
- 安排货物的计量和计重；
- 办理货物的保险；
- 办理货物的拼装；
- 装运前或在目的地分拨货物之前，将货物存仓（如果需要的话）；
- 安排货物到港口或目的地的运输，办理海关有关单证的手续，并把货物交给承运人；
- 代表托运人/收货人承付运费、关税、税收等；
- 办理因货物运输的任何外汇交易；
- 从承运人那里取得签署的提单，并把它们交给发货人或收货人；
- 通过与承运人和货运代理人在国外的代理联系，监督货物运输的进程，并使货主知道货物的去向。

（2）为海关服务。当货运代理人作为海关代理、办理有关进出口商品的海关手续时，他不仅代表他的客户，而且也代表海关当局。事实上，在许多国家货运代理人得到了当局的许可，办理海关手续，并对海关负责，负责在法定的单证中申报货物确切的金额、数量和品名，以使政府在这些方面不受损失。

（3）为承运人服务。货运代理人向承运人订好足够的舱位，议定对承运人和发货人都是公平合理的费率，安排在适当的时间内交货，并以发货人的名义解决与承运人运费账目等问题。

（4）为航空公司服务。货运代理人在空运业务上，充当航空公司的代理。在国际航空运输协会以空运货物为目的而制定的规则上，它被指定为国际航空协会的代理，利用航空公司的服务手段为货主服务，并由航空公司付给佣金。同时，作为一个货运代理，通过提供适用于空运的服务方式，继续为发货人或收货人的利益服务。

（5）为班轮公司服务。货运代理人与班轮公司的关系随业务性质而定。在一些服务于欧洲国家的商业航线上，班轮公司已承认货运代理人的有益作用，并付给货运代理人一定的佣金。近几年来，由货运代理人提供的拼箱服务，即拼箱货的集运服务已建立了它们与班轮公司及其他承运人（如铁路）之间的一个较为密切的联系，然而一些国家却拒绝给货运代理人支付佣金，所以它们正在世界范围争取承认它们对这一佣金的要求。

（6）提供拼箱服务。随着国际贸易中集装箱运输的增长，引进了"集运"和"拼箱"服务。在提供这种服务中，货运代理担负一个委托人的作用。集运或拼箱的基本含义是把一个出运地若干发货人发往另一个目的地的若干收货人的小件货物集中起来，作为一个整件集运的货物发运给目的地的货运代理人的代理，并通过他把单票货物交给各个收货人。货运代理人将签发的提单，即"分提单"或其他类似的收据交给每一票货的发货人，货运代理人的代理在目的地凭出示的提单将货物交给收货人。

集拼货的发货人或收货人不直接与承运人联系。对承运人来说，货运代理人是发货人，而在目的地的货运代理人的代理是收货人。因此，承担集运货物的承运人给货运代理人签发的是"全程提单"或货运单。如果发货人、收货人有特殊要求，货运代理人也可在出运地和目的地从事提货和交付的服务，提供门到门的服务。

（7）提供多式联运服务。在货运代理人的作用上，集装箱化的一个更深远的影响是它介入了多式联运。这时，货运代理人充当了主要承运人，并且承担组织在一个单一合同下，通过多种运输方式，进行门到门的货物运输。他可以以当事人的身份与其他承运人或其他服务的提供者分别谈判并签约。但是，这些分拨合同不会影响多式联运合同的执行，也就是说，不会影响对发货人的义务和在多式联运过程中他对货损及灭失所承担的责任。在货运代理人作为多式联运经营人时，通常需要提供包括所有运输和分拨过程的一个全面的一揽子服务，并对他的客户承担一个更高水平的责任。

3. 国际货运代理人的法律地位和责权

（1）国际货运代理人的法律地位。按一般法律概念去理解国际货运代理人的基本法律性质是较容易的，这一代理关系是由委托人和货运代理人两方组成的，因为代理关系必须由一方提出委托，经另一方接受后才算正式成立，这种关系一经确定后，委托方与货运代理人之间的关系则成为委托与被委托的关系，有关方的责任、义务则应根据双方订立的代理协议或代理合同办理，在办理过程中，货运代理作为委托方的代表对委托方负责，但货运代理人所从事的业务活动仅限于授权范围内。从目前国际货运代理所承办业务的做法看，对委托方所委托的业务，有的是由货运代理人自己承办，也有的以中间人的身份为委托方与第三方促成交易，事实上，这种货运代理人业已成为经纪人。因为，通常对货运代理人产生的关系有以下三种。

• 委托方与货运代理人的关系，这种关系由委托协议或合同来确定。

- 委托方与第三方的关系，此种关系由货运代理人与第三方订立的合同来确定。
- 货运代理人与第三方的关系，此种关系由货运代理人与第三方订立的合同来确定。

上述第三种关系，在有关法律的习惯做法上，一旦货运代理人与第三方发生关系，可以不向第三方说明其代表的身份，因此，从第三方的角度看，此时的货运代理人的性质和法律地位有三种情况。

- 货运代理人不公开委托人，而以自己的名义与第三方订立合同，此时货运代理人代表的是未公开的委托人，在这种情况下，第三方只能向货运代理人起诉。如证据确凿，并能说明货运代理人所代表的委托人，在这种情况下也可选择向委托人起诉。
- 货运代理人说明自己的身份是委托方的代表，而并不说明委托方是谁，在与第三方订立的合同上说明"仅作为代表"的字样。此时，货运代理人代表的是隐名的委托人。在这种情况下，第三方只能向委托方起诉，对货运代理人来说，他不负担责任，但如果货运代理人不愿意公开委托人是谁，则第三方也可先向货运代理人起诉。
- 货运代理人既公开他是代表委托人，又说明其委托人是谁，在订立的合同上加注"经×××授权"，同时又加注"仅以代表身份"的字样。此时，有关责任纠纷处理可与上述第二种情况同样对待。

（2）国际货运代理人基本职责。国际货运代理人接受委托方的委托业务，根据与委托方订立的合同条款进行业务活动，应承担以下的基本职责。

- 作为承运人完成货物运输并承担责任（由其签发货运单据，用自己掌握的运输工具或委托他人完成货物运输，并收取运费）。
- 作为承运人完成货物运输，但不直接承担责任（由他人签发货运单据，使用掌握的运输工具或租用他人的运输工具或委托他人完成货物运输，并不直接承担责任）。
- 根据与委托方订立的协议或合同规定，或根据委托方指示进行业务活动，货运代理人应完成此项委托，尤其是在授权的范围内，如违反这一准则而造成的损失，货运代理人应向委托方负责。
- 如实汇报一切重要事项。在委托办理业务中向委托方提供的情况、资料必须真实，如果有任何隐瞒或提供的资料不实而造成的损失，委托方有权向货运代理人追索并撤销代理合同或协议。
- 承担保密义务。货运代理人在代理协议或合同规定的有效期间，不得将代理过程中所得到的资料向第三方泄漏。同时，也不得将代理权转让与他人。

（3）国际货运代理人责任期限。国际货运代理人在作为承运人运输货物时，其责任从接收货物时开始至目的地将货物交给收货人时止，或根据其将货物置于收货人指定的地点业已作为完成并已履行合同中规定的交货义务。但货运代理人在货物运往或运抵目的地前或后有义务向收货人发出到货通知，如果在发出交货通知一定时间后，收货人仍未前来提取货物，也可作为货运代理人履行合同中规定的交货义务。

货运代理人在由其掌管货物的责任期间，应按合同条款的规定，采取合适的方式照料和运输货物，并随时执行货物所有人的指示，如果在货运代理人不可能得到指示，而又必须采取行动的情况下，那么，此种执行是在货物所有人自行保险的情况下代表货物所有人进行工作。

（4）国际货运代理人对货损的责任。国际货运代理人应对自己因没有执行指示造成的货物损失负赔偿责任。如果货物的灭失、损害由他所委托的代理人在运输、装卸、交付、结关、仓储，以及其他方面的行为或疏忽所致，货运代理人不承担任何责任，除非能证明他在选择代理上有失职行为。

如果货物的灭失、损害，货运代理人能证实确因第三方的行为或疏忽造成，货运代理人则应将此种情况告知委托方，并采取适当的措施保护委托方的利益，或协助委托方向造成货物灭失或损害的责任方提出赔偿。

（5）国际货运代理人对仓储代理的责任。货运代理人在接受货物并准备仓储时，应在收到货物后给委托方货物收据或仓库证明，并在货物仓储期间尽其职责，根据货物的特性和包装，选择不同的储存方式。如果对货物的仓储委托有特殊要求或指示，货运代理人也一并给予执行。货运代理人对上述工作若已做到尽其职能后仍发生货物灭失或损害则不负责任，除非该货物的灭失或损害是由于货运代理人当选择货物的储存库场方面有不适当或缺陷时，或由于他在储存方面有着过失或疏忽时。

（6）国际货物运输代理人权利。委托方应支付给货运代理人因货物的运送、保管、投保、报关、签证、办理单据等，以及为其提供其他服务而引起的一切费用，同时，还应支付由于货运代理人不能控制的原因致使合同无法履行而产生的其他费用。对于上述费用委托方应在提货之前全部予以支付后，才可能取得提货的权利，否则，货运代理人则对货物享有留置权，并有权或以适当的方法将货物出售，以此来补偿所应收取的费用。

如货物的灭失或损害系属于保险人承保责任范围之内的，货运代理人在赔偿后，从货物所有人那里取得代为求偿权，从其责任方那里得到补偿或偿还。当货运代理人对货物全部赔偿后，有关货物的所有权便转为货运代理人所有。

（7）国际货运代理人除外责任。如果货物的灭失或损害是由下列原因所致，货运代理人对该货物灭失或损害则不负责任：

- 由于委托方的疏忽或过失；
- 由于委托方或其他代理人在装卸、仓储或其他作业过程中的过失；
- 由于货物的自然特性或潜在缺陷；
- 由于货物的包装不牢固、标志不清；
- 由于货物送达地址不清、不完整、不准确；
- 由于对货物内容申述不清楚、不完整；
- 由于不可抗力、自然灾害、意外原因。

但如果能证明货物的灭失或损害是因货运代理人的过失或疏忽所致，货运代理人对该货物的灭失、损害仍应负赔偿责任。

（8）委托方责任。除按照代理协议或合同的规定履行其责任外，委托方对货运代理人还应及时给予各种明确的指示，以便货运代理人更好地完成所委托的业务。对货运代理人征询某一业务的处理意见时，委托方必须予以答复，对由于指示不及时或不当而造成工作上的损失，货运代理人不负任何责任。对于因此项委托而引起的一切费用，除委托代理协议或合同另有规定外，都应按约定的规定及时支付。如果货物的丢失或损害系由于下列原因所致，该货物的灭失或损害则由委托方自行负责：

- 对货物的内容申报不清楚、不完整；
- 货物的包装不牢固，标志不清楚、不完整；

- 委托方自行处理货物的装卸、搬运；
- 货物自然特性引起的；
- 货损原因的属性货运代理人是无法预见、无法避免的。

由于上述原因所引起的共同海损分摊、救助费用，以及对第三方所造成的损害赔偿均由委托方负责。此外，委托方还应给予货运代理人在执行合同中的有关指示，如果货物在仓储期间有可能对生命财产，或者周围环境造成威胁或损害，委托方有责任及时予以转移。

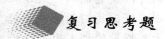 复习思考题

一、基本概念

运输组织结构　国际航运公会　国际海事委员会　联合国政府间海事组织　班轮公会国际民用航空运输协会 4∶4∶2 原则　国际货运代理　保护代理人　虚拟组织

二、选择题

1. 以下关于流转型库存的描述，（　　）是错误的。

A. 是为社会和企业生产与销售提供物质保证的服务性作业

B. 每次出入库数量相对较少

C. 出入库频繁

D. 对运输商品的品种、数量、规格、花色等的准确程度有极高的要求

2. 协调委员会是一种（　　）物流组织。

A. 正式的　　　　　　B. 半正式的　　　　　　C. 非正式的　　　　　　D. 不确定的

3. 以下关于国际航运公会的描述，错误的是（　　）。

A. 成立于 1921 年

B. 总部设在伦敦

C. 由一些国家的私人船东协会和航运公司组成

D. 经过申请，政府机构可以被接受为会员

4.（　　）一般不是直接的业务活动代理人，而是利益代理人，主要监督租家提名代理人的代理行为。

A. 船东代理人　　　　　　　　　　　　B. 船舶经营人代理人

C. 保护代理人　　　　　　　　　　　　D. 船务管理代理人

5. 下列属于非官方的国际航运组织的是（　　）。

A. 跨大西洋航线班轮公会　　　　　　　B. 国际航运公会

C. 国际海事委员会　　　　　　　　　　D. 联合国政府间海事组织

E. 波罗的海和国际海事协会

6. 以下关于国际民用航空组织的描述，正确的是（　　）。

A. 成立于 1947 年 4 月 4 日

B. 总部永久性设在加拿大的蒙特利尔市

C. 前身是临时国际民用航空组织

D. 最高权力机构是"大会"，每年召开一次

E. 1974 年 9 月，我国当选为理事国

7. 快速反应在（　　）中广泛应用，它是另一种基于时间的系统。

A. 批发业　　　　　B. 零售业　　　　　C. 制造业　　　　　D. 运输业

8. 下列不属于航运业中经纪人的是（　　）。

A. 船东经纪人　　B. 船舶买卖经纪人　　C. 租船代理人　　D. 保护代理人

三、判断题

1. 运输组织结构必须是各种职能和活动间关系的正式框架。（　　）

2. 在物流职能独立阶段，形成了完全的一体化物流管理系统的概念。（　　）

3. 矩阵组织权力和责任的界定都很含糊，很可能导致决策迟缓的发生。（　　）

4.《政府间海事协商组织公约》已经成为联合国在海事方面的一个技术咨询和海运立法机构。（　　）

5. 当货运代理执行多式联运合同时，已经充当了合同的当事人。（　　）

6. 促进"物流职能独立"这一变革的是 JIT、快速反应及时间竞争等经营理念的出现，因为它们要求整个企业所有活动的合作。（　　）

四、思考题

1. 结合我国实际，说明建立有效的物流运输组织的必要性。

2. 简述物流组织发展的历史变革及发展趋势。

3. 物流运输组织模式包括哪三类？其确定的影响因素是什么？

4. 企业如何根据自身情况对物流组织进行优化？

5. 结合我国物流运输组织的现状，提出相关的政策建议。

6. 了解相关国际物流运输组织的概况。

7. 国际船舶代理人的主要业务活动是什么？

8. 国际货运代理人的主要业务活动是什么？

　本章案例

加拿大铁路集装箱运输组织及货场管理

1. 铁路集装箱运输的发展

集装箱运输是现代化运输的发展方向，是运输市场竞争的重点之一。我国铁路集装箱运输要继续发挥铁路在国内集装箱运输中的重要作用，保持和巩固铁路在国内集装箱运输中的主导地位。

铁道部建设北京、天津、广州、上海、成都、昆明、重庆、乌鲁木齐、兰州、哈尔滨、西安、郑州、武汉、沈阳、青岛等 15 个集装箱结点站。为了科学合理地设计我国铁路集装箱网络结点站和大型办理站，铁道部组织有关专家对加拿大太平洋铁路公司（CP）及加拿大国家铁路公司（CN）所属的温哥华、卡尔加里、多伦多及蒙特利尔等 4 个铁路枢纽内的 2 个主要港口集装箱货场及 7 个内陆集装箱多式联运货场进行了考察，包括集装箱场站设施的整体布局、平面布置形式，箱场硬面状况、装卸机械的型式及配置数量，结点站与城市位置及公路道路状况的关系，港口码头与铁路车站的关系及衔接一关四检在车站内的功能，铁路车站与城市内的物流集散中心的关系，各种铁路集装箱专用车辆、驼背运输、车站门检系统、计

算机信息系统等。

2. 加拿大铁路集装箱货场概况

加拿大铁路主要有太平洋铁路公司和国家铁路公司，线路总长度近5.1万公里。这两大铁路公司构成了从太平洋口岸的温哥华至大西洋口岸的蒙特利尔的加拿大大陆桥，横穿北美洲大陆。加拿大除了在本国建设铁路外，还将铁路延伸到邻国美国，与美国的肯塔基州、密苏里州及华盛顿等铁路枢纽衔接。加拿大铁路包括温哥华、埃德蒙顿、卡尔加里、温尼伯、多伦多、蒙特利尔及魁北克等13个主要铁路枢纽。

加拿大铁路集装箱货场位置一般远离城市范围，距离城市约10～40公里，大部分预留远期发展的条件。货场均位于铁路干线上，与枢纽编组站间有便捷的通路，通向货场均有发达的公路运输网络，并与国道及高速公路相连。现有距离城市较近的货场，受城市建设的限制，正在逐步外迁。加拿大的城市一般有2～3个铁路集装箱货场。

（1）港口集装箱铁路货场。港口集装箱铁路货场一般是铁路货场与港口相邻布置，便于集装箱的装卸作业。铁路货场的到发线与货物装卸线一般呈横列式布置，长度在1 000米以上，基本上为贯通式布置，为方便到达集装箱专列的到发作业，个别车站设有2～3列长度的组合列车到发线。

在港口集装箱货场中，当集装箱船上的集装箱到达港口后，需由铁路送达内陆的集装箱作业流程为：集装箱船上的集装箱→岸桥吊运集装箱→港内拖挂车将需由铁路运至内陆的集装箱按铁路编组计划直接用轮胎式龙门吊（或正面吊）装上铁路车辆（或运至龙门吊范围内的堆箱场等待装车）→由港务局进行调车作业送至前方编组站向铁路公司进行交接→送至其他集装箱货场。由铁路到达港口需装船的集装箱的作业流程为：内陆需出口装船的集装箱由铁路其他货场运至港口前方编组站进行交接→由港务局进行调车作业由编组站送至本站装卸线或到发线→由轮胎式龙门吊（或正面吊）装上场内拖车直接装船（或运至发送堆放场存放）→按计划集装箱船送至其他港口。

（2）内陆集装箱铁路货场。内陆集装箱货场的到发线与货物装卸线一般也呈横列式布置，货物线长度在1 000米以上，大部分为贯通式布置，使集装箱专列有直接到发装卸线的条件，个别车站设有2～3列长度的组合列车到发线。集装箱货场内的地面为沥青混凝土硬化地面，钢轨为50千克/米，道床为碎石道砟，在木轨枕之上铺设沥青混凝土，与硬化地面形成统一的整体，既清洁又便于装卸作业。

内陆铁路集装箱货场作业相对来说简单。经铁路发送的集装箱由各物流企业将集装箱由集装箱拖挂车经公路运至集装箱货场→在入场处检查集装箱的状态并将有关数据输入手持微机→汽车将集装箱送至场内指定车辆或发送区堆放场，由正面吊直接装车或卸至发送作业区，组织集装箱专列由装卸线（或到发线）经环线直接发车发送至其他集装箱货场。由铁路到达的集装箱专列一般直接接入装卸线，由到达机车担负装卸线的取送作业→由正面吊直接装上拖挂车送达货主。经铁路中转的集装箱由集装箱专列送达货场后，与货场集结的集装箱按编组计划重新组成集装箱专列送至到站。

加拿大铁路集装箱货场的装卸机械多数采用正面吊的工艺方案，个别货场仍采用轨行式或轮胎式龙门吊，但即将被作业灵活、投资少、作业效率高的正面吊所取代。集装箱的掏装箱作业均由设在货场周围的物流企业进行。

3. 集装箱铁路货场与物流系统

加拿大太平洋铁路公司和国家铁路公司的集装箱货场与物流系统的关系均具有一些共同点：①结点站本身不具有物流功能，也没有物流系统的设备、人员和业务活动；②结点站只办理集装箱的到发和中转业务，不办理掏装箱业务；③物流由货主或货物代理公司、配送中心等铁路系统外的专门从事物流业务的部门进行；④结点站周围建有物流企业的仓储设施，在结点站开办集装箱运输业务后，逐渐吸引物流企业在结点站周围预留的发展用地上建设其仓储设施或配送中心，并进行掏装箱作业。国内集装箱的联运一般由铁路公司承运并组织多式联运，与货运公司订立合同解决汽车运输，提供门到门的服务。集装箱的联运一般由船运公司承运，并组织多式联运，铁路公司只负责铁路运输及结点站的装卸作业，货主在铁路结点站取送集装箱需出示船运公司和海关的有关文件或单据。为了与公路的中短途运输展开竞争，多伦多的钢铁高速公路货场在距离 500 公里范围内采用拖挂车，将拖斗直接装上铁路专用平板车，运送到结点站后，拖斗可以直接用平板车将集装箱拖挂运输出站，称为钢铁高速公路的运输方式。与公路运输相比，其优点是快速、可靠、成本低，有利于环保，在结点站内不需要起吊设备。

各集装箱货场间开行集装箱专列，集装箱与各用户之间由汽车承担运输，汽车运输的吸引范围为 200 公里，集装箱专列一般不进入编组站，货场内一般设调车机 1~2 台。到达的集装箱班列直接接入贯通式装卸线，出发列车由贯通式装卸线直接发车，货场不设机车整备设施。

下面分别介绍考察组所考察的集装箱货场的概况。

(1) 港口集装箱铁路货场。

① 温哥华 Delta 港及港口铁路集装箱货场。温哥华 Delta 港及港口铁路集装箱货场位于温哥华西南部的 Roberts 海湾，距温哥华市区 30 公里，为 CP、CN 铁路公司及 BN 铁路公司联合经营的铁路集装箱货场。Delta 港为海运、铁路及公路多式联运的港口。港口的铁路集装箱货场为横列式布置站型，既有装卸能力为 50 万 TEU，扩建后能力可达到 63 万 TEU，均可开行双层集装箱专用列车，集装箱为 12.16 米（40 英尺）、13.68 米（45 英尺）、14.59 米（48 英尺）、16.11 米（53 英尺）（下同）。货场与港口之间设有专门的汽车通道，装车均为整箱集装箱，到达港口的集装箱拼装箱作业均由分布在城市周围的物流企业承担。每天开行集装箱专列 4~5 列，车站设有接发大列集装箱专列的条件，集装箱专列均由集装箱货场到发，没有混编列车进入港口。

② 蒙特利尔 Montreal 港口铁路集装箱货场。蒙特利尔 Montreal 港口铁路集装箱货场位于蒙特利尔市东北部的 St. Lawrence 河的西岸，车站为顺港口方向横列式布置，港口属太平洋铁路公司所有，港口铁路集装箱货场为港务局管辖，铁路车辆在前方 2 公里的编组站进行车辆交换。港口铁路集装箱办理量为 100 万 TEU，车站可接发大列集装箱专列，均为双层集装箱专用列车，大部分为 40 英尺、45 英尺、48 英尺、53 英尺集装箱，设有专门的汽车通道。集装箱的拼装箱作业均由分布在港口周围的物流企业承担，每天开行集装箱专列 10 对，到达的集装箱专列在编组站办理交接后，由港务局机车送至港口装卸线进行作业，出发列车也是由港务局机车送到编组站办理交接后，由 CP 铁路公司送至其他货场。

(2) 内陆集装箱铁路货场。

① 温哥华 Pitt-Meadows 货场。温哥华 Pitt-Meadows 货场位厂温哥华的东北部，距温哥

华30公里，隶属于CP铁路公司，距Coquitlam编组站4公里。车站为横列式布置，设到发线4条，其中3条长度为2000米，能够满足组合列车到发的条件。既有装卸能力为26万TEU，均为双层集装箱列车，大部分为40英尺、45英尺、48英尺、53英尺集装箱，并有大量的支架集装箱。车站每天开行5对集装箱专列，极少开行混编列车，集装箱专列不进入编组站，集装箱到达货场后由汽车送至用户处。

②卡尔加里内陆铁路集装箱货场。卡尔加里内陆铁路集装箱货场位于卡尔加里东北部，距卡尔加里22公里，是CP铁路公司的一个货场，距离Alyth编组站15公里。车站为横列式布置，设到发线9条，其中有2条长2700米的到发线用于开行组合列车，既有装卸能力为30万TEU，均为双层集装箱专用列车，多为40英尺、45英尺、48英尺、53英尺集装箱，集装箱的拼装箱作业均由分布在货场周围的物流企业承担。一般每天在各集装箱货场间开行6对集装箱专列，极少开行混编列车，集装箱专列一般不进入编组站。当货场内集装箱能够满足大列集装箱列车的开行条件时，可以直接向相邻货场开行组合集装箱专列，到站后的集装箱是由汽车运输送到用户。

（选自：人事考试教育网2010年9月经作者整理）

问题与思考：
1. 结合本案例试总结出加拿大铁路集装箱运输组织过程的特点。
2. 你认为加拿大的集装箱运输模式是否适合于我国？为什么？
3. 了解我国铁路和港口集装箱运输的发展情况。

第 14 章

物流运输的相关法规

❖ **学习目标**

掌握：物流运输法规的含义；中华人民共和国道路运输条例；铁路运输安全保护条例；国内水路货物运输规则；中华人民共和国海商法；中国民用航空货物国内运输规则；国际铁路货物联运协定；水路危险货物运输规则。

了解：国内物流运输法规的范畴；对外物流运输法规的基础。

在逐步走向法制的市场经济环境中，物流运输业的发展同样离不开依法建设、依法发展这一社会基础。作为本书的最后一章，将介绍与物流运输相关的法律法规。

 引导案例

约定装运期时卖方考虑欠周致损案

中国某外贸公司（卖方）曾在广州秋交会上与英国某商人（买方）按 CIF 条件签订了一项向伦敦出口白薯干的合同。由于卖方货源充足，急于出售，所以当月成交时便约定当月交货。后因卖方租不到船，未能按期交货，致使双方产生争议，买方遂提请在中国仲裁，结果，卖方败诉。

原因：根据国际贸易惯例，按 CIF 条件成交，卖方必须自费洽租船舶，并在约定期限内将其出售的货物装上运往指定目的港的船舶，且向买方提交有关单据，以履行其交货义务。

（选自：www.examw.com）

思考题：阅读此案例后，你认为应当如何引以为戒？

14.1 物流运输法规概述

在市场经济环境中,人们的一切经济活动都应当纳入"法"的轨道,物流运输亦然。在法的范围内从事物流运输活动是社会发展的必然。本节从一般意义上介绍与物流运输相关的法规。

14.1.1 物流运输法规的内涵

1. 物流运输法规的含义

现代市场经济是法制经济,各种经济活动和政府对经济的管理行为均应纳入法制的轨道,企业的物流运输活动和政府对物流运输业的管理行为也不例外。对物流企业和物流运输从业人员来说,运输法规的重要作用是促进、保障物流运输活动的正常进行及维护有关当事人的合法利益;对政府管理来说,通过运输法规,来规范各种物流运输行为,建立起健康有序的现代物流运输业。

在本书中的物流运输法规是指国家立法机关为了加强交通运输管理而颁布的法律,以及各级政府依照宪法和法律的有关规定制定和发布的行政法规、规章,是集行政法、民法和经济法于一身的调整交通运输关系的法律规范的总称。

2. 对物流运输法规的说明

由于本章中所说的法规大多属于规章制度的范畴,所以这里必须对本章中使用"法规"一词作如下说明。

(1)本章所称的物流运输相关法规,是在非严格意义上使用的含义,这里的法规应被理解为广义上的法律,即有关物流运输活动相关的各种法律,包括全国人大、国务院、国务院所属部委、地方人大、地方政府等制定的规范物流运输活动的各种形式的法规。

(2)由于国际物流运输中经常要涉及国际公约,我国是很多国际公约的缔约国,这些公约是我国法律的一种形式,一个组成部分,当国内立法与国际公约发生冲突时,应当以国际公约优先。所以,本章中的物流运输法规也包括相关国际公约。

(3)这里的法规概念虽然不具有法学中关于法律、规章、制度、条例等概念的严格意义,但都是必须执行的各类法律、规章,而不是学术意义上的讨论。

14.1.2 国内物流运输法规的范畴

我国的物流运输法规的范畴主要包括两个方面。一是对该行业主体行为的约束,即应该做什么和不应该做什么,例如,《中华人民共和国铁路法》对铁路运输企业在运输营运过程中对社会应该承担的环境保护义务作出了具体规定:铁路运输企业应当采取措施,防止对铁路沿线环境的污染,主要包括防治大气污染、防治噪声污染、防止固体废弃物污染等。防止对铁路沿线环境的污染,这就是法律赋予铁路运输企业在自身发展的同时必须承担的社会义务,也就是运输业的发展也要符合社会可持续发展的客观要求,否则其行为将受到法律法规的约束和制裁。二是政府制定的各类法律和规章制度保护和促进该行业的合理发展,以保证物流运输服务的可靠性和稳定性,这类法规包括市场的加入和服务水平规范、费率管制和补贴等。

具体如下。

（1）在开放的大背景下，我国对物流运输业的费率，特别是航空、铁路等仍实行严格的管制政策。对各种运输方式的费率均有明确的运价表进行规定，要求运输企业严格按照运价表收取运输费，并由铁道部、交通部、民航局等行政部门及其下属机构负责监督执行。除非特别批准，运输企业不得变更运输费率。

（2）我国对物流运输服务水准规范的内容涵盖了运输业经营的技术和服务标准。特别是对交通安全有诸多交通安全规则加以规范（各种交通运输事故反映的主要是执行者渎职）。尤其是对我国目前的服务水准管制中涉及的安全、运输工具、运输业从业技术人员的考核及物流运输合同条款方面的规定较多也较为详细，但对于具体的服务水平、次数等的规定比较笼统。

（3）对加入和退出物流运输行业的规章，其内容涵盖了运输企业从设立到退出行业的全过程，这种限制的目的是为了控制市场的过度和不良竞争，同时确保正规的市场从业者能够正当合法地经营并获利。与加入规章相对应的是退出限制，即为确保适当的服务水准，经济法规规定，如果承运人离开市场会导致服务水准大幅度地下降，则限制其离开市场。

（4）我国政府对运输业的补贴分为：中央财政补贴和地方财政补贴两级。中央财政补贴主要用于铁路和管道运输，补贴方式主要是以差额方式补贴，即由中央财政拨款弥补运输企业运营亏损。地方财政补贴主要用于补贴城市公共交通，包括对城市公共交通运输企业中的地铁、公共汽车等进行补贴，补贴方式主要是以差额方式补贴。

上述的两个方面不是截然分开的，在每一个具体的法规、条例中都包括了促进和约束两个方面的内容。

14.1.3　对外物流运输法规的基础

对外物流运输的基础是对外贸易，我国对外贸易的基本原则也指导对外物流运输业务。我国对外贸易的原则包括以下四方面。

1. 我国实行统一的对外贸易制度

统一的对外贸易制度，是指我国的对外贸易制度由中央政府统一制定、在全国范围内统一实施的制度。包括方针、政策的统一分类、法规的统一，各项外贸管理制度的统一。一方面，它体现了维护国家整体利益的需要；另一方面，实行统一的对外贸易制度，也是履行国际义务。

2. 坚持平等互利、互惠对等的原则

根据平等互利的原则，促进和发展同其他国家和地区的贸易关系，缔结或者参加关税同盟协定、自由贸易区协定等区域经济贸易协定，参加区域经济组织。任何国家或者地区在贸易方面对我国采取歧视性的禁止、限制或者其他类似措施的，我国可以根据实际情况对该国家或者该地区采取相应的措施。

我国在对外贸易方面根据所缔结或者参加的国际条约、协定，给予其他缔约方、参加方最惠国待遇、国民待遇等待遇，或者根据互惠、对等原则给予对方最惠国待遇、国民待遇等待遇。

3. 维护公平、自由的对外贸易秩序

保证公平竞争，建立和维护公平、自由的贸易秩序，这是市场经济发展的必然要求。为适应这一要求，《对外贸易法》中明确规定，国家依法维护公平、自由的对外贸易秩序。

4. 准许货物与技术的自由进出口

《对外贸易法》规定："国家准许货物与技术的自由进出口。但是，法律、行政法规另有规定的除外。"这表明对于货物与技术贸易，以自由进出口为原则，但在法律规定的特殊情况下，对某些货物与技术的进出口施加限制。这一规定符合我国改革开放的精神，与国际经济通行规则也是一致的。

从事国际物流运输的企业在业务活动中也要以上述原则为基础，这也是从事国际物流运输的基本要求，是对国家利益的维护，也是对企业自身利益的保护。

从事对外物流运输活动的法人、组织或者个人也要具有符合国家要求的资质，这在《国际贸易学》和《国际物流学》课程中多有讲述，此不再赘述。

14.2　物流运输法规介绍

关于物流运输的法律、法规、条例众多，下面列出当前执行的关于物流运输的主要法规条目，以供参考。

- 中华人民共和国公路法。2004 年 8 月 28 日修正
- 中华人民共和国铁路法。1990 年 9 月 7 日
- 中华人民共和国民用航空法。1995 年 10 月 30 日
- 中华人民共和国海商法。1992 年 7 月 1 日
- 中华人民共和国道路运输条例。2004 年 4 月 30 日
- 汽车货物运输规则。1999 年 11 月 15 日
- 铁路运输安全保护条例。2004 年 12 月 27 日
- 铁路运输安全设备生产企业认定办法。2005 年 4 月 1 日
- 铁路超限超长超重集重货物承运人资质许可办法。2005 年 4 月 1 日
- 铁路危险货物承运人资质许可办法。2005 年 4 月 1 日
- 铁路危险货物托运人资质许可办法。2005 年 4 月 1 日
- 铁路机车车辆设计生产维修进口许可管理办法。2005 年 4 月 1 日
- 中华人民共和国水路运输管理条例。1997 年 12 月 3 日修正
- 国内水路货物运输规则。2000 年 7 月 17 日
- 水路危险货物运输规则。1996 年 11 月 4 日
- 中国民用航空货物国内运输规则。1996 年 2 月 29 日修订
- 中华人民共和国飞行基本规则。2007 年 10 月 18 日修订
- 中华人民共和国国际海运条例。2001 年 12 月 5 日
- 国际铁路货物联运协定。我国 1954 年 1 月加入

本书只从一般意义对最基本的法规作简要介绍，以提高读者的法律意识，在从事具体运输业务中必须对相关法规作进一步了解。下面对其中与物流运输关系密切的几部法规作简单介绍。

14.2.1　中华人民共和国道路运输条例

《中华人民共和国道路运输条例》已经于 2004 年 4 月 14 日国务院第 48 次常务会议通过，自 2004 年 7 月 1 日起施行，该条例共 7 章 83 条。该条例主要是为维护道路运输市场秩序，保障道路运输安全，保护道路运输有关各方当事人的合法权益，促进道路运输业的健康发展。

主要内容包括：

① 道路运输经营；

② 道路运输相关业务；

③ 国际道路运输；

④ 执法监督；

⑤ 法律责任。

其中关于道路货物运输的条例主要包括以下条款。

1. 从事道路运输的基本要求

第 22 条规定：申请从事货运经营的，应当具备下列条件：

• 有与其经营业务相适应并经检测合格的车辆；

• 有符合本条例第 23 条规定条件的驾驶人员；

• 有健全的安全生产管理制度。

第 23 条规定：从事货运经营的驾驶人员，应当符合下列条件：

• 取得相应的机动车驾驶证；

• 年龄不超过 60 周岁；

• 经设区的市级道路运输管理机构对有关货运法律法规、机动车维修和货物装载保管基本知识考试合格。

第 24 条规定：申请从事危险货物运输经营的，还应当具备下列条件：

• 有 5 辆以上经检测合格的危险货物运输专用车辆、设备；

• 有经所在地设区的市级人民政府交通主管部门考试合格，取得上岗资格证的驾驶人员、装卸管理人员、押运人员；

• 危险货物运输专用车辆配有必要的通信工具；

• 有健全的安全生产管理制度。

第 27 条规定：国家鼓励货运经营者实行封闭式运输，保证环境卫生和货物运输安全。

货运经营者应当采取必要措施，防止货物脱落、扬撒等。

运输危险货物应当采取必要措施，防止危险货物燃烧、爆炸、辐射、泄漏等。

第 28 条规定：运输危险货物应当配备必要的押运人员，保证危险货物处于押运人员的监管之下，并悬挂明显的危险货物运输标志。

托运危险货物的，应当向货运经营者说明危险货物的品名、性质、应急处置方法等情况，并严格按照国家有关规定包装，设置明显标志。

2. 从事国际道路运输的规定

第 48 条规定：国务院交通主管部门应当及时向社会公布中国政府与有关国家政府签署的双边或者多边道路运输协定确定的国际道路运输线路。

第 49 条规定：申请从事国际道路运输经营的，应当具备下列条件：

· 依照本条例第 10 条、第 25 条规定取得道路运输经营许可证的企业法人；

· 在国内从事道路运输经营满 3 年，且未发生重大以上道路交通责任事故。

第 51 条规定：中国国际道路运输经营者应当在其投入运输车辆的显著位置，标明中国国籍识别标志。

外国国际道路运输经营者的车辆在中国境内运输，应当标明本国国籍识别标志，并按照规定的运输线路行驶；不得擅自改变运输线路，不得从事起止地都在中国境内的道路运输经营。

第 52 条规定：在口岸设立的国际道路运输管理机构应当加强对出入口岸的国际道路运输的监督管理。

第 53 条规定：外国国际道路运输经营者经国务院交通主管部门批准，可以依法在中国境内设立常驻代表机构。常驻代表机构不得从事经营活动。

14.2.2 铁路运输安全保护条例

为了加强铁路运输安全管理，保障铁路运输安全和畅通，保护人身安全、财产安全及其他合法权益，根据《中华人民共和国铁路法》和《中华人民共和国安全生产法》，2004 年 12 月 22 日国务院第 74 次常务会议通过《铁路运输安全保护条例》，自 2005 年 4 月 1 日起施行。本条例共 7 章 103 条。该条例的主要内容包括：

① 铁路线路安全；

② 铁路营运安全；

③ 社会公众的义务；

④ 监督检查；

⑤ 法律责任。

其中与物流运输相关的条款主要包括以下部分。

1. 对铁路设施的要求

第 40 条规定：用于铁路运输的安全防护设施、设备、集装箱和集装化用具等运输器具、篷布、装载加固材料或者装置、运输包装及货物装载加固，应当符合国家有关技术标准和规范。

第 41 条规定：铁路运输企业应当建立、健全并严格执行铁路运输的设施、设备的安全管理和检查防护的规章制度，加强对铁路运输的设施、设备的检测、维修，对不符合安全要求的应当及时更换，确保铁路运输的设施、设备性能完好和安全运行。

2. 对运输货物的要求

第 48 条规定：铁路运输托运人托运货物、行李、包裹时不得有下列行为：

· 匿报、谎报货物品名、性质；

· 在普通货物中夹带危险货物，或者在危险货物中夹带禁止配装的货物；

· 匿报、谎报货物重量或者装车、装箱超过规定重量；

· 其他危及铁路运输安全的行为。

第 49 条规定：铁路运输企业应当对承运的货物进行安全检查，并不得有下列行为：

- 在非危险品办理站、专用线、专用铁路承运危险货物;
- 未经批准承运超限、超长、超重、集重货物;
- 承运拒不接受安全检查的物品;
- 承运不符合安全规定、可能危害铁路运输安全的其他物品。

3. 对危险品和异型货物运输的要求

第 50 条规定:办理危险货物铁路运输的承运人,应当具备下列条件:

- 有按国家规定标准检测、检验合格的专用设施、设备;
- 有符合国家规定条件的驾驶人员、技术管理人员、装卸人员
- 有健全的安全管理制度;
- 有事故处理应急预案。

第 50 条规定:办理危险货物铁路运输的托运人,应当具备下列条件:

- 具有国家规定的危险物品生产、储存、使用或者经营销售的资格;
- 运输工具、运输包装、装载加固条件及专用设施、设备符合国家规定的技术标准和安全条件;
- 有符合国家规定条件的掌握危险货物铁路运输业务和相关知识的专业技术人员、运输经办人员和押运人员;
- 有事故处理应急预案。

第 52 条规定:申请从事危险货物承运、托运业务的,应当向铁路管理机构提交证明符合第 50 条、第 51 条规定条件的证明文件。铁路管理机构应当自收到申请之日起 20 日内作出批准或者不予批准的决定。决定批准的,发给相应的资格证明;不予批准的,应当书面通知申请人并说明理由。

第 53 条规定:办理超限、超长、超重、集重货物运输的承运人,应当具备下列条件:

- 装载加固、运输工具及其他设施、设备符合国家有关技术标准和安全要求;
- 有符合国家规定条件的专业技术人员、管理人员和作业人员;
- 有健全的安全管理制度;
- 有事故处理应急预案。

第 54 条规定:办理超限、超长、超重、集重货物运输的,承运人应当按照国家有关规定向国务院铁路主管部门或者铁路管理机构提出申请。国务院铁路主管部门或者铁路管理机构应当自收到申请之日起 7 日内作出批准或者不予批准的决定。决定批准的,发给相应的资格证明;不予批准的,应当书面通知申请人并说明理由。

第 55 条规定:运输危险货物应当按照国家规定,使用专用的设施、设备,托运人应当配备必要的押运人员和应急处理器材、设备、防护用品,并且使危险货物始终处于押运人员的监管之下,发生被盗、丢失、泄漏等情况,应当按照国家有关规定及时报告。

第 56 条规定:办理危险货物运输的工作人员及装卸人员、押运人员应当掌握危险货物的性质、危害特性、包装容器的使用特性和发生意外时的应急措施。

危险货物承运单位的主要负责人和安全生产管理人员,应当经铁路管理机构对其安全生产知识和管理能力考核合格后方可任职。

第 57 条规定:危险货物的托运人和承运人应当按照国家规定的操作规程包装、装卸、运输,防止危险货物泄漏、爆炸。

第 58 条规定：特殊药品的托运人和承运人应当按照国家规定包装、装载、押运，防止特殊药品在运输过程中被盗、被劫或者发生丢失。

14.2.3　国内水路货物运输规则

由中华人民共和国交通部颁布的《国内水路货物运输规则》，共 9 章 96 条（含附则），自 2001 年 1 月 1 日起施行。这是为了明确国内水路货物运输有关当事人的权利、义务，保护其合法权益，依据有关法律、行政法规而制定的，适用于中华人民共和国沿海、江河、湖泊及其他通航水域中从事的营业性水路货物运输。内河拖航视为水路货物运输，适用该规则。

1. 本规则的主要内容

① 运输合同的订立；

② 运输合同当事人的权利、义务；

③ 运输单证；

④ 货物的接收与交付；

⑤ 航次租船运输的特别规定；

⑥ 集装箱运输的特别规定；

⑦ 单元滚装运输的特别规定。

2. 与物流运输相关的主要条款

第 8 条规定：班轮运输形式下的运输合同一般包括以下条款：

承运人、托运人和收货人名称；货物名称、件数、重量、体积（长、宽、高）；运输费用及其结算方式；船名、航次；起运港（站、点）、中转港（站、点）和到达港（站、点）；货物交接的地点和时间；装船日期；运到期限；包装方式；识别标志；违约责任；解决争议的方法。共 12 项条款。

第 9 条规定：航次租船运输形式下的运输合同一般包括以下条款：出租人和承租人名称；货物名称、件数、重量、体积（长、宽、高）；运输费用及其结算方式；船名；载货重量、载货容积及其他船舶资料；起运港和到达港；货物交接的地点和时间；受载期限；运到期限；装、卸货期限及其计算办法；滞期费率和速遣费率；包装方式；识别标志；违约责任；解决争议的方法。共 15 项条款。

3. 关于托运人的权利、义务、责任等主要条款

第 11 条规定：托运人应当及时办理港口、海关、检验、检疫、公安和其他货物运输所需的各项手续，并将已办理各项手续的单证送交承运人。

因托运人办理各项手续和有关单证不及时、不完备或者不正确，造成承运人损失的，托运人应当承担赔偿责任。

第 15 条规定：需要具备运输包装的货物，托运人应当保证货物的包装符合国家规定的包装标准；没有包装标准的，货物的包装应当保证运输安全和货物质量。

第 16 条规定：需要随附备用包装的货物，托运人应当提供足够数量的备用包装，交承运人随货免费运输。

第 17 条规定：托运危险货物，托运人应当按照有关危险货物运输的规定，妥善包装，制作危险品标志和标签，并将其正式名称和危险性质及必要时应当采取的预防措施书面通知承运人。

第 18 条规定：托运人应当在货物的外包装或者表面正确制作识别标志。识别标志的内容包括发货符号、货物名称、起运港、中转港、到达港、收货人、货物总件数。

托运人应当根据货物的性质和安全储运要求，按照国家规定，在货物外包装或者表面制作储运指示标志。

识别标志和储运指示标志应当字迹清楚、牢固。

第 21 条规定：托运人托运货物，可以办理保价运输。

货物发生损坏、灭失，承运人应当按照货物的声明价值进行赔偿，但承运人证明货物的实际价值低于声明价值的，按照货物的实际价值赔偿。

第 22 条规定：除另有约定外，运输过程中需要饲养、照料的活动物、有生植物，以及尖端保密物品、稀有珍贵物品和文物、有价证券、货币等，托运人应当向承运人申报并随船押运。托运人押运其他货物需经承运人同意。

托运人应当在运单内注明押运人员的姓名和证件。

第 23 条规定：托运笨重、长大货物和舱面货物所需要的特殊加固、捆扎、烧焊、衬垫、苫盖物料和人工由托运人负责，卸船时由收货人拆除和收回相关物料；需要改变船上装置的，货物卸船后应当由收货人负责恢复原状。

第 24 条规定：托运人托运易腐货物和活动物、有生植物时，应当与承运人约定运到期限和运输要求；使用冷藏船（舱）装运易腐货物的，应当在订立运输合同时确定冷藏温度。

第 26 条规定：下列原因发生的洗舱费用由托运人或者收货人承担：

① 托运人提出变更合同约定的液体货物品种；
② 装运特殊液体货物（如航空汽油、煤油、变压器油、植物油等）需要的特殊洗舱；
③ 装运特殊污秽油类（如煤焦油等），卸后需洗刷船舱。

第 28 条规定：承运人将货物交付收货人之前，托运人可以要求承运人变更到达港或者将货物交给其他收货人，但应当赔偿承运人因此受到的损失。

第 29 条规定：托运人不履行合同义务或者履行合同义务不符合约定的，应当承担继续履行、采取补救措施或者赔偿损失等违约责任。

托运人因不可抗力不能履行合同的，根据不可抗力的影响，部分或者全部免除责任。迟延履行后发生不可抗力的，不能免除责任。

4. 关于承运人权利、义务、责任等的主要条款

第 32 条规定：承运人应当妥善地装载、搬移、积载、运输、保管、照料和卸载所运货物。

第 33 条规定：承运人应当按照约定的或者习惯的或者地理上的航线将货物运送到约定的到达港。

承运人为救助或者企图救助人命或者财产而发生的绕航或者其他合理绕航，不属于违反前款规定的行为。

第 34 条规定：承运人应当在约定期间或者在没有这种约定时在合理期间内将货物安全运送到约定地点。

货物未能在约定或者合理期间内在约定地点交付的，为迟延交付。对由此造成的损失，承运人应当承担赔偿责任。

承运人未能在本条第一款规定期间届满的次日起60日内交付货物，有权对货物灭失提出赔偿请求的人可以认为货物已经灭失。

第35条规定：因不可抗力致使不能在合同约定的到达港卸货的，除另有约定外，承运人可以将货物在到达港邻近的安全港口或者地点卸载，视为已经履行合同。

第37条规定：托运人未按照本规则第17条规定通知承运人或者通知有误的，承运人可以在任何时间、任何地点根据情况需要将危险货物卸下、销毁或者使之不能为害，而不承担赔偿责任。托运人对承运人因运输此类货物所受到的损失，应当承担赔偿责任。

承运人知道危险货物的性质并已同意装运的，仍然可以在该项货物对于船舶、人员或者其他货物构成实际危险时，将货物卸下、销毁或者使之不能为害，而不承担赔偿责任。但是，本款规定不影响共同海损的分摊。

第39条规定：根据运输合同的约定应当由收货人委托港口作业的，货物运抵到达港后，收货人没有委托时，承运人可以委托港口经营人进行作业，由此产生的费用和风险由收货人承担。

第40条规定：应当向承运人支付的运费、保管费、滞期费、共同海损的分摊和承运人为货物垫付的必要费用及应当向承运人支付的其他运输费用没有付清，又没有提供适当担保的，承运人可以留置相应的运输货物，但另有约定的除外。

第41条规定：承运人发出到货通知后，应当每10天催提一次，满30天收货人不提取或者找不到收货人，承运人应当通知托运人，托运人在承运人发出通知后30天内负责处理该批货物。

第44条规定：收货人有权就水路货物运单上所载货物损坏、灭失或者迟延交付所造成的损害向承运人索赔；承运人可以适用本规则规定的抗辩理由进行抗辩。

第48条规定：承运人对运输合同履行过程中货物的损坏、灭失或者迟延交付承担损害赔偿责任，但承运人证明货物的损坏、灭失或者迟延交付是由于下列原因造成的除外。

包括10种原因：不可抗力；货物的自然属性和潜在缺陷；货物的自然减量和合理损耗；包装不符合要求；包装完好但货物与运单记载内容不符；识别标志、储运指示标志不符合本规则第18条、第19条规定；托运人申报的货物重量不准确；托运人押运过程中的过错；普通货物中夹带危险、流质、易腐货物；托运人、收货人的其他过错。

第52条规定：运输笨重、长大货物，应当在运单内载明总件数、重量和体积（长、宽、高），并随附清单标明每件货物的重量、长度和体积（长、宽、高）。

第56条规定：因运输活动物、有生植物的固有的特殊风险造成活动物、有生植物损坏、灭失的，承运人不承担赔偿责任。但是，承运人应当证明业已履行托运人关于运输活动物、有生植物的特别要求，并证明根据实际情况，损坏、灭失是由于此种固有的特殊风险造成的。

第57条规定：承运人应当将与托运人约定的运输易腐货物和活动物、有生植物的运到期限和运输要求，使用冷藏船（舱）装运易腐货物的冷藏温度，木（竹）排的实际规格，托运的船舶或者其他水上浮物的吨位、吃水及长、宽、高和抗风能力等技术资料在运单内载明。

5. 关于航次租船运输的特别规定

第74条规定：出租人应当按照合同的约定提供船舶舱位；经承租人同意，出租人可以更换船舶。但提供的船舶舱位或者更换的船舶不符合合同约定的，承租人有权拒绝或者解除合同。因出租人责任未提供约定的船舶舱位造成承租人损失的，出租人应当承担赔偿责任。

第 75 条规定：出租人在约定的受载期限内未提供船舶舱位的，承租人有权解除合同。但是出租人在受载期限内将船舶延误情况和船舶预期抵达起运港的日期通知承租人的，承租人应当自收到通知时起 24 小时内，将解除合同的决定通知出租人。逾期没有通知的，视为不解除合同。因出租人责任延误提供船舶舱位造成承租人损失的，出租人应当承担赔偿责任。

第 78 条规定：航次租船运输形式下，收货人是承租人的，出租人与收货人之间的权利、义务根据航次租船运输形式下运输合同的内容确定；收货人不是承租人的，承运人与收货人之间的权利、义务根据承运人签发的运单的内容确定。

6. 关于集装箱运输的特别规定中的主要条款

第 79 条规定：承运人向托运人提供集装箱空箱时，托运人应当检查箱体并核对箱号；收货人返还空箱时，承运人应当检查箱体并核对箱号；承运人、托运人、收货人对整箱货物，应当检查箱体、封志状况并核对箱号；承运人、托运人、收货人对特种集装箱，应当检查集装箱机械、电器装置、设备的运转情况。集装箱交接状况，应当在交接单证上如实加以记载。

第 80 条规定：根据约定由托运人负责装、拆箱的，运单上应当准确记载集装箱封志号；交接时发现封志号与运单记载不符或者封志破坏的，交接双方应当编制货运记录。

第 81 条规定：根据约定由承运人负责装、拆箱的，承运人与托运人或者收货人对货物进行交接。

7. 关于单元滚装运输的特别规定中的主要条款

第 85 条规定：单元滚装运输方式下运输合同的履行期间为运输单元进入起运港至离开到达港。

第 88 条规定：单元滚装运输不得运输危险品。

第 89 条规定：运单上应当载明车牌号码、运输单元的重量、体积（长、宽、高）。

第 90 条规定：托运人对车辆或者移动机械所载货物应当绑扎牢固。

第 91 条规定：运输单元驶上或者驶离船舶时，司乘人员应当遵守有关规定，服从船方指挥，按顺序和指定的行车路线行驶。运输单元进入指定的车位后，司机应当关闭发动机，使车辆处于制动状态。

14.2.4　中华人民共和国海商法

《中华人民共和国海商法》（简称《海商法》）是调整海上运输关系及船舶的特殊民事法律，在 1992 年 7 月 1 日由第七届全国人民代表大会常务委员会第 28 次会议通过，自 1993 年 7 月 1 日施行。《海商法》有两大特点：一是与国际规则接轨；二是条款强制性与任意性的统一。《海商法》的内容繁多，共 15 章 278 条，主要可分为以下几个部分。

- 航运管理法。包括海上运输安全法，主要是船舶登记、船舶和航海安全、船长船员资格和管理等方面的法律法规。航运经济法，即旨在规范海运市场和促进国家商船队发展的法律，防止海洋污染的法律等。
- 海上运输法。包括海上货物运输法、海上旅客运输法、海上拖航合同的法律等。
- 海事法。包括船舶碰撞、海难救助、共同海损、海事赔偿责任限制的法律等。
- 海上保险法。包括船舶保险、货物保险和运费等其他海上财产保险的法律。
- 海事纠纷解决的法律。包括海事诉讼和海事仲裁的法律。

《海商法》的第 4 章对海上货物运输作了全面的规范，下面作简要介绍。

1. 海上货物运输合同

《海商法》第 41 条规定：海上货物运输合同，是指承运人收取运费，负责将托运人托运的货物经海路由一港运至另一港的合同。

第 43 条规定：承运人或者托运人可以要求书面确认海上货物运输合同的成立。但是，航次租船合同应当书面订立。电报、电传和传真具有书面效力。

第 44 条规定：海上货物运输合同和作为合同凭证的提单或者其他运输单证中的条款，违反本章规定的，无效。此类条款的无效，不影响该合同和提单或者其他运输单证中其他条款的效力。将货物的保险利益转让给承运人的条款或者类似条款，无效。

2. 关于承运人的有关规定

关于承运人的责任、权利、义务等在第 11 章均有介绍，这里只补充若干法律规定。

《海商法》第 46 条规定：承运人对集装箱装运的货物的责任期间，是指从装货港接收货物时起至卸货港交付货物时止，货物处于承运人掌管之下的全部期间。承运人对非集装箱装运的货物的责任期间，是指从货物装上船时起至卸下船时止，货物处于承运人掌管之下的全部期间。在承运人的责任期间，货物发生灭失或者损坏，除本节另有规定外，承运人应当负赔偿责任。其中的责任、免责与赔偿等在第 11 章都有明确说明，此不赘述。

《海商法》第 47 条规定：承运人在船舶开航前和开航当时，应当谨慎处理，使船舶处于适航状态，妥善配备船员、装备船舶和配备供应品，并使货舱、冷藏舱、冷气舱和其他载货处所适于并能安全收受、载运和保管货物。第 48 条规定：承运人应当妥善地、谨慎地装载、搬移、积载、运输、保管、照料和卸载所运货物。第 49 条规定：承运人应当按照约定的或者习惯的或者地理上的航线将货物运往卸货港。上述三条属于承运人的义务范畴。

对于赔偿数额与计算方法，《海商法》第 55 条的规定是：货物灭失的赔偿额，按照货物的实际价值计算；货物损坏的赔偿额，按照货物受损前后实际价值的差额或者货物的修复费用计算。货物的实际价值，按照货物装船时的价值加保险费加运费计算。第 56 条的规定是：承运人对货物的灭失或者损坏的赔偿限额，按照货物件数或者其他货运单位数计算，每件或者每个其他货运单位为 666.67 计算单位，或者按照货物毛重计算，每千克为 2 计算单位，以二者中赔偿限额较高的为准。

同时规定：货物用集装箱、货盘或者类似装运器具集装的，提单中载明装在此类装运器具中的货物件数或者其他货运单位数，视为前款所指的货物件数或者其他货运单位数；未载明的，每一装运器具视为一件或者一个单位。

3. 关于托运人的有关规定

对于托运人的责任、权利、义务等在第 11 章均有介绍，这里只补充若干法律规定。

《海商法》第 66 条规定：托运人托运货物，应当妥善包装，并向承运人保证，货物装船时所提供的货物的品名、标志、包数或者件数、重量或者体积的正确性；由于包装不良或者上述资料不正确，对承运人造成损失的，托运人应当负赔偿责任。

第 67 条规定：托运人应当及时向港口、海关、检疫、检验和其他主管机关办理货物运输所需要的各项手续，并将已办理各项手续的单证送交承运人；因办理各项手续的有关单证送交不及时、不完备或者不正确，使承运人的利益受到损害的，托运人应当负赔偿责任。

对于危险物品的托运，《海商法》第 68 条规定：托运人托运危险货物，应当依照有关海上危险货物运输的规定，妥善包装，作出危险品标志和标签，并将其正式名称和性质及应当采取的预防危害措施书面通知承运人；托运人未通知或者通知有误的，承运人可以在任何时间、任何地点根据情况需要将货物卸下、销毁或者使之不能为害，而不负赔偿责任。托运人对承运人因运输此类货物所受到的损害，应当负赔偿责任。

承运人知道危险货物的性质并已同意装运的，仍然可以在该项货物对于船舶、人员或者其他货物构成实际危险时，将货物卸下、销毁或者使之不能为害，而不负赔偿责任。但是，本款规定不影响共同海损的分摊。

关于免责、费用支付等《海商法》中均有明确规定，在第 11 章已有说明，在此不再赘述。

4. 关于运输单证的主要规定

《海商法》第 71 条规定：提单，是指用以证明海上货物运输合同和货物已经由承运人接收或者装船，以及承运人保证据以交付货物的单证。提单中载明的向记名人交付货物，或者按照指示人的指示交付货物，或者向提单持有人交付货物的条款，构成承运人据以交付货物的保证。

第 73 条规定提单应包括下列 11 项内容：货物的品名、标志、包数或者件数、重量或者体积，以及运输危险货物时对危险性质的说明；承运人的名称和主营业所；船舶名称；托运人的名称；收货人的名称；装货港和在装货港接收货物的日期；卸货港；多式联运提单增列接收货物地点和交付货物地点；提单的签发日期、地点和份数；运费的支付；承运人或者其代表的签字。

第 75 条规定：承运人或者代其签发提单的人，知道或者有合理的根据怀疑提单记载的货物的品名、标志、包数或者件数、重量或者体积与实际接收的货物不符，在签发已装船提单的情况下怀疑与已装船的货物不符，或者没有适当的方法核对提单记载的，可以在提单上批注，说明不符之处、怀疑的根据或者说明无法核对。

第 76 条规定：承运人或者代其签发提单的人未在提单上批注货物表面状况的，视为货物的表面状况良好。

第 77 条规定：除依照本法第 75 条的规定作出保留外，承运人或者代其签发提单的人签发的提单，是承运人已经按照提单所载状况收到货物或者货物已经装船的初步证据；承运人向善意受让提单的包括收货人在内的第三人提出的与提单所载状况不同的证据，不予承认。

第 78 条规定：承运人同收货人、提单持有人之间的权利、义务关系，依据提单的规定确定。收货人、提单持有人不承担在装货港发生的滞期费、亏舱费和其他与装货有关的费用，但是提单中明确载明上述费用由收货人、提单持有人承担的除外。

第 79 条规定：提单的转让，依照下列规定执行。

- 记名提单：不得转让；
- 指示提单：经过记名背书或者空白背书转让；
- 不记名提单：无须背书，即可转让。

第 80 条规定：承运人签发提单以外的单证用以证明收到待运货物的，此项单证即为订立海上货物运输合同和承运人接收该单证中所列货物的初步证据。

承运人签发的此类单证不得转让。

5. 关于合同的解除的主要规定

第 89 条规定：船舶在装货港开航前，托运人可以要求解除合同。但是，除合同另有约定外，托运人应当向承运人支付约定运费的一半；货物已经装船的，并应当负担装货、卸货和其他与此有关的费用。

第 90 条规定：船舶在装货港开航前，因不可抗力或者其他不能归责于承运人和托运人的原因致使合同不能履行的，双方均可以解除合同，并互相不负赔偿责任。除合同另有约定外，运费已经支付的，承运人应当将运费退还给托运人；货物已经装船的，托运人应当承担装卸费用；已经签发提单的，托运人应当将提单退还承运人。

第 91 条规定：因不可抗力或者其他不能归责于承运人和托运人的原因致使船舶不能在合同约定的目的港卸货的，除合同另有约定外，船长有权将货物在目的港邻近的安全港口或者地点卸载，视为已经履行合同。

船长决定将货物卸载的，应当及时通知托运人或者收货人，并考虑托运人或者收货人的利益。

6. 关于多式联运合同的特别规定

在《海商法》的第 4 章，第 8 节是"多式联运合同的特别规定"，其中第 102 条规定：本法所称多式联运合同，是指多式联运经营人以两种以上的不同运输方式，其中一种是海上运输方式，负责将货物从接收地运至目的地交付收货人，并收取全程运费的合同。

第 104 条中规定：多式联运经营人负责履行或者组织履行多式联运合同，并对全程运输负责。多式联运经营人与参加多式联运的各区段承运人，可以就多式联运合同的各区段运输，另以合同约定相互之间的责任。但是，此项合同不得影响多式联运经营人对全程运输所承担的责任。这一规定明确了"各区段承运人"与"多式联运经营人"之间的责任关系。

在第 105 和 106 条中又分别规定："货物的灭失或者损坏发生于多式联运的某一运输区段的，多式联运经营人的赔偿责任和责任限额，适用调整该区段运输方式的有关法律规定。"和"货物的灭失或者损坏发生的运输区段不能确定的，多式联运经营人应当依照本章关于承运人赔偿责任和责任限额的规定负赔偿责任"。

这些对多式联运合同的特别规定明确了各区段承运人的责与权，为多式联运的发展提供了良好的法律环境。

14.2.5 中国民用航空货物国内运输规则

为了加强航空货物运输的管理，维护正常的航空运输秩序，根据中华人民共和国民用航空法的规定，由中国民用航空局制定该规则。并于本规则自 1996 年 3 月 1 日起施行。本规则适用于出发地、约定的经停地和目的地均在中华人民共和国境内的民用航空货物运输。共 8 章 49 条。

1. 该规则的主要内容

- 货物托运；
- 货物承运；
- 特种货物运输；
- 航空邮件及航空快递运输；

- 货物包机、包舱运输；
- 货物不正常运输的赔偿处理。

2. 关于货物托运的主要规则

第 4 条规定：托运货物凭本人居民身份证或者其他有效身份证件，填写货物托运书，向承运人或其代理人办理托运手续。如承运人或其代理人要求出具单位介绍信或其他有效证明时，托运人也应予提供。托运政府规定限制运输的货物以及需向公安、检疫等有关政府部门办理手续的货物，应当随附有效证明。

第 5 条规定：货物包装应当保证货物在运输过程中不致损坏、散失、渗漏，不致损坏和污染飞机设备或者其他物品。

托运人应当根据货物性质及重量、运输环境条件和承运人的要求，采用适当的内、外包装材料和包装形式，妥善包装。精密、易碎、怕震、怕压、不可倒置的货物，必须有相适应的防止货物损坏的包装措施。严禁使用草袋包装或草绳捆扎。

第 6 条规定：托运人应当在每件货物外包装上标明出发站、到达站和托运人、收货人的单位、姓名及详细地址等。

托运人使用旧包装时，必须除掉原包装上的残旧标志和标贴。

托运人托运每件货物，应当按规定粘贴或者拴挂承运人的货物运输标签。

第 7 条规定：货物重量按毛重计算，计量单位为千克。重量不足 1 千克的尾数四舍五入。每张航空货运单的货物重量不足 1 千克时，按 1 千克计算。贵重物品按实际毛重计算，计算单位为 0.1 千克。

非宽体飞机载运的货物，每件货物重量一般不超过 80 千克，体积一般不超过 40 厘米×60 厘米×100 厘米。宽体飞机载运的货物，每件货物重量一般不超过 250 千克，体积一般不超过 100 厘米×100 厘米×140 厘米。超过以上重量和体积的货物，承运人可依据机型及出发地和目的地机场的装卸设备条件，确定可收运货物的最大重量和体积。

每件货物的长、宽、高之和不得小于 40 厘米。

每千克货物体积超过 6 000 立方厘米的，为轻泡货物。轻泡货物以每 6 000 立方厘米折合 1 千克计重。

3. 关于货物承运的主要规则

第 10 条规定：承运人收运货物时，应当查验托运人的有效身份证件。凡国家限制运输的物品，必须查验国家有关部门出具的准许运输的有效凭证。

承运人应当检查托运人托运货物的包装，不符合航空运输要求的货物包装，需经托运人改善包装后方可办理收运。承运人对托运人托运货物的内包装是否符合要求，不承担检查责任。

承运人对收运的货物应当进行安全检查。对收运后 24 小时内装机运输的货物，一律实行开箱检查或者通过安检仪器检测。

第 11 条规定：航空货运单应当由托运人填写，连同货物交给承运人。如承运人依据托运人提供的托运书填写货运单并经托运人签字，则该货运单应当视为代托运人填写。

托运人应当对货运单上所填关于货物的说明或声明的正确性负责。

货运单一式八份，其中正本三份、副本五份。正本三份为：第一份交承运人，由托运人签字或盖章；第二份交收货人，由托运人和承运人签字或盖章；第三份交托运人，由承运人接受货物后签字盖章。三份具有同等效力，承运人可根据需要增加副本，货运单的承运人联应当自填开货运单次日起保存两年。

第13条规定：根据货物的性质，承运人应当按下列顺序发运：

① 抢险、救灾、急救、外交信袋和政府指定急运的物品；

② 指定日期、航班和按急件收运的货物；

③ 有时限、贵重和零星小件物品；

④ 国际和国内中转联程货物；

⑤ 一般货物按照收运的先后顺序发运。

第14条　承运人应当建立舱位控制制度，根据每天可利用的空运舱位合理配载，避免舱位浪费或者货物积压。

承运人应当按照合理或经济的原则选择运输路线，避免货物的迂回运输。

第16条规定：承运人应当根据进出港货物运输量及货物特性，分别建立普通货物及贵重物品、鲜活物品、危险物品等货物仓库。

货物仓库应当建立健全保管制度，严格交接手续；库内货物应当合理码放、定期清仓；做好防火、防盗、防鼠、防水、防冻等工作，保证进出库货物准确完整。

第17条规定：货物托运后，托运人或收货人可在出发地或目的地向承运人或其代理人查询货物的运输情况，查询时应当出示货运单或提供货运单号码、出发地、目的地、货物名称、件数、重量、托运日期等内容。承运人或其代理人对托运人或收货人的查询应当及时给予答复。

第18条规定：货物运至到达站后，除另有约定外，承运人或其代理人应当及时向收货人发出到货通知。通知包括电话和书面两种形式。急件货物的到货通知应当在货物到达后两小时内发出，普通货物应当在24小时内发出。

第21条规定：货物自发出到货通知的次日起14日无人提取，到达站应当通知始发站，征求托运人对货物的处理意见；满60日无人提取又未收到托运人的处理意见时，按无法交付货物处理。

凡属国家禁止和限制运输物品、贵重物品及珍贵文史资料等货物应当无价移交国家主管部门处理；凡属一般的生产、生活资料应当作价移交有关物资部门或商业部门；凡属鲜活、易腐或保管有困难的物品可由承运人酌情处理。如作毁弃处理，所产生的费用由托运人承担。

经作价处理的货款，应当及时交承运人财务部门保管。从处理之日起90日内，如有托运人或收货人认领，扣除该货的保管费和处理费后的余款退给认领人；如90日后仍无人认领，应当将货款上交国库。

第25条规定：货物运价是出发地机场至目的地机场之间的航空运输价格，不包括机场与市区间的地面运输费及其他费用。

贵重物品、动物、鲜活易腐物品、危险物品、灵柩、骨灰、纸型以及特快专递、急件货物等按普通货物运价的150%计收运费。

声明价值附加费的计算方法为：[声明价值－（实际重量×20）]×0.5%。

第26条规定：承运人可以收取地面运输费、退运手续费和保管费等货运杂费。

4. 关于特种货物运输的主要规则

第29条规定：凡对人体、动植物有害的菌种、带菌培养基等微生物制品，非经民航总局特殊批准不得承运。

凡经人工制造、提炼，进行无菌处理的疫苗、菌苗、抗菌素、血清等生物制品，如托运人提供无菌、无毒证明可按普货承运。

微生物及有害生物制品的仓储、运输应当远离食品。

第 30 条规定：植物和植物产品运输需凭托运人所在地县级（含）以上的植物检疫部门出具的有效"植物检疫证书"。

第 34 条规定：托运人托运鲜活易腐物品，应当提供最长允许运输时限和运输注意事项，定妥舱位，按约定时间送机场办理托运手续。

政府规定需要进行检疫的鲜活易腐物品，应当出具有关部门的检疫证明。

包装要适合鲜活易腐物品的特性，不致污染、损坏飞机和其他货物。客运班机不得装载有不良气味的鲜活易腐物品。

需要特殊照料的鲜活易腐物品，应由托运人自备必要的设施，必要时由托运人派人押运。

鲜活易腐物品在运输、仓储过程中，承运人因采取防护措施所发生的费用，由托运人或收货人支付。

5. 关于货物不正常运输的赔偿处理的主要规则

关于货物不正常运输的赔偿处理的主要规则规定：由于承运人的原因造成货物丢失、短缺、变质、污染、损坏，应按照下列规定赔偿：

• 货物没有办理声明价值的，承运人按照实际损失的价值进行赔偿，但赔偿最高限额为毛重每千克人民币 20 元。

• 已向承运人办理货物声明价值的货物，按声明的价值赔偿；如承运人证明托运人的声明价值高于货物的实际价值时，按实际损失赔偿。

14.2.6 国际铁路货物联运协定

《国际铁路货物联运协定》 （Agreement on international railroad through transport of goods）简称《国际货协》，是于 1951 年 11 月由原苏联、捷克、罗马尼亚、东德等 8 个国家共同签定的一项铁路货运协定。1954 年 1 月我国参加，其后，朝鲜、越南、蒙古也陆续加入，至此共有 12 个国家加入《国际货协》。目前，我国对朝鲜、蒙古以及俄罗斯、独联体各国的一部分进出口货物均采用国际铁路联运方式运送。由于独联体的出现，近年来，在原有协定基础之上，我国同相关国家又重新增订了有关铁路运输的国际公约。

为适应国际经贸大发展的需要，自 1980 年以来，我国成功地试办了通过西伯利亚铁路的集装箱国际铁路运输。在采用集装箱铁路运输的基础上，又开展了西伯利亚大陆桥运输方式，使海、陆、海集装箱运输有机地形成一定规模。1990 年，我国又开通了一条新的亚欧大陆桥，东起连云港，西至鹿特丹，为国际新型运输发展开辟了又一条通道。而国际铁路联运的成功经验和良好基础，又为开展陆桥运输提供了便利条件。

《国际货协》是缔约各国发货人、收货人以及过境办理货物联运所共同遵循的基本文件。协定适用范围是指：适用于缔约国铁路方面之间的国际直通货物联运，协定对铁路部门、发货人、收货人都有约束力。但该协定不适用于：

• 发、到站都在同一国内，而用发送国列车只通过另一国家过境运送货物；

• 两国车站间，用发送国或到达国列车通过第三国过境运送的；

• 两邻国车站间，全程都用某一列车，并据这一铁路的国内规章办理货物运送时。

《国际货协》的主要内容包括：

• 适用范围；

• 运输契约缔结；

• 托运人的义务和权利；

• 承运人权利和义务；

• 赔偿请求与诉讼时效；

下面简要说明国际铁路货物联运的主要特征。

• 涉及面广：每运送一批货物都要涉及两个和两个以上国家、几个国境站。

• 货物运输条件高：要求每批货物的运输条件如包装、转载、票据的编制、添附文件及车辆使用都要符合有关国际联运的规章、规定。

• 办理手续复杂：货物必须在两个或两个以上国家铁路参加运送，在办理国际铁路联运时，其运输票据、货物、车辆及有关单证都必须符合有关规定和一些国家的正当要求。

• 使用一份铁路货物联运票据完成货物的跨国运输。

• 国际铁路货物联运运输责任方面采用统一责任制。

• 国际铁路货物联运仅使用铁路一种运输方式。

《国际货协》共设 8 章 40 条。其中关于物流运输的主要包括以下内容。

1. 托运人的权利、义务

托运人包括发货人和收货人，其主要权利和义务如下。

• 发货人对运单记载和声明事项的正确性承担义务，否则，承担相应的一切后果。

• 发货人对货物包装、标记符合要求负责。

• 按规定计算、支付运费。即发送路铁路国内运价由发货人支付；到达路发生的运费按到达国国内运价由收货人在到站支付；过境铁路运费按《协定》统一的过境运价规程计算，在发站或到站由收货人支付。

• 货到站后，收货方应付清运费并领取货物。

• 货物发生重大质变，不能按原用途使用时，收货人有拒绝领取货物的权利。

• 发货人和收货人都有对运送契约变更一次的权利。

• 发货人在发站领回货物。

• 变更到站。

• 将货物返还发站。

收货人也可在到达国范围内变更到站或收货人，但变更申请必须在货物尚未从到达国境站上发出时作出，否则，一旦从国境站发出，申请变更无效。变更运输合同应在国内（发出或到达国）按规定交纳一定费用。

2. 铁路（承运人）的权利和义务

• 收取运送费用和其他费用，并交付货物和运单。

• 有权检查运单中记载事项的正确性，并对不完全、不准确记载和声明核收罚款。

• 对非承运人过失而引起的货物灭失、损坏、短量不负责任。

• 铁路对于按《协定》办妥联运手续的货物负全程运输责任。

- 如果货物发往非《协定》国，铁路应负责按另一种有关协定的运单要求办理运送手续。

3. 赔偿请求与诉讼时效

- 托运人有权据合同提出赔偿请求。赔偿请求应采用书面形式。由全权代理人、代表提出时，应有发货人或收货人的委托证明书方可。

- 列明具体赔偿金额。当请求人是发货人时，则向发送路局提出；如由收货人提赔，则应向到达站提出。

- 索赔不能得到合理解决时，可起诉。

- 提赔和诉讼时效为：9 个月内提出或诉讼；但逾期的请求赔偿和诉讼，应为 2 个月内提出。部分灭失、损坏以及逾期索赔，自交付货物之日起算；全部灭失赔偿，自货物运到期限届满后 30 日内计算。

4. 关于运单的主要规定

发货人在托运货物时，要填写运单和运单副本。运单是发货人与铁路之间缔结的运输契约，是铁路向收货人收取运杂费用和点交货物的依据。

运单规定了铁路、发货人和收货人在货运中的权利、义务和责任，因此，运单对上述当事人均有法律约束力。同时，运单又是铁路运输的凭证。但运单不是物权凭证，不能转让，亦不能凭以提货。运单随同货物从始发站至终点站全程附送，最后交给收货人。

联运运单副本是贸易双方结算货款的依据。当所运货物或票据丢失时，副本可作为向铁路索赔的证件。运单副本加盖戳记后，证明铁路运输合同订立，并交付发货方凭以结汇。

14.2.7　水路危险货物运输规则

由交通部 1996 年 11 月 4 日发布的《水路危险货物运输规则》是为加强水路危险货物运输管理，保障运输安全，防止事故发生，适应国民经济的发展，根据国家有关法律、法规，制定的规则。其适用范围包括在中华人民共和国境内从事危险货物的船舶运输、港口装卸、储存等业务。该规则共包括 8 章 73 条款，7 个附件、7 种格式、2 个附录。主要内容包括：

- 包装和标志；
- 托运；
- 承运；
- 装卸；
- 储存和交付；
- 消防和泄漏处理。

下面介绍与物流运输相关的主要条款。

1. 关于危险品的分类

第 3 条规定：凡具有爆炸、易燃、毒害、腐蚀、放射性等特性，在运输、装卸和储存过程中，容易造成人身伤亡和财产毁损而需要特别防护的货物，均属危险货物。

根据中华人民共和国国家标准《危险货物分类和品名编号》（GB 6944）和中华人民共和国国家标准《危险货物品名表》（GB 12268）等有关国家标准，将危险货物划分为以下九类：

第 1 类：爆炸品；

第 2 类：压缩气体和液化气体；

第 3 类：易燃液体；

第 4 类：易燃固体、自燃物品和遇湿易燃物品；

第 5 类：氧化剂和有机过氧化物；

第 6 类：毒害品和感染性物品；

第 7 类：放射性物品；

第 8 类：腐蚀品；

第 9 类：杂类。

2. 关于危险品托运的主要条款

第 19 条规定：办理危险货物运输、装卸时，托运人、作业委托人应向承运人、港口经营人提交以下有关单证和资料：

• "危险货物运输声明" 或 "放射性物品运输声明"；

• "危险货物包装检验证明书" 或 "压力容器检验合格证书" 或 "放射性物品包装件辐射水平检查证明书"；

• 集装箱装运危险货物，应提交有效的 "集装箱装箱证明书"；

• 托运民用爆炸品应提交所在地县、市公安机关根据《中华人民共和国民用爆炸物品管理条例》核发的 "爆炸物品运输证"；

• 除提交上述有关单证外，对可能危及运输和装卸安全或需要特殊说明的货物还要提交有关资料。

第 20 条规定：运输危险货物应使用红色运单；港口作业应使用红色作业委托单。

第 21 条规定：托运本规则未列名的危险货物，托运前托运人应向起运港港口管理机构和港务（航）监督机构提交经交通部认可的部门出具的 "危险货物鉴定表"，由港口管理机构会同港务（航）监督机构确定装卸、运输条件，经交通部批准后，按本规则相应类别中 "未另列名" 项办理。

第 22 条规定：托运装过有毒气体、易燃气体的空钢瓶，按原装危险货物条件办理。

托运装过液体危险货物、毒害品（包括有毒害品副标志的货物）、有机过氧化物、放射性物品的空容器，如符合条件，并在运单和作业委托单中注明原装危险货物的品名、编号和 "空容器清洁无害" 字样，可按普通货物办理；

托运装过其他危险货物的空容器，经倒净、洗清，并在运单中和作业委托单中注明原装危险货物的品名和编号和 "空容器，清洁无害" 字样，可按普通货物办理。

第 23 条规定：符合下列条件之一的危险货物，可按普通货物条件运输：

• 成套设备中的部分配件或部分材料属于危险货物（只限不能单独包装），托运人确认在运输中不致发生危险，经起运港港口管理机构和港务（航）监督机构认可后，并在运单和作业委托单中注明 "不作危险货物" 字样。

• 危险货物品名索引中注有 * 符号的货物，其包装、标志符合规定，且每个包装件不超过 10 千克，其中每一小包件内货物净重不超过 0.5 千克，并由托运人在运单和作业委托单中注明 "小包装化学品" 字样；但每批托运货物总净重不得超过 100 千克，并按本章的有关规定办理申报或提交有关单证。

第 24 条规定：性质相抵触或消防方法不同的危险货物应分票托运。

3. 关于危险品承运的主要条款

第 27 条规定：客船和客渡船禁止装运危险货物。

客货船和客渡船载客时，原则上不得装运危险货物。确需装运时，船舶所有人（经营人）应根据船舶条件和危险货物的性能制定限额要求，部属航运企业报交通部备案，地方航运企业报省、自治区、直辖市交通主管部门和港务（航）监督机构备案。并严格按限额要求装载。

第 29 条规定：载运危险货物的船舶，在航行中要严格遵守避碰规则。停泊、装卸时应悬挂或显示规定的信号。除指定地点外，严禁吸烟。

第 30 条规定：装运爆炸品、一级易燃液体和有机过氧化物的船、驳，原则上不得与其他驳船混合编队、拖带。如必须混合编队、拖带时，船舶所有人（经营人）要制定切实可行的安全措施，经港务（航）监督机构批准后，报交通部备案。

第 31 条规定：装载易燃、易爆危险货物的船舶，不得进行明火、烧焊或易产生火花的修理作业。如有特殊情况，应采用相应的安全措施。在港时，应经港务（航）监督机构批准并向港口公安消防监督机关备案；在航时应经船长批准。

第 32 条规定：除客货船外，装运危险货物的船舶不准搭乘旅客和无关人员。若需搭乘押运人员时，需经港务（航）监督机构批准。

第 33 条规定：船舶装载危险货物应严格按照本规则附件四"积载和隔离"的规定和本规则附件一"各类危险货物引言和明细表"中的特殊积载要求合理积载、配装和隔离。积载处所应清洁、阴凉、通风良好。

遇有下列情况，应采用舱面积载：

• 需要经常检查的货物；

• 需要近前检查的货物；

• 能生成爆炸性气体混合物，产生剧毒蒸气或对船舶有强烈腐蚀性的货物；

• 有机过氧化物；

• 发生意外事故时必须投弃的货物。

第 35 条规定：发生危险货物落入水中或包装破损溢漏等事故时，船舶应立即采取有效措施并向就近的港务（航）监督机构报告详情并做好记录。

第 36 条规定：滚装船装运"只限舱面"积载的危险货物，不应装在封闭和开敞式车辆甲板上。

第 37 条规定：纸质容器（如瓦楞纸箱和硬纸板桶等）应装在舱内，如装在舱面，应妥加保护，使其在任何时候都不会因受潮湿而影响其包装性能。

第 38 条规定：危险货物装船后，应编制危险货物清单，并在货物积载图上标明所装危险货物的品名、编号、分类、数量和积载位置。

4. 关于危险品储存和交付的主要条款

第 61 条规定：危险货物入库（场）前，应严格验收。包装破损、撒漏、外包装有异状、受潮或沾污其他货物的危险货物应单独存放，及时妥善处理。

第 62 条规定：危险货物堆码要整齐、稳固，垛顶距灯不少于 1.5 米；垛距墙不少于 0.5 米、距垛不少于 1 米；性质不相容的危险货物、消防方法不同的危险货物不得同库存放，确需存放时应符合附件四中的隔离要求。消防器材、配电箱周围 1.5 米内禁止存放任何物品。

堆场内消防通道不少于 6 米。

第 64 条规定：危险货物出运后，库（场）应清扫干净，对存放危险货物而受到污染的库（场）应进行洗刷，必要时应联系有关部门处理。

第 65 条规定：抵港危险货物，承运人或其代理人应提前通知收货人做好接运准备，并及时发出提货通知。交付时按货物运单（提单）所列品名、数量、标记核对后交付。对残损和撒漏的地脚货应由收货人提货时一并提离港口。

收货人未在港口规定时间内提货时，港口公安部门应协助做好货物催提工作。

第 66 条规定：对无票、无货主或经催提后收货人仍未提取的货物，港口可依据国家"关于港口、车站无法交付货物的处理办法"的规定处理。对危及港口安全的危险货物，港口管理机构有权及时处理。

5. 关于危险品消防和泄漏处理的主要条款

第 69 条规定：船舶在港区、河流、湖泊和沿海水域发生危险货物泄漏事故，应立即向港务（航）监督机构报告，并尽可能将泄漏物收集起来，清除到岸上的接收设备中去，不得任意倾倒。

船舶在航行中，为保护船舶和人命安全，不得不将泄漏物倾倒或将冲洗水排放到水中时，应尽快向就近的港务（航）监督机构报告。

第 70 条规定：泄漏货物处理后，对受污染处所应进行清洗，消除危害。

船舶发生强腐蚀性货物泄漏，应仔细检查是否对船舶造成结构上的损坏，必要时应申请船舶检验部门检验。

第 71 条规定：危险货物运输中有关防污染要求，应符合我国有关环境保护法规的规定。

6. 关于危险品包装的主要条款

第 8 条规定：根据危险货物的性质和水路运输的特点，包装应满足以下基本要求：

• 包装的规格、型式和单件质量（重量）应便于装卸或运输；

• 包装的材质、型式和包装方法（包括包装的封口）应与拟装货物的性质相适应。包装内的衬垫材料和吸收材料应与拟装货物性质相容，并能防止货物移动和外漏；

• 包装应具有一定强度，能经受住运输中的一般风险。盛装低沸点货物的容器，其强度需具有足够的安全系数，以承受住容器内可能产生的较高的蒸气压力；

• 包装应干燥、清洁、无污染，并能经受住运输过程中温、湿度的变化；

• 容器盛装液体货物时，必须留有足够的膨胀余位（预留容积），防止在运输中因温度变化而造成容器变形或货物渗漏；

• 盛装下列危险货物的包装应达到气密封口的要求：

① 产生易燃气体或蒸气的货物；

② 干燥后成为爆炸品的货物；

③ 产生毒性气体或蒸气的货物；

④ 产生腐蚀性气体或蒸气的货物；

⑤ 与空气发生危险反应的货物。

第 13 条规定：每一盛装危险货物的包装上均应标明所装货物的正确运输名称，名称的使用应符合附件一"各类引言和危险货物明细表"中的规定。包装明显处、集装箱四侧、可移动罐柜四周及顶部应粘贴或刷印标有符合附件二"危险货物标志"的规定。

具有两种或两种以上危险性的货物，除按其主要危险性标贴主标志外，还应标贴本规则危险货物明细表中规定的副标志（副标志无类别号）。

标志应粘贴、刷印牢固，在运输过程中清晰、不脱落。

第 14 条规定：除因包装过小只能粘贴或刷印较小的标志外，危险货物标志不应小于 100 毫米×100 毫米；集装箱、可移动罐柜使用的标志不应小于 250 毫米×250 毫米。

第 15 条规定：集装箱内使用固体二氧化碳制冷时，装箱人应在集装箱门上显著标明"危险！内有二氧化碳，进入前需彻底通风"字样。

第 17 条规定：按本规则规定属于危险货物，但国际运输时不属于危险货物，外贸出口时，在国内运输区段包装件上可不标贴危险货物标志，由托运人和作业委托人分别在水路货物运单和作业委托单特约事项栏内注明"外贸出口，免贴标志"；外贸进口时，在国内运输区段，按危险货物办理。

国际运输属于危险货物，但按本规则规定不属于危险货物，外贸出口时，在国内运输段，托运人和作业委托人应按外贸要求标贴危险货物标志，并应在水路货物运单和作业委托单特约事项栏内注明"外贸出口属于危险货物"；外贸进口时，在国内运输内段，托运人和作业委托人应按进口原包装办理国内运输，并应在水路货物运单和作业委托单特约事项栏内注明"外贸进口属于危险货物"。

如本规则对货物的分类与国际运输分类不一致，外贸出口时，在国内运输区段，其包装件上可粘贴外贸要求的危险货物标志；外货进口时，国内运输区段按本规则的规定粘贴相应的危险货物标志。

上述对七部法规、条例作了简要介绍，其中所选的条款都是与物流运输直接相关的部分，对于更多和更全面的法律、法规条款，要全面学习相关法律的正式文本，以便准确把握和在物流运输实践中运用。

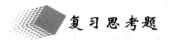 复习思考题

一、基本概念

中华人民共和国道路运输条例　铁路运输安全保护条例　国内水路货物运输规则　中华人民共和国海商法　多式联运合同　中国民用航空货物国内运输规则　国际铁路货物联运协定　水路危险货物运输规则

二、选择题

1. 根据我国道路运输条例第 49 条规定：申请从事国际道路运输经营的，应当具备的时间条件是：在国内从事道路运输经营满（　　）年，且未发生重大以上道路交通责任事故。

A. 2　　　　　　　　　　B. 3　　　　　　　　　　C. 5　　　　　　　　　　D. 7

2. 申请从事危险货物承运、托运业务的，应向铁路管理机构提交申请。铁路管理机构应当自收到申请之日起（　　）内作出批准或者不予批准的决定。

A. 5 日　　　　　　　　　B. 7 日　　　　　　　　　C. 15 日　　　　　　　　D. 20 日

3. 根据国内水路货物运输规则：下列哪项不属于承运人对运输合同履行过程中货物的损坏、灭失或者迟延交付的免责条款：（　　）。

A. 包装完好但货物与运单记载内容不符

B. 货物的自然属性和潜在缺陷

C. 由于承运人擅自绕航造成的延迟交付

D. 货物的自然减量和合理损耗

4. 根据国内水路货物运输规则：出租人在约定的受载期限内未提供船舶舱位的，（　　）有权解除合同。

　A. 承租人　　　　　B. 托运人　　　　　C. 出租人　　　　　D. 收货人

5. 《海商法》中规定：承运人对货物的灭失或者损坏的赔偿限额，按照货物件数或者其他货运单位数计算，以二者中赔偿限额（　　）的为准。

　A. 较低　　　　　B. 较高　　　　　C. 平均值　　　　　D. 以协议

6. 《海商法》中规定：（　　）经过记名背书或者空白背书转让。

　A. 提单　　　　　B. 不记名提单　　　　　C. 指示提单　　　　　D. 记名提单

7. 中国民用航空货物国内运输规则规定：每千克货物体积超过（　　）立方厘米的，为轻泡货物。轻泡货物以每（　　）立方厘米折合1千克计重。

　A. 4 000 4 000　　　B. 5 000 5 000　　　C. 6 000 6 000　　　D. 8 000 8 000

8. 我国水路危险货物运输规则规定：运输危险货物应使用（　　）。

　A. 绿色运单　　　　　B. 红色运单　　　　　C. 白色运单　　　　　D. 黑色运单

9. 我国水路危险货物运输规则规定：船舶装载危险货物时，遇有下列哪些情况（　　），应采用舱面积载。

　A. 需要经常检查的货物　　　　　B. 包装不严的货物

　C. 发生意外事故时必须投弃的货物　　　　　D. 有机过氧化物

　E. 需要近前检查的货物

三、判断题

1. 在我国可以在所有货运办理站、专用线、专用铁路承运危险货物。（　　）

2. 根据国内水路货物运输规则：单元滚装运输可以运输危险品。（　　）

3. 《海商法》规定：承运人或者代其签发提单的人未在提单上批注货物表面状况的，视为货物的表面状况良好。（　　）

4. 中国民用航空货物国内运输规则规定：托运人允许使用草袋包装或草绳捆扎。（　　）

5. 中国民用航空货物国内运输规则规定：每件货物的长、宽、高之和不得小于40厘米。（　　）

6. 滚装船装运"只限舱面"积载的危险货物，可以装在封闭和开敞式车辆甲板上。（　　）

四、思考题

1. 说明我国对外贸易的原则。

2. 《中华人民共和国道路运输条例》从事道路运输的基本要求有哪些？

3. 在我国办理危险货物铁路运输的承运人和托运人，应当具备哪些条件？

4. 根据国内水路货物运输规则：对集装箱运输的特别规定中有哪些主要条款？

5. 在《海商法》中对多式联运合同有哪些特别规定？

6. 中国民用航空货物国内运输规则对特种货物运输的主要规则有哪些？

7.《国际货协》对托运人和承运人的权利、义务有哪些主要规定？

8. 我国水路危险货物运输规则中关于危险品承运的主要条款有哪些？

 **本章案例**

共同海损的案例分析

1. 案情介绍

乙船公司"琴海"轮承运甲公司货物，自马来西亚槟城港运至中国北海港。该提单背面的共同海损条款载明："共同海损应根据承运人的选择在任何港口或地点根据 1974 年约克·安特卫普规则理算"。"琴海"轮驶离槟城港开往中国北海途中主机停车，船舶向南漂航。主机停车后船员即投入抢修，但因条件所限，经两天多抢修，仍无法修复主机。船舶发出求救信息，越南派出拖轮将"琴海"轮拖进金兰湾港。越方收取了拖轮费、救助费。船长代表船东发表共同海损声明，宣布共同海损；轮机长出具海事报告。由于能力及条件所限，在金兰湾无法将主机修复。乙船公司请广州救捞局将"琴海"轮拖至中国北海，并支付了拖带费。

在北海港经验船师检验，认定主机不能启动的原因是由于各缸的空气启动阀启动活塞的密封环失去弹性，气密较差，已存在隐患，加上第七缸启动空气阀阀盘断裂，该汽缸完全失去气密，导致进入各缸的启动空气压力不足而无法启动。

保险公司为甲公司的货物向乙船公司出具共同海损担保函，承诺"如果共同海损造成的牺牲及费用被证明是因共同海损行为而合理产生的，且经确认下述货物应参加分摊，我公司保证支付相应的共同海损分摊金额"。

乙船公司委托中国贸促会海损理算处对"琴海"轮进行共同海损理算，根据该处出具的理算书，确认共同海损的船货各方分摊金额。

甲公司与保险公司以共同海损事故是乙船公司不可免责过失造成为由拒绝分摊共同海损费用，乙船公司请求法院判令甲公司分摊该共同海损费用，保险公司承担连带责任，并由两被告承担本案诉讼费用。

2. 审理结果

法院认为，本案为共同海损分摊纠纷。根据目的港验船师的检验报告，以及原被告对该故障原因均予以认可，予以采信。"琴海"轮主机共有 9 个缸，其 9 个缸的密封环全部失去弹性，而密封环失去弹性乃是一个渐进的过程，即可以肯定这一现象在开航前和开航当时已经存在，此即意味着船舶在开航前和开航当时是不适航的。"琴海"轮主机的每一个缸之密封环全都老化和不气密，是一个长期的、渐进的过程，这明显是一个谨慎的专业人员以惯常方法检查船舶所能够发现的缺陷，因而显然不属于船舶的潜在缺陷。由此非潜在缺陷而造成的船舶不适航，承运人不能免除赔偿之责任。而据轮机长事故报告，主机发生故障后船上无相应备件可资更换，根据《海商法》第 47 条"承运人在船舶开航前和开航当时，应当谨慎处理，使船舶处于适航状态，妥善配备船员、装备船舶和配备供应品"的规定，上述情况亦表明船舶是不适航的，且该不适航与共同海损事故之间有显而易见的法律上的因果关系。由于原告不可免责过失而导致的共同海损损失，当然地应由其自行承担，而不能将该损失转嫁给非过失方，否则既对非过失方不公平，亦有悖法律关于承运人最低责任的规定。被告以共同海损事故是原告不可免责过失造成为由进行抗辩并拒绝分摊共同海损损失，符合法律规定，本院依法予以支持；原告诉讼请求被告分摊共同海损损失，没有法律依据，依法予以驳回。

根据《海商法》第 193 条、第 47 条以及第 197 条之规定，判决驳回乙船公司对甲公司、保险公司的诉讼请求。案件受理费由原告乙船公司负担。

3. 评析

本案涉及引发共同海损原因的法律定性、不可免责过失所致的共同海损是否可以拒绝分摊等海商法领域的专业性问题，且一些问题在理论界和实务界尚未达成普遍性共识。在本案判决中，这些问题都得到了合乎理性和合乎法律规范的解决，因而极具代表性。

（选自：www.examw.com 2011 年 11 月　作者重新整理）

注：约克—安特卫普规则（York-Antwerp Rules），是国际上普遍采用的民间共同海损理算规则，其内容是有关共同海损损失和费用的范围、成立条件、补偿和分摊计算办法的实务性章程。

《约克—安特卫普规则》的第一套规则是 1877 年在安特卫普由有 68 个国家的代表参加的会议上通过的。由于该规则源于《1864 年约克规则》，所以命名为《1877 年约克—安特卫普规则》。以后随着时间的推移，规则几经修改，但一直沿用《约克—安特卫普规则》这一名称。迄今为止，《约克—安特卫普规则》已有 7 个版本（分别是：1877 年、1890 年、1920 年、1950 年、1974 年、1994 年、2004 年版本）。但是由于这一规则属于国际惯例，订约人可以自由选用任一版本，目前使用较多的是《1994 年约克—安特卫普规则》。

光船租赁合同引起的纠纷

1. 案情

原告：福建省惠安县港海运社。

被告：吴海鸣，男，24 岁，渔民，住福建省晋江市深沪镇。

被告：张志明，男，25 岁，无业，住同上。

被告：侯怡勇，男，35 岁，无业，住同上。

1991 年 12 月 10 日，吴海鸣与惠安县港海运社订立一份《船只租赁合同书》，租用惠安县港海运社所属"港运机 4 号"船经营海上货物运输，租期一年，租金 1 000 元/月；并约定自租船日起，船舶的维修及设备添置、船员配备、船舶的营运、责任事故造成的毁损，由吴海鸣负责，如发生沉没事故，由吴海鸣赔偿惠安县港海运社 6 万元；船舶保险、船舶证书由惠安县港海运社负责办理。福建省晋江县深沪沪江第一造船厂为吴海鸣签订该合同提供了担保。交船后，吴海鸣对船进行了维修，并自配船员投入营运，安全运行达 4 个多月之久。1992 年 5 月 23 日，该船从广州元村装载椰子油、丙酮、纸巾驶往厦门途中，在汕头港外表角偏北约 1 海里处，因高压油泵故障抛锚，后又因风浪较大，船舱进水下沉，船货全损。经汕头港监调查，"港运机 4 号"船该航次 7 名船员中仅船长周推赞持有有效适任证书，驾、机配员严重不足，而且装载不良。据此，港监认定该船不适航。在分析事故原因时，汕头港监指出，"港运机 4 号"船的不适航性是事故发生的潜在因素，事故的直接原因是船体质量欠佳，稍受风浪冲击，船体灰路即脱落漏水，恰又逢主机故障，抽水不力，致使船舶下沉。汕头港监还对船员的违章、违法行为作了吊销适任证书的处理。吴海鸣对港监的处理表示没有异议。

事故发生后，惠安县港海运社与吴海鸣交涉船损事故赔偿未果，遂于 1993 年 5 月 18 日向厦门海事法院起诉，认为事故责任在于被告，请求吴海鸣、福建省晋江县深沪沪江第一造船厂赔偿因其责任造成的船舶损失 6 万元及因本案发生的经济损失，并支付租金6 000元。

吴海鸣辩称，惠安县港海运社出租的船舶不适航，船体质量欠佳，是沉船的直接原因，事故的全部责任应由该社承担。还辩称，"港运机 4 号"船系其本人与张志明、侯怡勇、吴金锥、李俊典、陈俊哲、吴树雄、杨昆鹏等 8 人合伙租赁，责任需 8 人共担。

福建省晋江县深沪沪江第一造船厂辩称，为吴海鸣签约提供担保时并不清楚合同的内容，不应承担任何责任。

2. 审判

厦门海事法院经审理查明，惠安县港海运社与吴海鸣间的上述船舶租赁关系属实，吴海鸣对"港运机 4 号"船需维修后才能营运的情况是清楚的。本案担保单位福建省晋江县深沪沪江第一造船厂早于 1989 年因未进行工商年检而不再具有合法经营资格，所谓的担保系原该厂负责人侯怡勇非法使用其藏匿的原厂印章出具的一份假证，假证上还盖有侯怡勇个人的私章，为此法院依法通知侯怡勇本人作为被告参加诉讼。对于被告吴海鸣提出的租船是由 8 个合伙人共租的主张，除张志明一人承认自己是合伙租船人外，其余 6 人的合伙人身份无法得到证实，不能成为诉讼当事人。

厦门海事法院审理认为，原告与被告吴海鸣、张志明所签订的租船合同系一份光船租赁合同，依法有效。原告已依约履行了交船、提供船舶文件、办理船舶保险等合同规定的义务。而被告吴海鸣、张志明却未尽船舶维修、保养责任，不认真配备船员，不合理装载，造成以不适航船舶违章营运的局面，最终酿成沉船事故，故对原告的损失依法应承担主要的民事责任。被告张志明系被告吴海鸣的合伙租船人，故应对合伙债务承担连带责任。被告侯怡勇以不再具备经营资格的企业名义为他人担保，具有欺诈的故意，系无效民事行为，其对原告的损失也应承担相应的民事责任。被告的反驳和原告的其他诉讼请求证据不足，于法无据，不予支持。依照《中华人民共和国民法通则》第三十五条、第六十一条第一款、第一百一十一条的规定，厦门海事法院于 1993 年 12 月 18 日判决如下：

（1）被告吴海鸣、张志明负连带责任，赔偿原告福建省惠安县港 海运社船舶损失 6 万元，并按中国人民银行规定的同期企业流动资金存款利率支付自 1992 年 5 月 27 日起至指定的履行期间内履行完毕之日止的利息。

（2）被告侯怡勇赔偿原告差旅费损失3 287.68元。

（3）以上款项被告应在本判决生效之日起 10 日内付清。

（4）驳回原告的其他诉讼请求。

判决后，原、被告均未提起上诉。

（选自：www.examw.com 2011 年 11 月 作者重新整理）

问题与思考：

1. 上述两个案例属运输纠纷的经典案例，读后你如何评价两个案例？

2. 你认为在签订物流运输合同时应注意什么？

3. 共同海损的分摊是一个极为复杂的法律实践问题，请结合第一个案例，认真学习关于"共同海损"的法律知识。

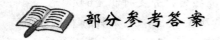 部分参考答案

第1章 现代物流运输导论

二、选择题

1. B 2. B 3. C 4. A 5. A 6. C 7. C 8. ACD

三、判断题

1. 对 2. 错 3. 错 4. 错 5. 对

第2章 物流运输的基本构成

二、选择题

1. A 2. ABC 3. B 4. B 5. B 6. CDE 7. CDE 8. B

三、判断题

1. 错 2. 对 3. 错 4. 对 5. 错 6. 对

第3章 公路运输

二、选择题

1. B 2. ABCD 3. BCD 4. ABC 5. ABCD 6. B

三、判断题

1. 错 2. 错 3. 对 4. 对 5. 对

第4章 铁路运输

二、选择题

1. ABC 2. C 3. D 4. AD 5. ABCD 6. A

三、判断题

1. 错 2. 对 3. 错 4. 对

四、思考题

2. （1）可以，一批件数未超过300件，每件重量、体积符合零担要求。

（2）不可以，因需冷藏，按整车办理。

（3）可以，每件重量、体积符合零担要求。

（4）不可以，长度超过车辆长度，不符合零担要求，按整车办理。

（5）可以，可按零担（笨零）办理。

5. 解：（1）$T_发 = 1$天。

（2）$T_运 = 1782/500 = 3.564 = 4$天。

（3）途中加冰盐2次，另加2天，$T_特 = 2$天。

故这批货物的运到期限为$T = T_发 + T_运 + T_特 = 1 + 4 + 2 = 7$天。

第5章　航空运输

二、选择题

1. B　2. ABCD　3. B　4. B　5. AC　6. ABC　7. ACD　8. AB

三、判断题

1. 错　2. 错　3. 错　4. 对

四、思考题

5. 解：

Volume：40cm×28cm×22cm＝24 640cm^3

Volume weight：24 640cm^3÷6 000 cm^3/kg＝4. 11kgs＝4. 5kgs

Gross Weight：5. 6kgs

Chargeable weight：6. 0kgs

Applicable rate：GCR N 50. 22CNY/KG

Weight charge：6. 0×50. 22＝301. 32CNY

∵ Minimum Charge：320. 00CNY

∴此票货物的航空运费应为320. 00CNY

No. of Pieces Rcp	Gross Weight	kg lb	M Rate Class Commodity Item No.	Chargeable Weight t	Rate/ Charge	Total	Nature and Quantity of Goods (Incl. Dimensionor Volume)
1	5.6	K			320.00	320.00	TOY 40cm×28cm×22cm

6. 解：

Volume：128cm×42cm×36cm×6＝1 161 216cm^3

Volume weight：1 161 216cm^3÷6 000 cm^3/kg＝193. 536kgs＝194. 0kgs

Gross Weight：47. 8kgs×6＝286. 8kgs

Chargeable weight：287. 0kgs

分析：由于计费重量没有满足指定商品代码0008的最低重量要求300千克，因此只能先用普货来算。

（1）按普通运价使用规则计算：

Applicable rate：GCR Q45 28. 13CNY/KG

Weight charge：287. 0kgs×28. 13＝CNY 8 073. 31

（2）按指定商品运价使用规则计算：

Actual gross weight：286. 8kgs

Chargeable weight：300. 0kgs

Applicable rate：SCR 0008/Q300 18.80CNY/kg

Weight charge：300.0kgs×18.80＝CNY5 640.00

对比（1）与（2），取运费较低者。

∴Weight charge：CNY5640.00

航空货运单运费计算栏填制如下：

No. of Pieces Rcp	Gross Weight	kg lb	C	Rate Class	Chargeable Weight	Rate/ Charge	Total	Nature and Quantity of Goods (Incl. Dimensionor Volume)
				Commodity Item No.				
6	286.8	K		0008	300.0	18.80	5640.00	FRESH ORANGES DIMS：128cm×42cm× 36cm×6cm

第6章 水路运输和管道运输

二、选择题

1.BCD 2.ABC 3.C 4.C 5.B 6.AD 7.ABD 8.ABDE

三、判断题

1.错 2.对 3.对 4.错 5.对

第7章 集装箱运输

二、选择题

1.C 2.ABC 3.D 4.A 5.BCE 6.ABC 7.ACE 8.ACD

三、判断题

1.错 2.对 3.错 4.对 5.错 6.对

第8章 国际物流运输与多式联运

二、选择题

1.B 2.A 3.ABC 4.BDE 5.D 6.A

三、判断题

1.错 2.错 3.对 4.对 5.错 6.对 7.对 8.对

第9章 物流运输成本管理

二、选择题

1.D 2.BC 3.C 4.A 5.ABC 6.D 7.BCD 8.A

三、判断题

1.错 2.错 3.对 4.错 5.错 6.对

第 10 章　物流运输信息管理

二、选择题

1. C　2. C　3. A　4. B　5. D　6. C　7. ACDE　8. BCDE

三、判断题

1. 错　2. 错　3. 错　4. 对　5. 对　6. 对

第 11 章　运输纠纷及其解决

二、选择题

1. A　2. B　3. B　4. B　5. A　6. B　7. C　8. C

三、判断题

1. 错　2. 错　3. 错　4. 对　5. 对

第 12 章　绿色物流运输管理

二、选择题

1. C　2. CD　3. ACD　4. ABD　5. CD　6. D

三、判断题

1. 错　2. 对　3. 对　4. 错　5. 错

第 13 章　物流运输组织管理

二、选择题

1. A　2. C　3. D　4. C　5. AD　6. ABC　7. B　8. D

三、判断题

1. 错　2. 错　3. 对　4. 对　5. 错　6. 错

第 14 章　物流运输的相关法规

二、选择题

1. B　2. D　3. C　4. A　5. B　6. C　7. C　8. B　9. ACDE

三、判断题

1. 错　2. 错　3. 对　4. 错　5. 对　6. 错

参考文献

[1] 许淑君，尹君. 运输管理. 上海：复旦大学出版社，2011.

[2] 孙瑛，韩杨，刘娜. 物流运输管理实务. 北京：清华大学出版社，2011.

[3] 申纲领. 物流运输管理. 北京：北京大学出版社，2010.

[4] 张理，李雪松. 现代物流运输管理. 北京：中国水利水电出版社，2005.

[5] 孙熙安. 运输代理. 北京：北京交通大学出版社，2006.

[6] 王效俐. 运输组织学. 上海：立信会计出版社，2006.

[7] 隽志才. 运输技术经济学. 北京：人民交通出版社，2007.

[8] 朱新民. 物流运输管理. 大连：东北财经大学出版社，2008.

[9] 何德权. 运输定价机理模型与实践. 上海：上海财经大学出版社，2007.

[10] 朱伟生. 运输经济学. 北京：清华大学出版社，2004.

[11] 刘颖，陆影. 物流配送运输与实务. 北京：经济管理出版社，2007.

[12] 高明波. 集装箱物流运输. 北京：对外经济贸易大学出版社，2008.

[13] 刘雅丽. 运输管理. 北京：电子工业出版社，2008.

[14] 科伊尔，巴蒂，诺瓦克. 运输管理. 张剑飞，袁宇，朱梓齐，等译. 北京：机械工业出版社，2004.

[15] 顾丽亚. 远洋运输实务. 北京：人民交通出版社，2007.

[16] 金延芳. 物流运输管理实务. 广州：华南理工大学出版社，2008.

[17] 秦明森. 物流运输与配送管理实务. 北京：中国物资出版社，2006.

[18] 张旭凤. 运输与运输管理. 北京：北京大学出版社，2007.

[19] 丰毅，潘波. 物流运输组织与管理. 2版. 北京：机械工业出版社，2008.

[20] 刘小卉. 运输管理学. 上海：复旦大学出版社，2005.

[21] 日通综合研究所. 物流手册. 北京：中国物资出版社，1986.

[22] 鲍尔索克斯，克劳斯. 物流管理：供应链过程的一体化. 北京：机械工业出版社，1999.

[23] 徐丽群. 运输物流管理. 北京：机械工业出版社，2007.

[24] 邓汝春. 运输管理实战手册. 广州：广东经济出版社，2007.

[25] 秦英，刘东华. 物流运输组织与管理实务. 北京：科学出版社，2008.

[26] 孟于群. 国际货物运输物流案例集. 北京：中国商务出版社，2005.

[27] 韩彪. 交通运输学. 北京：中国铁道出版社，2006.

[28] 杨家其. 现代物流与运输. 北京：人民交通出版社，2005.

[29] 张理. 物流管理导论. 北京：北京交通大学出版社，2009.

[30] 杨庆云. 物流运输管理. 北京：中国轻工业出版社，2006.

[31] 张远昌. 物流运输与配送管理. 北京：中国纺织出版社，2004.

［32］杜文. 物流运输与配送管理. 北京：机械工业出版社，2006.

［33］缪六莹. 物流运输管理实务. 成都：四川人民出版社，2002.

［34］张理. 现代物流案例分析 . 2 版. 北京：中国水利水电出版社，2008.

［35］朱伟生，张洪革. 物流成本管理. 北京：机械工业出版社，2004.